PATRIOTA

Alexei Navalny

PATRIOTA

Tradução de Clóvis Marques

Título original
PATRIOT
A Memoir

Copyright © 2024 *by* Espólio de Alexei Navalny e Yulia Navalnaya

Todos os direitos reservados.
Nenhuma parte desta obra pode ser reproduzida ou transmitida por meio eletrônico, mecânico, fotocópia, ou sob qualquer outra forma, sem a prévia autorização do editor.

Todas as imagens utilizadas no encarte desta edição são uma cortesia da família Navalny.

Edição brasileira traduzida a partir da tradução de Arch Tait e Stephen Dalziel para a edição original em língua inglesa.

Edição brasileira publicada mediante acordo com
The Robbins Office, Inc.
International Rights Management: Susanna Lea Associates.

Direitos para a língua portuguesa reservados
com exclusividade para o Brasil à
EDITORA ROCCO LTDA.
Rua Evaristo da Veiga, 65 – 11º andar
Passeio Corporate – Torre 1
20031-040 – Rio de Janeiro – RJ
Tel.: (21) 3525-2000 – Fax: (21) 3525-2001
rocco@rocco.com.br
www.rocco.com.br

Printed in Brazil/Impresso no Brasil

Preparação de originais
NATÁLIA PACHECO

CIP-BRASIL. CATALOGAÇÃO NA PUBLICAÇÃO
SINDICATO NACIONAL DOS EDITORES DE LIVROS, RJ

237p

Navalny, Alexei
    Patriota / Alexei Navalny ; tradução Clóvis Marques. - 1. ed. - Rio de Janeiro : Rocco, 2025.

    Tradução de: Patriot a memoir
    ISBN 978-65-5532-527-0
    ISBN 978-65-5595-335-0 (recurso eletrônico)

    1. Alexei Navalny, 1976-2024. 2. Ativistas políticos - Rússia (Federação) - Biografia. 3. Prisioneiros políticos - Rússia (Federação) - Biografia. I. Marques, Clóvis. II. Título.

25-96334   CDD: 947.086
               CDU: 929:323.281(470+571)

Gabriela Faray Ferreira Lopes - Bibliotecária - CRB-7/6643

PARTE I
QUASE MORTE

1

Morrer, na verdade, não doeu. Se não estivesse dando meu último suspiro, eu jamais teria me estendido no chão do banheiro de um avião. Como podem imaginar, não era lá muito limpo.

A viagem era de Moscou a Tomsk, na Sibéria, e eu estava muito satisfeito. Eleições regionais aconteceriam dentro de duas semanas em várias cidades da Sibéria, e meus companheiros da Fundação Anticorrupção (FA) e eu estávamos decididos a infligir uma derrota ao partido do governo, Rússia Unida. Seria uma mensagem importante: mesmo depois de vinte anos no poder, Vladimir Putin não era onipotente nem sequer apreciado naquela região da Rússia — embora muita gente por lá assistisse aos apresentadores e comentaristas de jornais da TV entoando loas ao líder do país 24 horas por dia, sete dias na semana.

Há vários anos eu era impedido de concorrer a cargos públicos. O Estado não reconhecia o partido político liderado por mim e recentemente se recusara a registrá-lo pela nona vez em oito anos. Por algum motivo nós sempre deixávamos de "preencher os formulários corretamente". Nas raras vezes em que o nome de um dos nossos candidatos chegava a constar da cédula, os pretextos mais absurdos eram invocados para considerá-lo inelegível. O desafio enfrentado pela nossa rede — que no auge de suas atividades chegou a ter oitenta escritórios regionais, sendo uma das maiores do país e sob constante ataque do Estado — exigia, portanto, uma capacidade esquizofrênica de vencer eleições das quais havíamos sido proibidos de participar.

No nosso país, onde, durante mais de duas décadas, o regime autoritário teve como prioridade inculcar nos eleitores a crença de que eles não têm poder nenhum e não podem mudar nada, nunca foi fácil convencer as pessoas a saírem de casa para votar. Mas a verdade é que a renda da população vinha caindo há sete anos consecutivos. Se pelo menos um terço dos que estavam fartos do regime pudessem ser levados até as cabines de votação, nem um único candidato de Putin teria chance. Mas como fazer as pessoas votarem? Pela persuasão? Oferecendo recompensas? Optamos por deixá-las realmente putas.

Há vários anos meus companheiros e eu vínhamos filmando uma interminável novela sobre a corrupção na Rússia. Nos últimos tempos, quase todo episódio registrava três a cinco milhões de acessos no YouTube. Conhecendo a realidade russa, desde o início descartamos qualquer abordagem jornalística escorada em ressalvas cheias de dedos — "alegadamente", "possível", "suposto" — como nossos assessores jurídicos teriam preferido. Um ladrão era chamado de ladrão, e corrupção, de corrupção. Se alguém tinha uma propriedade gigantesca, não nos limitávamos a revelar sua existência, mas fazíamos vídeos com drones e mostrávamos a propriedade em todo o seu esplendor. Também descobríamos o valor e o cotejávamos com a renda modesta declarada oficialmente pelo burocrata que a possuía.

É possível teorizar infindavelmente sobre corrupção, mas preferi uma abordagem mais direta — como examinar as fotografias do casamento do secretário de imprensa do presidente e, no momento em que ele beija a noiva, focar o relógio espetacular que aparece por baixo da sua manga. Obtivemos junto a um fornecedor suíço um certificado de que o relógio custa 620 mil dólares e o mostramos aos cidadãos do nosso país, onde uma a cada cinco pessoas vive abaixo da linha da pobreza — 160 dólares por mês, o que seria mais apropriadamente considerado como a linha da miséria. Tendo devidamente indignado o público com o descaramento da corrupção no mundo oficial, o passo seguinte é encaminhá-lo para um website que lista as pessoas em quem eles devem votar se não quiserem continuar sustentando a vida de luxo dos burocratas.

Funcionou.

Ao mesmo tempo divertimos e enfurecemos nosso público com imagens da vida dos "humildes patriotas que governam nossa terra", explicando como funcionam os mecanismos da corrupção e propondo iniciativas concretas para causar o máximo de dano ao sistema de Putin. Material não nos faltava.

Olhando pela janela do avião, eu pensava que a essa altura tínhamos o bastante para carregar no YouTube dois ou três vídeos sobre a corrupção nas cidades da Sibéria. Eles seriam vistos por milhões de pessoas, centenas de milhares delas vivendo em Novosibirsk e Tomsk. Essas pessoas não só os veriam como ficariam revoltadas o suficiente para atender ao nosso chamado para comparecerem às urnas e votarem contra os candidatos do partido de Putin.

Um sorriso irônico veio a mim quando me lembrei das maneiras como as autoridades oficiais, que sabiam o que estávamos preparando, tinham tentado boicotar nosso plano. Para funcionários de todos os níveis, minhas viagens pela Rússia eram como uma capa vermelha agitada diante de um touro. Eles encaravam minhas visitas como uma ameaça e inventavam infindáveis acusações judiciais para entravar meus deslocamentos pelo país, pois um réu não pode se afastar da região de sua residência. Desde 2012, passei um ano em prisão domiciliar e vários outros proibido de sair de Moscou.

Dois meses antes, outra ridícula ação judicial, instigada pelo canal de TV Russia Today — controlado pelo Estado —, fora movida contra mim, sob a acusação de "difamar um veterano de guerra", acompanhada de mais uma ordem me proibindo de sair de Moscou. Considerando ilegal a restrição, eu a ignorei e parti para mais essa viagem de investigação à Sibéria. Meus colegas e eu estávamos levando para casa centenas de gigabytes de imagens, inclusive entrevistas com a oposição local e um vídeo com imagens da residência de um deputado pró-governo numa ilha particular. O material fora criptografado e enviado para um servidor, pronto para edição.

Eu esperava derrotar o partido da situação em Tomsk e pelo menos lhe dar uma dor de cabeça em Novosibirsk. Dava satisfação pensar que, apesar dos crescentes atos de intimidação — nos dois últimos anos houvera mais de trezentas batidas nos nossos escritórios, homens com máscaras pretas serrando portas, revirando tudo, confiscando telefones e computadores —, só tínhamos nos fortalecido. Naturalmente, quanto mais agradável para mim, mais desagradável para o Kremlin e para o próprio Putin. Deve ter sido isso que o levou a dar a ordem de "iniciar medidas ativas". Tradicionalmente usada por funcionários da antiga KGB, essa frase continua a ser usada pelo atual FSB* quando escrevem memórias. Livre-se da pessoa e você se livra do problema.

---

* KGB, Comitê de Segurança do Estado, a temida e brutal polícia secreta da União Soviética, criada em 1954. Com o fim da URSS, foi substituída, com a fundação da Federação Russa, em 1991, pelo FSB, o Serviço Federal de Segurança (N. do T.).

Na vida cotidiana, coisas terríveis podem acontecer a qualquer um. O sujeito pode ser devorado por um tigre. Alguém de uma tribo hostil pode atacá-lo, pelas costas, com uma lança. Ao tentar demonstrar suas habilidades culinárias ao parceiro ou parceira, você pode amputar um dedo sem querer, ou perder a perna ao usar uma motosserra na garagem, caso não preste atenção. Um tijolo pode cair na cabeça de uma pessoa ou alguém pode despencar de uma janela. Para não falar dos habituais ataques do coração e outras tragédias angustiantes, mas pelas quais normalmente se espera.

Poucos leitores, espero, terão sido atacados por uma lança ou caído da janela, mas é fácil imaginar como seria. Nossa experiência de vida e a observação dos outros nos permitem conceber vividamente tais sensações. Ou pelo menos era o que eu pensava antes de entrar naquele avião.

―――

Em respeito às convenções das histórias policiais, tentarei relatar tudo que aconteceu nesse dia tão precisamente quanto possível, seguindo o consagrado princípio de que o menor detalhe pode fornecer a chave para desvendar o mistério.

O dia é 20 de agosto de 2020. Estou no meu quarto de hotel em Tomsk. O despertador toca às 5h30. Eu acordo sem dificuldade e vou ao banheiro. Tomo um banho. Não faço a barba. Escovo os dentes. O desodorante roll-on acabou. Esfrego o plástico seco nas axilas e descarto o aplicador na cesta de lixo, onde será encontrado horas depois por meus colegas, que darão uma busca no quarto. Envolto na maior toalha que estava pendurada no banheiro, retorno ao quarto, pensando no que vestir. Cueca, meias, uma camisa. Como sou desses que ficam meio desorientados ao escolher as roupas, encaro por talvez uns dez segundos o conteúdo da minha mala aberta.

Um pensamento constrangedor me passa pela cabeça. E se eu usar a camisa de ontem? Afinal, estarei em casa dentro de cinco horas, e lá vou tomar outro banho e trocar de roupa. Não, pode não ser legal. Um dos meus colegas pode notar e achar que me comporto como um andarilho qualquer.

O hotel mandou a roupa lavada de volta ontem, então pego meias e uma camisa no pacote. Na mala há cuecas limpas. Visto as roupas e olho para o relógio: 5h47. Não posso perder o avião: é quinta-feira, e sou um escravo das quintas-feiras. Toda quinta, aconteça o que acontecer, entro no ar ao vivo às 20h, dando minha opinião sobre os acontecimentos da última semana na Rússia. *A Rússia do Futuro com Alexei Navalny* é um dos streams mais populares do país, assistido on-line por 50 a 100 mil pessoas, com mais de 1,5 milhão de acessos depois da postagem. Este ano, a audiência não caiu abaixo de um milhão. (Se não fosse quinta-feira, eu teria permanecido mais alguns dias na Sibéria. Hoje, dois colegas viajarão comigo, e vários outros ficarão para concluir o trabalho.)

São 6h01. Detesto me atrasar, mas como sempre não me lembrei de embalar tudo: meu cinto está jogado na cadeira. Sou obrigado a abrir a mala, colocá-lo lá dentro e me entregar ao exercício conhecido de qualquer um que tente fechar uma mala abarrotada. Jogo nela todo o peso do meu corpo, fecho o zíper e imploro mentalmente para que ela não se abra de novo quando eu tirar a mão e parar de pressionar.

Às 6h03, já desci para o saguão do hotel, onde Kira Yarmysh, minha secretária de imprensa, e Ilya Pakhomov, meu assistente, estão à espera. Entramos no táxi chamado por Ilya e seguimos para o aeroporto. No caminho, o motorista para num posto de gasolina; parece meio estranho, pois normalmente eles abastecem entre um passageiro e outro, mas não penso muito nisso.

No aeroporto nos deparamos com o mesmo esquema estúpido que se encontra em toda parte na Rússia. A pessoa tem que passar por um detector de metais com a bagagem antes mesmo de entrar no prédio. O que significa enfrentar duas filas e passar por dois controles. Tudo muito lento, e sempre tem um sujeito na frente que esquece de tirar o celular do bolso. O detector apita. Ele também esqueceu de tirar o relógio de pulso. O detector apita de novo. Xingando mentalmente o imbecil, passo pelo portal, e, claro, o escaneador apita. Esqueci de tirar o relógio.

— Desculpe! — digo ao passageiro que está atrás de mim na fila, lendo nos seus olhos exatamente o que eu estava pensando dez segundos antes.

Não vou ficar de mau humor por causa dessas bobagens. Daqui a pouco estarei em casa e passarei o fim de semana com a minha família. Que sensação maravilhosa.

Kira, Ilya e eu ficamos parados no meio do terminal, um clássico grupo em viagem de negócios nas primeiras horas da manhã. Ainda temos uma hora até a decolagem. Olhamos ao redor, tentando imaginar o que fazer até o embarque ser anunciado.

— Por que não tomamos um chá? — sugiro. E é o que fazemos.

Eu devia ter tomado meu chá com mais elegância, pois, três mesas adiante, há um sujeito que está furtivamente gravando um vídeo. Ele vai postar minha figura encurvada no Instagram com a legenda "Navalny flagrado no aeroporto de Tomsk", e as imagens serão vistas um número incalculável de vezes e analisadas segundo a segundo. Nelas, uma garçonete se aproxima e me entrega o chá num copo de papel vermelho. Ninguém mais toca no copo.

Vou até uma loja chamada Lembranças da Sibéria e compro balas. Quando vou pagar, tento imaginar uma piada para o momento em que presentearei minha mulher, Yulia, ao chegar em casa. Mas não me ocorre nada. Não faz mal, vou pensar em algo.

O embarque é anunciado, e às 7h35 apresentamos nossos passaportes e entramos no ônibus que nos levará até o avião, 150 metros adiante.

O voo está lotado, e há certo alvoroço no ônibus. Um sujeito me reconhece e pede uma selfie. Claro, sem problemas. Em seguida, outras pessoas perdem a inibição e mais umas dez vêm na minha direção para conseguir uma foto. Dou um sorriso alegre para as fotos e, como sempre nesses momentos, fico me perguntando quantas dessas pessoas realmente sabem quem eu sou e quantas decidiram tirar uma foto só para o caso de eu ser alguém. Uma perfeita ilustração da definição de subcelebridade proposta por Sheldon Cooper em *The Big Bang Theory*: "Quando você explica quem ele é, muitas pessoas o reconhecem."

Quando entramos no avião, mais fotografias, e Kira, Ilya e eu estamos entre os últimos a ocupar os assentos. Isso me deixa ansioso, pois trago uma mochila e uma mala que precisam ser acondicionadas. E se todos os compartimentos de cima estiverem ocupados? Não quero ser aquele triste passageiro que percorre a cabine pedindo à tripulação que encontre um lugar para a sua bagagem de mão.

No fim, dá tudo certo. Há espaço para a mala, e eu acomodo a mochila entre meus pés, no assento da janela. Meus colegas sabem que prefiro muito mais me sentar à janela, para que eles me isolem de qualquer um que possa querer discutir a situação política da Rússia. Em geral, gosto de conversar com as pessoas, mas não num avião. Sempre tem muito barulho ambiente, e não me agrada a ideia de um rosto a apenas 20 centímetros de distância gritando:

— Você investiga corrupção, certo? Pois bem, deixe eu lhe contar a minha história.

A corrupção é estrutural na Rússia, e todo mundo tem uma história para contar.

Meu estado de espírito, que já era bom, fica melhor ainda por ter pela frente deliciosas três horas e meia de total descontração. Primeiro, vou ver um episódio de *Rick e Morty* e, depois, ler.

Aperto o cinto e descalço os tênis. O avião começa a rolar na pista. Eu meto a mão na mochila, pego o laptop e os fones de ouvido, abro a pasta *Rick e Morty*, escolho uma temporada qualquer e depois um episódio. Estou com sorte de novo; é aquele em que Rick se transforma em picles. Adoro.

Um comissário de bordo me olha de soslaio ao passar, mas não me pede para fechar o laptop, como determina uma norma ultrapassada de segurança aérea. É uma das vantagens de ser uma subcelebridade. As coisas hoje estão indo mesmo muito bem.

Mas aí não vão mais.

Graças ao gentil comissário, sei exatamente em que momento senti que algo estava errado. Muito tempo depois, passados 18 dias em coma, 26 na UTI e 34 no hospital, calcei luvas, limpei meu laptop com álcool, abri e descobri que haviam transcorrido 21 minutos do episódio.

É preciso um acontecimento realmente extraordinário para me fazer parar de assistir a *Rick e Morty* — uma turbulência não seria suficiente —, mas estou olhando para a tela e não consigo me concentrar. Um suor frio começa a pingar da minha testa. Alguma coisa muito, muito estranha e errada está acontecendo. Sou obrigado a fechar o laptop. Um suor gelado escorre pela minha testa. É tanto que eu peço um lenço de papel a Kira, que está sentada à minha esquerda. Ela está absorta em seu e-book e, sem levantar os olhos, pega um pacotinho de lenços na bolsa e me entrega. Eu uso um. Depois outro. Sem dúvidas, há algo errado. Nunca senti nada parecido em toda a minha vida. E eu nem tenho clareza do que está acontecendo. Não tem nada doendo. Só a sensação esquisita de que todo o meu sistema está entrando em colapso.

Concluo que deve ser enjoo por ficar olhando para a tela durante a decolagem. Digo meio hesitante a Kira:

— Tem algo errado. Será que você pode conversar um pouco comigo? Preciso me concentrar no som da voz de alguém.

É um pedido estranho, mas, depois da surpresa inicial, Kira começa a me falar do livro que está lendo. Eu ouço o que ela diz, mas demanda muito de mim. Minha concentração se esvai a cada segundo. Passados uns dois minutos, só consigo ver os lábios dela se movendo. Ouço sons, mas não entendo o que é dito, embora Kira tenha me contado mais tarde que aguentei cerca de cinco minutos, murmurando "Ã-hã" e "A-há" e até pedindo que ela esclarecesse o que havia dito.

Um comissário de bordo aparece no corredor com um carrinho — bebidas. Tento pensar se deveria beber um pouco de água. Segundo Kira, ele ficou parado ali, esperando. Olho para ele em silêncio durante dez segundos, até que ele e ela começam a ficar constrangidos.

— Acho que preciso mesmo me levantar — digo, enfim.

Resolvo lavar o rosto com água fria para me sentir melhor. Kira cutuca Ilya, que está dormindo no assento do corredor, e eles me deixam passar. Estou apenas de meias. Não que não tivesse forças para calçar os tênis de novo; só não quero me dar ao trabalho no momento.

Felizmente o banheiro está livre. Cada gesto nosso requer reflexão, embora habitualmente não notemos. Preciso fazer um esforço consciente para entender o que está acontecendo e o que eu devo fazer em seguida. Aqui é o banheiro. Preciso encontrar a tranca. Há coisas de cores diferentes. Isto parece ser a tranca. Ela desliza nessa direção. Não, na outra. Ok, ali está a torneira. Tenho que pressioná-la. Como faço? Minha mão. Onde está minha mão? Aqui. Água. Tenho que jogá-la no rosto. No fundo da mente há apenas um pensamento, que não requer nenhum esforço nem deixa espaço para mais nada: *Não aguento mais*. Enxáguo o rosto, sento no vaso e me dou conta pela primeira vez: esse é meu fim.

Eu não pensei "acho que esse é meu fim". Eu sabia que era.

Experimente tocar o seu punho com um dedo da outra mão. Você sente algo porque o corpo libera acetilcolina, e um sinal nervoso transmite ao cérebro a informação do seu gesto. Você vê com os olhos e identifica com o tato. Agora faça o mesmo de olhos fechados. Você não vê seu dedo, mas distingue facilmente quando está tocando no punho e quando não está. Isso acontece porque, depois que a acetilcolina transmite um sinal entre as células nervosas, seu corpo secreta colinesterase, uma enzima que interrompe o sinal uma vez que ele já fez seu trabalho. Ela destrói a acetilcolina "usada" e, com ela, qualquer traço do sinal transmitido ao cérebro. Se isso não acontecesse, o cérebro não pararia de receber sinais sobre o toque no punho repetidamente, milhões de vezes. Seria semelhante a um ataque distribuído de negação de serviço (DDOS, na sigla em inglês) contra um website: clique uma vez, e o site se abre; clique um milhão de vezes por segundo, e ele entra em colapso.

Para enfrentar um DDOS, você pode recarregar o servidor ou instalar outro mais potente. Em se tratando de seres humanos, não é tão simples. Bombardeado por bilhões de sinais falsos, o cérebro fica desorientado, incapaz de processar o que está acontecendo, e acaba desligando. Depois de algum tempo, a pessoa para de respirar, pois essa função, no fim das contas, também é controlada pelo cérebro.

É assim que atuam os agentes nervosos.

Faço mais um esforço e mentalmente checo meu corpo. Coração? Não dói. Estômago? Tudo certo. Fígado e outros órgãos internos? Nem o mais leve desconforto. No cômputo geral? Terrível. É demais, e estou morrendo.

Com dificuldade, jogo água no rosto de novo. Quero voltar ao meu assento, mas não acho que seja capaz de sair sozinho do banheiro. Não conseguirei encontrar a tranca. Estou vendo tudo com clareza. A porta está à minha frente. A tranca também. Tenho força suficiente, mas manter a droga da tranca em foco, estender a mão e deslizar a peça na direção certa é muito difícil.

Até que dou um jeito de sair. Tem uma fila de gente esperando, e consigo ver que não estão nada satisfeitos. Acho que fiquei no banheiro mais tempo do que supunha. Não estou me comportando como um bêbado — não cambaleio, ninguém está apontando para mim. Sou apenas mais um passageiro. Kira me disse depois que me levantei do assento junto à janela de um jeito perfeitamente normal, passando por ela e Ilya sem problemas. Apenas estava muito pálido.

Estou de pé no corredor e digo a mim mesmo que devo pedir ajuda. Mas o que é que vou dizer ao comissário? Nem consigo articular o que está errado ou do que preciso.

Olho para trás na direção dos assentos, mas me volto para o outro lado. Agora estou de frente para a cozinha de bordo, quatro metros quadrados com carrinhos de refeições — o lugar aonde vamos num voo longo quando queremos algo para beber.

Os escritores de verdade são pessoas especiais. Quando me perguntam como é morrer envenenado por uma arma química, duas associações me vêm à cabeça: os dementadores em *Harry Potter* e os Nazgûl de *O senhor dos anéis*, de Tolkien. O beijo de um dementador não dói: a vítima apenas sente a vida indo embora. A principal arma dos Nazgûl é sua aterradora capacidade de nos fazer perder a vontade e a força. De pé ali, no corredor, sou beijado por um dementador, e um Nazgûl está por perto. Sinto que sou subjugado pela impossibilidade de entender o que está acontecendo. A vida está se esvaindo, e não tenho força de vontade para resistir. Estou acabado. Com toda força, esse pensamento rapidamente se sobrepõe a "não aguento mais".

O comissário de bordo olha para mim com ar de zombaria. Parece o mesmo que fingiu não notar meu laptop. Faço mais um esforço para encontrar o que lhe dizer. Para minha surpresa, consigo:

— Fui envenenado e vou morrer.

Ele me olha sem alarme, surpresa ou sequer preocupação — na verdade, com um meio sorriso.

— Como assim? — pergunta.

Sua expressão muda radicalmente ao me ver deitar aos seus pés no chão da cozinha. Eu não caio, não desmorono, não perco a consciência. Mas tenho a sensação incontornável de que ficar de pé ali no corredor é uma tolice sem sentido. Afinal, estou morrendo, e todo mundo — corrijam-me se eu estiver errado — morre deitado.

Estou deitado de lado. Olhando para a parede. Não sinto mais nenhum embaraço ou ansiedade. As pessoas começam a correr, e ouço exclamações alarmadas.

Uma mulher grita no meu ouvido:

— Diga, está se sentindo mal? Está tendo um ataque do coração?

Eu sacudo a cabeça molemente. Não, nenhum problema com meu coração.

Mal tenho tempo de pensar "É tudo mentira, o que dizem sobre a morte". Minha vida inteira não está passando diante dos meus olhos. Os rostos dos meus entes queridos não aparecem, tampouco um anjo ou alguma luz ofuscante. Estou morrendo, olhando para uma parede. As vozes ficam indistintas, e as últimas palavras que ouço são da mulher gritando:

— Não! Fique acordado, fique acordado.

E, aí, eu morri.

Spoiler: na verdade, não morri.

2

Se você acha que sair de um coma é mais ou menos instantâneo, como fazem parecer nos filmes, vou ter que desapontá-lo. Eu bem que gostaria de dizer que uma hora estava morrendo num avião e que no minuto seguinte abri os olhos e vi que estava no hospital, olhando para minha amada esposa, ou pelo menos para uma equipe de médicos me observando ansiosamente. Não foi o que aconteceu. Voltar à vida normal levou várias semanas de visões muito desagradáveis e persistentes. O processo todo foi como uma longa jornada extremamente realista pelos círculos do inferno. Não me surpreenderia que essa ideia toda tivesse sido concebida por pessoas que estiveram em coma e viram as mesmas coisas que eu. Era uma ininterrupta sucessão de alucinações, em meio às quais eventualmente eu tinha um vislumbre da realidade. Com o passar do tempo, havia mais realidade e menos alucinações.

Lembro-me apenas de momentos isolados dos primeiros dias. Num deles, estou sentado numa cadeira de rodas, e alguém está fazendo a minha barba. Não consigo mover um dedo. Em outro, uma pessoa gentil está lavando minhas mãos, parece ser um médico. Ele me diz:

— Alexei, por favor, diga qualquer palavra. Vou escrever e lhe mostrar.

Esse pedido foi repetido dia após dia, e lentamente comecei a entender. Primeiro, me dei conta de que eu era Alexei, depois, de que aquilo era um exercício que o médico queria que eu fizesse e que minha tarefa era dizer qualquer palavra. Minhas cordas vocais estavam intactas, o problema era que eu não conseguia pensar em nenhuma palavra. Tentava com todo afinco, mas era impossível alcançar a parte do meu cérebro responsável pelas palavras. Para piorar as coisas, não conseguia explicar ao médico que não era capaz de pensar numa palavra, pois isso também dependia de palavras, e eu simplesmente não tinha nenhuma na cabeça. Diante de perguntas simples da enfermeira, eu assentia, mas não era capaz de lembrar e pronunciar uma palavra inteira.

Aos poucos fui entendendo melhor o que estava acontecendo e até comecei a dizer coisas. Então me deram um lápis e pediram que eu escrevesse algo, e minha agonia começou de novo: eu não tinha a menor ideia de como escrever.

Meu médico vinha me ver com mais frequência do que qualquer outra pessoa. Era um neurocirurgião muito famoso e respeitado do Japão, um professor. Falava comigo durante muito tempo, tranquilamente, explicando com todo cuidado o que acontecera, o tipo de tratamento que eu teria de seguir, o tempo necessário para a reabilitação e quando poderia ver minha família. Eu ficava muito impressionado com o profissionalismo e a segurança. É ele a primeira pessoa de que me lembro claramente ao sair do coma. Era um sujeito alto, bem-apessoado apesar da ligeira calvície, sério e de grande inteligência. Mas, sabe-se lá por que, também era incrivelmente triste.

As enfermeiras me disseram depois que o filho dele de 2 anos tinha morrido num acidente, atropelado por um carro no Japão. O professor tentara salvá-lo, operando-o ele mesmo, mas, tragicamente, o menino morreu nos seus braços. Numa das visitas, ele leu para mim um haikai que tinha escrito em memória do filho. Eu nunca tinha ouvido nada tão lindo na vida. Depois que ele me deixava, eu não conseguia tirar da cabeça aqueles versos de partir o coração, e por vários dias chorei em silêncio pensando neles.

Quando o professor estava comigo, contudo, eu me mostrava valente, inclusive porque traçávamos um plano para me pôr de pé de novo, o que me agradava. Na semana seguinte, disse-me o professor, eu receberia pernas biônicas no lugar das minhas, que evidentemente estavam perdidas. Depois, ele faria uma complicada neurocirurgia de substituição da minha coluna. A nova espinha dorsal seria um grande aprimoramento, pois estaria ligada a quatro gigantescos tentáculos mecânicos, exatamente como no Doutor Octopus da série *O espetacular Homem-Aranha*. Fiquei em êxtase.

Imagine minha decepção quando disseram que não havia nenhum professor japonês, que todos os planos e conversas e longos diálogos não passavam de uma alucinação, provocada por ter ingerido seis drogas psicotrópicas diferentes ao mesmo tempo. Fiquei tão chocado que exigi a presença de toda a equipe do hospital. Talvez eu tivesse confundido alguns detalhes e ele não fosse um neurocirurgião, mas, quem sabe, um especialista em ressuscitação. Infelizmente não havia ninguém no Charité — o meu hospital — que se encaixasse na descrição. Fiz questão de fingir compreender que, como os médicos e minha família diziam, eu tinha imaginado aquilo tudo. Mas mesmo assim passei várias horas procurando por neurocirurgiões japoneses famosos no Google, pensando na possibilidade remota de haver algum cujo filho tivesse morrido num acidente. Se não houvesse, teria que encarar o fato de ter passado três dias chorando copiosamente por um haikai inventado por mim mesmo.

Não me lembro da primeira vez que vi Yulia depois do coma. Não houve aquele momento em que alguém entrou na minha ala, eu abri os olhos, olhei para uma mulher linda e pensei: "Ah, Yulia está aqui. Que maravilha!" Eu não reconhecia ninguém nem compreendia o que estava acontecendo ao meu redor. Só ficava deitado, incapaz de me concentrar. Mas lembro que todo dia havia aquele melhor momento em que "ela" se materializava ao meu lado. Ela sabia melhor que ninguém o jeito exato de ajeitar meu travesseiro e de falar comigo. Não ficava choramingando "Ah, pobre Alexei". Ela sorria e ria, e eu me sentia melhor.

Havia um grande quadro branco na parede em frente à minha cama, na unidade de tratamento intensivo. Tinha alguma coisa desenhada nele, só que, por mais que tentasse, eu não entendia o que era. Fiquei olhando para o quadro, até que de repente vi que eram coraçõezinhos. Algum tempo depois, percebi que o número de corações aumentava. Mais adiante, comecei a contá-los e me dei conta de que, durante todo o tempo que passei em tratamento intensivo, Yulia me visitava diariamente e acrescentava um coração. Olhando para eles, consegui um dia escrever algo num pedaço de papel que ela me dera. Quando ela me mostrou, depois que saí do hospital, não havia nada escrito, apenas algo parecido com a linha de um cardiograma. Por um tempo, eu só era capaz de escrever em uma coluna. Reaprendi a escrever direito, horizontalmente, algumas semanas depois, mas ainda passei muito tempo confundindo a ordem das letras nas palavras.

Um dia, quando já estava mais ligado na realidade e até começando aos poucos a me lembrar de algumas coisas em inglês, disse à enfermeira que queria beber água. Ela respondeu que me daria assim que eu escrevesse uma palavra e me estendeu uma caneta. Eu lembrava como se dizia "água" em inglês, mas não tinha a menor ideia de como escrevê-la, por mais que tentasse. Já estava começando a ficar aborrecido e pedi água de novo, de um jeito malcriado.

— Tente escrever mais uma vez — disse a enfermeira firmemente.

Eu rabisquei de qualquer jeito no papel, enfurecido, e num ataque de raiva escrevi a palavra que de repente saltou do meu subconsciente — "*fuck*".* Meio vingativo, mas sobretudo com certo orgulho, entreguei o papel à enfermeira. Ela olhou para mim com empatia. Eu tinha escrito "fkuc".

Estou tentando relatar minhas lembranças em sequência, mas o fato é que era tudo um só mosaico de fragmentos de realidade e sonhos: o professor japonês, o papel e a caneta, o fato de eu não ter pernas, os corações no quadro branco, o fato de ter sofrido um terrível acidente, Yulia, estar na prisão.

E lá estava eu, sentado num beliche, numa cela de prisão. As normas do presídio estavam escritas nas paredes ao redor, só que não eram as regras habituais, mas letras das canções do Krovostok, um famoso grupo russo de rap. Os guardas mandavam que eu lesse as regras, quer dizer, as letras, de novo e de novo, mil vezes. Era uma tortura, e no sonho eu ficava furioso. Muito depois, já tendo recobrado a consciência, mencionei isso numa entrevista, e os caras do Krovostok me responderam no Twitter: "Lyosh,** foi mal por essa *bad trip*."

Havia um enorme aparelho de televisão na parede da minha ala, o que representava outra provação, só um pouco menos horrível que meus delírios recorrentes. À medida que gradualmente recuperava a consciência, a equipe médica experimentava tudo que fosse possível e imaginável para me entreter. Um dia, decidiram que talvez eu gostasse de futebol. O problema era que não tenho o menor interesse. Depois de um certo tempo, meu colega Leonid Volkov, que foi me visitar, entendeu que havia algum problema.

— Por que estão colocando futebol para ele assistir? Ele detesta.

A televisão mais que depressa foi desligada, e, embora na época eu não me desse conta de muita coisa, senti um enorme alívio.

Yulia e Leonid tentaram várias vezes me contar o que tinha acontecido. Durante um tempo, não tiveram muito êxito. Era como se batessem

---

* "Merda" ou "vai se foder", em tradução livre (N. do T.).
** Diminutivo de Alexei.

numa porta fechada por trás da qual estava meu cérebro, que não respondia. Eles me falaram do envenenamento; do meu desmaio no avião; do hospital em Omsk, cheio de oficiais do FSB; da relutância do regime por muito tempo em autorizar minha transferência do hospital; da remoção para a Alemanha… mas eu só ficava olhando. Relatavam exaustivamente, com detalhes, que Putin tinha tentado me assassinar quando eu viajava pela Sibéria; que o meu envenenamento fora confirmado por laboratórios independentes e, ainda por cima, com o mesmo agente químico que os serviços secretos russos haviam utilizado para envenenar os Skripal em Salisbury.* E aí, quando pronunciaram de novo a palavra "novichok", de repente olhei direto para eles e disse:

— Como assim, porra? É muita burrice!

Leonid diz que nesse momento soube que eu ficaria bem.

Aos poucos ganhei mais consciência do que havia acontecido e me lembrei do que viera antes. Mesmo que os detalhes da tentativa fracassada de me assassinar fossem fascinantes e apaixonantes, eu estava mais interessado em saber como haviam transcorrido as eleições em Tomsk e Novosibirsk. Tínhamos publicado nossas investigações no YouTube? As pessoas tinham visto? E votaram? Conseguíramos derrotar o Rússia Unida? Que percentagem dos votos nossos candidatos obtiveram? Na noite de apuração dos resultados, pedi a Yulia que lesse em voz alta todo o meu feed do Twitter. Depois, com a fala arrastada, ditei mensagens a serem mandadas aos nossos colegas.

Os resultados eleitorais foram melhores do que poderíamos esperar. Em Tomsk, dezenove dos 27 candidatos apoiados por nós tinham vencido, inclusive a coordenadora da nossa sede local, Ksenia Fadeyeva, e seu vice, Andrei Fateyev. Em Novosibirsk, doze candidatos que aponhamos foram eleitos deputados, e o ex-chefe do nosso escritório, Serguei Boiko, estava entre eles.

---

* O ex-militar russo Serguei Skripal, que trabalhava como agente duplo para os serviços de inteligência britânicos, e sua filha Yulia foram envenenados em março de 2018 nessa cidade da Inglaterra com o agente nervoso *novichok* e passaram várias semanas hospitalizados em estado crítico, mas sobreviveram. O governo do Reino Unido responsabilizou o regime russo e anunciou medidas de retaliação, como a expulsão de diplomatas, exemplo seguido por outros 28 países. Moscou negou as acusações e adotou medidas equivalentes (N. do T.).

Mesmo assim, só dei conta da realidade quando fui autorizado a sair da cama pela primeira vez e dar alguns passos sozinho. Durante muito tempo não me permitiram isso porque eu queria fugir, algo que cheguei a tentar várias vezes. Enquanto recobrava a consciência, percebi que havia sempre pessoas de pé do lado de fora da minha ala, observando-me pelo vidro. Não pareciam ser médicos, e, quando fiquei sabendo o que havia acontecido, me disseram se tratar de guardas. Certo dia, tentei convencer Yulia a tomar as armas deles e me ajudar a escapar. Sentia uma necessidade urgente de fugir. Mas os sujeitos não portavam revólveres. Depois, decidi eu mesmo agir — quando fiquei sozinho, arranquei os cateteres e tubos presos a mim, espalhando sangue por todo lado, e tentei me levantar. O pessoal médico imediatamente acorreu, me pôs de novo na cama e me reconectou rapidinho. Mas não desisti tão fácil — fiz várias outras tentativas de fuga nos dias seguintes.

Finalmente, quando tive permissão dos médicos para levantar e dei alguns passos até a pia, muito hesitante, todas as lembranças me voltaram de verdade. Eu queria me lavar, mas as mãos não obedeciam, e de repente lembrei com clareza que semanas antes havia tentado lavar o rosto no avião entre Tomsk e Moscou. Voltei à cama, deitei, olhei para o teto e fiquei arrasado. Parecia um velho frágil, incapaz de caminhar três metros até a pia sem dificuldade, incapaz de abrir uma torneira. Tive medo de ficar assim para sempre.

No começo, parecia que ficaria mesmo. Retomar uma vida normal exigia um esforço imenso. Uma fisioterapeuta me visitava todos os dias. Ela era gentil, mas me obrigava a fazer as coisas mais difíceis que já fiz na vida. Pediu que me sentasse a uma mesa e me entregou dois copos. Um continha água; o outro estava vazio. Ela me deu uma colher e me instruiu a usá-la para transferir água do copo cheio para o vazio. A essa altura eu já conseguia falar muito bem e disse:

— Tudo bem, eu consigo cinco colheradas.

Mas ela exigiu o impossível:

— Não, terá que dar sete.

No fim das contas, com enorme dificuldade, consegui as sete e verti a água no outro copo. Parecia que tinha corrido uma maratona.

Eu ainda precisava reaprender a andar, segurar os objetos e coordenar movimentos. Tinha que pegar uma bola cem vezes por dia. Era exaustivo.

Durante muitas semanas, era uma enorme dificuldade deitar no chão e depois me levantar. Conseguia no máximo três vezes, e era extremamente difícil.

Acho que o momento mais brilhante nos cuidados intensivos foi o dia em que nossos filhos, Dasha e Zakhar, vieram de Moscou. Mas houve aquele clássico momento embaraçoso. Eles não podiam me abraçar, pois eu estava coberto de cabos e tubos. Tampouco estava muito claro do que poderíamos falar naquela situação, então eles só ficaram sentados por perto na ala, e eu olhava para eles, sentindo uma felicidade sem igual.

O dia 23 de setembro foi o meu último no Charité, onde eu passara mais de um mês. Ficamos prontos e embalamos tudo, e pela primeira vez troquei os trajes de hospital por roupas normais. Eu teria alta às 15h, mas pediram que eu esperasse até às 18h porque meu médico queria me examinar uma última vez. A porta se abriu, e ele entrou, seguido por uma senhora que parecia vagamente familiar.

Era Angela Merkel, chanceler da Alemanha. Foi uma surpresa. Claro que eu já sabia que ela havia desempenhado um papel importante naquela história, pressionando Putin a permitir minha transferência para Berlim. Eu queria apertar sua mão ou até lhe dar um abraço (desde o envenenamento, eu me tornara temporariamente muito emotivo), mas logo pensei que minha roupa de ginástica e minha camisa já representavam um desafio e tanto para o rigoroso protocolo alemão, então achei melhor não forçar a barra. Ficamos ali conversando durante uma hora e meia, sobretudo sobre a política russa. Merkel se mostrou bem informada, e me impressionei com seu conhecimento detalhado das nossas investigações, especialmente as mais recentes na Sibéria.

A visita de Merkel foi um gesto pessoal dos mais tocantes e uma jogada política inteligente. Claro que deixaria Putin irritado. Ao nos despedirmos, agradeci por tudo que ela havia feito. Ela perguntou quais eram meus planos. Respondi que gostaria de voltar à Rússia o mais breve possível. Ela disse:

— Não precisa ter pressa.

Mas eu estava obcecado com a ideia de retornar a Moscou assim que pudesse. Realmente queria passar o Ano-Novo em casa. Foi Yulia quem me impediu.

— Vamos esperar até você se recuperar por completo.

Ficamos na Alemanha por mais quatro meses.

21 DE SETEMBRO DE 2020*

Uma postagem sobre o amor.

Meu aniversário de casamento com Yulia foi no dia 26 de agosto. Estamos casados há vinte anos. Na verdade, estou até bastante feliz por ter perdido a data e poder escrever isso hoje, quando já sei um pouco mais sobre o amor do que há um mês.

Vocês já devem ter visto a cena umas cem vezes no cinema e lido relatos em livros: uma pessoa está em coma, e o parceiro, com amor e dedicação incansável, traz o ser amado de volta à vida. E, naturalmente, foi assim mesmo que aconteceu conosco, rigorosamente de acordo com os padrões dos filmes clássicos sobre amor e estado de coma. Eu dormia e dormia e dormia. Yulia @yulia_navalnaya vinha me visitar, falava comigo, cantava e tocava música para mim. Não posso mentir: não me lembro de nada.

Mas vou contar do que me lembro. Talvez nem se qualifique como uma lembrança, na realidade. É mais um apanhado das minhas primeiras sensações e emoções. Mas era tão importante para mim que ficou impresso para sempre no meu cérebro.

Eu estou lá, deitado. Já me tiraram do coma, mas não reconheço ninguém nem entendo o que está acontecendo. Não consigo falar nem sei o que é falar. Meu único passatempo é esperar que Ela venha. Não sei muito bem quem é Ela. Nem sequer sei como Ela se parece. Quando chego a perceber alguma coisa com meus olhos desfocados, não consigo me lembrar da imagem. Mas Ela é diferente, isso eu entendo bem. E, assim, fico deitado ali, esperando por Ela. Ela aparece e é a principal pessoa no ambiente. Ajeita meu travesseiro e o deixa bem confortável. Não tem uma voz grave cheia de empatia, mas fala com animação e ri. Está me dizendo alguma coisa. Quando Ela está por perto, minhas alucinações idiotas diminuem. A sensação é muito boa quando Ela está presente. Até que Ela vai embora, e eu fico triste e volto a esperar por Ela.

---

* Algumas postagens no Instagram foram editadas a bem da clareza e para eliminar repetições. Nem todas as postagens de Alexei no Instagram no período coberto por este livro foram incluídas.

Em momento algum duvido que exista uma explicação científica para isso. Tipo, vocês sabem: eu identificava o tom de voz da minha mulher, o meu cérebro secretava dopamina, e eu começava a me sentir melhor. Cada visita era literalmente terapêutica, e o efeito de esperar por ela intensificava o reforço da dopamina. Por mais impressionante que pareça a explicação médica e científica, agora eu tenho certeza, simplesmente pela minha experiência, de que o amor cura e traz de volta à vida.

Yulia, você me salvou, e quero que isso seja incluído nos manuais de neurobiologia.

PARTE II
FORMAÇÃO

3

Os soldados na estrada usavam roupas brancas diferentes e máscaras de gás que os faziam parecer uma estranha espécie animal. Eu nasci numa família de militares — óbvio que tínhamos uma máscara de gás em casa, mas sua única finalidade era ser usada pelos filhos dos amigos dos meus pais que vinham nos visitar. Eles corriam pelo apartamento fingindo que eram elefantes, gritando de prazer. O que só podia ser feito durante uns três minutos, pois ficava muito quente dentro da máscara. Os soldados não estavam brincando nem achando nada ali divertido. Estranhamente, interceptavam os carros e só deixavam prosseguir depois de passar uma haste metálica nas rodas. Eu tinha 9 anos e olhava pela janela do Lada 6 do meu pai. É uma das lembranças mais vívidas da minha infância. Meus pais, sentados no banco da frente, não ficaram surpresos com as roupas dos soldados. Eles me explicaram que serviam para protegê-los da radiação e de substâncias químicas perigosas. O que era necessário porque recentemente ocorrera uma explosão na usina nuclear de Chernobyl, a 700 quilômetros dali. Nós vivíamos num centro militar perto de Obninsk, uma cidade de acesso restrito onde fora construído o primeiro reator nuclear soviético. Estávamos indo comprar comida em Obninsk, que era bem aprovisionada por causa dos cientistas nucleares que moravam lá. "Aprovisionamento" era uma palavra soviética importante que eu já conhecia. Significava a qualidade de escolha que se teria nas lojas. Alguém nos meandros escuros do sistema soviético de planejamento estatal providenciara para que houvesse uma probabilidade 60% maior de se encontrarem salsichas numa loja de alimentos em Obninsk do que na única mercearia da nossa unidade do exército.

As hastes metálicas manuseadas pelos soldados mediam o nível de radiação nas rodas dos carros. O governo ainda não admitira que a catástrofe de Chernobyl fora causada por negligência, e a justificativa oficial para esses controles ostensivos era tentar encontrar sabotadores. Por esse motivo, as medidas de segurança haviam sido intensificadas em todas as cidades que tivessem uma usina nuclear. Se houvesse espiões (norte-americanos, claro) circulando de carro pelo país e lançando pelos ares uma usina depois da outra, nossas forças armadas os identificariam pelos traços de radioatividade nos pneus.

Minha mãe observou, contudo, que qualquer idiota na nossa cidade sabia a verdadeira razão da fiscalização. Os cientistas nucleares que moravam ali e trabalhavam em Chernobyl logo entenderam a gravidade da catástrofe. Apesar das mentiras veiculadas no noticiário, muitos tinham rapidamente tratado de botar a família no carro e voltado para Obninsk. Essas medidas serviam para identificá-los: seus carros, suas roupas e eles próprios estariam disseminando a radiação. As autoridades mentiam ao dizer que não havia nenhuma ameaça e desesperadamente tentavam impedir que a radiação se alastrasse.

—Já chega desse assunto — disse meu pai, zangado. Ele não queria falar daquilo.

Em quase toda cidade e aldeia da antiga URSS há um memorial aos mortos da Segunda Guerra Mundial. Quase sempre o monumento relaciona os nomes dos habitantes que não voltaram. Quem visitasse o memorial de Zalesiye, na Ucrânia, aldeia a poucos quilômetros da usina de Chernobyl, encontraria, entre outros nomes, "Navalny, Navalny, Navalny, Navalny". Não há como saber quantos desses eram meus parentes e quais apenas tinham o mesmo sobrenome.

Meu pai nasceu nessa aldeia. Ao terminar os estudos, decidiu entrar para o exército e se matricular numa escola militar. Nunca mais viveria na Ucrânia, passando a servir em várias cidades militares da Rússia. Seus dois irmãos mais velhos e sua mãe ficaram em Zalesiye. Eu sempre passava o verão com ela, e meus parentes invariavelmente faziam *tsc* diante daquele moscovita magrela e pálido, dizendo que teriam que me engordar com a boa banha de porco ucraniana. Durante todo o verão me ofereciam comida em quantidades de dar inveja a um lutador de sumô. E eu me transformava num garoto bronzeado do interior da Ucrânia que quase não sabia mais falar russo.

Minha avó era religiosa. Recitava orações, e eu as memorizava, embora não fizesse a menor ideia do que significavam. No outono, voltava para meus pais, e nas refeições minha aparência física era usada como prova num interminável debate bem-humorado sobre os méritos e deméritos de ucranianos e russos. Minha mãe tinha nascido em Arkhangelsk, no norte da Rússia, e crescido em Zelenograd, na região de Moscou, o que significava evidentemente que fazia parte de uma minoria étnica. Depois de ser questionado pela enésima vez se era ucraniano ou russo, eu fazia o possível para evitar uma resposta direta. Era como se quisessem saber quem você amava mais, sua mãe ou seu pai, o que é impossível responder.

Chernobyl era a cidade mais próxima de Zalesiye. Era onde todo mundo ia fazer compras e onde trabalhavam muitos habitantes da aldeia. Lá também ficava a igreja mais próxima ainda em funcionamento, na qual eu fora batizado pela minha avó, sem conhecimento do meu pai. Como todo oficial do exército soviético, ele era obrigatoriamente membro do Partido Comunista da União Soviética (PCUS) e, portanto, por definição, ateu. Minha avó temia que descobrissem que o filho dele tinha sido batizado e que ele fosse expulso do partido. Mas temia ainda mais a Deus e assim deu um jeito de me levar até lá. Nem é preciso dizer que o segredo não durou muito. Meus pais logo ficaram sabendo do batizado por outros parentes, mas, apesar do receio da minha avó, eles não ficaram zangados, apenas se divertiram com a preocupação dela.

Zalesiye era um paraíso na Terra. Tinha um riacho e árvores carregadas de cerejas. Quando os vaqueiros traziam de volta as vacas da aldeia, eu ficava encarregado da enorme vaca que minha avó possuía, e uma das minhas tarefas era conduzi-la para o estábulo. E com isso eu me sentia o máximo. Eu vivia cercado das pessoas mais alegres e maravilhosas: tios, tias, primos, padrinhos e outros parentes cuja situação exata e grau de parentesco muitas vezes era impossível descobrir.

No dia 26 de abril de 1986, à 1h30, esse paraíso foi destruído quando ocorreu uma explosão no quarto reator nuclear da usina de Chernobyl. Para o resto do mundo, era uma grave catástrofe nuclear. Para a URSS, foi um dos motivos do colapso de um país que já enfrentava a crise econômica do "socialismo em seu estágio avançado de desenvolvimento". Para o ramo ucraniano da nossa família, foi uma terrível tragédia que acabou com o antigo modo de vida. Para mim, foi o primeiro acontecimento, a primeira lição de vida que teve um impacto formador na minha visão de mundo. A radiação podia estar distante, mas a hipocrisia e as mentiras inundaram o país inteiro.

Dias depois da explosão, com o governo soviético já ciente da escala da contaminação, habitantes das aldeias ao redor de Chernobyl, entre eles meus parentes, foram mandados para o campo para plantar batatas. Adultos e estudantes cavavam terra onde se depositara poeira radioativa. Naturalmente, os moradores sabiam que algo errado estava acontecendo. Muitos trabalhavam em Chernobyl, e alguns tinham amigos trabalhando na usina nuclear. A notícia de uma explosão se espalhou com a rapidez de um raio.

As autoridades, obviamente, negavam tudo. Era claro que o regime estava escondendo alguma coisa, o que significava que havia coisas sobre as quais não se podia dizer abertamente. Em 1986, não ocorria a ninguém que a União Soviética e seu enorme aparato de controle do pensamento e da fala logo deixariam de existir. Então, se mandavam você plantar batatas, era o que você fazia. Era a coisa mais perigosa e danosa que alguém podia sugerir, mas foi feito para evitar pânico na população!

Em qualquer crise, a reação padrão e imbecil das autoridades soviéticas — e posteriormente das russas — é decidir que o melhor para a população é mentir sem descanso. Caso contrário, segundo esse raciocínio, as pessoas vão sair correndo de casa em completo estado de anarquia, incendiando casas e matando umas às outras!

A verdade é que nada disso jamais aconteceu. Na maioria das crises, a população é capaz de se comportar de modo racional e disciplinado, especialmente se a situação lhe for explicada e lhe disserem o que precisa ser feito. Em vez disso, como pude ver muitas vezes em escala menos dramática, a primeira reação oficial invariavelmente é mentir. Não há nenhuma vantagem prática para que os funcionários ajam desse modo, é simplesmente uma regra: numa situação embaraçosa, minta. Minimize os danos, negue tudo, blefe. Tudo poderá ser resolvido depois, mas, no calor da crise, os funcionários não têm opção senão mentir, pois a população supostamente imbecilizada não está preparada para a verdade.

No caso de Chernobyl, seria inútil buscar a menor centelha de racionalidade. Nem pensar em instruir a população a ficar de portas fechadas durante uma semana e só sair em caso de absoluta necessidade. Em Kiev, capital da Ucrânia, com uma população de milhões, foi realizado um desfile no Dia do Trabalho, apenas cinco dias depois da explosão, para fingir que estava tudo bem. Hoje, sabemos como essas decisões eram tomadas.

Os líderes do Partido Comunista, sentados em seus gabinetes, queriam em primeiro lugar assegurar que nem o povo soviético nem — horror dos horrores — os estrangeiros descobrissem alguma coisa sobre a catástrofe atômica. A saúde de dezenas de milhares de pessoas foi sacrificada em nome de um grande acobertamento que era ridículo, pois as precipitações radiativas se disseminaram tanto que foram registradas em laboratórios de todo o planeta.

Muitos anos depois, enquanto passava um tempo num centro especial de detenção depois de ter sido preso mais uma vez, eu estava na minha cela lendo uma coleção de informações recém-publicadas dos arquivos. Eram relatórios secretos da filial da KGB na República Socialista Soviética da Ucrânia, orgulhosamente documentando uma operação extraordinária envolvendo um jornalista da *Newsweek* que visitara aquele país algum tempo depois do acidente. Cerca de vinte indivíduos estiveram envolvidos na operação, entre eles milicianos de unidades especiais e agentes aposentados da KGB. A agência de espionagem deu um jeito de que todas as pessoas entrevistadas pelo jornalista fossem oficiais da inteligência, e todos asseguraram que as consequências do acidente eram mínimas e que o público estava impressionado e encantado com a maneira eficiente como o partido e o governo haviam lidado com o problema. Enormes recursos tinham sido mobilizados para enganar um único repórter, pois era a coisa mais adequada a ser feita. Não se poderia mesmo permitir que jornalistas inimigos difamassem a realidade soviética distorcendo os fatos. Por isso, mais valia que nós mesmos distorcêssemos um pouco os fatos.

Nenhum desses truques é mais eficaz que as infames mercearias da Coreia do Norte onde produtos de plástico são exibidos de forma estratégica para que os estrangeiros que acabaram de chegar no país possam constatar a disponibilidade de bananas e laranjas. Há anos os visitantes estrangeiros alegremente tiram fotos dessas lojas como se fossem uma atração turística. *Olha lá! As famosas frutas falsas!*

Paradoxalmente, os moradores de Washington, Londres e Berlim estavam mais bem informados da realidade dos acontecimentos do que entre os que viviam na zona contaminada. Minha família não sabia toda a verdade, e sim um pouco mais do que a maioria das pessoas: quando o partido e o governo negaram veementemente as "insinuações desprezíveis da propaganda de Washington" sobre uma explosão em Chernobyl, meus parentes telefonaram para dizer que todo mundo na região sabia que de fato ocorrera uma explosão na usina de energia e que havia soldados por toda parte.

 E então teve início o pesadelo. Não demorou, e todo mundo num raio de 30 quilômetros da usina estava sendo evacuado, e, por mais que a televisão estatal noticiasse com entusiasmo uma operação bem-coordenada, já estávamos inteirados das coisas. Meus numerosos parentes tinham sido dispersados pela Ucrânia, em todo tipo de acomodações vazias disponíveis, como os acampamentos de Jovens Pioneiros.* As pessoas estavam desesperadas. Era insuportável ser forçado a abandonar a sua chácara, uma casa construída com as próprias mãos, especialmente se tratando de gente que podia ser considerada bem de vida pelos padrões soviéticos. Em comparação, nós éramos os parentes pobres, embora meu pai estivesse no exército, o que significava que tinha uma renda acima da média. Levávamos apenas a vida padrão de um cidadão soviético numa unidade militar, com um apartamento e um salário, enquanto eles, com pomares e vacas e terrenos de propriedade particular, desfrutavam de melhores condições, pelo menos em termos de alimentação. Naquele momento, estavam levando os filhos para um ônibus e sendo transferidos em caráter permanente, sabe-se lá para onde, levando só os documentos e uma muda de roupas. Vacas mugiam e cães latiam, exatamente como nos filmes sobre guerra. Um ou dois dias depois, soldados percorreram as aldeias, abatendo os cães a tiro. As vacas, famintas, simplesmente morreriam, mas os cães ficariam ferozes, formariam matilhas e poderiam atacar as poucas pessoas que haviam permanecido.

 Que monstruoso estrago foi tudo aquilo, e não dava para esconder. Uma das histórias mais repetidas na nossa família dá uma ideia do grau de estupidez e desvario. Horas antes da remoção, minha avó lembrou que tinha deixado um peixe secando no sótão. Ela ia perder tudo, mas o filho caçula adorava peixe seco, e ela estava decidida a satisfazê-lo. Levou-o então aos correios, empacotou, escreveu nosso endereço e entregou. Pessoas caminhavam pelas ruas com roupas especiais de proteção, e os alto-falantes avisavam que tudo estava contaminado e que objetos não deveriam ser levados, a menos que fossem absolutamente vitais. Para espanto dela,

---

* Os Jovens Pioneiros eram uma organização de massa da União Soviética e dos países-satélites que levava meninos e meninas de 10 a 15 anos a acampamentos de férias (N. do T.).

contudo, os correios, que também estavam com as horas contadas, concordaram em encaminhar a postagem. O peixe foi devidamente entregue na nossa casa na região de Moscou. Parecia bem apetitoso, e meu pai resolveu saboreá-lo com uma cerveja. Só quando minha mãe fez uma cena daquelas ele concordou em pegar um medidor de radiação. O peixe estava tão radioativo que era como se tivesse sido atingido por uma bomba atômica. Minha mãe o levou para a floresta e o enterrou.

No total, 116 mil pessoas foram evacuadas. Precisavam de moradia, novos empregos e uma indenização pelos bens abandonados. Até para um país rico e desenvolvido era muita coisa. Para a URSS, com sua economia planejada, era um pesadelo. Havia necessidade de novas casas; havia necessidade de novos carros.

Ronald Reagan gostava de contar piadas de soviéticos.

— Como vocês sabem, para comprar um carro na URSS, é preciso pagar adiantado e esperar dez anos na fila — dizia uma delas. — O sujeito apresentou o dinheiro, e o atendente disse: "Tudo bem, volte daqui a dez anos para pegar seu carro." Ele perguntou: "De manhã ou de tarde?" O cara atrás do balcão se espantou. "Ora, daqui a dez anos, que diferença faz?" E ele respondeu: "É que o encanador vai vir de manhã."

Não estava muito longe da verdade. O carro era o bem mais precioso da família, o objeto mais valioso que se podia ter legalmente, e as pessoas estavam sendo obrigadas a abandonar os seus, com poucas perspectivas de poder comprar outro. A lista de espera para a compra de um modelo Fiat ultrapassado, fabricado na URSS com a marca VAZ, era de espantosos dez a quinze anos.

A União Soviética era incrivelmente eficaz na produção de propaganda e na disseminação de mentiras, mas o necessário naquele momento era construir casas às pressas, e isso ela dificilmente seria capaz de fazer, muito menos de fazer bem. Soldados e trabalhadores foram arregimentados em todo o país, e a qualidade das casas construídas era péssima. Era preciso fornecer bens que não estavam disponíveis. O que o Estado podia fazer era transferir rublos soviéticos para uma poupança no Sberbank, o banco estatal, mas como é que você vai substituir botas fabricadas na Iugoslávia, pelas quais tinha viajado especialmente a Moscou e esperado cinco horas numa fila? Não havia nada comparável no comércio. E o moletom produzido na República Democrática Alemã, com a palavra "Puma" estampada nas costas? Aquele que foi comprado há tanto tempo já era, e quem vai costurar outro para você? Karl Marx? Havia uma enorme carência de qualquer coisa de boa qualidade: roupas, sapatos, papel de parede, privadas. A economia planejada não era capaz de atender sequer à demanda das necessidades básicas. Diariamente a população de 275 milhões de cidadãos fazia fila para comprar algo necessário, e ninguém ia permitir que as vítimas de Chernobyl furassem fila.

Mais e mais soldados eram enviados para a zona do acidente. Eram chamados de "liquidadores", e esse emprego da palavra seria incorporado ao vocabulário do povo soviético e, posteriormente, russo. Nós ouvíamos cada vez mais histórias sobre o que estava acontecendo em Chernobyl, todas progressivamente mais pavorosas. Eu ficava pasmo com a diferença entre elas e os noticiários da televisão.

A questão mais intrigante, até mesmo para um menino de 10 anos como eu, era por que as autoridades mentiam daquele jeito, quando todo mundo que eu conhecia parecia saber a verdade. O que era aquela patética tentativa de enganação? Se você vai mentir, pelo menos deve esperar algum tipo de benefício. Você diz que está doente e não é obrigado a ir à escola; pelo menos, faz sentido. Mas para que aquelas mentiras? Referindo-se ao modo de funcionamento da União Soviética, o escritor russo Vasily Shukshin fez este comentário memorável.

— Mentiras, mentiras, mentiras... como redenção, mentiras como expiação de culpa, mentiras como meta alcançada, mentiras como carreira, como prosperidade, como medalhas, como um apartamento... mentiras! A Rússia inteira estava coberta de mentiras, feito uma crosta.

Uma excelente descrição da situação.

Se a catástrofe de Chernobyl não tivesse acontecido, provavelmente eu teria ouvido falarem menos de política. Mas as coisas aconteceram desse jeito, e muitos anos depois, já adulto, vendo na TV o recém-nomeado presidente em exercício da Rússia, Vladimir Putin, de 47 anos, longe de compartilhar qualquer entusiasmo pelo novo "dinâmico líder" do país, eu ficava pensando: "Ele não para de mentir, exatamente como faziam quando eu era criança."

———

Acho que em certo sentido sou produto do campo e da cidade. Meu pai, Anatoly, o caçula dos irmãos, desde o início queria deixar a aldeia ucraniana onde vivia. O que não era fácil. Até 1965, os trabalhadores das fazendas coletivas não recebiam passaportes, uma forma de servidão em uma União Soviética que proclamava a igualdade para todos e proibia a exploração de uma pessoa por outra. Uma forma de ir embora era entrar para as forças armadas. Meu pai era bom aluno e não teve dificuldade de entrar para a Escola Militar de Comunicação de Kiev. Ao se formar, foi destacado para as Forças de Defesa Antimísseis, que formavam um triplo anel protetor ao redor de Moscou. O entendimento dos estrategistas militares era que, embora fosse muito difícil proteger dos mísseis inimigos todo o vasto território da União Soviética, pelo menos a capital podia ser preservada. Enviado para uma unidade militar nas imediações de Moscou, meu pai, um jovem oficial, recebeu ordens de escoltar um grupo de soldados que estava usando o transporte público para se movimentar, mais especificamente uma linha de trem metropolitana. Ele entrou num vagão e viu Lyudmila, que se tornaria minha mãe. Ela morava em Zelenograd, o Vale do Silício da URSS, uma região de Moscou designada para a instalação de empresas da indústria eletrônica soviética. Os habitantes da cidade faziam questão de deixar bem claro que tinham nível superior e o fato de que eram parte da elite científica. Até o cinema local se chamava Electron. Ao se formar no Instituto de Administração de Moscou, minha mãe foi trabalhar numa dessas empresas de tecnologia de ponta, o Instituto de Microdispositivos. Meus pais se casaram em 1975 e começaram a vida em comum se mudando com frequência entre as muitas guarnições militares do triplo anel que protegia a capital da nossa pátria dos mísseis que o agressivo bloco militar da Otan supostamente apontava para ela. Eu me juntei a eles um ano depois, e, em 1983, chegou o meu irmão, Oleg.

Essas vilas militares, três das quais eu conheci, eram muito parecidas. Havia uma floresta, e no seu interior uma cerca isolando várias unidades do exército, instalações residenciais, uma escola, uma loja e um clube de oficiais que também servia de cinema e local de eventos especiais. Uma parte crucial da infraestrutura era o posto de controle para a segurança do acesso; para receber visitas dos parentes, era preciso pedir autorização. De um jeito tipicamente soviético, o rigor do sistema era compensado por um buraco na cerca, pelo qual podia entrar e sair qualquer um que, por um motivo ou outro, não tivesse um passe. O guia encarregado de fazê-los passar pelo buraco em geral era eu, papel do qual me orgulhava demais. Esse jeitinho permanece até hoje. Meus pais ainda vivem numa dessas cidades militares, com um sistema de acesso de alta segurança. Toda vez que vou visitá-los, tenho que entrar numa fila para obter um passe especial. Dentro do posto de controle, uma instrução comunica que estrangeiros só podem entrar mediante ordem assinada pelo ministro da Defesa. Apesar disso, a cidade está cheia de imigrantes que trabalham na construção dos prédios. Obviamente, não entraram por ordem pessoal do ministro.

Meu pai servia como oficial de ligação, e minha mãe trabalhava ou como economista numa empresa civil, ou como contadora de uma unidade do exército quando não havia empregos civis.

Era importante entender bem os números. Eles desempenham um papel importante na vida de uma base militar. Sequências numéricas eram atribuídas aos locais de trabalho, direcionamentos e outras coisas essenciais. Para ser compreendido, você precisava dizer:

— Meu pai trabalha no 25573.

Minha mãe era "contadora no 20517". Um novo conjunto habitacional estava sendo construído no 3328, o que significava que logo haveria apartamentos disponíveis, e todo mundo sabia que a unidade médica 2713 tinha o melhor técnico em próteses dentárias. Diga teu número e te direi quem és.

Havia apenas um jardim de infância e uma escola. Quando tive um filho e minha esposa disse que estava na hora de pensar em escolher uma escola, eu realmente não entendi o que ela queria dizer. É claro que escolheríamos a que estivesse mais próxima. Estava acostumado à ideia de haver apenas uma escola e nenhuma possibilidade de escolha.

Uma enorme vantagem para uma criança que vivia numa base militar era a relativa facilidade de acesso a coisas que podiam pegar fogo e explodir. Eu adorava e fiquei absolutamente viciado em provocar explosões. Era possível encontrar um pacote de detonadores elétricos no depósito de lixo da unidade e dispará-los, usando fios e uma bateria comum. Dava para trocar comida ou um distintivo das Unidades de Guarda por cartuchos com os soldados. Sabe-se lá por que, voltar para casa com um distintivo desses no peito depois de dois anos de serviço era marcador de uma excelência especial. Raramente eram encontrados à venda na loja do exército, e o truque era pedir ao seu pai que conseguisse um, para então trocar por cartuchos. Hoje, quando lembro das minhas experiências, só posso me sentir grato por ainda ter todos os dedos e a visão nos dois olhos.

Minha última base militar, Kalininets, era um paraíso para piromaníacos. Quando conheci a meninada local, eles fizeram uma sugestão intrigante.

— Vamos pescar cartuchos.
— E como fazemos isso? — perguntei.
— No rio, claro.

Munidos de um ímã e uma corda, fomos para uma ponte próxima ao campo de tiro, mergulhamos o ímã no rio e o puxamos de volta, coberto de cartuchos. Eu não acreditava no que estava vendo. Depois, meu pai explicou que a divisão motorizada de fuzis da região de Taman estava estacionada ali e precisava praticar tiro ao alvo. O oficial incumbido de levar seus soldados ao campo descobria que já estava sendo usado por outras unidades, impossibilitando o treino. Ou então eles podiam concluir o exercício, mas ainda ter cartuchos sobrando. Em ambos os casos, o regulamento exigia que toda munição sem uso fosse levada de volta e devolvida segundo um procedimento específico, para prestar contas até a última bala. Nem é preciso dizer que ninguém se preocupava com isso. Não dava para simplesmente descartar os cartuchos na floresta, onde crianças e colhedores de cogumelos podiam tropeçar neles, de modo que a melhor solução era jogá-los no rio. Esse método de descarte, considerado infalível no mundo adulto, não oferecia maiores desafios a garotos criativos. Os cartuchos provavelmente não tinham mais utilidade para exercícios de tiro ao vivo, mas depois de secos se revelavam ideais para provocar explosões.

As consequências do acesso fácil a equipamentos tão perigosos eram mais que previsíveis: numa das vilas militares, quatro crianças um pouco maiores tentaram detonar uma bomba jogando-a numa fogueira. Uma delas morreu, outra perdeu as duas pernas e as outras duas sofreram graves ferimentos. Na cidade onde concluí o ensino secundário, um colega perdeu 90% da visão e ficou com o rosto terrivelmente desfigurado ao disparar um sinalizador encontrado num veículo blindado de transporte de pessoal.

Meus pais faziam vista grossa às minhas experiências pirotécnicas explosivas, desavisados da sua verdadeira escala até o dia em que convidei meu pai a explodir na nossa varanda uma bomba que eu tinha fabricado. Ele devia ter pensado que era uma engenhoca montada com fósforos. Ha-ha-ha. Na verdade, eu tinha construído uma bomba de magnésio-manganês. Para isso, fui até o heliponto e fiquei um tempão serrando o disco de uma roda de helicóptero feita de liga de magnésio. Explodimos a bomba à noite, no escuro. Depois de alguns minutos, quando os círculos coloridos pararam de flutuar ante nossos olhos, meu pai me deu aquela bronca. Decidi que dali em diante ele ficaria de fora das minhas experiências químicas, porque, longe de parar, fiquei inspirado por aquele sucesso.

Eu não sabia muito bem o que meu pai fazia no exército. Aparentemente, seu trabalho envolvia sobretudo duas atividades. Uma era comparecer ao seu posto todo dia, às 21h, ao mesmo tempo que os outros oficiais compareciam aos seus, e acionar um alarme de treinamento. Uma sirene soava pela cidade, e os oficiais que estavam em casa acorriam às suas unidades, de mau humor. Os soldados não gostavam, mas sob outros aspectos a sirene era muito conveniente, pois era o principal sinal para que as crianças voltassem para casa. O dia se dividia em "antes da sirene" e "depois da sirene", e era impossível fingir não ter ouvido, pois ela gemia numa altura absurda.

A outra atividade era capturar soldados foragidos. Tudo começava com o telefone tocando em casa. Meu pai ou minha mãe atendia e ouvia por alguns segundos o oficial de plantão berrando do outro lado que mais um soldado havia fugido. Meu pai saía para capturá-lo. Às vezes o soldado estava armado, o que configurava uma situação de emergência. Nenhum adulto conseguia me explicar por que alguém iria querer fugir. Para onde iria?

Havia soldados em toda parte. Eles eram usados como força de trabalho, varrendo ruas, dirigindo carros, carregando coisas. Outros estavam sempre marchando em algum lugar. Muitas vezes abordavam escolares perto de uma loja e pediam que eles entrassem para comprar algo. Tinham medo de entrar porque podiam ser vistos por uma patrulha em busca de soldados fora de suas unidades sem autorização. Os soldados não pareciam particularmente felizes, mas tampouco pareciam tão infelizes assim que pudessem estar pensando em se esconder na floresta.

Mais tarde, vim a descobrir que eles estavam fugindo por causa da *dedovshchina* ("bullying"). O bullying de recrutas rasos por soldados mais velhos chegou a tal ponto que, em 1982, o ministro da Defesa teve de emitir uma ordem secreta "para combater as relações não regulamentares", reconhecendo, assim, que se tratava de uma prática disseminada. O trote virou um sistema que se autorreproduzia. Você entrava para o exército, era espancado, tiravam seu dinheiro e você era obrigado a esfregar pisos e lavar a roupa dos soldados "mais velhos", que haviam entrado para o exército apenas um ano e meio antes. Depois de todas essas humilhações, passava a esperar sua vez de espancar recrutas, pois as coisas eram assim mesmo, fazia parte da vida no exército, e era assim que se transformava um covarde civil num homem de verdade. Muitas vezes o esquema era tacitamente endossado pelos oficiais, que o encaravam como um sistema autorregulado de treinamento e disciplina. Por exemplo, um bobalhão de aparência desleixada da zona rural entra para o exército, não entende comandos elementares e se mostra aparvalhado. O sargento então o esmurra uma ou duas vezes no peito ("na alma"), o que é bem doloroso (não se pode esmurrar no rosto, pois isso deixa marcas), e ele logo cai em si e começa a se comportar como um soldado experiente.

Nem é preciso dizer que uma prática tão estúpida em nada contribuía para melhorar a disciplina, solapando na base o respeito pelo exército. Os soldados que voltavam para casa depois de dois anos de serviço militar descreviam o bullying em termos sinistros para os que ainda se alistariam. Era parecido com as revelações das pessoas que saíam da prisão. As mães ouviam horrorizadas e, é claro, não tinham a menor vontade de mandar os filhos para o exército. De tempos em tempos, quando mais um jovem infeliz, não suportando mais os trotes, se matava ou atirava nos assediadores, o exército lançava outra campanha contra o bullying, que nunca servia para nada. A prática é institucionalizada e só pode ser combatida mudando a instituição, basicamente com a criação de um exército profissionalizado em que homens e mulheres ganhem um salário para defender o país. Ninguém precisa de um exército que dependa de jovens desfavorecidos afastados da família (durante dois anos na URSS, um ano na Rússia atual) e obrigados a dedicar seu tempo a uma instituição que é uma bizarra escola de sobrevivência.

Curiosamente, o exército de certa forma se orgulha dessa constante imbecilidade, como comecei a notar ao crescer. Com frequência se comentava que nossos soldados e oficiais estavam tão acostumados a cumprir ordens ridículas — por exemplo, vi com meus próprios olhos soldados pintando gramados de verde para serem inspecionados — que, em combate, operariam milagres de disciplina. Como levavam uma vida de grande pobreza e estavam acostumados às dificuldades, não restava dúvida de que, em caso de guerra, os mimados norte-americanos, com seus quartéis luxuosos e apartamentos individuais para os oficiais, seriam derrotados.

Não suporto a palavra "mentalidade". Na minha opinião, é um conceito artificial, mas é verdade que existe um tipo de caráter nacional russo, e essas bravatas sobre suportar privações, que tão facilmente poderiam ser evitadas, é um aspecto significativo disso. Enfrentamos condições espantosas, criticamos as autoridades e nos queixamos, mas ao mesmo tempo conseguimos nos orgulhar da capacidade de sobreviver em condições tão terríveis, considerando que é uma grande vantagem competitiva num hipotético confronto entre países. Muito bem, dizemos, é verdade que os japoneses fazem bons carros, mas quero ver tentarem montar um carro com as peças de três outros e um pedaço de metal enferrujado, como foi capaz nosso vizinho Vasily. Observo o mesmo em mim quando viajo ao exterior e comparo as atividades de políticos oposicionistas da Rússia e da Europa. Posso me surpreender a ponto de dizer algo assim:

— Quero ver como você faria se, como político, depois de cada comício da campanha eleitoral, ficasse um mês preso.

É como se eu me orgulhasse de viver num ambiente tão tenebroso, no qual a política é tão concreta e real que só posso acabar na cadeia.

Não é preciso ser um grande psicólogo para identificar o que está na raiz disso: russos anseiam por uma vida normal, plenamente conscientes de que inventamos para nós mesmos todos os nossos atuais problemas. Mas não podemos admitir que somos tolos e assim procuramos algo para nos vangloriar, quando na verdade não há nenhum motivo para isso.

Em nossa casa sempre havia discussões políticas, e a atitude em geral era de crítica às autoridades. Aparentemente, isso também se aplicava a outras famílias que eu conhecia, o que pode parecer estranho, pois todos os oficiais militares eram obrigados a se afiliar ao Partido Comunista da União Soviética, e a propaganda no exército e o controle da sua lealdade ideológica eram absolutas prioridades do Estado. Essas diretrizes tinham um efeito oposto ao que se buscava. A função de "trabalhador político" (um oficial responsável pelo trabalho ideológico) sempre carregava um toque de ironia. Todo mundo zombava deles pelas costas, pois se sabia que sua única obrigação profissional era contar mentiras. A fantástica discrepância entre o que os trabalhadores políticos diziam e a realidade da vida era óbvia até para uma criança, quando esses esquisitões apareciam na escola para nos falar das maravilhas do sistema soviético. Um deles, que servira em Cuba, detalhou as tretas dos norte-americanos, e contava como a vida se tornara maravilhosa na "Ilha da Liberdade" depois da vitória da revolução, mas as crianças só queriam saber se era verdade que lá se podia simplesmente entrar numa loja e comprar Coca-Cola, e de que maneira seus pais poderiam tirar a sorte grande de conseguir trabalhar em qualquer outro lugar, desde que fosse no exterior.

Se o capitalismo é tão terrível que devíamos chorar de felicidade por sermos crianças soviéticas, por que o meu tesouro mais precioso eram duas latas multicoloridas de cerveja importada, tão belas e exóticas que todo mundo, não apenas as crianças que nos visitavam, mas também os adultos, queriam segurá-las para admirar? E os filmes estrangeiros raramente exibidos no clube dos oficiais, que falavam da dura luta da classe trabalhadora contra os opressores, deixavam o público perplexo porque aqueles oprimidos usavam jeans, frequentavam bares e dirigiam automóveis. É bem significativo que o clássico filme *As vinhas da ira*, que conta o destino dramático de fazendeiros norte-americanos, arruinados durante a Grande Depressão, e que era ideologicamente perfeito para a propaganda soviética, fosse tirado de cartaz e mostrado apenas a um círculo restrito da elite logo depois de ser comprado para distribuição na URSS. Era simplesmente difícil demais arranjar uma explicação convincente para a grande massa do povo soviético sobre o fato de uma família mergulhada na pobreza nos Estados Unidos ter um carro e parecer tão mais satisfeita com sua condição do que o trabalhador médio das fazendas coletivas soviéticas.

Coisas assim eram constantemente debatidas à mesa na nossa cozinha, mas com uma peculiaridade. Eu ficava muito impressionado com a almofada. Todo soviético adorava criticar as autoridades, mas tinha medo da todo-poderosa KGB (que nas vilas militares era chamada de *osobisty*, "agentes especiais"). A maior preocupação eram os grampos telefônicos. Evidentemente, não era possível que a KGB tivesse pessoal suficiente para grampear conversas em todos os apartamentos. Mesmo assim, quando amigos do meu pai vinham visitá-lo e, depois de algumas vodcas na cozinha, começavam a desancar as autoridades, minha mãe cobria o telefone com uma almofada. Parecia estranho, e, quando perguntei o motivo, ela desconversou, dizendo que não se podia saber o que acabaria sendo dito e quem estaria ouvindo. Achei muito esquisito. Eram pessoas adultas conversando sobre coisas banais, como a impossibilidade de encontrar ketchup búlgaro nas lojas e a necessidade de entrar na fila da carne às 5h. Eu não entendia o motivo do medo. Todos os estudantes frequentavam as lojas, viam as longas filas e sabiam que a palavra mais corriqueira do léxico soviético era "escassez". Isso significava que devia ter gente que não permitia que fosse dito o que obviamente era verdade. Além disso, parecia que essas pessoas empregavam outras para espionar a nossa casa pelo telefone, de tal maneira que precisávamos usar uma almofada para nos proteger. Que ironia que a minha primeira lembrança do uso dessa almofada seja do ano de 1984.

As pessoas criticavam o regime, e, como minha mãe me contaria mais tarde, ela até tinha em casa um exemplar de *Arquipélago Gulag*, de Soljenítsyn, que fora dado a uma das minhas avós por um colega de trabalho no mais estrito segredo. Só que nada disso nem de longe poderia ser considerado dissidência ou sentimento antissoviético. Quando Brejnev morreu, minha mãe chorou. Não que gostasse muito dele, mas todo mundo chorou. Lembro-me muito bem do dia.

Naquele dia, me aproximei empolgado do toca-discos, tentando decidir que música tocaria no volume máximo para que todo mundo ouvisse. Uma coisa eu sabia. Para que ouvir música se ninguém mais pudesse ouvir? Era um princípio que abracei por volta dos 6 anos e observei religiosamente até os 20. O que leva alguém que quer ouvir rock a posicionar um alto-falante em frente a uma janela aberta? Não tenho a menor ideia, mas sempre senti essa compulsão. Talvez por amor aos vizinhos.

Nessa época, em 1982, não havia nada de rock na coleção de discos da família, mas morávamos no andar térreo, e eu gostava de pensar que todo mundo podia ouvir as músicas que tínhamos. Lembro como se fosse ontem que optei por Adriano Celentano. O pop italiano era popular e não era proibido. Tirei o disco da capa com todo cuidado e meticulosamente depositei a agulha no sulco anterior à faixa escolhida. Meus pais me deixavam usar o toca-discos, e eu botava para quebrar. A voz rouca e nada russa do encrenqueiro italiano tomou conta do espaço em volta. Aquilo me encheu de satisfação. Mas apenas um minuto e meio depois, antes de terminar a canção, minha mãe irrompeu na sala. Estava perto da entrada do apartamento e viera correndo o mais rápido que pôde — o que ficou óbvio pelo jeito como ofegava.

— Você enlouqueceu? — berrou.

Fiquei apavorado e nem consegui retrucar "Mas você disse que eu podia!". Pela expressão no rosto dela, era evidente que eu fizera algo que anulava a permissão, que, além do mais, dificilmente seria restabelecida.

— Desligue isso imediatamente!

Sem paciência para esperar que eu saísse do estado de estupefação, ela foi logo tirando a agulha do disco. Nem é preciso dizer que o fez muito mal, e ouvi aquele *vjiuuu* arrastado, que significava que ficaria um horrível arranhão na minha faixa favorita, "Boots and a Black Fur Hat".

— Você perdeu a noção? Enlouqueceu?

Eu nem imaginava o que fizera de errado, mas parecia ser sério, e fiquei com medo. Mas, como sempre, o medo se transformou em agressividade, e eu exclamei:

— Mas eu sempre toco desse jeito!

— Como assim? Que história é essa de tocar música?! BREJNEV MORREU! O país está de luto, e você bota música para a cidade inteira ouvir, como se estivéssemos comemorando! Espere só até seu pai saber disso.

A única conversa realmente antissoviética que ouvi foi quando contaram, às gargalhadas, um diálogo entre meu primo ucraniano mais velho e minha avó. Quando esse primo, Sasha, veio a Moscou, não podia deixar de ser levado ao Mausoléu de Lênin, visita turística habitual para uma criança soviética. Ao voltar para casa todo empolgado, ele correu até a avó, gritando:

— Eu vi Lênin!

E ela retrucou, lúgubre:

— E por que não cuspiu na cara dele?

O ramo ucraniano da família ria de se escangalhar dessa história, mas eu ficava horrorizado. Mesmo com a atitude em geral crítica em relação à propaganda soviética, Lênin era sacrossanto. "Juro por Lênin" era um compromisso ainda mais sério do que "Juro pelo coração da minha mãe". Num manual escolar, desenhavam-se bigodes (o de Hitler era muito popular) no rosto de praticamente qualquer um, mas não no de Lênin. Levou algum tempo até eu juntar coragem para checar por que minha amada avó tinha tanto desapreço pela "melhor de todas as pessoas". E no fim a explicação estava na história da família dela. Ela era a mais nova de 11 irmãos, a única menina. A granja deles, com 11 homens trabalhando da manhã à noite, era próspera. Foi a primeira casa da aldeia com telhado de ferro, e eles até construíram um moinho, sinal de uma riqueza sem precedentes.

Até que foram introduzidas as fazendas coletivas. Embora a família da minha avó tenha conseguido evitar a deportação para a Sibéria imposta a milhares de outras famílias de *"kulaks"* (camponeses ricos), eles foram expulsos da casa e tiveram que se acomodar no celeiro. O telhado de ferro, motivo de inveja de toda a aldeia, foi levado para a cidade, vendido e, segundo a lenda da família, o dinheiro foi "gasto com bebidas pelo conselho municipal". Na época, não acreditei nessa parte, mas hoje não tenho dúvida de que era verdade. Por respeito à minha avó, no entanto, nunca discuti com ela sobre Lênin, preferindo me concentrar no meu empenho ideológico de tentar lhe provar que Deus não existe.

A fonte crucial de sabotagem ideológica que me subverteu e me transformou num pequeno dissidente foi a música. Não tínhamos um toca-fitas, mas qualquer um que tivesse podia ouvir gravações fantásticas de rock, que era condenado pelos burocratas como imoral e capaz de embrutecer a juventude. Eu ficava de queixo caído assistindo a programas de TV em que a música ocidental era criticada, pois salpicavam aqui e ali amostras do que era reprovado, e elas pareciam realmente legais, muito mais legais, com certeza, que as ganhadoras do nosso prêmio de Canção do Ano. Certa vez, quando o Partido Comunista sentiu a necessidade de uma firme advertência aos jovens atraídos pela música ocidental, foi levado ao ar um programa especial de propaganda. O título era algo como *No mundo cruel do show business*. Um dos principais exemplos escolhidos para precaver os jovens da influência perniciosa do Ocidente foi a banda de rock Kiss, apresentada como militarista e fomentadora da guerra. O "ss" no fim do nome foi destacado: "Notem, caros telespectadores, que o estilo da imagem é exatamente o do emblema fascista alemão."

Apareciam na tela os rostos dos integrantes da banda, com a contundência da sua famosa e icônica maquiagem. Por alguns maravilhosos segundos, Gene Simmons botava para fora a língua recurvada, sua assinatura. Eu queria muito que reprisassem o programa para reforçar o impacto da propaganda (como costumava acontecer na televisão soviética). Infelizmente, os propagandistas reconheceram a mancada, e não houve reprise. Mas não deixei de decorar muitas cercas com o logotipo do Kiss.

Até o sexto ano da escola, eu nunca tinha posto os olhos em ninguém que houvesse viajado ao exterior, com a única exceção da tia Lena, amiga da minha mãe. Ela trabalhava numa fábrica de produtos eletrônicos de Zelenograd e uma vez viajou à Iugoslávia "sob os auspícios do sindicato".

Nem é preciso dizer que qualquer um que viajasse ao exterior — dádiva totalmente fora do alcance de 99,9% dos cidadãos soviéticos — estava na obrigação moral de comprar presentes de fabricação estrangeira para todo mundo. Igualmente desnecessário lembrar que seria impossível presentear todos, mas pelo menos um agrado ou lembrancinha era fundamental. Eu tive a sorte de ganhar um pacote de açúcar do avião com a palavra "Aeroflot" escrita em inglês. Tecnicamente, não era um presente internacional de verdade, mas parecia tão chique e estrangeiro que imediatamente passou a ocupar lugar de honra na minha coleção de tesouros.

Quando nos mudamos para uma cidade militar onde estava estacionada a divisão de Taman, minha fé no sistema soviético foi fatalmente solapada. Isso porque lá havia muitos garotos cujos pais estavam servindo no Grupo Ocidental das tropas soviéticas, na Alemanha, na Polônia e na Hungria. Meus próprios colegas de turma falavam das enormes vantagens de viver no exterior. O que era corroborado por uma prova devastadora: o chiclete, o tesouro principal deles. Com minhas duas latas vazias de cerveja, eu parecia uma piada. Além do chiclete, eles tinham roupas de excelente qualidade e invariavelmente um copo que, quando se vertia água quente, desnudava a mulher da ilustração. Havia também uma caneta esferográfica semelhante que, para felicidade geral, quando virada de cabeça para baixo, transformava uma donzela recatada numa mulher sedutora.

Mais bacanas ainda eram os meninos cujos pais voltavam do Afeganistão como oficiais graduados. Suas casas ostentavam a maravilha do até então desconhecido gravador de fitas da Sharp e uma TV superlegal da Sony. As mulheres nuas deles também eram de outra classe, em comparação com as que vinham da Alemanha Oriental; eram sempre japonesas em calendários. Penduradas no banheiro, significavam sem sombra de dúvida que o dono da casa ou seus amigos tinham recém-retornado de países estrangeiros. Essa obsessão dos turistas soviéticos com lembrancinhas eróticas e de temas sexuais tinha uma explicação simples: "Não existe sexo na URSS."* Logo, naturalmente, todo mundo queria trazer um pouco quando voltava do exterior.

Mas os chicletes, de maneira geral, é que eram o máximo. Havia crianças que importavam pacotes não só dos *jawbreakers* multicoloridos

---

* Em uma teleconferência com norte-americanos, um participante soviético de fato disse isso, e a frase virou um bordão na Rússia.

produzidos em países do bloco soviético, mas de gomas de mascar fabricadas na Alemanha Ocidental e até nos Estados Unidos. As embalagens traziam encartes em forma de cartão de visita com cenas da vida do Pato Donald, que eram o sonho de toda criança soviética. Os chicletes trazidos do Afeganistão eram literalmente do outro mundo: vinham com imagens do filme *Guerra nas estrelas*, o que dava vontade de chorar de inveja.

Não entendo por que o chiclete especificamente se transformou em tal símbolo da superioridade de outras partes do mundo em relação à União Soviética. A URSS também fabricava chicletes; começaram a aparecer antes das Olimpíadas de Moscou em 1980, e a oferta era relativamente pequena. Eram encontrados nas lojas, só que em barrinhas muito sem graça, cor de laranja ou menta, que logo perdiam o sabor. Os importados eram gomas que podiam ser mastigadas por muito tempo. Preservavam o gosto e dava para soprar bolas. Se havia três pessoas mascando chiclete e só uma conseguia fazer bola, que estourava ruidosamente, não restava dúvida sobre quem podia ser considerado bacana. O que o pessoal do mercado clandestino soviético mais se interessava em comprar de visitantes estrangeiros era goma de mascar. Muitos anos depois, quando a *perestroika* já estava chegando ao fim, os nostálgicos da URSS costumavam lamentar: "Que país nós tínhamos... e foi vendido em troca de jeans e chicletes."

A nostalgia da URSS é uma característica importante da Rússia hoje e um fator político que não deve ser subestimado. Muito antes de Donald Trump trombetear a necessidade de "Tornar a América Grande de Novo" (*Make America Great Again*), Vladimir Putin já enunciara o slogan extraoficial do seu reinado: "Seremos tão respeitados e temidos quanto a URSS". Essa retórica foi usada desde os primeiros passos que ele deu ao assumir o poder. Eu achava risível e estava certo de que não funcionaria, mas me enganei. Parece uma ideia banal, mas o cérebro humano realmente funciona de um jeito que significa que nossa memória só se volta para o que foi bom no passado. Os nostálgicos da URSS na verdade sentem saudade da própria juventude — uma época em que tudo ainda estava no futuro, em que se jogava vôlei na praia com os amigos e à noite se bebia vinho e se curtia um churrasco, e ninguém se preocupava com criminalidade, desemprego e as perspectivas incertas. Até absurdos soviéticos arquetípicos, como ser mandado para o campo para "desenterrar batatas" — trabalho compulsório imposto nos últimos anos da URSS a crianças em idade escolar, estudantes e trabalhadores de empresas urbanas —, são recordados como mera distração, penosa, mas divertida. Na época, ter que cavar terra congelada, "ajudando os trabalhadores das fazendas coletivas a salvarem a colheita", deixava todo mundo irritado e servia apenas para demonstrar o completo fracasso do sistema agrícola soviético. Mas quem se lembra das botas de borracha incomodando, das unhas sujas de terra e da sensação de total falta de propósito do trabalho quando tudo se apaga ante a imagem mental de uma colega de turma no lote vizinho mandando um sorriso deslumbrante para você?

Os alunos das escolas que frequentei eram levados para colher batata, cenoura e beterraba. O melhor eram as cenouras, claro, pois dava para raspar com uma faca e mastigar ali mesmo, no campo. Com as batatas, só era possível jogá-las nos outros, o que fazíamos o tempo todo; são lembranças felizes. Naquela época, ainda garoto, eu achava que o meu país era o mais forte e poderoso do mundo, e, apesar da escassez de chicletes e jeans, todo mundo sabia que, se houvesse uma guerra, nós derrotaríamos os outros, assim como nossos atletas já venciam os demais em cada Olimpíada. Além disso, eu vivia numa família intacta, com pais amorosos, e todo mundo por perto estava basicamente na mesma situação. Era uma característica evidente da vida em qualquer cidade militar: torcia-se o nariz para o divórcio, que era muito raro. Quando fui estudar numa universidade civil, fiquei impressionado ao ver que tanta gente ao meu redor tinha crescido em famílias monoparentais.

Quando se é criança ou jovem adulto, tudo parece ótimo, e os políticos muitas vezes exploram essa lei da vida para embaralhar nossa visão do futuro, apresentando uma imagem falsa do passado. Mas é fundamental que nos comportemos como seres humanos e não como peixes dourados, cuja memória, segundo dizem, se limita aos três últimos segundos. Claro que atirar batatas nos amigos era divertido, mas, apesar disso, minha lembrança mais forte da URSS remete à fila do leite. Meu irmão nasceu em 1983. Uma casa com uma criança pequena precisa ser constantemente abastecida de leite, e durante vários anos era eu quem ia comprá-lo. Todo dia, depois da escola, me dirigia à loja e ficava na fila durante pelo menos quarenta minutos para comprar o maldito leite. Muitas vezes, ainda não havia sido entregue, e eu ficava em pé, ali, na companhia de dezenas de adultos carrancudos, esperando. Se me atrasasse um pouco, todo o leite já poderia ter sido vendido, e meus pais não ficariam nada satisfeitos. Por isso não tenho a menor vontade de voltar aos velhos tempos da URSS.

Um Estado incapaz de produzir leite suficiente para os cidadãos não merece minha nostalgia.

Acho que faz sentido distinguir o meu país do Estado, algo que herdei dos meus pais. Minha família amava profundamente nosso país e era patriótica demais. Mas ninguém estava nem aí para o Estado, que se encarava como uma espécie de equívoco irritante — cometido por nós mesmos, mas ainda assim um equívoco. Nunca se falou da possibilidade de emigrar, e não consigo imaginar circunstâncias em que o assunto pudesse vir à baila. Como emigrar quando seu país está aqui, quando a língua que você fala está aqui e os russos são o povo mais maravilhoso do mundo? Um povo bom com um Estado ruim.

Um dos melhores livros sobre a última fase da URSS foi escrito por Alexei Yurchak, professor da Universidade da Califórnia em Berkeley. O título é *Everything Was Forever, Until It Was No More*.* Um título absolutamente brilhante, refletindo à perfeição o que acontecia nessa época com o país, com seu povo e comigo, pessoalmente. A União Soviética parecia eterna. O Partido Comunista da União Soviética contava com o apoio de 99% da população. Lênin era um santo, e a revolução, sagrada. E de repente tudo acabou, sem qualquer alvoroço. As portas do céu não se abriram; não houve acontecimentos prodigiosos. É o que podemos ver na cena final de um excelente filme alemão, *A vida dos outros*, que é uma história sobre a vida na Alemanha Oriental. A Stasi, o todo-poderoso serviço de inteligência, análogo à KGB soviética, mantinha todo mundo sob vigilância, instalando escutas, infiltrando-se na casa das pessoas. No fim do filme, um personagem diz a outro, que está infeliz e amargurado com o estado de coisas, o seguinte: "Isto é para sempre."

A câmera faz uma panorâmica até um jornal deixado no assento do carro. Na primeira página, há uma foto de Mikhail Gorbachev.

---

* Em tradução livre, "Tudo era para sempre, até não ser mais", ainda não publicado no Brasil (N. do T.).

4

Mikhail Gorbachev era impopular na Rússia e também na nossa família. Os estrangeiros ficam surpresos quando dizemos isso, pois Gorbachev é visto como aquele que devolveu a liberdade à Europa Oriental e graças a quem a Alemanha foi reunificada. Claro que é verdade, e a estatura pessoal de Gorbachev será avaliada com justiça pela história, mas, na Rússia e na URSS, ele não era muito apreciado. Ele era muito diferente, no bom sentido, dos seus antecessores geriátricos, Brejnev, Yuri Andropov e Konstantin Chernenko; entre 1982 e 1985, os dirigentes soviéticos morriam um após o outro, o que ficou popularmente conhecido como "corrida de carros fúnebres". Mas a calorosa recepção inicial ao novo líder desapareceu quase que de imediato. Apenas dois meses depois de assumir o poder, ele cometeu o erro desastroso de iniciar uma campanha contra o alcoolismo.

Para ser justo, do ponto de vista histórico, a campanha era sem dúvida a coisa certa a se fazer. Até hoje Gorbachev é o único dirigente da história da Rússia que ousou fazer alguma coisa a respeito desse monstruoso vício que há séculos vem destruindo o nosso povo.

Desde a década de 1970, a URSS andava às voltas com uma crise de alcoolismo. Certas pesquisas sugerem que quase um terço das mortes tinham alguma relação com o álcool. Beber sem parar se tornara se não uma norma cultural, pelo menos um perfeito lugar-comum. Expressões como "foi codificado",* "se acabou" ou "entrou em *delirium tremens*" não pareciam nada fora do comum, ou chocantes. Havia alcoólatras em quase

---

* Na Rússia e no bloco soviético, a codificação (do inglês "*coding*") era uma forma de tratamento para dependência química em que se tentava ajudar os pacientes a entrarem em abstinência, "codificando" no seu cérebro a informação assustadora de que poderiam ser feridos ou mesmo mortos se fossem apanhados de novo bebendo ou usando drogas.

todas as famílias. Ídolos de toda uma geração, como o cantor e ator Vladimir Vysotsky, morriam dessa doença. Um dos livros russos mais importantes da segunda metade do século xx — e um dos meus favoritos, que devo ter lido umas cem vezes — é *Moscow to the End of the Line*,* uma ode ao alcoolismo. Por isso Gorbachev precisava fazer alguma coisa.

A campanha de Gorbachev contra o alcoolismo não foi capaz de tornar o índice de mortalidade mais baixo que o de natalidade, mas pelo menos melhorou muito a situação. A mortalidade entre os homens diminuiu 12% e, entre as mulheres, 7%. Nesses dados estão incluídas mortes por doenças, acidentes de trânsito, ferimentos no trabalho e homicídios relacionados ao álcool. Mas os métodos empregados na campanha eram pavorosos e enfureceram milhões de pessoas. Na melhor tradição soviética, a maior prioridade era a propaganda, e, assim, cenas de consumo de álcool foram tiradas dos filmes mais populares. Nas festas de casamento, não deveria haver bebidas alcoólicas, e o mesmo nas comemorações de aniversários e ocasiões especiais. Era o triunfo da hipocrisia. Em todo o país, diretores e gerentes ameaçavam demitir trabalhadores por servirem álcool nas festas enquanto bebiam livremente entre si, rindo das próprias ordens. Eu me lembro muito bem dos meus pais e seus amigos aos risinhos enquanto se preparavam para comemorar o ano-novo na nossa unidade militar, dizendo que levariam o vinho e a vodca em bules de chá. Todo mundo sabia o que estava acontecendo, mas respeitava a determinação formal de que não houvesse álcool nas mesas. Estavam todos apenas bebendo "chá".

Nas regiões vinícolas, os vinhedos foram barbaramente destruídos em escala maciça. Os preços das bebidas alcoólicas subiram consideravelmente, e as lojas não podiam vender antes das 14h. A intenção dos promotores da campanha era que as pessoas fossem obrigadas a beber menos, pela redução da disponibilidade das bebidas. Na prática, os mais afetados foram os consumidores moderados. A escassez se estendeu ao vinho e aos destilados, e virou um problema comprar uma garrafa de champanhe para comemorar um aniversário. As necessidades dos que consumiam com menos critério, por outro lado, eram atendidas graças a um *boom* na produção de bebidas ilegais. Nesse caso, se revelou que a

---

* Em tradução livre, "Moscou até o fim da linha", de Venedikt Erofeev, sem publicação no Brasil (N. do T.).

"mão invisível do mercado" funcionava até na economia socialista da União Soviética. Sem medir palavras, pode-se dizer que qualquer um que quisesse apenas cair de bêbado ainda podia, só que ingerindo as porcarias mais inacreditáveis. Em *Moscow to the End of the Line* — escrito pouco antes —, há uma observação brilhante: "Sabe-se lá por que, ninguém na Rússia sabe do que Puchkin morreu, mas como refinar verniz para móveis? Isso todo mundo sabe." De fato, as técnicas para transformar praticamente qualquer líquido em álcool potável, ou pelo menos não letal, eram conhecidas por qualquer um. Para combater a destilação caseira, as autoridades proibiram a venda de levedura. Mas ela é necessária na produção de pão, e, num país onde era difícil comprar comida e no qual havia uma grande dependência do preparo caseiro dos alimentos, isso fazia diferença. Do dia para a noite, Gorbachev comprou briga com milhões de donas de casa que teoricamente deveriam ser as primeiras a apoiá-lo, já que o objetivo da campanha era impedir que seus maridos se tornassem alcoólatras.

As autoridades de fato conseguiram, afinal, reduzir o consumo de álcool. De acordo com as estatísticas oficiais, a venda de bebidas alcoólicas per capita caiu 60%. Na realidade, foi menor, pois os dados ignoram as bebidas ilegais. Mas o relativo sucesso de Gorbachev na campanha lhe custou todo e qualquer apoio e respeito. Não demorou para que se tornasse alvo de piadas mal-humoradas, e jamais recuperaria a popularidade. Na verdade, o próprio sistema soviético, que sempre se esforçava por evidenciar total indiferença ao que a população podia pensar, balançou ante um espetacular aumento da insatisfação. Apenas dois anos depois, em 1987, a campanha contra o alcoolismo foi gradualmente abandonada. Na época, ninguém se preocupava em calcular índices de aprovação nem em fazer pesquisas sobre a popularidade do regime, mas estou convencido de que a campanha antialcoólica, embora fosse uma iniciativa positiva em termos gerais, representou paradoxalmente uma das causas do colapso da URSS. Foi algo que se podia atribuir à generalizada dessacralização do regime, que passou a ser ridicularizado não só nos círculos dissidentes, mas em amplas camadas da população.

O maior problema de Gorbachev, que acabou se transformando num problema para a URSS, era a indecisão e a falta de convicção nas iniciativas. Ele queria ser um reformista, mas se mostrava profundamente ansioso com as consequências de uma autêntica reforma. Anunciava grandes mudanças e depois tentava descartá-las. Entreabriu a porta da liberdade, mas, quando todo mundo correu para tentar passar, botou o pé na frente e jogou todo o seu peso para impedir que a porta se abrisse mais. A população queria uma porta totalmente aberta, e não uma fresta para ficar espreitando.

Minha mãe e eu assistíamos sem parar aos noticiários de TV que rompiam as antigas regras de censura e iam ao ar graças à *glasnost** de Gorbachev. Ficávamos indignados ao menor sinal de que ele, com ajuda de Leonid Kravchenko, o asqueroso chefe do Comitê Estatal Soviético de Telerradiodifusão, estivesse tentando tolher a liberdade de expressão e se agarrar aos vestígios da censura. O reconhecimento pelo fato de ele ter permitido a liberdade de expressão logo foi superado, e muito, pela indignação com o caráter insuficiente das medidas. Lembro muito bem os ataques de fúria na nossa família. "Pelo amor de deus, demita esse infame Kravchenko! Não está vendo que o país inteiro quer isso e o apoiaria?"

O amor de Gorbachev por sua mulher, hoje considerado lindo, era recebido com pedras na mão por uma sociedade soviética patriarcal e atrasada. "Ele é dominado pela mulher. Está indo na onda dela de novo."

Isso também causou uma queda de popularidade — e Raísa Maximova, com sua eterna expressão de desdém, não ajudava em nada. Mas qual foi o resultado? Ele era um marido amoroso e um homem de família, e os dois passaram a vida inteira juntos.

Graças a Gorbachev é que muita gente na Europa conquistou autêntica liberdade. Estou escrevendo este capítulo na Alemanha, onde me recupero do envenenamento, e aqui isso é evidente. Pouco tempo atrás, em novembro, comemorou-se o 31º aniversário da queda do Muro de Berlim. O papel de Gorbachev nesse acontecimento histórico foi imenso. Berlim está cheia de monumentos em sua homenagem — no Museu do Muro, no Checkpoint Charlie e no local onde o último que tentou fugir foi abatido a tiros, em 1989. Quando o muro caiu, as pessoas conquistaram, se não instantânea liberdade, pelo menos um caminho claro e curto em direção a ela. Cobrem Gorbachev de elogios, e com absoluta razão.

---

* Política de "transparência" implantada por Gorbachev, paralela à "reestruturação" (*perestroika*) (N. do T.).

Ele trabalhou obsessivamente para viabilizar o desarmamento. Era sua campanha global pessoal de relações públicas, e de fato ele reduziu a quase zero a probabilidade de uma guerra nuclear mundial. Introduziu novos padrões políticos nas atitudes a respeito dessa questão. No mundo pós-Gorbachev, tornou-se impossível falar de armas nucleares fora do contexto de uma "redução", e virou tabu discutir até mesmo um uso limitado.

Ele também libertou presos políticos, embora vacilasse muito, do jeito indeciso e hesitante que era sua marca registrada. (Em seu livro, Andrei Sakharov* descreve bem a maneira como Gorbachev tentou lhe impor condições absurdas para a concessão de um indulto e depois simplesmente desapareceu, para não levar adiante as negociações.) Além disso, estes eram seus presos políticos, encarcerados pela sua KGB para defender o seu Partido Comunista. A liberdade deles não foi concedida por um homem como Václav Havel** — um dissidente, humanista e dramaturgo —, mas por alguém que, segundo transcrição do Politburo, soltou, numa discussão sobre a eventualidade de permitir que Sakharov emigrasse, comentários do tipo: "Isto, camaradas, é a cara do sionismo internacional."

Mas o que conseguiram os russos e os demais povos da URSS? Foram proclamadas a *perestroika*, a aceleração, a *glasnost* e a certificação do Estado, uma miscelânea de slogans vazios, na velha tradição das campanhas soviéticas do tipo "Vamos nos emparelhar com o Ocidente e superá-lo". Os slogans eram ridicularizados. A proposta era que, com a nova abordagem (*perestroika*), em condições nas quais eram permitidas críticas (*glasnost*), as pessoas e as empresas começariam a trabalhar com mais rapidez e eficiência (aceleração), e a qualidade do seu trabalho seria fiscalizada por comissões especiais imparciais (certificação do Estado). Uma típica anedota da época era que uma pessoa ia comprar uma torta e se surpreendia com o formato. Ela, então, perguntava ao vendedor:

---

* Crítico do regime soviético, o físico Andrei Sakharov (1921–1989), que trabalhou sobretudo no programa nuclear, foi perseguido em seu país e ganhou em 1975 o Prêmio Nobel da Paz por sua luta pelos direitos humanos (N. do T.).
** Václav Havel (1936–2011), escritor e político tcheco, um dos líderes da Primavera de Praga, o movimento civil em favor de maior liberdade iniciado em 1968, e da chamada Revolução de Veludo, que pôs fim ao regime de partido único em 1989. Nesse mesmo ano, foi eleito presidente da Tchecoslováquia (e depois da República Tcheca, após a separação da Eslováquia) (N. do T.).

— Desculpe, por que as tortas aqui são quadradas?
— *Perestroika*.
— Certo, mas por que não são cozidas?
— Aceleração.
— E por que alguém já deu uma mordida?
— Certificação do Estado.

Para Gorbachev, e depois para a primeira geração de reformistas liderados por Bóris Yeltsin, a tragédia é que eles foram obrigados a introduzir reformas porque a economia que haviam herdado fora completamente arruinada pelo regime comunista, mas eles próprios eram acusados disso. A economia soviética de planejamento tremia nas bases. Não havia bens suficientes em circulação. Foram introduzidos cupons de racionamento, que deviam ser apresentados nas lojas para confirmar que você tinha o direito de comprar algo em oferta insuficiente. Eu me lembro desses cupons em cima da mesa, ao lado do dinheiro deixado pelos meus pais para minha visita às lojas. Eram necessários para comprar sabão, açúcar, chá, ovos, cereais e óleo vegetal.

A única maneira de remediar a situação seria uma reforma econômica e política, mas a população havia trocado causa e efeito. As pessoas achavam que não foram o PCUS, o Comitê de Planejamento do Estado e a KGB que haviam levado o país ao ponto de precisar de uma *perestroika* para se salvar, mas o contrário. Consideravam que as reformas destruíam o velho e estável modo de vida, agravando a escassez, gerando a necessidade de cupons e aumentando a pobreza. A palavra "reforma" se tornou, e ainda é hoje, sinônimo de enganação: "Conhecemos muito bem essas reformas de vocês. Nós nos lembramos dos cupons e da época em que viramos pedintes!" O mesmo destino seria reservado mais tarde às palavras "democracia", "economia de mercado" e "capitalismo".

A verdade é que Gorbachev fez todo o possível para se colocar nessa situação. Um jovem economista, Grigory Yavlinsky, propôs, com um grupo de colegas, um Plano de 500 Dias. Era um programa de reformas políticas econômicas que hoje parece ingênuo, mas pelo menos foi preparado com seriedade. Na época, quando pessoas apresentadas como economistas eram doutrinadas nos "fundamentos do marxismo-leninismo", ninguém teria sido capaz de propor algo melhor. Gorbachev concordou com o plano, que foi intensamente divulgado nos jornais, mas depois ficou apreensivo e, como sempre, propôs como alternativa um cadáver de ilusões em torno de um sistema econômico no qual o socialismo, com sua abordagem planificadora da gestão do Estado, coexistiria com empreendimentos particulares e iniciativas de homens de negócios. Imaginem o consciencioso trabalhador de uma fazenda coletiva saindo de casa ao alvorecer para labutar honradamente pelo Estado e trocando cumprimentos amistosos com o fazendeiro privado que está indo trabalhar por conta própria. O velho plano estatal equivocado seria substituído por um novo plano estatal bom, e o socialismo ganharia rosto humano.

Todas as críticas feitas a Gorbachev — de que ele era indeciso, fraco, covarde, vacilante, evasivo — tinham fundamento. E também é verdade que ele as mereceu, com sua oposição aos democratas radicais, que na época eu idolatrava. O campo dos que odiavam Gorbachev se dividia entre os que não gostavam das reformas e os que não gostavam do fato de que estavam sendo introduzidas com excessiva lentidão. Estes, entre os quais eu me encontrava, o odiavam muito mais: tínhamos um objetivo que fora alcançado em outros países — total liberdade de expressão, capitalismo e democracia —, e isso fazia de nós críticos ativos e persistentes. Também privamos Gorbachev do apoio da única parte da sociedade com a qual poderia contar. Assim, quando ele, no seu ritmo próprio, tendo perdido todas as oportunidades, parou de ter medo e concorreu às eleições (até então, fora eleito apenas por colegiados, como congressos e sovietes supremos, cuja condição subordinada afastava o risco de derrota), obteve o ridículo reconhecimento de 0,51% dos votos.

Quanto mais eu amadurecia, mais intolerante com Gorbachev eu me tornava, mas hoje o vejo positivamente, no mínimo porque se mostrou incorruptível. Nisso, ele era único. Aqueles que detinham algum poder na transição do socialismo para o capitalismo tentaram agarrar a maior fatia da torta ao seu alcance. Os líderes comunistas das repúblicas soviéticas da Ásia central viraram donos de países inteiros e rapidamente trataram de transformá-los em Estados totalitários. Ministros se serviam de indústrias inteiras sob sua responsabilidade. Diretores de fábricas encontravam maneiras engenhosas de se tornar seus proprietários. Integrantes mais desenvoltos da Liga da Juventude Comunista, que cantavam com voz altissonante sua disposição de dar a vida pelo partido, se valiam de redes de influência para se transformarem em oligarcas.

Ao deixar a presidência, Gorbachev não levou nada, apesar de todas as oportunidades colossais que teve de enriquecer. Ninguém teria sequer piscado se uma ou duas grandes fábricas fossem de alguma forma transferidas para empresas *offshore*, sob o disfarce de *joint ventures*. Ele poderia ter botado a mão em propriedades do Estado no exterior. Seria fácil mandar dinheiro do partido para contas pessoais. Nada disso ele fez. Podem dizer o quanto quiserem que foi por falta de oportunidade, mas o fato é que ele nem tentou. Na minha opinião, porque era uma pessoa diferente, desprovida de ganância.

———

Quando começo a pensar em Gorbachev e sua influência no meu destino pessoal, imediatamente meu pensamento é levado a Tolstói e meu livro favorito, *Guerra e paz*, no qual ele nega com maníaca obsessão o papel do indivíduo na história. Nada seria diferente, afirma Tolstói, se não tivesse havido um Napoleão ou um chefe militar como Mikhail Kutuzov.* Não foi Napoleão que conduziu os franceses até a Rússia. Em vez disso, um milhão de circunstâncias, detalhes, vidas, palavras, desejos, medos e esperanças conspiraram para que os franceses, com seus uniformes de calças brancas justas, fossem parar nos bosques russos em pleno inverno.

Se seguirmos essa lógica, a URSS, com ou sem Gorbachev, teria sido um caso perdido. A Rússia teria começado a introduzir a democracia e o capitalismo, sem êxito. Uma reação teria ocorrido. A marcha da história. O papel do indivíduo na história? Zero.

Com todo respeito ao nosso grande clássico, peço vênia para discordar. Não resta dúvida de que a URSS estava historicamente condenada. Entretanto, argutos observadores estrangeiros previam em 1985 que ela perduraria por mais um século. Acredito que, não fosse a personalidade de Gorbachev, a precária construção ainda estaria de pé, oprimindo seus moradores. Em termos históricos, Cuba e Coreia do Norte estão ainda mais condenadas. Não são países, mas algo como monstros do Frankenstein. E ainda assim continuam existindo. Sobreviveram à patroa, a URSS, e encontraram outra na China.

———

* Mikhail Kutuzov (1745–1813), militar e diplomata russo que serviu a três monarcas da dinastia Romanov e derrotou as tropas invasoras de Napoleão na chamada Guerra Patriótica de 1812 (N. do T.).

É quase certo que minha URSS também poderia ter aguentado quinze anos de petróleo a preços baixos, reprimindo com dureza os insatisfeitos. Poderia ter seguido em frente rastejando, eventualmente disparando em breves arrancadas, até chegar ao fim do século, quando o dinheiro do petróleo corresse de novo como um rio e tudo ficasse bem.

Pessoalmente, sou muito grato a Gorbachev por ter podado esse galho para mim. Como Jovem Pioneiro, eu estaria destinado, aos 16 anos, a entrar para a Liga da Juventude Comunista. Garotos um ano mais velhos que eu entraram, mas eu não.

Com certeza teria me filiado. Qualquer outra coisa seria inconcebível. Eu vivia numa cidade militar e meu pai era oficial. Que teria eu feito em tais circunstâncias, sem Gorbachev? Provavelmente teria acabado numa prisão soviética por distribuir *Arquipélago Gulag* ou *Doutor Jivago*. Espero que tivesse coragem de agir e falar como os dissidentes soviéticos da época, sem contar com muita empatia nem apoio. Meus pais ficariam envergonhados quando os amigos perguntassem: "E então, o que o seu Alexei anda fazendo?"

Essa versão do meu futuro é sombria, mas é a única que não é escandalosa. É mais provável que eu tivesse entrado para o exército, como meu pai. Teria estudado e feito provas de teoria marxista-leninista. Teria assumido o comando de subordinados incompetentes e dado cumprimento a ordens de superiores imbecis. Comentando as promoções mais recentes, eu, como todo mundo, repetiria pela milionésima vez a piada de que um filho de coronel não pode ir além da patente de coronel porque o general também tem filho. É extremamente embaraçoso imaginar como poderia ser para mim um futuro "bem-sucedido" na URSS. Meu talento para escrever e aprender línguas teria me encaminhado para o jornalismo internacional ou mesmo a diplomacia. Minha vida seria uma luta cotidiana com outros como eu pela oportunidade de um posto na Romênia ou na Mongólia. Minha vida profissional seria uma mistura de mentiras e hipocrisia, e, se eu fosse bom nisso e além do mais me dispusesse a delatar amigos e colegas à KGB, nesse caso, quem sabe, poderia ser mandado para a Alemanha Ocidental. Nos meus sonhos mais delirantes, podia até fantasiar uma viagem aos Estados Unidos. De lá, mandaria relatos sobre a crise do capitalismo e a inveja dos trabalhadores em relação a nós que vivíamos na União Soviética. Tendo preparado minha cota semanal de mentiras, eu compraria jeans e um gravador de fita-cassete. (Embora a essa altura provavelmente já seria um leitor de CD. De volta a Moscou, seria impossível, claro, conseguir discos. Eles também precisariam ser trazidos do exterior.)

Eu saberia que, quando aparecesse numa reunião dos colegas de turma, ficaria livre das amolações porque à minha chegada todo mundo ficaria em respeitoso silêncio por um momento. O simples fato de dar as caras com um chapéu de pele e uma jaqueta de couro e botas feitas na República Democrática Alemã instantaneamente afetaria a hierarquia dos presentes. Uma coisa em que o povo soviético realmente se sobressaía era identificar por mínimos indícios onde alguém trabalhava, aproximadamente quanto ganhava e a variedade de gêneros alimentícios que seriam encontrados na cesta mensal de brindes que lhe passavam por baixo dos panos no seu departamento.

É por isso que, pensando nesse nauseabundo futuro possível, fico tão grato a Gorbachev por ter acabado com ele. Não que fosse a sua intenção. Ele meteu os pés pelas mãos, e é exatamente por isso que tenho que agradecer. Imaginando que o edifício condenado do Estado soviético poderia ser consertado com reparos cosméticos na fachada e o acréscimo de um jardim na cobertura, ele, cheio de entusiasmo, tratou de criar o jardim, regando-o abundantemente e até admitindo a entrada de meros mortais. Ignorou o fato de que a água com que regava as plantas não só contribuía para o crescimento das flores da cobertura como carcomia as paredes, de onde todo o cimento fora surrupiado durante a construção. Ignorou o fato de que convidar todo mundo para o jardim não levaria a um respeitoso debate com uma elite, cheio de comentários alusivos e contornando questões polêmicas. Muito pelo contrário, os moradores do porão, dando-se conta de que podiam se manifestar sem serem espancados, subiram em massa ao terraço para informar sem rodeios que não tinham água para beber nem nada para comer. O peso das suas palavras, a reverberação das botas batendo no chão e a indignação que traziam no coração fizeram tudo desmoronar.

Não lamentei minimamente esse resultado. Afinal, o que havia perdido? A Rússia, meu país, ainda estava lá. Eu ainda tinha minha língua, Tolstói e Dostoiévski. Moscou e Kazan e Rostov. O exército ainda estava lá, assim como o Estado. Até os burocratas continuavam onde sempre haviam estado. Kiev, Tallinn e Riga não se volatilizaram no ar. Tudo permaneceu como antes. Quem quisesse podia visitar essas cidades. A novidade era ter escolha, ter liberdade. O que resta dessa liberdade hoje na Rússia de Putin, que tenta fingir que é a URSS, é na verdade muito mais do que havia então. Agora é possível escolher uma profissão, um lugar onde se queira viver e um estilo de vida. Ninguém precisa mais se enrolar todo numa competição para ver quem é mais duas caras para poder viajar ao exterior. Basta comprar uma passagem e embarcar.

Nessa parte, quase sempre alguém diz: "Só que hoje em dia você precisa ter dinheiro." E passa a relembrar as garantias sociais e a igualdade na URSS.

Na realidade, não havia nada disso. O abismo social entre um trabalhador das fazendas coletivas e um membro do comitê regional do Partido Comunista não era menor que o atual abismo entre um oligarca e qualquer trabalhador comum. Por ordem de importância, habitação e automóveis eram menos acessíveis que hoje. É verdade que muita gente recebia acomodações gratuitas, mas era preciso esperar vinte anos. Claro que há uma gigantesca diferença nos extremos de luxo e riqueza entre aquela época e hoje. Na URSS, esse teto correspondia ao primeiro andar de uma *dacha* na "aldeia dos escritores", nas imediações de Moscou. Agora não há mais limite; desapareceu a uma distância inconcebível, estourando os tetos de chalés franceses e arranha-céus à beira do Central Park, em Nova York.

Isso, claro, é constrangedor. Mas não muda o fato incontestável de que, embora a massa da população pudesse ser impulsionada por um movimento tectônico sinistro, como diria Tolstói, de qualquer maneira foi Gorbachev quem começou a consertar alguma coisa, mas no fim cometeu erros e fez tudo vir abaixo. Sobre as ruínas, todos tiveram oportunidade de levar uma vida decente, sem as eternas mentiras e hipocrisias. Isso, naturalmente, se quisessem.

A guerra no Afeganistão está muito presente nas minhas lembranças da infância, porém mais ainda no destino da nação. Junto com Chernobyl e a crise econômica, o envio de tropas soviéticas ao Afeganistão em 1979 e a guerra sem sentido que se seguiu durante dez anos cavaram a sepultura da URSS. A guerra era visível para mim, basicamente, nas solenes estrelas vermelhas e brilhantes na entrada dos prédios. Eram invariavelmente acompanhadas da inscrição "Aqui morava fulano de tal, que tombou heroicamente cumprindo seu dever internacional na República Democrática do Afeganistão". Lembro também que o filho de um dos nossos professores morreu lá. A notícia se espalhou de imediato na escola, e no começo as crianças ficaram comportadamente caladas. Mas criança é criança, e no recreio já estávamos gritando e jogando coisas uns nos outros, como sempre. A mais controlada das nossas professoras apareceu. Nunca antes eu a ouvira elevar a voz, mas ela começou a berrar, chamando-nos de insensíveis.

Apesar disso, a guerra parecia algo distante, não tinha nada a ver comigo ou com a minha família. Nem lembro de conversarmos sobre isso. Provavelmente porque eu não estava nem perto da idade do alistamento, mas também porque, dentro do exército, de certa forma tínhamos a ilusão de que estava tudo sob controle.

Naqueles anos, as mães e os pais de garotos que estavam em idade militar ficavam aterrorizados com a eventualidade de seus filhos serem mandados para a guerra. Era uma monstruosa loteria da qual o país inteiro tinha que participar. O horror só aumentava, à medida que mais e mais "duzentos" voltavam para casa — era o jargão militar, Cargo 200, que designava os caixões de zinco lacrados em que os corpos eram mandados de volta. Meu primo foi recrutado para o exército, e lembro que nossos parentes ficaram terrivelmente preocupados que ele fosse parar no Afeganistão, sobretudo porque, jovem patriota, mas não muito esperto, ele pediu que o enviassem. Felizmente, não aconteceu.

Numa cidade militar, todo mundo ao seu redor estava no exército. Por isso, com o recrutamento, chegava-se a um acordo de cavalheiros sobre onde seria o serviço. Só havia probabilidade de ser enviado para o Afeganistão se o recrutado realmente quisesse, apesar do caso do meu primo. A coisa era muito diferente se seu pai era enviado para lá. Afinal, ele era militar de carreira, então não era uma surpresa para ninguém. Do ponto de vista de uma criança, era até um barato, pois seu pai retornaria com um gravador duplo de fita-cassete a tiracolo. A esposa, nem é preciso dizer, não estava pensando em gravadores de fita-cassete, mas na probabilidade de o marido voltar num caixão de zinco.

A guerra virou tema da nossa cultura popular. Em toda parte se ouviam canções sobre o "afegão", ao som do violão. As que eram aprovadas pelo regime (e que também tocavam na televisão) só falavam do senso de dever e bravura dos soldados; as parcialmente proibidas, sobre as mortes, os amigos que não voltavam e a dureza da vida no exército, eram bem melhor avaliadas.

As canções "de autor", compostas por cantores-compositores que estavam fora do *establishment* soviético, eram muito populares. Representavam o único espaço arejado num Estado em que todas as outras obras de arte tinham que receber o selo de aprovação de um comitê. No auge da guerra, uma parte considerável do repertório dos violonistas que tocavam nos cafés ou ao redor da fogueira nos acampamentos tinha a ver com o Afeganistão. O assunto se introduzia em toda parte, com a grande pergunta que ninguém podia enunciar em voz alta, mas que era impossível não fazer a si mesmo: por que diabos nossos rapazes estão morrendo lá?

Os editoriais dos jornais sobre nosso sagrado dever internacional não adiantavam nada. Ninguém entendia que obrigação podíamos ter com gente que vivia em montanhas a milhares de quilômetros de distância, que não falava russo nem tinha nada a ver conosco. A versão oficial era que a União Soviética sempre adotara uma posição anticolonial e anti-imperialista, mas a mensagem na verdade era: nós decidimos o que acontece em metade do mundo. Essa era uma mensagem que o povo soviético gostava de ouvir. Só que, nesse caso, nem mesmo um gostinho de dominação mundial ajudava. Embora alguns considerassem uma boa ideia o envio de tropas à Tchecoslováquia e à Hungria, onde o Afeganistão se encaixava? Para que haveríamos de querer o Afeganistão?

Hoje, graças a certos documentos arquivados abertos à consulta, podemos ver que a guerra do Afeganistão foi um desatino do bando de velhos senis que estavam no comando da falecida URSS. E eram mesmo literalmente senis. Em 1979, o Politburo do PCUS parecia um verdadeiro Parque Geriátrico. Pelos dados oficiais, perdemos 15 mil compatriotas nos dez anos que a guerra durou. Segundo um estudo feito por oficiais do estado-maior, foram 26 mil. Ninguém tem a menor ideia de quantos afegãos foram mortos; as estimativas variam de 600 mil a 2 milhões. Na esmagadora maioria, civis. Mais de 5 milhões de pessoas se tornaram refugiadas.

A guerra sugava enormes recursos financeiros da URSS, que estava empobrecendo rapidamente. Ao mesmo tempo, solapava o moral tanto no exército quanto no país em geral. O secretário-geral Brejnev e seus generais que inventaram tudo isso queriam entrar em jogos geopolíticos, buscando superioridade em relação aos Estados Unidos, mas no fim apenas provocaram uma ferida mortal no próprio país.

A guerra no Afeganistão era uma questão grave não só para nós, mas também para o resto do mundo. Até hoje sentimos as consequências diretas. Em grande medida, dela decorreu o atual extremismo islâmico. Reagindo à estupidez criminosa dos líderes soviéticos, o governo dos Estados Unidos se comportou de maneira não menos estúpida, fazendo o possível para transformar uma guerra entre *mujahidins* afegãos e a URSS em uma *jihad*, a guerra santa islâmica. Ao longo da década de 1980, voluntários de todo o Oriente Médio acorreram à região, e a guerra deixou de ser um confronto entre socialismo e capitalismo, como insistia a União Soviética, para se transformar em uma guerra santa contra os infiéis. Só que foi desastrosamente equivocada a ideia de que homens que haviam pegado em armas para defender a sua religião poderiam ser impedidos por uma decisão política, de que bastaria dizer: "Tudo bem, pessoal, agora chega. Nós vencemos, vamos para casa." Para aqueles que se haviam insurgido sob a bandeira verde do islã, não bastava expulsar as tropas soviéticas. Eles de fato acreditavam nos slogans que invocavam. Depois de enxotar a URSS, exigiram que o Afeganistão fosse governado pela lei da sharia. Osama bin Laden, a quem os norte-americanos haviam dado dinheiro e armas, já estava se transformando no inimigo deles, pois os objetivos dos dois lados divergiam. Os Estados Unidos estavam perdendo o interesse e não queriam mais financiar a *jihad*. Para um fanático religioso, contudo, quem não está conosco está contra nós. Foi no Afeganistão, para onde se deslocaram em nome de uma guerra santa, que os líderes do autodenominado Estado Islâmico, como Abu Bakr al-Baghdadi, tornaram-se o que são. Essa guerra continua até hoje.

―――

De toda a gama de reformas propostas por Gorbachev, a *glasnost* com certeza funcionou e rapidamente mudou tudo. Ao contrário de todas as outras, para alcançá-la não era preciso fazer nada; bastava *não* fazer alguma coisa. Bastava não proibir, não censurar, não demitir jornalistas por causa de artigos que houvessem escrito. Começaram a aparecer na imprensa matérias que não conseguíamos entender como podiam ter sido publicadas. Logo ficou claro que escrever a verdade era vantajoso, no fim das contas: não se perdia o emprego, não havia "portarias", você se tornava incrivelmente popular e a tiragem das publicações em que trabalhava disparavam. A represa ideológica começara a rachar, e, embora tentassem desesperadamente escorá-la, os dirigentes soviéticos não conseguiam. A notícia de que um programa fora eliminado da grade de um canal nacional de TV causava imediata indignação, como se essas mesmas pessoas que protestavam não tivessem vivido um ano antes num país onde a censura era total. Quando certas piadas sobre Gorbachev foram tiradas de um programa de comédia intitulado *Club of the Cheery and Witty*,* a medida causou preocupação no país. A partir de 1987, a URSS rapidamente se aproximou de uma vitória no campeonato mundial da liberdade de expressão. Saber que ninguém mais ia para a cadeia por ter dito alguma coisa era tão maravilhoso que as pessoas tentavam compensar setenta anos perdidos para a censura.

Em outubro de 1987, o canal nacional começou a transmitir o programa *Vzglyad* (Ponto de vista), que passou a significar tudo para mim. Não creio que qualquer outra coisa na vida tenha influenciado tanto minhas opiniões políticas. O programa ia ao ar à noite, o que por si só já era legal e destoava da programação de sempre, só que o mais importante era que tocava rock! Na verdade, foi por isso que comecei a assistir. Os jovens apresentadores, também diferentes dos coroas bizarros do padrão oficioso, cobriam uma ampla variedade de assuntos da atualidade e os debatiam no estúdio. De vez em quando eram interrompidos por vídeos de bandas como DDT, Alisa, Kino e Nautilus Pompilius. Era sensacional ver na TV nacional músicos de rock com suas canções de fundo social e muitas vezes antissoviético. Não era mais uma fenda na represa da censura; era como vê-la sob fogo de artilharia pesada. Minha mãe também assistia a todos os programas, e tenho que agradecer a ela por discutir o noticiário com um menino de 11 anos como eu, estimulando meu interesse por questões sociais e política. Durante quatro anos, *Vzglyad* foi inquestionavelmente o programa mais popular da União Soviética. Seus jornalistas e apresentadores se tornaram estrelas que determinaram o rumo da televisão. Depois, cada um teria um destino bem diferente.

Vladislav Listyev, esteio principal do *Vzglyad*, foi assassinado a tiros na entrada do seu conjunto residencial. Artyom Borovik, que se tornara um dos mais destacados jornalistas investigativos, morreu num acidente

---

* "Clube dos alegres e espirituosos", em tradução livre (N. do T.).

aéreo em 2000; minha filha frequentou uma escola batizada com o nome dele. Alexander Lyubimov, o jornalista do *Vzglyad* que eu mais adorava, hoje perambula pelos estúdios do rádio e da televisão estatais como zeloso putinista. Em 2007, quando a censura de Putin estava a toda, ele me convidou para seu programa de entrevistas numa estação de rádio de propriedade da Gazprom, a companhia estatal de gás. Continuava inteligente como sempre, tinha as mesmas entonações de que eu me lembrava tão bem da infância, mas estava passando adiante a versão oficial dos eventos e tinha um claro entendimento do que podia ser dito e do que era proibido. Fiquei olhando para ele, o tempo todo com vontade de dizer: "Pelo amor de Deus, Alexander, sou quem sou hoje por sua causa e por causa dos seus colegas. E, vai saber por que, você traiu tudo isso."

Depois do *Vzglyad*, Konstantin Ernst passou a apresentar um programa sobre cinema, *Matador*, que eu não perdia nunca. Hoje, dirige o Canal Um da televisão estatal e é um grande propagandista de Putin. Vão ao ar na sua programação as reportagens mais mentirosas e repulsivas, entre elas a infame invenção sobre o menininho russo que teria sido crucificado por soldados ucranianos na frente da mãe.

Ivan Demidov, um dos produtores do programa, mais tarde apresentador de uma atração superpopular de música, tornou-se um dos primeiros dirigentes da ala jovem do Rússia Unida, a Jovem Guarda. Viria a dirigir o departamento ideológico do partido de Putin, passando depois a cargos de importância na administração presidencial. Que ironia.

É difícil acreditar que tantas pessoas que estiveram no nascedouro da liberdade de expressão na Rússia não tenham simplesmente fechado a boca depois de ceder à tentação do dinheiro fácil, investindo a mesma energia e iniciativa dos primeiros tempos na atuação como propagandistas do novo regime, espumando de raiva enquanto defendem atos de injustiça e corrupção.

Entre 1987 e 1989, foram lançados três filmes que assombraram milhões de cidadãos soviéticos, sobretudo os jovens. Pessoalmente, depois de vê-los, entendi que não seria possível voltar atrás. Vivíamos num novo país cujo nome, sabe-se lá por quê, ainda incluía as palavras "socialista" e "soviética", quando não era mais nenhuma das duas coisas. Esses filmes fizeram um sucesso fenomenal. Em *The Housebreaker*,* Konstantin Kinchev, líder

---

* "O ladrão", em tradução livre (N. do T.).

da Alisa, minha banda favorita, era a estrela. O enredo, como era moda na época, é de crítica social, embora não tenha imaginação, mas esse não era o ponto, pois o filme mostrava a vida de um clube de rock de Leningrado e performances de bandas populares. Os punks russos no palco nada ficavam a dever aos músicos estrangeiros acusados de exercer uma influência perniciosa na juventude soviética naquele programa sobre os horrores do *show business* ocidental. Não importava quantas vezes o filme fosse exibido no cinema do nosso clube de oficiais, eu assistia todas.

Segundo a Wikipédia, o filme *Assa* pode ser considerado "uma das principais vitrines dos dias de glória do rock russo na segunda metade da década de 1980". O que é verdade, e na cena final Viktor Tsoi, o líder da Kino, a banda mais famosa da época, começa a cantar seu supersucesso "Estamos esperando a mudança" para o público de um restaurante e acaba diante de uma multidão imensa. Viktor Tsoi também atuou em *The needle*,* o maior sucesso de público do cinema soviético em 1989. O filme tratava de viciados em drogas (tema até então tabu), da catástrofe ecológica do mar de Aral (que também não era discutida na URSS), do combate à máfia e de rock. O personagem principal morre no fim, afastando-se relutantemente em direção à escuridão, ao som da canção "Blood Type".

Era como nas escadas rolantes do metrô: liberdade de expressão e criatividade subiam, enquanto a situação econômica descia. Naquele nosso mundo menos dominado pelo segredo, as pessoas começavam a se conscientizar do quanto eram de fato pobres. O que não significava que tivessem sido mais ricas em 1984 do que em 1989 — quando muito, o contrário é que era verdade —, e sim que, na década de 1990, tinham como comparar. A reforma econômica puramente decorativa que proclamava uma economia mista e propunha que empresas privadas (na época ainda chamadas timidamente de "cooperativas" ou "Associações Científicas de Produção") convivessem com a economia socialista não dava à maioria da população chances de ganhar dinheiro e enriquecer. Alguns indivíduos, contudo, conseguiram tirar vantagem da situação. O país ficou em choque quando Artyom Tarasov, dono de uma cooperativa, foi declarado o primeiro milionário soviético, pagando a si mesmo um salário de 3 milhões de rublos. Seu sócio na cooperativa era membro do PCUS e pagava ao

---

* "A agulha", em tradução livre (N. do T.).

partido anuidades de 90 mil rublos, numa época em que o salário do meu pai era de 300 rublos mensais, e o da minha mãe, de 160.

Outras pessoas, ainda que não tão ricas, destacavam-se do nada, aqui e ali. Algumas apareciam de uma hora para outra dirigindo carros importados. Os cidadãos soviéticos comuns tinham dificuldade de acreditar naquilo e se perguntavam de onde viria o dinheiro. Quase sempre os "empresários bem-sucedidos" da época eram funcionários do Partido Comunista ou membros da Liga da Juventude Comunista, o que tendia a confirmar a desconfiança popular de que havia corrupção e de que a fonte daquela riqueza não estava tanto no empreendimento e na iniciativa, mas no poder e no acesso aos recursos. Além disso, ao longo de setenta anos de existência, a União Soviética doutrinara a população a desprezar aproveitadores e qualquer um que buscasse lucro privado. Naquele tempo, alguém que trabalhasse no comércio vivia razoavelmente bem, mas dava mais prestígio ser um cosmonauta, um militar ou um professor. E aí, de repente, os cosmonautas não eram mais ninguém, apenas mortais comuns recompensados por seus esforços com um apartamento de três quartos e um automóvel Volga preto, enquanto os professores mal conseguiam fechar as contas no fim do mês. Ao mesmo tempo, algum obscuro dono de cooperativa e praticamente qualquer um que vendesse algo no mercado virava um senhor do universo, com mais dinheiro do que qualquer Herói do Trabalho jamais recebera.

Ficou claro então que ser pobre era muito mais suportável quando todo mundo também era, porém, intolerável quando se via que o vizinho era muito mais rico. Com frequência se fala da inveja do povo russo ou soviético em relação aos primeiros empreendedores, e que foi isso que tornou o fim da década de 1980 uma época tão detestada. Considero, no entanto, que foi tudo causado pela desigualdade de oportunidades. Se Gorbachev tivesse tornado mais fácil começar um empreendimento, se milhões de pessoas tivessem feito essa escolha, e não apenas algumas dezenas de milhares dentre os mais inteligentes, ou mais astutos, ou mais bem-posicionados, tudo poderia ter sido diferente. Em vez disso, a criação de cooperativas e, mais adiante, dos primeiros negócios era monstruosamente complicada e realizada sob total controle da burocracia soviética. Para abrir uma empresa, o sujeito precisava pagar propinas ou dispor de contatos, ou pelo menos ter um carisma que fosse capaz de derrubar muralhas. Durante muitos anos, isso conferiu aos homens e mulheres de negócios a imagem de indivíduos malandros e desonestos que se aproveitavam das oportunidades criadas por outros, por meios nem tão legais.

No exército, na polícia e na KGB, o ressentimento com esse declínio do status dos oficiais era particularmente agudo. Algo teria que mudar.

No dia 19 de agosto de 1991, eu saí de casa sem motivação nenhuma. Meus pais estavam me mandando para a *dacha*. Um dos sinais da reforma era que muita gente tinha recebido um pequeno terreno, 600 metros quadrados. Não parecia propriamente uma *dacha*, mas havia um barracão com ferramentas de jardinagem, e eu recebera ordens de cavar e serrar. Não conseguia pensar em nada pior do que aquilo. Depois de caminhar 400 metros, passei pelo posto de controle da nossa cidade e tinha que atravessar a estrada para chegar à aldeia vizinha, onde ficava o nosso terreno. Mas atravessar a estrada não seria nada fácil, pois ela tinha sido tomada por tanques.

5

Na nossa cidade, ninguém nem piscava ao ver veículos militares. Os visitantes adoravam tirar fotos junto à placa de sinalização com o aviso "Cuidado com os tanques", que era nossa marca registrada. Mas nesse dia tudo parecia muito diferente. Os tanques avançavam na estrada asfaltada, o que nunca acontecia, pois provavelmente depois não haveria mais pavimentação. Parecia que estavam indo para a guerra ou numa operação especial. Havia um clima meio caótico. E o principal era que eles estavam seguindo na direção de Moscou. Feliz por encontrar uma desculpa para não ir para a *dacha*, voltei para casa e liguei a televisão para saber o que estava acontecendo. Estava passando o balé *O lago dos cisnes*. Para qualquer soviético, era um sinal inequívoco de que alguma coisa séria acontecera. Desde pequeno eu sabia que, se estivessem transmitindo um concerto de música clássica em vez de desenhos animados, um dirigente devia ter morrido, o que daria início a um dilúvio de manifestações públicas de luto. Só que dessa vez não estava óbvio quem teria morrido. Gorbachev era jovem, e por ninguém mais a programação normal teria sido substituída por bailarinas.

Logo as coisas se esclareceram. Fora declarado estado de emergência, e um autonomeado "Comitê Estatal do Estado de Emergência" se proclamava detentor de todo poder. Gorbachev, que a essa altura não era mais secretário-geral do PCUS, mas presidente da URSS, fora preso ou estava detido em sua *dacha* em Foros. Comunicados do comitê eram lidos no rádio, apresentados como "anúncios da liderança soviética". Não demorei a concluir que um bando de velhos decrépitos que haviam perdido o juízo estavam tentando tomar o poder. Isso ficava evidente nem tanto pelo que se dizia, mas pelo estilo. Os comunicados eram entremeados o tempo todo de clichês soviéticos e frases do tipo: "com o objetivo de superar uma crise profunda e multifacetada"; "necessidade de tomar medidas decisivas para impedir que a sociedade seja levada a uma catástrofe"; "caos e anarquia ameaçando a vida e a segurança dos cidadãos da União Soviética". Em nome da "liderança soviética", a declaração era assinada pelo primeiro-ministro Valentin Pavlov, o chefe da KGB, Vladimir Kryuchkov, o ministro da Defesa, Dmitry Yazov, o ministro do Interior, Bóris Pugo, e um bando de gente cujos nomes eu não conhecia e cuja inclusão entre os dirigentes era francamente um mistério.

Não lembro exatamente o que foi conversado lá em casa sobre isso, mas tive que ir para a *dacha* e fazer o meu trabalho. No caminho, amaldiçoava aquela junta temporária, mas desde o início tinha certeza de que eles não chegariam a lugar algum. Esse comitê estava tentando apavorar todo mundo, mas só conseguia fazer as pessoas rirem; pelo menos era a sensação que eu tinha. Talvez em Moscou, quando os tanques chegaram, a impressão tenha sido diferente, mas minha leitura da situação numa família militar que vivia numa cidade militar não sinalizava que os militares, insatisfeitos com o estado de coisas, tivessem aspirações de voltar ao ponto em que era preciso botar uma almofada em cima do telefone para contar uma piada aos amigos.

No fim das contas, também não tinha ninguém assustado em Moscou. Uma multidão começou a se formar em torno da Casa Branca, a Casa dos Sovietes da Federação Russa, para defender o presidente da República Socialista Federativa Soviética da Rússia, Bóris Yeltsin, e seu poder legislativo, o Soviete Supremo. Para falar sem rodeios, era um confronto entre a Rússia, onde os opositores do PCUS estavam no poder, e a URSS.

Mais tarde, um discurso interminável foi lido no rádio. Era de uma prolixidade inacreditável, e cada frase parecia ter sido extraída de um editorial do *Pravda* (em 1991 os editoriais do *Pravda* eram sinônimo de um monte de clichês, imbecilidade e desonestidade). Só lembro que eles ficavam condenando a onda de "especulações", em clara advertência de que nossa futura vida de bem-estar no capitalismo e na economia de mercado estava em risco. Também me lembro da seguinte frase: "Nunca na história do país a propaganda do sexo e da violência alcançou tal escala, pondo em risco a vida e a saúde das futuras gerações." Era um ataque direto às mais belas conquistas da nossa época. Bastou que aparecessem imagens de mulheres nuas nos jornais e revistas para que aquelas pessoas quisessem proibi-las, sob pretexto de que representavam uma ameaça à saúde.

Para piorar as coisas, era uma reprise dos programas que anos antes condenavam o rock por conter "propaganda desenfreada de sexo e violência". Ficava evidente que a intenção dos autores do discurso era tocar no ponto fraco do povo soviético. Ao ouvir aquelas palavras sobre proibir sexo e a busca por lucro, sobre a necessidade de abastecer com combustível e óleos lubrificantes os moradores das aldeias (outra questão mencionada pelos golpistas), as pessoas dariam um murro na mesa e diriam: "Caramba, é verdade, os camaradas do Comitê de Emergência estão fazendo o que é certo! Estava mesmo na hora de ajudar os moradores das cidades pequenas e de proibir sexo!"

A frase de Vladimir Lênin, "Eles estão terrivelmente distantes do povo", escrita em 1912, é incansavelmente repetida na política russa, às vezes surtindo grande efeito, às vezes nenhum, mas naquele momento descrevia muito bem a situação. Generais idosos estavam certos de que tinham entendido o sentimento popular, muito embora, como tantas vezes acontece, conhecessem apenas o que vinha de suas conversas com motoristas e guarda-costas, que só diziam o que eles queriam ouvir, ou seja, que ninguém aguentava Yeltsin, os democratas e os especuladores.

E então, naquela mesma noite, o comitê golpista cometeu suicídio. Convocaram uma entrevista coletiva pela televisão e, por algum motivo, decidiram que seria ao vivo, tendo como ponto alto as mãos trêmulas de Gennady Yanayev, o vice-presidente da URSS. Ele era a cara que os conspiradores tinham resolvido mostrar ao público. Repetidas vezes a câmera voltava a focalizar em primeiro plano o visível tremor das mãos dele. Essa era uma contradição direta da mensagem que aqueles sujeitos esdrúxulos de terno cinza queriam passar: "Nós somos o regime da mão firme, e agora vamos restabelecer a ordem." Ao lado de Yanayev estava Pugo, ministro do Interior e dono do mais estranho corte de cabelo da face da Terra — que mais tarde eu veria de novo no filme *Drácula: morto, mas feliz*, enfeitando a cabeça de Leslie Nielsen, no papel do título. Havia quatro outros indivíduos ineptos, alguns decididamente exóticos, como o presidente da União dos Camponeses da URSS.

A pergunta "onde está Gorbachev?" gerou a desconcertante resposta de que ele estava recebendo tratamento médico e que, quando ele se recuperasse, a política de reformas teria prosseguimento. Ficou óbvio que os conspiradores tinham medo até dele, cuja fraqueza e indecisão haviam motivado a intervenção. Os jornalistas presentes ostentavam uma atitude de evidente ironia frente aos participantes da entrevista, falando de golpe militar e fazendo perguntas como: "Vocês receberam sugestões do Pinochet?" O país inteiro estava grudado nas telas de TV, tentando entender o que estava acontecendo. Como já disse, o golpe não me parecia inteiramente sério, e depois da entrevista coletiva ficou óbvio que não eles tomariam o poder. Não era um golpe, mas uma farsa. A própria palavra "golpistas", que logo grudou no Comitê Estatal do Estado de Emergência (na historiografia russa, esse episódio é chamado de "golpe de agosto"), conferia aos acontecimentos certo clima de desenho animado.

Nos dias seguintes, os golpistas não conseguiram arregimentar apoio. Pelo contrário, verificou-se uma extraordinária consolidação da posição de Yeltsin e do governo democrático russo. Centenas de milhares de cidadãos saíram às ruas em Leningrado, enquanto em Moscou a população não só se juntou em torno da Casa Branca sem empecilhos como ergueu barricadas. Os golpistas deixaram sem ordens nem estratégia clara os soldados e oficiais levados para a capital. Em consequência, os tanques e veículos blindados de transporte de pessoal ficaram cobertos de gente, confraternizando e levando comida para os soldados (os conspiradores também não tinham pensado nisso). Uma conversa típica, então, podia ser:

— E agora, vocês vão começar a atirar em nós?

Resposta:

— Claro que não. Como poderíamos atirar no nosso próprio povo? Estamos do lado do povo.

Num momento especial, um batalhão de tanques passou desafiadoramente para o lado de Yeltsin e voltou seus dez veículos na direção oposta, em posição de defesa da Casa Branca. Foi uma felicidade geral, especialmente no meu caso, pois eles eram da nossa divisão motorizada de fuzis de Taman. Senti que, se não era propriamente uma contribuição pessoal minha à vitória contra os conspiradores, pelo menos podia me considerar envolvido. Foi num dos nossos tanques de Taman que Yeltsin teve seu supremo momento de glória, subindo nele para falar aos seus apoiadores. Alguém desfraldou por perto uma bandeira — a bandeira tricolor da Rússia, e não a soviética, com a foice e o martelo. É a fotografia mais famosa da época, refletindo à perfeição a importância do momento. A partir dali, Yeltsin assumiu o comando como presidente legítimo, e o velho regime, do qual Gorbachev fazia parte, deixou de existir.

Foi uma grande ironia que, 27 anos depois, todo mundo voltasse a postar essa foto em relação a acontecimentos que me diziam respeito. Bem no centro, de pé, atrás de Yeltsin, aparece um dos seus guarda-costas, Viktor Zolotov. No dia 11 de setembro de 2018, estando eu preso mais uma vez, ouvi no rádio que o general Zolotov, comandante da Guarda Nacional, gravara uma mensagem de vídeo dirigida a Alexei Navalny. Nossa fundação tinha investigado atos de corrupção de Zolotov e descobriu que ele estava roubando dos seus oficiais e soldados, fornecendo alimentos a preços várias vezes superiores aos de mercado. Nosso vídeo, humilhante para Zolotov, que chamávamos de ladrão de repolho e batata, foi visto por milhões de pessoas, entre elas, com certeza, os 300 mil soldados da Guarda Nacional Russa. Zolotov ficou possesso e revidou com um vídeo em que, trajando uniforme de general em um pano de fundo de bandeiras e soldados em marcha, ameaçava se vingar de mim, alegando que eu era apoiado por forças que preparavam um golpe anticonstitucional. Nem é preciso dizer que todo mundo saiu atrás da foto tirada quase trinta anos antes, em que o próprio Zolotov aparecia envolvido num ato que, do ponto de vista do regime soviético, de fato era um golpe de Estado.

―――

Pelos arquivos e pelas memórias dos participantes desses acontecimentos, sabemos que o Comitê de Emergência montara um plano para invadir a Casa Branca, mas não fora adiante, para evitar perdas humanas. Ao que parece, os conspiradores se deram conta de que a estratégia era inviável, pois àquela altura as unidades militares haviam se recusado em massa a cumprir suas ordens. A trágica morte de três pessoas na noite de 20 para 21 de agosto não resultou de um confronto, mas do caos e do desgoverno na tropa.

No dia 21 de agosto, o ministro da Defesa soviético, Dmitry Yazov, ordenou a retirada das tropas de Moscou. O Comitê Estatal do Estado de Emergência fora derrotado e, com ele, também a URSS. Ao voltar da sua *dacha* na Crimeia, Gorbachev esperava ser recebido como herói libertado por multidões em festa. As pessoas de fato ficaram felizes com a sua volta, mas apenas como mais uma prova da derrota do comitê do golpe. A expectativa de Gorbachev de consolidar sua autoridade numa onda de apoio popular foi frustrada. Toda a admiração e o apoio se voltaram para Yeltsin e um novo governo, para aqueles que tinham corrido riscos e atuado com resolução. Isso foi reforçado quando depoimentos indicaram que Gorbachev podia ter participado dos preparativos da conspiração, ou pelo menos fora informado a tempo e, como sempre, decidiu não se posicionar com os conservadores soviéticos nem com os reformistas russos, esperando para ver quem se dava bem. A indecisão é um pecado capital num momento de mudanças. Num instante, Gorbachev perdeu tudo. Mais uma vez, como costuma acontecer em revoluções, algo inconcebível ocorrera. Na segunda-feira, ele era, apesar da pouca popularidade, o presidente universalmente reconhecido de um vasto país, com poderes sobre o maior exército do mundo e a indústria e os empreendimentos agrícolas de um território que cobria um sexto da superfície terrestre do planeta — além do poder de iniciar uma guerra nuclear. Na quinta-feira, não era ninguém. Continuava dispondo de uma limusine pessoal, das suas secretárias e de um telefone especial, só que ninguém telefonava para ele.

Independentemente do que fosse documentado em decretos que pareciam ser incontestáveis, protegidos por uma constituição e um exército de advogados, o fato é que o centro de poder fora transferido para Yeltsin. Ninguém entende como, mas não havia dúvida de que a transferência de poder aconteceu.

———

No dia 8 de dezembro de 1991, a República da Bielorrússia, a República Socialista Federativa Soviética Russa e a Ucrânia se saíram com uma artimanha espetacular. Seus dirigentes, Stanislav Shushkevich, Bóris Yeltsin e Leonid Kravchuk, reuniram-se numa floresta na Bielorrússia e declararam que, como suas três repúblicas haviam fundado a URSS, tinham o direito de dissolvê-la, e era isso que eles fariam. Em seu lugar, criaram a Comunidade dos Estados Independentes. Do ponto de vista deles, a jogada fazia sentido: os três presidentes queriam afastar Gorbachev e seus comandados da disputa e reunir nas mãos poderes irrestritos. Era o que estava por trás da iniciativa, e, para fazer valer a decisão, eles precisavam acabar formalmente com a indestrutível URSS.

Hoje em dia, muitos afirmam que esse passo — o Acordo de Belaveja — foi um erro. Um dos que o lastimam publicamente é Vladimir Putin. Com muita intensidade e paixão, ele afirma que os acordos foram "um grande desastre geopolítico". Pois a mim não pareceu assim na época (e não me considero depositário da verdade objetiva, estou apenas transmitindo qual era o meu sentimento). Era apenas mais um dado no noticiário da TV — bem, talvez um dado que merecia ser um pouco mais debatido que de hábito, mas sem dar impressão de algo extraordinário e decisivo. Se os três que se reuniram na floresta efetuaram uma manobra jurídica astuciosa e, para ser franco, bem traiçoeira e desonesta, estavam apenas confirmando o que já era óbvio, a saber, que a URSS não existia mais como um país real.

Nem Yeltsin nem os dirigentes da Ucrânia e da Bielorrússia podiam ser responsabilizados por esse colapso. A União Soviética foi destruída pelo Partido Comunista e pela KGB. Aquele, com todas as mentiras, a hipocrisia e a gestão incompetente dos seus líderes senis, reduziu o país a um estado de permanente crise econômica. Esta, na pessoa de seu chefe, Vladimir Kryuchkov, tentou um golpe tão desastrado quanto tudo que eles tinham feito nos anos anteriores. A maioria dos pesquisadores do golpe de agosto acredita que Kryuchkov era o ator principal entre os conspiradores. Na época, o tenente-coronel Vladimir Putin, que trabalhava no departamento da KGB em Leningrado, não estava nem de longe preocupado com desastres geopolíticos; em vez disso, atrás de dinheiro e novas oportunidades, tranquilamente abandonou as fileiras da sua organização para arriscar a sorte com o prefeito de Leningrado, Anatoly Sobchak, um dos principais apoiadores de Yeltsin. Em outras palavras, Putin era inquestionavelmente um dos que tinham interesse direto no colapso da URSS, contribuindo para isso e tirando o máximo proveito. Não quero exagerar o papel pessoal de Putin nem afirmar que ele traiu sua organização. O que ele fez foi simplesmente agir em interesse próprio. Um dia ele estava à caça de dissidentes nas ruas de Leningrado, para mandá-los para a cadeia por "propaganda antissoviética", e no outro era o moço de recados de um dos mais radicais apoiadores do novo regime.

Tive a sorte de estar entre os que não foram atingidos pelas ondas de choque do colapso. Se meu pai não fosse oficial do exército na região de Moscou, mas em Baku, em Nagorno-Karabakh, na Abecásia ou nos países bálticos, a história teria sido diferente. Todos os ressentimentos acumulados ao longo dos anos explodiram em conflitos e até em guerras. Descobrimos de repente que os armênios e os azerbaijanos se odiavam tanto que já estavam em combate. Georgianos e abecásios não eram vizinhos amistosos que compartilhavam refeições, mas povos dispostos a expulsar o outro de casa. As causas do que se via eram objeto de detalhadas explicações, cada país com a sua. Visto de Moscou, tudo aquilo parecia a mais pura insanidade. Por que estavam todos guerreando entre si? Durante tantos anos tinham vivido lado a lado na "família multinacional unida dos povos soviéticos", e então estavam fazendo picadinho uns dos outros por causa de conflitos territoriais e interétnicos.

Era este com certeza o pensamento autorreferencial e, na verdade, ignorante de alguém que, por pura sorte, vivia num país sem guerras nem conflitos nacionais, preocupado apenas com uma busca bem metropolitana de dinheiro. Era impossível me imaginar no lugar dos armênios e azerbaijanos, e eu não tinha a menor vontade de fazê-lo. Por motivos não menos autocentrados, o único problema interétnico em que estava interessado era a situação dos russos. De repente eles se transformaram na maior nação dividida da Europa. Seria muito fácil, para mim, fazer uma experiência mental. Suponhamos que meu pai fosse servir no 14º Exército, estacionado na Moldávia, e de uma hora para outra eu passasse a fazer parte da "minoria de fala russa". No mínimo, ficaria infeliz com a mudança repentina e com minha nova condição de "minoria".

Os acontecimentos políticos nas antigas repúblicas soviéticas acabariam beneficiando aqueles que professavam convicções nacionalistas. Era perfeitamente natural, algo que costuma ocorrer após o colapso de um império. Se quisesse mais votos para o seu partido, você podia angariar apoio eleitoral dizendo algo do tipo: "Ocupantes russos, saiam das nossas terras e voltem para Moscou."

Não que todos os habitantes tivessem passado a odiar os russos; a questão é que durante muito tempo a URSS reprimira toda e qualquer manifestação de nacionalismo, tentando impor uma lavagem cerebral generalizada, com seus absurdos hipócritas a respeito da amizade entre os povos e das "15 irmãs", ou seja, as repúblicas. Era inevitável que o pêndulo fosse na direção oposta. O nacionalismo estava na moda. Os anos em que tudo era controlado por Moscou levaram à total rejeição de qualquer coisa que parecesse um legado do império. *Finalmente nos livramos da ditadura russa, e no nosso país quem se voltar para a Rússia é um inimigo e faz parte da quinta-coluna.*

Era esse o verdadeiro desastre geopolítico, mas só perceberam muito depois. Os novos dirigentes, entre os quais Putin e sua laia, que estavam na terceira ou quarta fileira, ignoraram os problemas dos russos que viviam fora do país. Uma quantidade enorme de conflitos poderia ter sido evitada e vidas, salvas, se o governo da época propusesse os mais básicos programas para o retorno de russos aos territórios que ainda fossem da Rússia. Ninguém teria pressa de voltar dos prósperos países bálticos, e nesse caso seriam necessárias outras abordagens. Mas alguma resposta deveria ter sido dada às perguntas perplexas dos que viviam no Uzbequistão, no Quirguistão e muitas outras repúblicas: onde é o nosso lugar agora? O que devemos fazer? É incrível que, mesmo hoje, quando a questão da "russofobia" e do desrespeito aos direitos dos russos se tornou praticamente a maior prioridade do Kremlin, tudo permaneça no nível de uma demagogia deslavada e hipócrita, sem qualquer iniciativa construtiva por trás. Alguém que tenha nascido numa família russa fora da Rússia enlouquece tentando negociar com a máquina burocrática para conseguir a cidadania do seu próprio país. Em 2008, apresentei um projeto de lei que estabelecia que qualquer pessoa que tivesse um antepassado russo, ou que representasse outros povos originários da Rússia, automaticamente teria direito à cidadania, mediante a apresentação de um documento que confirmasse essa identidade nacional. Poderia ser a certidão de nascimento de um dos avós. Não havia nada de revolucionário na sugestão, equivalente a leis em vigor na Alemanha e em Israel. Nem essa proposta nem dezenas de outras semelhantes foram aceitas. O atual regime prefere falar interminavelmente de russos oprimidos sem fazer nada para ajudá-los. Poderíamos reconhecer que em 1991 a Rússia era pobre demais para tomar iniciativas que solucionassem o problema. Entre 2000 e 2020, contudo, tinha tanto dinheiro que a questão do seu povo no exterior poderia ter sido resolvida financiando escolas russas e fomentando o uso da língua em certos lugares, e, em outros, reassentando as pessoas de novo em sua pátria.

6

Como eu me senti ante o colapso da urss? Bom, eu nem me dei conta; não tinha noção dessas coisas. O que estava desmoronando era um regime, e, como todo mundo (era o que parecia na época), comemorei ao ver os pedaços caindo no chão. Quanto maior o pedaço, maior minha alegria.

As manifestações de protesto nas repúblicas bálticas? Vemos hoje que indicavam o temido colapso da União Soviética. Aqueles que marchavam ombro a ombro em protesto, de Tallinn a Vilnius, exigiam antes de mais nada independência para suas repúblicas, o que significava acabar com a urss tal como existia então.

Na prática, contudo, na época as pessoas imputáveis viam aí uma batalha contra um "partido" repugnante que proclamava a própria grandeza aos quatro ventos. Eram contra as intermináveis mentiras na televisão e nos jornais, contra as prateleiras vazias nas lojas, contra a elite hipócrita do partido, com seus chapéus de *vison*. Mas, sobretudo, manifestar-se contra a urss era lutar por algo positivo — pelo rock, pelo direito de viajar ao exterior, de comprar o livro que se quisesse, pelos jeans e chicletes e produtos estrangeiros de qualquer espécie (ou apenas produtos de qualidade minimamente apresentável, que eram muito raros), e para que todas essas coisas fossem encontradas nas lojas. A favor de ser atendido por médicos sem precisar suborná-los com caixas de chocolate e garrafas de conhaque, de filmes e gravadores de vídeo, e simplesmente de ter uma vida melhor. Resumindo, a favor de um estilo de vida como o que Putin levava em seu posto na República Democrática Alemã, onde podia comprar sapatos e alimentos decentes e assistir à televisão da Alemanha Ocidental bebendo cerveja alemã.

Gente como Putin sente saudade da URSS porque eram superiores a todo mundo de uma forma inacessível. Hoje em dia, não obstante todos os aspectos negativos do sistema, um especialista em tecnologia da informação de uma aldeia da Sibéria pode ficar bilionário sem precisar da autorização ou do apoio do Estado. Pode ir para a Riviera Francesa em seu jato particular. Naquela época, todo mundo enfrentava uma barreira, exceto gente como Putin, cuja única função era tentar impedir que os outros fizessem qualquer coisa.

Era contra o regime que as pessoas lutavam, e não contra o próprio país. Quando o regime desmoronou, levou junto o país, mas na época isso não gerou ansiedade nem um sentimento de catástrofe. No momento do Acordo de Belaveja, tratava-se uma coisa do passado, e o território foi forçado a se partir em pedaços. Os líderes soviéticos das repúblicas da união forçaram muito mais do que os povos das repúblicas bálticas que haviam dado início ao processo todo. Enquanto as repúblicas bálticas passaram a fazer parte da Europa, no que havia sido o Turcomenistão soviético erguiam-se estátuas banhadas a ouro em homenagem ao camarada Saparmurat Niyazov, o antigo dirigente comunista.

―――

Apesar de sua grande importância, esses acontecimentos ficavam em segundo lugar, talvez até terceiro, na minha vida pessoal. Minha prioridade era entrar numa universidade. A ideia de que isso se tratava de algo essencial era basilar na educação russa e soviética. Era um sinal de classe numa sociedade que proclamava com ênfase a igualdade para todos. Se conseguisse entrar, você era inteligente, tinha estudado com afinco e, muito provavelmente, vinha de uma boa família. Caso contrário, só podia ser burro. Na época em que eu deveria me matricular, as universidades tinham começado a isentar os alunos do alistamento no exército durante o curso. Quem entrava para as forças armadas era burro mesmo.

A sociedade soviética, que hipocritamente exaltava o trabalhador, na realidade impunha um limite, evidenciando que quem tinha ensino superior ficava no alto, enquanto os outros eram considerados de segunda classe. É provável que isso fosse feito para incentivar todos na sociedade, quaisquer que fossem suas origens, a buscar o ensino superior, o que não era má ideia. O caminho para o sucesso estava inscrito em todas as paredes e todos os manuais — "Estude, estude e estude sempre", como nos ensinou o grande Lênin. "Você não é burro, é? Se quiser subir na escala social e chegar ao topo, estude!" Em todo filme soviético, o herói admirável é um operário de fábrica que frequenta um curso noturno.

Na prática, isso não funcionava bem. No longo prazo, a consequência foi uma queda catastrófica do prestígio de qualquer profissão associada ao trabalho manual, mesmo as mais especializadas. Ser um *PTUshnik*, um aluno do ensino técnico numa escola profissionalizante, era sinônimo de ignorância. Não era nada incomum que um professor dissesse a um aluno: "Você, Petrov, é um bobo que só serve para o ensino técnico." O que significava que, depois de se tornar encanador, eletricista ou operário de fábrica, Petrov entraria para o exército de perdedores e alcoólatras que não tinha nenhuma perspectiva de vida.

Isso inevitavelmente levava a uma forte pressão sobre as crianças em idade escolar. Era uma vergonha não entrar para o ensino superior.

Na minha família, que era obcecada por educação, eu era cobrado duas vezes mais. Minha mãe, como já disse, se formou na faculdade de engenharia e economia do então prestigioso Instituto de Administração de Moscou. Meu pai, além da formação na academia militar, em 1985 se formou em direito, o que o exército permitia. Foi então promovido de especialista em defesa aérea a advogado militar e trabalhou como assessor jurídico da divisão de Taman. Assim, nossa família entrou para aquela parte da sociedade em que se presumia que eu estaria em condições de estudar em "algum lugar decente", se não quisesse causar constrangimentos.

A partir da sexta série, mais ou menos, não consegui parar de pensar na expressão "estude muito ou não vai passar". O conceito de "estudar muito" correspondia ou à nota 5 (o que significava que você era um nerd, o que, de qualquer forma, era irrealista) ou a um 4,5 ou um 4. A notícia já não era nada boa se você só tirasse 3,5, imagina 3. Dizer "Mamãe, acho que este semestre vou tirar 3" era certeza de uma conversa muito séria e de sofrimento prolongado. Não posso dizer que levei bronca sem merecer por causa de notas baixas, mas tinha para mim que tirar 3 seria um crime hediondo.

A matéria mais importante numa escola soviética era matemática. Eu lutava para tirar 4. Nos dois últimos anos do ensino médio, era uma dificuldade alcançar essa nota em física e química. A abstração dos problemas nessas matérias me irritava. Trigonometria me levava à loucura, com a necessidade de calcular a hipotenusa de um triângulo se os valores do comprimento de um dos lados e o cosseno de um ângulo fossem fornecidos. Como era de se esperar, o clássico protesto "Para que eu preciso disso? Nunca na vida vou precisar de cossenos" recebia como resposta o não menos tradicional "Toda pessoa educada tem que saber essas coisas" ou "E se você resolver ser engenheiro quando crescer?".

Eu não queria ser engenheiro. Adorava ler, o que era uma enorme vantagem nas outras matérias, inclusive literatura e história. Na primavera, quando o professor dava uma longa lista de leituras para o verão, o resto da turma resmungava e protestava, mas eu secretamente me deliciava. Ler era o melhor passatempo de todos, exceto talvez provocar explosões e botar fogo nas coisas. E a combinação dos dois era a ideia que eu tinha de uma vida perfeita. Infelizmente, os problemas de "escassez" representavam um sério impedimento para minha paixão, pois era extremamente difícil botar a mão em bons livros. Todo mês, no dia em que o estoque da livraria era renovado, minha mãe precisava se levantar às 4h para entrar na fila. Também era possível trocar quilos de papel velho por cupons que poderiam ser usados para comprar livros de um catálogo especial, embora primeiro fosse necessário encontrar uma loja que tivesse os livros que queríamos. Assim foi comprado um dos meus favoritos quando pequeno, uma coletânea de contos de O. Henry.

É curioso que desde a infância eu tenha precisado me acostumar com pessoas que não me conheciam bem e ficavam surpresas por eu gostar de ler. Era evidente que eu não devia ter uma cara muito espiritual. Ou talvez fosse porque eu quase sempre era o mais alto da turma. As pessoas nunca me perguntavam: "Que livro você está lendo?" Era sempre: "Qual o seu esporte favorito?"

E acontece até hoje. A verdade era que eu não praticava nenhum esporte, não torcia por nenhum time — só queria ficar num canto, lendo. Além disso, para uma criança que vivia numa base militar, praticar esportes dependia de algum oficial vigoroso e com um histórico de atletismo que de repente tivesse a ideia de abrir um clube desportivo para cumprir suas obrigações sociais. Um deles apareceu, e o aviso circulou na escola: "A partir de amanhã, nossa escola oferecerá treinamento em artes marciais." Desnecessário dizer, saí correndo para me inscrever, já me vendo, com as novas habilidades, dando uma lição nos valentões da rua. Minha fase de artes marciais chegou ao fim três meses depois, quando um aluno mais velho me jogou por cima do ombro. Eu bati no chão com o quadril e rastejei do tatame até um canto, achando que, se descansasse um pouco, ficaria tudo bem. Infelizmente, um garoto pequeno caiu em cima de mim pouco depois. Ao quadril machucado que diagnosticaram no hospital se somou à constatação de um mindinho fraturado. De qualquer maneira, o oficial formado em artes marciais logo seria transferido para outra unidade, e nosso clube fechou.

Exatamente do mesmo jeito, passei por fases de tênis de mesa, basquete e boxe. Deste último desisti ao perceber que, em vez de lutar para valer, era melhor sair correndo disparado.

Acima de tudo, eu queria ser bom no caratê. Era uma aspiração criminosa, pois havia no código penal um artigo que proibia "treinamento ilegal de caratê" e estipulava que a pena por ensinar a prática chegava a cinco anos de prisão. Era uma proibição sem pé nem cabeça e apenas mais um exemplo flagrante de como era a União Soviética — obcecada por proibir praticamente tudo.

Um dia, reclamei por não poder aprender caratê, e minha mãe disse:

— Tenho a impressão de que o tio Vitya sabe.

Tio Vitya era um colega do meu pai, amigo da família. Então eu o atazanei o quanto pude para que me mostrasse alguns golpes. Depois de um ou dois meses, percebendo que não ia se livrar de mim, ele me fez jurar que não contaria a ninguém e me mostrou um monte de fotos em preto e branco de um manual de caratê. Não passava, na realidade, de uma série de ilustrações grosseiras. Numa delas, um sujeito sacudia a perna no ar; em outra, levantava o joelho para acertar a cabeça de alguém. Cada foto tinha uma legenda em caracteres japoneses, o que parecia uma prova cabal de que tio Vitya estava cometendo um crime por minha causa. Por mais que eu pedisse, ele não me deixou levar as fotos para casa, mas disse que, se eu fosse bem na escola, iria me mostrar um pouco da técnica. Voltei para casa em êxtase, pendurei uma sacolona na porta, enchi-a com nem sei mais o quê, posicionei os dedos de um jeito complicado, para matar alguém com um único golpe no plexo solar, e esmurrei a sacola. Pelos dez dias seguintes, todo mundo perguntava: "O que houve com a sua mão? Por que está tão inchada?"

Era meio preocupante o fato de não haver bandidos na nossa cidadezinha. Nenhum morador se dava ao trabalho de trancar as portas. O noticiário policial se resumia à informação de que "o oficial Sidorenko ficou bêbado de novo e fez uma cena com a esposa". A situação foi resolvida de vez quando nos mudamos para Kalininets, onde ficava estacionada a divisão de Taman. Era uma cidade militar grande, dividida em várias unidades, com uma população de quase 25 mil. Umas duas semanas depois da minha chegada, nas férias de verão, um garoto visivelmente mais velho e meia cabeça mais alto chegou perto e disse:

— Me empresta 15 copeques,* por favor. Depois eu devolvo.

Eu fiquei até lisonjeado com o pedido. Ainda não tinha amigos e, quando as aulas recomeçassem, poderia conversar com um garoto mais velho na frente dos colegas, como quem não quer nada. Então dei a ele o valor pedido. Três dias depois, encontrei-o na rua, e a história se repetiu, só que, dessa vez, vendo que eu tinha muito troco, ele disse:

— Na verdade quero 30, por favor.

Da terceira vez, eu disse que emprestaria sem problema, mas gostaria que ele devolvesse os 60 logo.

— Não vem bancar o esperto comigo — respondeu ele.

E de repente me dei conta de que estava na situação humilhante do garoto menor sendo extorquido por um valentão.

Era algo inesperado. Quando lia sobre situações assim, eu sorria com ar de superioridade, achando que essas coisas jamais aconteceriam comigo, pois eu imediatamente reagiria. Afinal, é melhor levar uns murros uma vez do que ser humilhado para sempre. Infelizmente, nunca ficara sabendo nas minhas leituras que uma relação assim podia começar com uma tapeação, um pedido aparentemente amistoso. Durante seis meses, esse garoto (conhecido como Guindaste) envenenou a minha existência. Eu tinha que evitá-lo, caso contrário todo encontro se transformava num diálogo torturante, com empurrões e ameaças. Desesperado, eu não sabia o que fazer. Na minha turma, eu era o maior e mais forte, mas Guindaste era mais alto e mais velho e cara de pau e seguro de si, o que é o principal trunfo na arte do confronto de rua. Eu não tinha um irmão mais velho a quem recorrer nem um aluno de uma turma acima da minha que fosse meu amigo. Reclamar para meus pais seria uma vergonha; além disso, eu já sabia o conselho que receberia. "Basta dar um bom soco, e ele vai parar." É muito fácil para os adultos recomendarem que a gente dê um soco. Para eles, bullying é bobagem de criança, embora a intensidade emocional e

---

* Um copeque corresponde a um centésimo do rublo, a moeda russa (N. do T.).

psicológica seja cem vezes maior que qualquer problema que eles mesmos estejam enfrentando.

A situação se tornou totalmente desastrosa quando, dizendo mais uma vez que não tinha dinheiro e me recusando a deixar que ele checasse os meus bolsos, levei um murro na cara — e ainda tive que entregar vinte copeques. Fiquei arrasado, tentando imaginar o que fazer. Na manhã seguinte, fui dar uma caminhada, e quem vejo se aproximando na minha direção, senão o maldito Guindaste? Não dava para fingir que não o havia visto.

— O que foi isso? Está com o lábio inchado? Deixe-me ver — disse ele, fingindo um tom conciliatório.

Foi quando fiz a coisa mais audaciosa da minha vida. Hoje em dia, me perguntam em quase toda entrevista de onde vem minha coragem. Mas de verdade acredito que meu trabalho nos vinte últimos anos não requeria destemor; é mais uma questão de ter feito uma escolha consciente. Certamente não exige 1% da coragem de que precisei naquele momento. Tenho certeza de que é uma sensação conhecida de muita gente: por pura raiva, desespero e, paradoxalmente, sobretudo medo, você ganha a ousadia para os atos mais resolutos e temerários. Berrando todos os xingamentos que conhecia, esmurrei-o na cara várias vezes com toda força, acertando mais ou menos metade dos golpes. Completamente pego de surpresa, ele caiu e olhou para mim desnorteado, tentando se proteger com as mãos e esperando que eu começasse a chutá-lo. Eu olhei para ele, não menos desnorteado. O ataque de fúria tinha passado, a adrenalina se dissolvera e a cada milissegundo eu me aproximava mais do famoso paradoxo do gato de Schrödinger: Guindaste podia se levantar, e eu estaria morto ou não. Nesse momento, aprendi uma lição de vida: é mais fácil fazer algo ousado do que enfrentar as consequências. Saí correndo o mais rápido que podia e olhei para trás: Guindaste estava vindo atrás de mim. Depois de uns dois minutos, comecei a sentir uma pontada do lado, mas ignorei, sabendo que, se parasse, seria muito pior. Consegui escapar, mas os três dias seguintes, mais ou menos, foram de muito medo. Eu temia levar uma surra na escola na frente dos meus colegas ou, pior ainda, na frente das meninas. Para minha grande surpresa, contudo, nas várias vezes que fiquei frente a frente com meu inimigo mortal na escola, ele se limitava a me mandar um olhar desafiador. O que acabou evoluindo para fingir que não me notava, enquanto eu, da mesma forma, parecia não prestar atenção nele. Até hoje não sei ao certo por que ele não tentou se vingar. Talvez a resposta esteja na teoria econômica: um empresário evolui no mercado tirando dinheiro de pupilos mais jovens, todos eles intimidados. Com minha explosão de insanidade, elevei o preço do assédio aos olhos do meu torturador, e ele tomou a decisão racional de cuidar de outros menos psicóticos. Assim, podemos dizer que fui salvo pela mão invisível do mercado.

A segunda explicação possível é que eu não saí falando sobre o incidente por aí e contei a apenas um ou dois amigos próximos. Guindaste percebeu que eu não queria solapar sua reputação de valentão-chefe e decidiu parar.

Depois dessa batalha épica, a vida escolar ficou mais calma. Até o fim dos meus dias na escola, fui um aluno aceitável, com excelentes notas em literatura e história, bom em matemática, física e matérias afins — mas muito malcomportado. Não brigava, não matava aula nem quebrava vidraças, mas cometia uma afronta muito mais grave aos olhos dos professores: estava sempre fazendo piadas. Em toda turma tem um aluno que gosta de fazer comentários em voz alta, na maioria dos casos perfeitamente idiotas. Eu era esse aluno.

Eu não tinha o menor medo dos professores e não entendia por que a maioria das outras crianças parecia ter. Afinal, se você tivesse aprendido de maneira aceitável a lição, o que eles poderiam fazer, a não ser dar uma nota baixa em comportamento? Muito cedo eu percebi que isso não afetava nada, de verdade. Tirava minha nota 4 ou 5 na matéria, e o professor fazia no meu histórico uma observação em tinta vermelha: "Comportamento insatisfatório." Quando escreviam "Comportamento péssimo", para certas pessoas ficava parecendo um elogio disfarçado, como percebi quando meus pais conversavam com os amigos sobre meus estudos. Era cômico que os adultos quase sempre reagissem positivamente à queixa de que o meu comportamento merecia "repreensão". A reação em geral era: "Muito bem, Alexei. Mostre a eles!"

Raramente eu entrava em conflito direto com os professores, mas, quando acontecia, era na base do vale-tudo, com xingamentos e insultos, resultando na convocação dos meus pais à escola. Eu brigava tanto com uma das professoras de história que resolvi que, se a minha vida tomasse um rumo interessante e eu um dia escrevesse um livro sobre mim mesmo, faria questão de lembrá-la de um incidente específico. Numa aula em que estava nos contando a história da Biblioteca de Alexandria, ela disse que em certa ocasião a biblioteca havia sido penhorada por dez talentos, que nunca foram devolvidos.

— E assim, dez pessoas de talento, que tinham sido dadas como garantia, foram transferidas para o dono da biblioteca.

Naturalmente, querendo bancar o espertinho, eu não podia deixar de levantar e explicar a ela e à turma que o mencionado talento não era uma pessoa talentosa, mas a unidade monetária da época. Seguiu-se uma balbúrdia monumental, tendo como foco, nem é preciso dizer, não a história do Antigo Egito, mas meu comportamento grosseiro e o fato de ter chamado a professora de bobalhona.

Quero então honrar aqui a promessa que fiz na época a mim mesmo, mas hoje reconheço, claro, que estava errado. A pobre professora cometeu um erro, e transformei suas aulas num inferno. Vejo como eu devia ser insuportável. Imagino que o tipo de aluno mais detestado pelos professores seja o exibido que se acha muito inteligente e comprometa a disciplina em aula para fazer as garotas soltarem risinhos com suas piadas. Sou grato aos professores por não baixarem minhas notas e saberem distinguir meu conhecimento do meu mau comportamento. De modo geral, no entanto, com essa pequena exceção, posso afirmar que minha escola era muito boa. Para os que enfrentassem problemas acadêmicos, havia até a possibilidade de uma ajudinha: no último ano, podiam se transferir da nossa escola para a escola "civil" das proximidades, a poucos quilômetros de distância. Lá, qualquer dos nossos alunos que só tiravam 3 se transformava de repente em um "excelente" aluno. Até hoje não consigo imaginar como era possível, pois teoricamente o currículo era idêntico em todas as escolas.

A nona e a décima séries eram dominadas pela questão de saber à qual universidade se candidatar e, assim, para quais provas se preparar. O ano de 1991 foi uma época de lua de mel para o novo capitalismo, naqueles que mais tarde ficariam conhecidos como "os malditos anos 1990". Empreender foi se tornando algo cada vez mais acessível, deixando de ser a profissão exótica que era no fim da década de 1980. Óbvio que eu queria estudar alguma coisa que me deixasse rico. Raciocinava que essa era a própria razão de ser do capitalismo: os mais astutos e inteligentes (entre os quais, claro, eu me incluía) estavam destinados a enriquecer. Essa perspectiva parecia associada a novas profissões de nome estrangeiro chique, sendo a mais famosa a de "manager". Essas pessoas incríveis, pensava eu, eram as mais importantes, e delas seria o mais brilhante futuro.

Tendo lido no jornal uma matéria que noticiava a abertura de uma "Escola de Jovens Gerentes" no Instituto Plekhanov de Moscou, destinada a alunos entre 14 a 18 anos, eu disse a minha mãe que gostaria de me candidatar. Isso não interferiria nos meus estudos, pois a escola funcionava aos sábados e domingos. Era meio cansativo — vinte minutos de ônibus até a estação ferroviária de Golitsyno, mais uma hora até Moscou e depois um trecho de metrô —, mas, para me tornar um gerente, dando aquele primeiro passo em direção a minha vertiginosa futura carreira, eu me dispunha a enfrentar as dificuldades.

Chegando ao Instituto Plekhanov no dia dos exames de admissão, me deparei com aquela que terá sido talvez a mais longa fila que já vi na vida. Evidentemente eu não era o único a sucumbir ao fascínio mágico da palavra "manager". A prova consistia em um longo teste de múltipla escolha, hoje em dia uma maneira padrão de aferir conhecimento, mas que na época possuía uma aura de prestígio estrangeiro, e que também era bem fácil, pois é muito mais simples dar a resposta correta quando precisamos apenas escolher entre quatro alternativas.

Umas duas semanas depois, fui me informar dos resultados. Dezenas de adolescentes passavam os olhos, ansiosos, pelos nomes listados em folhas de papel fixadas numa parede. Por cima, um comunicado em destaque: "Estes são os nomes dos que *não* passaram. Se o seu nome não estiver aqui, você passou." Comecei a ficar nervoso. Mas meu nome não estava nas listas. Ao chegar em casa, dei a auspiciosa notícia aos meus pais, e minha mãe, naturalmente, retrucou:

— Não pode ser. Deviam ser as listas dos que entraram, e você entendeu errado.

Ela até se deu ao trabalho de ir a Moscou para tirar a história a limpo pessoalmente. Eu não tinha entendido errado.

O curso era pago e incluía aulas de direito, psicologia e economia, além de outras coisas de que não me lembro. Mas ficamos sabendo que a ciência oculta da gestão estaria ao alcance dos alunos mediante o simples expediente de comprar manuais de leitura. As aulas consistiam quase sempre numa reformulação do conteúdo desses manuais, mas, como eram dadas numa universidade, tudo parecia muito adulto: um grande auditório semicircular lotado, um professor de pé ante uma estante de leitura, e eu com um caderno de anotações.

Para ser justo, alcancei o principal objetivo — aprender alguma coisa sobre o funcionamento do mundo dos negócios —, embora os conteúdos fossem um pouco decepcionantes. Além disso, não os absorvia nas palestras, mas entendendo como a Escola de Jovens Gerentes era um projeto de negócios engenhoso. O Instituto Plekhanov pusera um anúncio chamativo nos jornais, cheio de palavras da moda. Todo mundo tinha sido aceito depois de passar por uma "rigorosa batelada de exames", o único limite para a quantidade de alunos era a capacidade física das instalações. Qualquer um podia pagar a taxa e estava autorizado a assistir a palestras bem maçantes. Não sei se o sujeito que imaginou isso se formara numa escola de gerentes, mas deve ter auferido um belo lucro.

Quanto à orientação central dos meus futuros estudos, depois de várias reuniões de família, resolvemos reduzir a duas opções: economia ou direito. Parecia óbvio que, no novo mundo da economia de mercado, essas seriam as duas únicas profissões restantes. Haveria economistas, haveria advogados, e todos os outros empregos seriam extintos, sucumbindo à seleção natural. Em 1992, a ideia de estudar para ser um físico parecia ridícula, ao passo que se dedicar à medicina ou ao ensino estava fora de questão. Posso estar relatando tudo isso em tom irônico, mas era esta a situação objetiva na época. Todo mundo queria ser advogado ou economista, de tal modo que, ao longo de vários anos, foram criadas literalmente centenas de "universidades" voltadas para essas profissões, e absolutamente todas as faculdades, universidades e instituições de ensino superior introduziram cadeiras de direito e economia. Isso levou à óbvia consequência de que, quinze anos depois, advogados, economistas, gerentes e publicitários proliferavam como coelhos, e não era possível encontrar engenheiros.

Só que tudo isso viria mais tarde. Em 1993, ano em que me matriculei, o sistema educacional ainda era soviético, e em toda Moscou apenas três universidades civis formavam advogados. Foi esta afinal a minha escolha, sobretudo porque queria ficar bem longe da matemática. Tomada a decisão de ser advogado, eu na verdade tinha quatro alternativas, que seriam resumidas de maneira bem útil por um colega dos cursos preparatórios:

1. A faculdade de direito da Universidade Federal de Moscou, onde todo mundo na cidade queria estudar;
2. A faculdade de direito do Instituto Federal de Relações Internacionais de Moscou, onde as admissões eram restritas a famílias da KGB que podiam dar um jeitinho e outras elites soviéticas;
3. A Universidade Russa da Amizade entre os Povos (URAP), cujos alunos vinham sobretudo da África ou eram futuros agentes da KGB destacados para espionar esses alunos.

A quarta opção era a faculdade de direito da Universidade Militar do Ministério da Defesa. Seria a de mais fácil acesso, considerando-se que eu era filho de um oficial do exército, mas, com tudo que eu sabia da vida numa base militar, a ideia de vestir um uniforme e cumprir ordens estava fora de questão. Meus pais tentaram me convencer a ir para lá, provavelmente por saberem como seria difícil entrar numa faculdade civil de direito, mas, depois que recusei a sugestão firmemente, eles não insistiram, embora tivessem dado outra curiosa sugestão. Havia uma quinta possibilidade, que era me inscrever na academia do FSB, o Serviço Federal de Segurança. Tecnicamente, a faculdade de investigação também podia conferir graduação em direito, e certa vez meu pai disse que conhecia uma pessoa ligada ao processo de admissão. Recusei a ideia sem discutir, mas hoje é engraçado especular como minha vida teria sido se eu tivesse me graduado como investigador do FSB.

No fim, decidi tentar a faculdade de direito da Universidade Federal de Moscou. Para dizer a verdade, era visar muito alto, e meus pais se limitaram a dar de ombros ao serem informados. Ainda hoje, essa instituição oferece aquela que é provavelmente a melhor formação jurídica da Rússia, e na época era mais ou menos tão fácil entrar lá quanto em Harvard.

Pavoroso, insuportável, estresse sem sentido. Essa é a maneira mais simples de resumir a coisa toda. Quando tudo acabou, jurei que jamais pressionaria meus filhos a entrarem numa universidade. Muito embora o tenha feito, claro. Talvez seja apenas consequência do que se costuma chamar de instinto paterno.

Ao chegar para o primeiro exame vestibular, me vi no meio de uma multidão de candidatos acompanhados dos pais e imediatamente dei de cara com o vice-primeiro-ministro do governo russo — cujo rosto na época aparecia na televisão o tempo todo. Estava ali para dar força ao filho. Até hoje, não tenho ideia de como eram escolhidos naqueles anos os que iam entrar — quantos entravam dando um jeitinho, quantos em troca de suborno e quantos candidatos de fato passavam nas provas. Eu precisava de 18 pontos. Tirei 5 em inglês e 5 em história. A nota de redação se dividia em duas partes: tirei 5 em criatividade e 3 em gramática, mas a nota inferior foi usada na soma de pontos, o que me deixava na zona de risco. Eu tinha que tirar 5 em direito e teoria geral do Estado. Estava razoavelmente confiante, pois era uma das minhas matérias favoritas. Na hora da prova, no entanto, tive a oportunidade de ver com meus próprios olhos como o sistema funcionava para manter intrusos de fora.

Naturalmente, eu já lera muita coisa a respeito. Por exemplo, era praticamente contra a lei admitir judeus em faculdades de matemática. Na prova oral, perguntas cada vez mais difíceis eram feitas à pobre criança de "nacionalidade problemática". Por mais inteligente que ela fosse, o professor mais cedo ou mais tarde sacaria uma pergunta impossível de ser respondida.

Piada típica da época: a banca examinadora de admissão à Universidade Federal de Moscou quer recusar um candidato judeu e não para de fazer perguntas cada vez mais difíceis. Ele sabe todas as respostas, e no fim os examinadores ficam reduzidos a isto:

— Como se explica que Liev Tolstói fosse capaz de se lembrar de coisas ocorridas apenas quarenta dias depois de nascer?

— Não há nada surpreendente nisso. Eu me lembro de coisas que aconteceram quando tinha oito dias de vida.

— E do que se lembra?

— Lembro de um velho judeu barbudo com cachos nas laterais do rosto que veio e cortou minha possibilidade de entrar para a universidade.

Na época do meu vestibular, não havia restrições por "nacionalidade", mas as duras leis desse mercado em particular introduziram um sistema diferente de cotas, inspirado em modelos estrangeiros. Quando a disponibilidade é de quatrocentas vagas e é preciso admitir cem candidatos porque seus pais governam o país, e além disso outras cem vagas foram vendidas logo de cara, torna-se necessário "afastar" 50% dentre os melhores candidatos. Eu respondi a todas as questões na prova, mas o examinador continuava fazendo perguntas. Até que, por fim, se bem me lembro, ele perguntou o que significava "risco normal". É uma expressão do direito trabalhista, que só é estudado no terceiro ano da faculdade. Sabendo que "não sei" seria a pior resposta possível, comecei a tentar adivinhar. O presidente da comissão fez um gesto de desdém com a mão, disse "Você não sabe!" e me deu 4.

Eu fiz 17 pontos. Não tinha conseguido. Um desastre. Durante dois dias, fiquei tão chateado que parecia que a vida tinha acabado. Fiquei repassando mentalmente o momento em que contaria aos amigos e à família que não consegui entrar, e eles balançariam a cabeça, cheios de empatia. Mas foi encontrada uma solução. Era admitida a entrada de candidatos na Universidade da Amizade entre os Povos com base nos pontos acumulados nos exames da federal de Moscou, e os meus 17 eram suficientes. E assim entrei para uma universidade informalmente conhecida na época como Lumumbarium. O nome oficial completo era Universidade Russa da Amizade entre os Povos Patrice Lumumba.

Era uma instituição fundada como universidade internacional, admitindo alunos de países que haviam "escolhido a via socialista de desenvolvimento". Como tudo mais, sua criação foi intensamente explorada para fins de propaganda. Ela era apresentada como um centro de resistência ao colonialismo e de apoio "ao povo trabalhador do mundo inteiro em sua luta contra o neoimperialismo dos Estados Unidos". Era proposital que levasse o nome de Patrice Lumumba, político congolês assassinado por soldados de extrema-direita a mando dos belgas. Como se revelaria mais tarde em documentos levado a público, agentes da CIA tiveram participação no crime. É uma história trágica, mas o povo soviético, com tanta propaganda sempre enfiada goela abaixo, se mostrava descrente e sarcástico em relação a todos esses acontecimentos. Quem se importava com política internacional quando não havia manteiga na quitanda da esquina? Na época pós-soviética, o nome de Patrice Lumumba se tornou incômodo para os dirigentes da universidade e seria discretamente eliminado durante meus anos de estudos por lá.

Entre os fatos interessantes a respeito dessa universidade, costumava-se dizer, não sem certo orgulho, que o famigerado terrorista Carlos, o Chacal, estivera entre os alunos. A imprensa estrangeira em geral dá grande ênfase ao fato de que ele frequentou uma "faculdade militar". Para um cidadão russo isso é cômico, pois quase todas as universidades têm um departamento militar, sem que haja neles nada de sinistro. E é tanto mais cômico no que diz respeito à Universidade da Amizade entre os Povos, na qual não havia essa faculdade, embora ela apresentasse certas peculiaridades. O ano em que entrei foi o primeiro no qual os candidatos podiam se matricular logo ao concluírem os estudos secundários. Até então, era obrigatório ter servido ao exército, um dos motivos dos muitos boatos e piadas que enquadravam como espiões os alunos russos do Lumumbarium.

Mas consegui me matricular, e no fim das contas minha vida não foi arruinada. Todos os rapazes do meu colégio ingressaram em escolas militares, na Universidade Militar ou na Academia do FSB. Mais tarde, o meu histórico — nascido em família de militar, sempre por perto dos militares, com todos os amigos em escolas militares — me tornaria meio suspeito no meio liberal-democrático. Não que minhas origens estivessem condenadas, mas eram consideradas estranhas. Um militante típico, em geral, se formara em uma boa faculdade da capital. E o meu tipo físico é de um moscovita suburbano, que me faz parecer um policial ou oficial militar. É engraçado, mas esse estereótipo instantâneo funcionava nos dois sentidos. Antes de me tornar mais ou menos conhecido, a polícia me confundia nos comícios com um agente à paisana. Eu passava com a maior facilidade por qualquer cordão de segurança: precisava apenas de uma expressão impenetrável e me comportar como se fosse bem graduado.

Tendo entrado na faculdade, eu mal podia esperar o mês de setembro para conhecer os colegas, que afinal se revelaram ex-colegiais normais como eu. Bastava abrirem a boca, e ficava evidente que eram todos muito espertos. Os estrangeiros também eram pessoas ótimas, embora mais velhos que nós e, óbvio, meio deslocados por não saberem a língua e sofrerem com o frio.

Os estrangeiros aprendiam só o idioma russo no primeiro ano, e nós aprendíamos a língua estrangeira que nos fosse aleatoriamente atribuída. Nesse momento, fiz umas das coisas mais estúpidas da minha vida. Numa reunião introdutória para os novos alunos, segui a recomendação imbecil do reitor da universidade, que disse:

— É bom conhecer línguas estrangeiras. Se você estudou inglês no colégio, escolha francês ou espanhol.

Fui incluído no grupo do inglês, mas pedi para mudar de idioma.

— Quer francês ou espanhol? — perguntou a mulher.

Dei de ombros. Ela me mandou para o francês.

O estudo superintensivo do francês de fato me permitiu aprender a língua mais ou menos bem até o fim do ano, e, quando me formei, como todo mundo, recebi um diploma adicional que me capacitava a traduzir do francês para o inglês. Mas sem prática — onde e com quem praticaria? —, logo esqueci esse idioma, e o meu inglês ficou meio incompleto. Eu falo, mas com sotaque pesado e muitos erros gramaticais.

———

Mencionei antes a década que ficou conhecida como "os malditos anos 1990" e quero explicar isso, porque representa um dos principais motivos pelos quais Putin continua popular numa parte da sociedade e o seu nome é associado ao "restabelecimento da ordem", muito embora, no seu governo, a gestão do Estado tenha se degradado por completo. Na época em que eu estava tentando decidir à qual universidade me candidatar, o fenômeno era personificado em nossa cidade por um homem de meias brancas. Elas ficavam bem visíveis porque ele apoiava os pés na janela do seu Audi. Tenho minhas dúvidas se é confortável sentar num carro com os pés para fora, mas parecia algo importante para ele, para proclamar sua superioridade. O nome desse sujeito era Emil, e ele era o maior bandido da nossa cidade. O que "amaldiçoava" a década de 1990 era o fato de que toda pessoa em toda aldeia sabia exatamente quem era o maior bandido e quais gangues atuavam na área. Sabe-se lá como, o crime organizado apareceu da noite para o dia e assumiu um imediato papel de enorme importância na vida pública. A presença desses cavalheiros de meias brancas teria sido inconcebível no período soviético. Claro que havia vigaristas na prisão e agentes do mercado clandestino à frente de negócios ilegais, mas, para os cidadãos comuns, tudo isso se passava em outro planeta. Quando se ouvia dizer que alguém tinha cumprido pena, de modo algum teria alguma conotação positiva. Era comum dizer que alguém "mora no Quilômetro 101". O sistema penal proibia ex-criminosos condenados de morar a menos de 100 quilômetros das cidades grandes. O Quilômetro 101 era aquele lugar onde viviam os mais diferentes tipos de alcoólatras, ladrões e figuras dúbias, mas não havia em torno deles a menor aura romântica, nem qualquer hipótese de que pudessem desfrutar de algum poder.

Mas a União Soviética mal acabara de desmoronar, deixando o país sem um centro de poder compreendido e aceito por todos, e foi então que se descobriu que quem mandava de verdade eram as gangues que toda noite faziam ponto na lanchonete de espetinhos da esquina. Como nos filmes sobre a máfia italiana, as pessoas recorriam a essas gangues para pedir conselhos e resolver questões. Ninguém queria comprar briga com elas. Era um fenômeno extraordinário, especialmente para a cidade militar onde eu vivia. Ali estava baseada uma divisão inteira de homens armados, cuja função era combater e matar, e, no entanto, a maior autoridade local era o tal georgiano de meias brancas. A palavra "autoridade" se revestiu de um significado adicional, que refletia a condição duvidosa daquela gente: criminosos? Empreendedores? Pessoas dignas de respeito? Essa ambiguidade surgiu naquela época e ainda hoje prevalece. Em qualquer artigo biográfico sobre Putin, há muitos trechos que descrevem sua ligação com "empreendedores abalizados". É um eufemismo que todo mundo entende e que era usado para se referir a vigaristas ou membros de alguma gangue de criminosos.

De repente se ficava sabendo que ter cumprido pena era algo positivo e muito importante. Antes, alguém podia dizer: "Ele ficou sete anos na cadeia. É um caso perdido. Não se meta com ele." Isso, incompreensivelmente, se transformou em: "Ele ficou sete anos na cadeia, portanto, deve conhecer gente que pode ser útil e será capaz de resolver nossos problemas." Emil estava no fim da cadeia alimentar. Um bandido muito maior, que mandava no distrito de Odintsovo, tinha como base uma das oficinas de automóveis da Rodovia Minsk, a 15 quilômetros de onde morávamos. Acima dele havia o pessoal da gangue de Solntsevo. Era uma hierarquia conhecida e entendida por todos — escolares, estudantes e adultos. Como sabiam, não ficava claro, mas era óbvio para todo mundo que se estava diante de um equivalente das antigas formas de administração da aldeia, do distrito ou da região. Se não dava para resolver um problema com os malfeitores locais, era possível negociar com uma gangue mais acima.

Todo negócio, desde lojas pequenas até fábricas, tinha o seu *krysha*, ou "teto". "Krysha" foi a palavra mais importante na década de 1990. Dois minutos depois de se começar uma discussão sobre qualquer empresário, alguém fazia a pergunta: "Mas quem é o *krysha* dele?" Os bandos criminosos se formavam em função de critérios variáveis: por território (havia várias gangues em Podolsk e Solntsevo); por experiência de combate ("os afegãos"); ou por alguma filiação desportiva. Os "atletas" provavelmente eram o maior grupo. Todo lutador, boxeador e semelhantes, sem exceção, entrava para gangues, e era nas academias de boxe que elas se forjavam. Por fim, havia os criminosos da velha escola, com sua hierarquia carcerária pré-*perestroika* e suas tatuagens azul-escuro, motivo pelo qual eram conhecidos como "azuis".

O país inteiro falava das guerras entre gangues, dos confrontos entre os "azuis" e os "atletas" e outros temas fascinantes desse tipo. A Rússia foi varrida por uma onda de canções sobre criminosos, que, pensando bem, provavelmente é a nossa resposta à música country norte-americana.

7

Eu não tinha expectativa de que a vida real correspondesse à maneira como as festas de estudantes eram mostradas em filmes norte-americanos, mas achei a vida universitária decepcionante sob literalmente todos os aspectos. Rolava uma vida social agitadíssima, claro, mas quase sempre eu achava esquisito. Eu andava com os nerds, apesar de a minha aparência não combinar muito com eles. Sempre preferi a companhia de pessoas que ficam dolorosamente constrangidas na presença do sexo oposto, mas que são cultas e prontas para soltar, ou tentar soltar, piadas abstrusas, em vez de andar com esses festeiros chiques que circulam muito à vontade, de copo na mão, rindo e sofisticadamente trocando beijinhos no ar sem encostar as bochechas. Até hoje tenho medo e não me sinto bem quando estou perto desse tipo de gente.

No terceiro ou quarto ano, entrei para a turma dos caras descolados — o "descolado" da década de 1990. Fiz amizade com um sujeito que tinha uma Mercedes G-Class SUV, com o filho de um chefão da polícia e com o filho de um oficial do FSB, e todos fingíamos que éramos especiais. Nos anos 1990, quem saía por aí num G-Class se tornava descolado, e esse veículo *off-road* era equipado com um giroflex. Um dos meus amigos tinha até um incrível documento "finge que não viu", um autêntico passe emitido pelo Ministério do Interior com a inscrição "Mandato de Imunidade a Inspeção". Exatamente como a carta de *Os três mosqueteiros*, ele informava a Quem Interessar Possa que o carro, seu motorista e os passageiros não deveriam ser submetidos a busca ou investigação nem acusados de qualquer infração. Um dos motivos pelos quais a vida na Rússia não se tornou como nos Estados Unidos foi a circulação de documentos como esses. E ainda é.

Apesar das saídas com essa elite questionável, eu ficava mesmo com os nerds, que são até hoje as pessoas com as quais mantenho contato.

Assim, quando digo à minha mulher "Hoje vou sair para tomar uma cerveja com os amigos da faculdade", ela não se preocupa porque sabe que o ponto alto da noite serão piadas sobre a história da Roma Antiga e uma discussão a respeito de relações interétnicas.

Logo ficou claro que outro empecilho para a turbulenta vida estudantil pela qual eu ansiava era o ônibus nº 26, meu inimigo e fonte de interminável angústia naquele tempo. Eu morava nas imediações de Moscou, mas na década de 1990 o sistema público de transporte, que não era bom na época soviética, se deteriorou ainda mais por falta de verbas e pela situação caótica do país. Os táxis eram um meio de transporte particular e escasso, além de incrivelmente caros e quase inexistentes em percursos ingratos como o que ia da ferroviária de Golitsyno à minha vila militar de Kalininets. Por isso, o nº 26 reinava supremo, sem nada para ameaçar seu monopólio, e os súditos, gente como eu, simplesmente tinham que aceitar.

Para chegar à universidade a tempo da primeira aula às 9h da manhã, eu tinha que levantar às 5h55, fazer o desjejum, me vestir e me aprontar para pegar um ônibus que, pelo cronograma, deveria partir às 7h04. Só que eu não entrava no ônibus: tinha que invadi-lo na marra. Havia muita gente como eu que precisava estar em Moscou às 9h, e, quando o ônibus chegava, as portas não conseguiam se abrir, porque estavam bloqueadas pelas costas dos passageiros que haviam embarcado em pontos anteriores. O ônibus seguinte passaria às 7h18, o que, na prática, significava chegar com quarenta minutos de atraso. Assim, nós, que estávamos esperando no ponto, tínhamos que abrir as portas à força e, amaldiçoados no alto-falante pelo motorista, que estava preocupado com suas valiosas portas estatais, forçar passagem entre os que já estavam no ônibus. Na verdade, os homens forçavam a passagem; as mulheres usavam uma técnica de infiltração. Do ônibus, eu tinha que sair correndo para a estação, pegar o trem para Moscou e, ao chegar, tentar encontrar lugar no eficiente metrô da capital.

À noite a situação era pior ainda, pois o último ônibus para a minha cidade partia às 21h28. Depois, não havia mais como voltar. Um desastre. Em que festa ou esbórnia estudantil você vai querer se meter se às 21h30 — quando qualquer farra mal começou, e horário em que as moças pararam de bebericar champanhe para começar a beber vodca — precisa estar na bendita ferroviária de Golitsyno? Além disso, não daria para abrir o jogo com a turma, contando que você era um mártir do nº 26. Que tipo de cara descolado precisa sair correndo do metrô para o trem e o ônibus para chegar em casa nas patéticas "imediações de Moscou" no horário de criança estar dormindo? Claro que às vezes havia a opção de passar a noite no dormitório de estudantes no quarto de um amigo ou aonde quer que fosse, mas isso significava aparecer na universidade na manhã seguinte parecendo um pedinte sujo, e, de qualquer maneira, por uma questão de respeito próprio, não dava para pedir isso sempre. O resultado era que muitas vezes eu decidia voltar para casa a pé, da ferroviária. Eram 6,2 quilômetros, mas a caminhada tinha lá seus méritos. Por exemplo, se tivesse bebido, o exercício podia restabelecer a sobriedade. Havia muitas desvantagens mais, e a maior delas era que andar por aquela estrada era simplesmente apavorante. O assustador não era passar pelo bosque, mas a possibilidade de ser atropelado. No caminho, numerosas coroas de flores e fitas presas às árvores e postes davam testemunho de que a probabilidade era grande. A estrada era reta, plana e extremamente escura, e o acostamento, muito estreito e acompanhado de um fosso profundo. Pedestres apareciam à luz do farol literalmente em frente ao capô, de modo que até um motorista sóbrio e cuidadoso podia atingir uma vítima do cronograma do ônibus; para um motorista bêbado, então, seria ainda mais fácil. Naqueles dias, quando se subornavam os guardas de trânsito abertamente, e eles fingiam que não tinham visto não só um motorista bêbado como um motorista bêbado e armado com uma metralhadora, muita gente alcoolizada vinha correr nessas estradas à noite.

O inverno era ainda mais desagradável. O acostamento desaparecia, e éramos obrigados a andar na pista. Quando faróis se aproximavam, tínhamos que pular num monte de neve.

Puxa vida! Quanto espaço dedicado ao maldito ônibus. Tantos anos se passaram, e eu ainda aqui, me ressentindo das festas e oportunidades de não me comportar bem que perdi.

Desde então, já me perguntei mil vezes por que não adotei a solução óbvia de alugar um apartamento de quarto e sala perto da universidade. No primeiro ou segundo ano, estaria fora das minhas possibilidades, mas não quando comecei a trabalhar como advogado. Retrospectivamente, contudo, fico aliviado por não tê-lo feito. Em vez disso, continuei sendo um nerd tímido que queria parecer um cara descolado. Só Deus sabe o que teria acontecido se eu tivesse alugado um apartamento no meio dos anos 1990. Não que eu pense que poderia ter sido desencaminhado por "más companhias", mas é provável que minha vida tivesse tomado um rumo diferente.

Há outro motivo pelo qual não tenho boas lembranças dos meus anos na universidade ou da própria instituição: os viciados em drogas. Eu me formei antes da epidemia de drogas do início do século XXI que ceifou gerações inteiras em cidades pequenas e aldeias da região de Moscou, nos Urais e em muitas outras áreas. Dentre os que estudaram comigo no colégio e no mesmo ano que eu na Universidade da Amizade entre os Povos, sei de apenas um ou dois que morreram por uso de drogas ou que ficaram viciados em heroína. A cada ano que passava, contudo, fiquei sabendo de mais e mais casos. Meu irmão, Oleg, sete anos mais novo, poderia listar um número considerável de colegas que se afundaram de vez ou que tiveram um triste fim.

Um dia, no meu primeiro ano, às 8h30, acompanhado de um amigo no ônibus que ia da estação de metrô Yugo-Zapadnaya até o ponto da universidade, notei, como já ocorrera várias vezes, grupos de dois ou três adolescentes de aparência estranha, vestidos de moletom, rondando a área da universidade e recolhendo pedaços de papel.

— Andryukha, quem são esses caras? — perguntei. — Sempre os vejo por aí, mas é muito estranho que acordem tão cedo para ficar revirando latas de lixo aqui. Quem são eles?

Meu amigo riu.

— Não está sabendo? São viciados procurando drogas. Os nigerianos escondem as drogas pela cerca, em pacotes de cigarro, latas de lixo e bancos, e os viciados que não têm dinheiro tentam a sorte procurando os esconderijos.

Ele riu ainda mais da minha expressão de espanto.

Como eu vivia numa base militar, ignorava aquela realidade. Sabia da existência de gente viciada, do flagelo da heroína, que a maconha era vendida em caixas de fósforo conhecidas como navios. Não era caro, muitos amigos fumavam e se comportavam feito imbecis. Riam forçadamente e pareciam estar fingindo.

A verdade é que toda manhã eu entrava num antro de viciados, pois durante vários anos minha universidade foi exatamente isso: o principal centro de distribuição de drogas pesadas. A culpa era do seu caráter cosmopolita, pois era um dos raros lugares onde havia estrangeiros e, sobretudo, estrangeiros de países em desenvolvimento que moravam nos dormitórios. Os estudantes nigerianos montaram esquemas de abastecimento de heroína e formaram a primeira autêntica máfia de drogas da Rússia, operando num padrão internacional de profissionalismo.

Era como nos filmes. Pagava-se a uma pessoa, e outra informava onde a muamba fora deixada. O interessado se dirigia ao local e pegava no chão um maço de cigarro, que continha uma bola de papel-alumínio. A etnia compartilhada pelos nigerianos, o idioma que ninguém por ali entendia e a lealdade tribal e de parentesco foram os fatores que lhes permitiram dominar o mercado por um bom tempo.

A divisão policial de narcóticos — que ainda hoje organiza o alto comércio de drogas na Rússia, capturando e prendendo apenas os concorrentes menores — já tinha um longo histórico de tráfico e extorsão de traficantes. Os policiais odiavam os nigerianos e no início os tratavam com extrema brutalidade. Eu mesmo vi oficiais capturarem um traficante negro que estava tentando fugir numa passagem subterrânea de pedestres da Leninsky Prospekt e literalmente rasgarem a boca dele para recuperar aquelas bolas envoltas em papel-alumínio, que caíram e se espalharam ao redor, cobertas de sangue.

Era emocionante contar esse aspecto da vida na nossa universidade e ouvir os "aaahs" e "ooohs" de espanto. Mas em geral eu achava repugnante esse mundo das drogas, assim como o entusiasmo com que os estudantes mais jovens as consumiam. Ver os pobres pais pegando seus rebentos imprestáveis pela mão para levá-los às aulas e se sentando à porta para se certificar de que não fossem se desencaminhar me fazia sentir que estava numa instituição desacreditada.

Tudo isso provavelmente teve o efeito positivo de tirar da minha cabeça qualquer ideia de que drogas fossem algo romântico ou glamuroso. O panorama não era de festas estilosas com modelos cheirando cocaína em notas de 100 dólares. Eu via o que é de fato o consumo de drogas: gente desesperada, mendicância, sordidez; nojentas ataduras ensanguentadas; colheres enegrecidas. Quantas vezes na vida encontrei os mais variados tipos de viciados e traficantes, que cresceram das mais diversas maneiras, que subiram a diferentes alturas e caíram cada um a uma profundidade diferente, mas o resultado invariavelmente é o mesmo.

Outra coisa que me deixou muito chocado na universidade foi a corrupção. Não era nenhuma grande surpresa que o departamento de admissões fosse corrupto e aceitasse candidatos na base da propina e do apadrinhamento. Todo mundo sabia que isso rolava. A degeneração das instituições do poder soviético a partir do fim da década de 1970 se estendeu a todas as esferas, inclusive a educação e, em particular, a educação superior. Mas devo admitir que fiquei estupefato ao descobrir que muitos parentes de alunos trabalhavam na universidade e moravam em apartamentos próximos, construídos e alugados para os funcionários. Também fiquei pasmo com a simplicidade dos esquemas usados para introduzir seus filhotes em alguma faculdade superlotada, como as de direito ou economia. Enquanto imbecis do interior como eu se preparavam para um ataque frontal à faculdade de direito, fazendo provas e vencendo uma concorrência pesada, os espertos que conheciam o sistema matriculavam os filhos em faculdades menos disputadas, como agricultura, e mais ou menos seis meses depois pediam transferência. Uma soma modesta dentro de um envelope (ou um simples favor pedido a um colega) resolvia a questão e garantia um lugar no curso de direito.

Tudo bem, esse tipo de subterfúgio em geral era uma transação entre pais e professores por debaixo dos panos. Mas ver os próprios alunos subornando para passar nas provas era de cair o queixo. Dava para passar em qualquer exame pagando propina, e ninguém fazia segredo. Com certeza havia professores que não botavam no bolso cédulas de 100 dólares esquecidas na caderneta de notas de um aluno. Na verdade, a maioria não aceitava suborno tão aberta e descaradamente. Mas sempre havia no departamento alguém que concordava em receber 50 dólares ou se prontificar a levar o dobro para o professor (ou era isso que o indivíduo alegava, embora muito provavelmente os embolsasse também) e assim resolver o seu problema.

Até hoje me lembro de um caso emblemático na cadeira de direito processual civil em países estrangeiros. O professor parecia o próprio modelo do bom e velho mestre venerado e de integridade inatacável. A matéria era difícil e considerada inútil. Mas passar nela era obrigatório para você ser aprovado. Mamedkhan — Maga, para os amigos —, um colega do Daguestão que fazia parte do meu grupo, entrou no anfiteatro e anunciou, exultante: "Consegui! Ele aceitou 50 dólares por cabeça! Peguem as cadernetas de notas e coloquem esse valor." Assim mesmo, sem rodeios. Um senhor tão respeitado!

Eu não conseguia acreditar, mas todo mundo sabia que Maga pagava subornos e dava um jeito em todas as provas. O valor era modesto, e na época o dólar era a moeda corrente na nossa carteira. Naquele dia, a maioria do grupo, mesmo aqueles que não pagavam propina, riram e, para se livrarem da prova, colocaram uma cédula em suas cadernetas. E foram muitas — com direito, não vou negar, à minha. Eram tantas que Maga me pediu que carregasse algumas.

Fomos levá-las ao velho e querido professor, que sorriu, nos recebeu com cortesia e pediu que depositássemos a pilha de cadernetas à sua frente. Sem o menor sinal de constrangimento, pegou-as uma a uma, tirou a cédula ou as cédulas — em certos casos havia cinco de 10 dólares, que ele contou calmamente —, guardou-as na gaveta, deu a cada aluno a nota necessária e assinou as cadernetas. Deve ter se passado uns cinco minutos.

Esse tipo de coisa não acontecia em todas as universidades do país. As de tecnologia e os institutos de física, tecnologia, matemática e engenharia mecânica eram menos afetados pela corrupção, pois havia bem menos concorrência para entrar. Os alunos dessas instituições eram pobres. Tudo se baseava no entusiasmo e, em certa medida, no fato de os gênios da matemática serem considerados meio esquisitos. O comportamento deles não era "incentivado pelo mercado", embora mais tarde muitos tenham se destacado; quase todos os negócios excepcionalmente bem-sucedidos foram fundados por físicos e pelo pessoal da tecnologia, e não por gerentes ou advogados. Eles passavam nas provas do jeito tradicional, em vez de estabelecer o preço na interseção entre as curvas de oferta e de demanda.

As instituições de ensino superior como a minha acabaram mandando um vasto contingente de pessoal para organizações governamentais, empresas estatais (que ainda não existiam, mas o capitalismo de Estado de Putin já estava a caminho) e grandes corporações de oligarcas. Essa atitude supercínica em relação a tudo, a facilidade, a onipresença e a aceitação geral da corrupção continuarão determinando a moral e o comportamento da elite ainda por um longo tempo.

É muito bonito posar de moralista a respeito de tudo isso, como se eu nunca tivesse subornado ninguém. Tenho que aceitar minha parcela de culpa na desenfreada disseminação da corrupção e vou relatar agora um episódio vergonhoso da minha biografia, do qual me orgulhei demais na época e que contei a todo mundo, na crença de que se tratava de uma brilhante ilustração da minha inteligência e criatividade.

Eu tinha chegado lá: era um cara bacana; mas só em parte claro, pois o cara realmente bacana anda sobre rodas bacanas. Idealmente, uma Mercedes Geländewagen ou uma S-Class, mas qualquer automóvel que fosse estrangeiro e do tipo usado pelos gângsters — uma BMW, um SUV como o Chevy Tahoe ou algo assim — servia. Eu não tinha cacife para nada disso, mas na nossa turma havia carros assim, e o nosso grande trunfo era a Mercedes G-Class com giroflex. A aura sensacional que emanava daquela G-Class, fantasiosamente refletida e refratada nos objetos ao redor, também me pegou; assim como pegou todos aqueles da nossa turma para os quais, na realidade, a probabilidade de uma visita a uma concessionária em algum momento não muito distante era tragicamente pequena, quase invisível. De alguma forma ficou subentendido em dado momento que eu não compareceria mais a todas as aulas feito um idiota, mas que passaria os dois primeiros períodos num café mantido por dois ex-alunos árabes, no térreo do prédio da universidade. Lá, eu confraternizava com outros vagabundos de grande importância como eu, bebia café, esperava a chegada dos amigos e saía para almoçar. Pegávamos o carro e ficávamos de papo em algum lugar. Comentávamos os boatos e fofocas, ríamos e ficávamos de zoeira. De vez em quando assistíamos a uma aula e depois voltávamos para o ócio. No geral, era o que tradicionalmente faziam os jovens dos anos 1990 que queriam mostrar a quem quer que estivesse olhando, inclusive eles mesmos, que não eram iguais a todo mundo, e assim impressionar, com uma atitude ostensiva, o mundo em volta — e, sejamos francos, sobretudo as garotas. Nem sempre funcionava, mas, muitas vezes, sim.

Obviamente, perdi um bocado de aulas. Resolver o problema das provas distribuindo propina nem sempre era prático. Para começar, não era barato. Depois, a essa altura eu não achava legal. Eu não deveria estar pagando para me livrar dos problemas; deveria encontrar outra solução. Tentei dar um jeitinho de várias formas, sempre, é claro, usando as mentiras mais deslavadas. No processo de tentativa e erro, descobri que uma das maneiras mais eficazes era chegar para um professor e dizer que eu estava trabalhando muito na promotoria ou qualquer lugar assim e que eu não tinha como me preparar direito para uma prova. Por favor, me deixe passar.

Hoje, me choca que aparentemente ninguém estranhasse meus persistentes esforços para me apresentar como alguém que rondava a criminalidade, ou que pelo menos tinha alguma ligação com bandidos, para depois aparecer dizendo que era assistente na promotoria do distrito federal de Moscou. Como as pessoas achavam, então, que devia ser a aparência de um assistente da promotoria ou, por sinal, de um promotor? Esperavam que parecesse um criminoso, ou no mínimo alguém associado a criminosos, pois de fato todos eles eram, sem exceção. Havia um campo de atuação homogêneo que abrangia promotores, criminosos, a Direção Nacional de Combate ao Crime Organizado e o pessoal que andava em BMWs e Mercedes. Essa situação era a norma na década de 1990, mas deixou de ser entre o início e meados dos anos 2000 (o que, como observei em outro contexto, era uma imensa e autêntica realização de Putin). Só que voltou com força redobrada. Hoje, o promotor é de novo um criminoso, só que numa gangue muito mais organizada. Mas estou divagando.

Nossos professores não pediam nenhum documento e quase sempre, por algum motivo, prontamente me davam uma "boa nota". Usando essas historinhas, eu e meu amigo, filho do bambambã da polícia, colecionamos uma quantidade considerável de boas avaliações. Infelizmente, acabei sendo confrontado no Departamento de Processo Penal por um professor sinistro que trabalhava no gabinete da promotoria. Ao ouvir minha história, ele fez algumas perguntas bem detalhadas, que não tive dificuldade de responder, pois de fato havia feito um estágio de verão no gabinete do promotor, a ponto de almoçarmos juntos no McDonald's que o pessoal de lá sempre frequentava, de tal maneira que eu conhecia nomes e endereços necessários. Por sinal, esse promotor com quem trabalhei no verão se tornaria uma figura importante, e recentemente dei com seu nome num dos muitos processos movidos contra mim e a Fundação Anticorrupção.

O mestre me deu um 4, mas também se deu ao trabalho de telefonar para o gabinete da promotoria para checar se eu trabalhava lá. Uma semana depois, estava eu sentado como sempre no saguão, com meu bando de indolentes. A aula havia acabado, e todo mundo estava saindo, inclusive os alunos do meu ano, que olhavam para mim e riam. Depois fiquei sabendo que o professor de processo penal dissera no fim da aula:

— Parece que tem um Navalny no ano de vocês. Dei-lhe um 4 por ele ter declarado que era meu colega na promotoria. Podem dizer a ele que a nota foi cancelada e que ele nunca será aprovado.

Fiquei desesperado e perplexo. O sujeito tinha entrado justificadamente numa vendeta, e, mesmo que eu aprendesse tudo que se podia saber sobre o maldito processo penal, ele não me aprovaria. Foi um lance educativo.

Meus pensamentos foram interrompidos pelo surgimento de Ivan Danilovich Kozochkin, chefe desse professor. É o único que estou identificando pelo nome, pois, não obstante a reputação impressionante do seu departamento, ele era a própria encarnação da corrupção. Uma sábia "ideia jurídica" me ocorreu. E se algum teste ou prova da cadeira de um professor pudesse ser corrigido pelo chefe do seu respectivo departamento? Eu estaria recorrendo a uma autoridade superior! Logo tratei de procurar o professor Kozochkin e lhe fiz a pergunta. Ele olhou para mim atentamente e disse:

— Tem razão, Lyosha, venha até a sala do departamento com a documentação necessária.

Peguei 150 dólares emprestado com meus amigos, levei o dinheiro à sala dele e passei na prova. No dia seguinte, encontrei meu perseguidor.

— Ah, Navalny, quando virá fazer a prova? — perguntou ele, com um sorriso malicioso.

— Não precisa mais, obrigado. Já passei — respondi com todo respeito, reprimindo o riso.

— Não, precisa, sim. Eu cancelei o 4 que lhe dei.

— Eu sei, mas já consegui outra nota, e dessa vez é um 5.

Aí, não deu mais para esconder minha satisfação maligna.

— Tenha um bom dia — completei, dando meia-volta e me afastando como o herói de um filme de ação depois da gigantesca explosão do clímax.

Hoje, recordando o incidente, sinto apenas vergonha e decepção com essa minha versão jovem. Mas não se pode mudar o passado, e talvez eu esteja escrevendo sobre o episódio em detalhes não só para dar uma ideia do clima na época, mas também para, por meio dessa confissão pública, cortar o vínculo com a pessoa que já fui. Quero crer que não havia nada tão terrível assim no que eu fiz. O verdadeiro crime era dissipar meu tempo e minha juventude tão tolamente. Aprender, para mim, era fácil, e embora meu índice de comparecimento às aulas não fosse exemplar, eu passava em quase todas as matérias por esforço próprio, e não por métodos escusos ou corruptos. Só tirava 4 e 5. Mesmo assim, o simples fato de ter havido desonestidade já era vergonhoso e ridículo e completamente desnecessário.

O que nos traz à principal razão pela qual eu achava que o aprendizado era desinteressante. Todos aqueles professores, e na verdade as universidades da época, nada tinham a nos ensinar. As faculdades de ciências eram diferentes, pois as leis da física não mudam se a Rússia for comandada por um novo presidente ou por um secretário-geral do Partido Comunista. Para os que ensinavam direito e economia, no entanto, o mundo tinha desmoronado, mais de uma vez. As leis e a própria natureza da economia nacional se modificavam constantemente, e aqueles eram os professores do marxismo-leninismo de ontem, pregadores do ateísmo científico. Mesmo os mais afastados da política no dia a dia — os professores de direito romano, por exemplo — tinham passado a vida contando mentiras e cultivando a hipocrisia. Todo e qualquer fenômeno tinha que ser explicado em termos de luta de classes. Até os que tentavam trabalhar em ciência pura eram forçados a incluir dezenas de páginas de bobageira ideológica nas dissertações. Em meados da década de 1990, todas aquelas pessoas cultas, agradáveis e amáveis foram parar no depósito de sucata.

Não demorou para eu entender que um bom advogado não era aquele que sabia tudo, mas aquele que sabia o que precisava ler e onde encontrá-lo. Com certeza é assim no sistema jurídico romano-germânico, embora tudo seja mais complicado no sistema anglo-saxão, baseado em precedentes. E isso é ainda mais verdadeiro em países que estão apenas começando a construir um novo sistema jurídico, como era o caso da Rússia na época.

Eu gostava e gosto de ser advogado. Comecei a ler fontes primárias e senti que havia sido insultado ao perceber que entendia muitas questões melhor do que os meus professores. Fui jogado para fora das salas de aula, como se uma potente força centrífuga me repelisse. Lá fora havia um mundo que estava passando por transformações, e, mesmo que nem sempre fosse uma visão bonita, prometia muitas coisas. Era insuportável ser obrigado a ouvir o que pensavam sobre economia essas pessoas que até pouco tempo atrás eram acólitas do marxismo-leninismo, ou, pior ainda, o que pensavam sobre "geopolítica". Foi nessa época que me dei conta de que o uso frequente dessa palavra infalivelmente caracterizava um idiota, e esse critério nunca falhou comigo.

Eu estava louco para começar a trabalhar para valer, e minha política flexível de comparecimento às aulas facilitava isso. Desgastado com os problemas do ônibus nº 26, decidi que minha maior prioridade era comprar um carro. Também queria um telefone celular. Eles tinham acabado de surgir, e aos olhos do mundo um "celular" provava que você não era um caipira, mas alguém a ser levado em conta. Fortunas se acumulavam diante dos nossos olhos. De algum jeito as pessoas ganhavam o suficiente para comprar aquelas lindas e reluzentes Mercedes-Benz pretas, e, se elas podiam, eu também poderia. Para mim, todo mundo tinha razão ao dizer que a Rússia tinha se tornado o país das oportunidades, tal como haviam sido os Estados Unidos, só que melhor.

―――

Nos anos 1990, havia na Rússia uma banda de rock chamada Bakhyt-Kompot, e eles tinham uma canção que era musicalmente terrível, mas uma expressão importante da filosofia punk que articulava uma das minhas maiores preocupações. O refrão dizia assim:

> *Como é que os tchecos chegaram lá,*
> *e a Rússia não conseguiu?*
> *Como é que os poloneses chegaram lá,*
> *e a Rússia não conseguiu?*
> *Como é que os alemães chegaram lá,*
> *e a Rússia não conseguiu?*

Todos os países do bloco soviético e as repúblicas bálticas estavam "conseguindo", mas nós, não. Tínhamos petróleo, gás, minérios e madeira, certa infraestrutura e uma indústria. Tínhamos muita gente estudada, mas isso não ajudava. Não estou falando de "como era nos Estados Unidos"; não era sequer como a Polônia. Segundo as atuais estatísticas oficiais, 13% da população vivia abaixo da linha da pobreza; em termos de média salarial, fomos superados pela China, pelo Líbano e pelo Panamá.

Um dia, acredito que tudo vai se resolver e ficar bem, mas temos de enfrentar o fato de que, do início da década de 1990 até a de 2020, a vida da nação tem sido desperdiçada de maneira estúpida: uma época de degeneração e incapacidade de se manter. Dá para entender por que pessoas como eu ou que tenham cinco ou dez anos a mais são consideradas uma geração amaldiçoada e perdida. Somos aqueles que deveriam ter sido os principais beneficiários do mercado e da liberdade política. Poderíamos ter nos adaptado rapidamente a um novo mundo, de um jeito que não estava ao alcance da maioria das gerações anteriores. É possível dizer que 15% de nós devíamos ter virado empreendedores, "como nos Estados Unidos". Mas a Rússia não chegou lá. Ninguém tem dúvida de que hoje vivemos melhor do que em 1990, mas, sejamos sinceros, trinta anos se passaram. Até na Coreia do Norte se vive melhor hoje do que se vivia antes. Avanços científicos e tecnológicos, setores inteiramente novos na economia, comunicações, internet, caixas eletrônicos, computadores. Aqueles que alegam que a elevação do padrão de vida em relação aos anos 1990 se deve a esforços e conquistas do regime de Putin parecem esses ultrapassados personagens de humor que dizem: "Graças a Deus temos Putin! No governo dele a velocidade dos computadores foi multiplicada por um milhão."

A comparação a ser feita não é entre como éramos em 1990 e como somos agora, mas entre como somos agora e como poderíamos ter sido se tivéssemos crescido de acordo com a taxa global média. Facilmente teríamos conquistado o que vimos a Tchecoslováquia, a Alemanha Oriental, a China e a Coreia do Sul alcançarem. Essa é uma comparação que só pode causar tristeza.

Não estamos falando de um exercício abstrato, mas de trinta anos da nossa vida. E Deus sabe quantos anos perdidos ou roubados ainda temos pela frente, pois, enquanto o grupo de Putin estiver no poder, estaremos acumulando oportunidades perdidas, vendo como outros países nos superaram em PIB per capita e observando os países que sempre olhamos do alto como se fossem pouco melhores que pedintes nos superaram em termos de renda média nacional.

Por que não deu certo? O que os poloneses e os tchecos podem fazer e nós não? Eu tenho uma resposta simples, e, embora tecnicamente signifique responder a uma pergunta com outra, ajuda a pôr as coisas no lugar: por acaso Leszek Balcerowicz, o arquiteto das reformas polonesas, se tornou um multimilionário, como o nosso Anatoly Chubais?* Por acaso a família de Václav Havel, o dirigente tcheco pós-comunista, comprou uma residência por 15 milhões de dólares na ilha de St. Barthélemy, a "Ilha dos Milionários", e acumulou outros bens, totalizando centenas de milhões? Por que na Rússia quase todos os jovens democratas, reformistas e campeões do livre mercado da década de 1990 ficaram fabulosamente ricos enquanto viravam a casaca e se transformavam em pilares conservadores do Estado? Afinal, nada parecido aconteceu na Estônia, na Hungria, na Eslováquia ou na Alemanha.

Agora que dispomos de toneladas de depoimentos autobiográficos e entrevistas e arquivos e ainda, sobretudo, quando vemos com nossos próprios olhos a grotesca transformação dos "reformistas da década de 1990" em oligarcas, burocratas, propagandistas e bajuladores de Putin, todos extremamente ricos, devemos ser honestos e repudiar a hipocrisia e qualquer tentativa de nos justificar pelos anos perdidos. Devemos admitir que a Rússia nunca foi governada por democratas, ou seja, pessoas que têm uma visão de mundo autenticamente liberal e democrática.

E a grande narrativa do nosso passado recente, o confronto entre "democratas" e conservadores soviéticos, tampouco foi uma realidade. "Como assim, não foi real? Eu mesmo fiz parte disso!" Até eu tenho vontade de protestar diante de uma afirmação tão radical, ou ingênua, ou ofensiva. Mas é evidente que nunca aconteceu, pelo menos não da forma como é apresentado pelos envolvidos.

Houve um processo histórico objetivo. Havia a URSS, ideológica, econômica e moralmente falida. Havia um conflito entre elites, no qual uma facção, para acabar com os velhos senis, se fantasiou de cores mais populares, as cores dos "democratas e partidários da economia de mercado". Com esse slogan, ela tomou o poder. Mas não é assim mesmo que o mundo funciona? Vamos então aceitar que uma parte da elite apareceu com novos slogans e saiu vencendo, ou vamos sair por aí com um liberalômetro, checando a pureza ideológica de todo mundo para descobrir quem acreditava mais no que dizia e quem não era tão sincero?

Na verdade, um instrumento assim teria sido muito útil, e o fato de ele não existir é o motivo pelo qual nada funcionou "como nos Estados Unidos" ou, por sinal, na República Tcheca. Nos países do bloco soviético,

---

* Um dos responsáveis pelas reformas do governo Yeltsin.

os líderes (ou alguém que desempenhasse um papel crucial) dos que se opunham aos conservadores, socialistas, caquéticos, idiotas e sabotadores eram gente da estatura de Lech Wałęsa e Václav Havel. Tinham se mantido firmes ante a opressão e a perseguição, evidenciando com seus atos, ao longo de muitos anos, um verdadeiro compromisso com o que proclamavam nos palanques. Na Rússia, tudo foi diferente.

O grande "democrata radical" era Bóris Yeltsin. Eu nasci em 1976, quando Yeltsin era primeiro-secretário do comitê regional do PCUS em Sverdlovsk. Significa que ele era governador da maior região industrial dos Urais e que tinha poderes muito mais amplos que os dos atuais governadores. Comportava-se como um típico tiranete soviético e assim como, em meados dos anos 1970, andava em seu carro preto oficial, morava no apartamento que lhe havia sido designado e adquiriu sua *dacha* oficial de elite; também foi esse, até a morte, o estilo de vida que ele e sua família consideraram que estava garantido. Ele fazia parte, de corpo e alma, do *establishment* do partido soviético, e o pouco que sabia da vida de "gente comum" era o que pescava nas conversas com motoristas e empregados.

Mas e os seus anos de desgraça política? É a grande questão. Até hoje, muita gente está convencida de que Yeltsin denunciou duramente chefões do partido, publicou relatórios críticos e sofreu por causa de suas convicções. Nada disso aconteceu. Esses chefões, em meio a suas intrigas internas, primeiro o nomearam chefe do comitê regional do PCUS em Moscou — em outras palavras, prefeito da capital —, e depois, quando começaram a cair com ele, transferiram-no para o cargo de chefe do Comitê Estatal de Obras Públicas — ou seja, ministro de Obras Públicas. Quem falou de queda em desgraça? Ele sequer precisou se conformar com uma limusine mais modesta, mantendo-se firme no mundo do oficialismo traiçoeiro. Sua família também continuou do mesmo jeito, exatamente com os mesmos valores, ou melhor, a mesma total ausência de valores, apenas cobiçando riqueza e luxo. Isso se revelaria crucial quando a família se transformou em "A Família".

Yeltsin carecia de motivações ideológicas autênticas e era movido apenas pela fome de poder. Era um sujeito de grande talento, um político intuitivo que sentia o pulso popular e sabia como explorá-lo. Eventualmente, era capaz de agir com ousadia e determinação, mas sempre em interesse próprio e do seu poderio, e não do povo ou da nação.

Estou escrevendo aqui essa veemente denúncia a Yeltsin, em parte, porque lamento ter sido um admirador cego dele e da parte da sociedade russa que, ansiosa por apoiar tudo que ele fazia, abriu caminho para o mundo sem lei em que vivemos hoje. Outro motivo é que poucas coisas me incomodam mais do que a comparação que costumam fazer entre mim e Yeltsin. O Kremlin gosta de estabelecer paralelos, e o líder dos Comunistas Russos, embora há muitos anos eu apoie a luta do seu partido pela sobrevivência, se sente na obrigação de começar qualquer declaração a meu respeito com "Navalny é o jovem Yeltsin". Eu apoiei os comunistas numa estratégia que se revelou bem-sucedida para romper a camisa de força do Rússia Unida, o partido de Putin, nas assembleias nacionais e regionais, fazendo campanha pelo voto no segundo candidato mais popular, quase sempre um comunista. A tal declaração é, como se diz, uma punhalada no meu coração. Vejo muito bem, claro, que são ditas para me irritar, então alguém sabia perfeitamente o que estava fazendo.

Ir do amor ao ódio pode ser questão de um passo apenas. E eu dei um bocado a mais. Mas o amor inegavelmente estava presente. No início e em meados da década de 1990, eu não só apoiava Yeltsin como estava entre os que o apoiavam sem questionar, em todas as suas iniciativas. Curiosamente, eu não estava assim tão apegado ao próprio Yeltsin ou por membros da sua equipe. Apenas não suportava os outros políticos. O clima de tudo ou nada da política da época fazia com que ou você fosse a favor de Yeltsin e seguisse em frente, apesar dos erros, das dificuldades e das decisões impopulares, ou se aliasse aos imbecis que restavam da URSS e que só pensavam: "Vamos voltar ao passado. Aqueles, sim, eram bons tempos." Pois não tinham sido bons tempos para mim, e eu ficava possesso quando insistiam nisso. Ainda fico. Na década de 1990, havia os imbecis que tentavam me convencer de que minha mãe não precisava levantar às 5h para comprar carne e de que eu não tinha todo dia que enfrentar uma fila de uma hora para comprar leite.

E agora uns idiotas que nunca viveram um único dia na URSS começam uma guerra santa na internet, dizendo que a União Soviética era a cidade perdida de Atlântida, na qual todo mundo vivia numa sociedade justa, quase não havia crimes e a população inteira cultuava a melhor ciência do mundo. Postam como prova imagens de propaganda daquela época: "Olhem aqui, eis uma típica loja soviética do interior. Deem um *zoom* nas vitrines e vejam o que estava à venda: café brasileiro e chá indiano, uma pilha enorme de carne de caranguejo enlatada. Dá até para ver a etiqueta com o preço: 40 copeques! E na época a média salarial dos trabalhadores era de (segundo as estatísticas oficiais) 280 rublos por mês!"

É o tipo de disparate que me mandava para a linha de frente da cruzada do presidente Yeltsin pela democracia e pela economia de mercado. Somando-se o meu interesse pela política desde os 13 anos, mais meus pais que discutiam política, o resultado era um jovem com uma preocupante expressão de fúria no rosto. Eu não suportava ouvir alguém criticar Yeltsin, ou mesmo Yegor Gaidar e Chubais, que punham em prática suas reformas. Quantas centenas de horas não passei argumentando exasperado em defesa de Chubais, com seus certificados de privatização e mais tarde os leilões de ações de empresas estatais em troca de empréstimos ao governo. "É só a formação de uma classe de proprietários eficientes!" "É só um confisco das propriedades daqueles repugnantes 'diretores de fábrica vermelhos' que estão impedindo nossas maravilhosas reformas!" Afinal de contas, eu tratara em minha dissertação das características jurídicas específicas da privatização, tentando demonstrar que estava tudo bem e de acordo com a lei.

Quando eu estava no atril defendendo minha dissertação, lembro que um professor mais velho e muito amável do Departamento de Direito Civil, um dos poucos que realmente entendiam do assunto, me perguntou: "Muito bem, nenhum problema com os fundamentos legais, mas qual a sua opinião pessoal? A máquina jurídica foi usada em benefício do povo e da sociedade? As mais importantes e lucrativas empresas de matérias-primas do país não foram entregues sem contrapartida monetária a antigos altos funcionários, recorrendo a técnicas impossíveis de serem diferenciadas do puro e simples peculato?"

Na hora, pensei, irritado: "Que coroa incrível, mas ele também não passa de mais um desses comunistas de carteirinha que estão se insurgindo contra os democratas, a democracia e o progresso." Com toda cortesia e uma boa dose de condescendência, expliquei a ele e ao resto da banca examinadora que as pessoas podiam ter diferentes opiniões sobre as decisões políticas referentes à privatização, mas, pessoalmente, eu aprovava o empenho dos reformistas no sentido de transferir empresas para um tipo de propriedade eficiente (enfatizando o "eficiente"). Na dissertação, no entanto, eu focalizava apenas os aspectos legais, que podiam ser considerados irretocáveis.

O professor continuou sorrindo polidamente e sacudiu a cabeça. Tirei 5.

Lembro de outro episódio em que quase gritei com uma colega de turma que eu mal conhecia e que disse, não a mim, mas à amiga, algo do tipo: "Temos que votar no Grigory Yavlinsky; é a única opção válida." Ela estava se referindo a um jovem político democrata conhecido na época por seu programa de reformas econômicas, e fiquei indignado. Como alguém podia ser tão burro a ponto de não entender que só uma adesão total e incondicional a Yeltsin permitiria a derrota dos comunistas, que queriam nos arrastar de volta à Idade das Trevas, quando a maior aspiração das pessoas era poder comprar um par de botas fabricado na Iugoslávia? A única coisa decente que alguém que tivesse a cabeça no lugar podia fazer era se intrometer na conversa e provar à idiota que o que ela estava pensando era uma imbecilidade e que ela não entendia nada de coisa nenhuma, ou então, se uma argumentação racional não adiantasse, falar na cara dela que ela era burra.

Esse pequeno incidente ficou gravado na minha memória porque a garota era bonita, e porque alguns anos depois entrei para o partido desse mesmo Yavlinsky e, enquanto esperava que se apurassem os votos dos militantes a respeito da minha candidatura, ri ao pensar que, se ela fosse capaz de viajar no tempo, poderia me dar o troco por quase tê-la chamado de idiota se mostrasse uma foto minha no estado em que eu me encontrava naquele dia.

Com que confiança eu defendia o direito de Yeltsin de mandar os tanques bombardearem o parlamento! Claro que deviam atacar — qual seria a alternativa? Os que estavam lá dentro eram contra as reformas, os idiotas, qual o sentido de negociar com eles? Nós, pessoas que haviam estudado, sabíamos o que era preciso ser feito. Toda a *intelligentsia* de Moscou estava conosco e contra eles. Eram apenas um bando de parasitas reunidos ali, incapazes de entender como era necessário tudo o que a equipe de Yeltsin, Gaidar e Chubais estava fazendo. Deviam obedecer e ir para casa caladinhos, caso contrário, mereciam o bombardeio.

Tinham sido democraticamente eleitos? Representavam seus eleitores? Ora, ao diabo com as tais eleições e essa constituição, e especialmente com seus eleitores, que não passam de uns fracassados e perdedores tapados. Não conseguiram se adaptar ao novo mundo das reformas e oportunidades? Ah, que pena! Mas agora estão atrapalhando quem quer ficar rico e progredir. Uns desmancha-prazeres.

Estou lendo uma investigação (que não é nossa, infelizmente) sobre uma mansão magnífica pertencente à filha e ao genro de Yeltsin, na já mencionada St. Bart's, que ganhou o já mencionado apelido de "Ilha dos Milionários" por causa da concentração de propriedades imobiliárias de ricos e celebridades da superelite. Nela passam férias a família Kardashian e o oligarca russo Roman Abramovich, e, pelo que se soube, a família do primeiro presidente da Rússia, aquele que lutava contra os privilégios e que andava ostensivamente de bonde, também tem na ilha uma casa avaliada em 15 milhões de dólares. Eu olho para o impresso e sinto um ódio que me vem porque consegui dar as costas à minha admiração. É bobagem odiar um falecido, e eu me lembro da fábula sobre o burro que chuta o leão morto, embora sempre achasse problemática a moral da história. Será que, agora que estão mortos, ninguém deveria dar uns bons pontapés em Hitler e Stálin, ou em Pol Pot, ou Mao? Na verdade, o que sinto em relação a Yeltsin provavelmente não é o tipo de ódio que é possível direcionar a uma pessoa viva, mas uma complexa mistura de aversão, desgosto e desânimo. Desgosto pela maravilhosa oportunidade que meu país e meu povo perderam de levar a vida europeia, normal e civilizada que merecemos. As aspirações e esperanças, a confiança, inclusive a depositada nele de maneira incondicional por gente ingênua e confusa como eu na juventude, foram traídas e cinicamente barganhadas. Foram trocadas por esquemas corruptos — e ganhos escusos — da família Yeltsin, por garantias de que não seria incomodada. Dito e feito, o primeiro decreto de Putin tratava do provimento material e da imunidade legal da "família do primeiro presidente da Rússia". A isso foram reduzidos os capitais e históricos acontecimentos de meados da década de 1980 e início da década de 1990.

Putin cumpriu a promessa. A família Yeltsin vive cercada de luxo e segurança. O genro de Yeltsin, Valentin Yumashev, trabalhou durante muitos anos como assessor oficial de Putin. O curioso é que ao mesmo tempo ele consta oficialmente na folha de pagamento de vários oligarcas. Mas isso não parece ser um problema. Primeiro de tudo, graças a Putin, ele está protegido. Além disso, fala sério! Pagamentos feitos por oligarcas? É o menos importante, para eles. Cá estou eu olhando para a casa em St. Bart's e me sentindo péssimo por esse ser o valor da liberdade dos cidadãos russos. Está na hora de parar de usar norte-americanos, nativos que venderam Manhattan por 24 dólares como exemplo padrão de negócio injusto. Faz mais sentido lembrar de um presidente eleito pelo sufrágio popular que venceu sua primeira eleição (honestamente!) com 57% dos votos e depois barganhou tudo por uma casa com terraço no Caribe. Um exame frio e objetivo da era Yeltsin nos defronta com uma verdade triste e desagradável que explica a chegada de Putin ao poder: nunca houve democratas no governo da Rússia pós-soviética, muito menos liberais defensores da liberdade em oposição a conservadores desesperados por ressuscitar a URSS. Todos eles — com raras exceções, como Yegor Gaidar e Bóris Nemtsov, que se revelaram incorruptíveis e encontraram forças para se retirar (Gaidar) ou resistir à reencarnação do autoritarismo (Nemtsov) — formavam uma tremenda horda de crápulas e ladrões hipócritas. Deixaram-se levar durante algum tempo por uma retórica democrática, com o objetivo, no contexto da disputa política da época, de estarem do mesmo lado que o Kremlin, que as autoridades. Era a única coisa que importava, além — isso, sim, mais importante — das oportunidades de enriquecimento.

Esse bando todo sempre encarou o poder como vaca leiteira, e assim é ainda hoje. Distribuição feudal de terras para o sustento. Poder igual a dinheiro. Poder igual a oportunidades. Poder igual a uma vida confortável para você e sua família, e tudo que se faz quando está no poder tem como objetivo preservar seus privilégios. Por isso todos aqueles funcionários eram membros leais do PCUS e jamais estiveram propensos à dissidência (nenhum deles, nem Yeltsin, que, apesar do mito criado pelas relações públicas, nunca abriu mão do seu assento na burocracia governante). E então, ainda acomodados em seus antigos cargos, gravitaram para o nicho ideológico dos "democratas capitalistas" e ficaram agradavelmente surpresos ao descobrir quantas propriedades pessoais podiam acumular no novo regime econômico. "Eleições", "liberdade de expressão" e os ridículos "direitos humanos" de modo algum eram um complemento obrigatório das contas bancárias na Suíça. Eles evoluíram para uma nova posição de "conservadores patrióticos deplorando o colapso da nossa gloriosa URSS", em uma metamorfose perfeitamente orgânica e desestressada.

Não acredito em carma nem em predestinação, mas sinto que o destino está zombando de mim agora, no momento em que estou escrevendo. Sinto que estou pagando pelo apoio cego a Yeltsin, não obstante seu desprezo pela lei. Não gosto do jeito como Putin resolveu me matar. Mas o que foi que eu disse quando Yeltsin, que nomeou Putin, detonou o parlamento com seus tanques? Eu disse, não custa lembrar: "Já não era sem tempo. Não pode haver clemência para esses imbecis irremediáveis que estão criando caso no parlamento."

E que dizer dos leilões de ações em troca de empréstimos no processo de privatização, quando as grandes empresas de recursos naturais da nação foram entregues de graça a indivíduos que foram escolhidos do alto para se transformarem em oligarcas? Essas foram, afinal, iniciativas não apenas imorais e indecorosas, mas também de todo ilegais, em termos puramente formais. Aqueles que queriam aproveitar o processo iniciado e competir pelos melhores nacos do que restava da URSS eram barrados, usando-se os mesmos pretextos ridículos que os invocados atualmente para descartar candidatos nas eleições. E quando levavam a questão aos tribunais, enfrentavam os mesmos sorrisinhos de escárnio que vi no rosto dos promotores dos processos fabricados contra mim. Meus companheiros vêm sendo forçados a se retirar do campo político ano após ano. Não só somos impedidos de assumir cargos eletivos, mas qualquer ligação com nossa organização, mesmo uma simples doação monetária, é ameaçada com inspeções e até processos penais. E tudo isso é feito por pessoas cujo direito de bombardear o parlamento, adulterar eleições "em nome da reforma" e expulsar os comunistas e os nacionalistas da política "em nome do futuro" eu defendia com tanto fervor.

Certa vez, depois de uma entrevista em que falei do meu sentimento de responsabilidade pessoal por ter apoiado Yeltsin, e, portanto, pelo surgimento de Putin, alguém (acho que foi Yulia) veio me dizer, em tom irritado: "Seu estranho sentimento de culpa em relação a Yeltsin não serve nem como masoquismo provocante; parece apenas burrice. Na época você era um colegial, um estudante. Tinha 15 anos na primeira vitória eleitoral dele, 20 na segunda. Que papel você acha que pode ter desempenhado na eleição de Yeltsin? Se realmente pensa que foi culpa sua, só posso cumprimentá-lo pelos seus delírios de grandeza."

Não deixa de haver lógica nisso. Mas esse tipo de retratação em público me parece muito importante do ponto de vista prático. Não devemos repetir os mesmos erros. Putin não vai durar para sempre, e não temos como saber qual será a natureza do seu fim político: voluntária, forçada ou natural. Com base na nossa história, contudo, podemos imaginar como é grande a tentação de ignorar transgressões inicialmente pequenas, depois mais graves, da parte de quem quer que estejamos apoiando. O novo líder dá voz aos nossos interesses, ao nosso ponto de vista político, alguém poderia dizer. Para não permitir, por exemplo, que os populistas cheguem ao poder, ele pode distorcer, falsear e dar um jeitinho aqui e ali. Pode se valer do canal nacional de televisão. Mas e daí? Estará dizendo como as coisas são, ele é o nosso cara, afinal, e só vai se livrar de alguém que realmente esteja pedindo por isso.

Por isso é que, como lembrete dos erros cometidos no passado e como recomendação para o futuro, eu gostaria muito que esse sentimento de ajuste de contas cármico fosse compartilhado pelo maior número possível de pessoas. Pessoas que, como eu à época, fecharam os olhos à ilegalidade, às mentiras e à hipocrisia, pensando que os meios justificam os fins e na necessidade de apoiar um grupo específico.

Minha desilusão pessoal com Yeltsin foi causada por um carro. Foi logo depois do segundo turno da lendária eleição de 1996 — quando Yeltsin derrotou o candidato comunista, Gennady Zyuganov, recorrendo a mentiras, difamação, falsificação e uma grande conspiração de elites — que realizei meu sonho e comprei um carro. Para isso, viajei à Alemanha, o que era comum na época. Você comprava o carro, dirigia até a fronteira, obtinha a liberação aduaneira e, mesmo pagando taxas inacreditavelmente altas, ainda era muito mais vantajoso do que comprar um carro importado em Moscou. Eu queria um modelo estrangeiro para impressionar, sobretudo, as garotas. Tolo, acreditava nas histórias de que na Alemanha Ocidental se comprava uma BMW 3 Series em estado razoável por 7 mil ou 8 mil dólares. Em 1996, uma BMW 3 era o máximo. Mesmo na minha universidade, onde não faltavam filhinhos de papai ricos, eu seria catapultado ao clube dos trinta caras mais descolados e, na minha cidade militar, ainda mais alto.

A viagem foi um fracasso catastrófico. Os carros que me faziam salivar custavam a partir de 15 mil dólares, e, sabe-se lá por que, os alemães não se dispunham a vendê-los pela metade do preço a um sabichão russo como eu. Ou eu me conformava com um automóvel muito menos classudo ou voltava para casa de mãos abanando, o que seria uma idiotice. Assim, por total desespero, comprei uma porcaria de um Renault 19 Chamade. Até hoje fico meio envergonhado de contar.

O carro nem de longe podia ser considerado bacana e sempre dava defeito. Não se comparava com dirigir um carro alemão, e a compra me inspirou uma arraigada desconfiança na indústria automobilística francesa. Mas o principal era que resolvia meu grande problema: escapar da escravidão dos trens e ônibus suburbanos.

Por mais patético que fosse o meu Renault, ainda assim teria que passar na alfândega. Na Rússia da década de 1990, esses postos eram lugares incríveis, viveiros icônicos de corrupção, oportunismo e ganho fácil. Quem trabalhasse neles podia ficar milionário em uma semana. Era o reino do caos. Com a abertura da Cortina de Ferro, houve uma avalanche de produtos de fabricação estrangeira — computadores, carros, "pernas de George Bush" (coxas de galinha dos Estados Unidos, que por muitos anos simbolizaram as importações de comida), as cobiçadas roupas ocidentais. Toda e qualquer coisa era importada, e tudo precisava ser liberado na alfândega.

O "governo dos reformistas", como já ficou óbvio, adotava uma política de protecionismo corrupto a toda prova, de dar inveja a um autêntico conservador. Eram cobrados impostos escorchantes, a pretexto de proteger a indústria nacional. E em seguida eram cancelados, para depois serem reintroduzidos. A política alfandegária podia ser alterada por qualquer um que aparecesse com uma mala de dinheiro para o governo. Desnecessário dizer, toda decisão de cobrar impostos altos era acompanhada de maneiras de contorná-los, com exceções para casos especiais. No fim, acabou prevalecendo a ideia mais simples e eficaz: reenquadrar os bens sujeitos a impostos elevados como pertencentes a outra categoria, objeto de taxas mais baixas.

Piada edificante da época: o mágico David Copperfield, Jesus Cristo e um funcionário da alfândega russa discutem para ver quem é capaz de fazer as transformações mais milagrosas.

David Copperfield diz:

— Vejam. Farei aparecer um coelho dentro da minha cartola.

Ele sacode a varinha mágica, e um coelho aparece na cartola.

Jesus passa as mãos por cima de um copo de água e fala:

— Olhem. A água se transformou em vinho.

O funcionário da alfândega diz:

— E vocês chamam isso de milagre? Só podem estar brincando. Estão vendo aquele trem ali com televisões japonesas? — O funcionário pega seu carimbo oficial, assopra nele e carimba um pedaço de papel. — Agora são ervilhas.

A liberação alfandegária dos carros é um exemplo perfeito do que acontecia. O imposto sobre carros estrangeiros era astronômico e foi introduzido para "apoiar os fabricantes russos", mas as leis da economia são inexoráveis. Anos seguidos de impostos e subsídios diretos, somando bilhões de rublos, de nada serviram. Mas isso seria depois. Na época, em 1996, havia impostos a serem pagos e, claro, incontáveis maneiras de evitá-los: tarifas especiais para pilotos, diplomatas, marinheiros, veteranos da guerra no Afeganistão, habitantes da região de Kaliningrado e sabe Deus mais quem.

Uma grande oficina de automóveis desativada no bairro de Ochakovo, em Moscou, foi convertida em posto alfandegário para veículos, e era lá que milhares de pessoas — que passavam em enormes filas diante de janelinhas minúsculas, ante as quais tinham que se curvar — brandiam punhados de documentos autênticos e falsificados, atestando por exemplo que eram marinheiros da guerra do Afeganistão e que passaram a servir no corpo diplomático, e, portanto, teriam que pagar imposto de 5%, e não 40% do valor de mercado para importar seu Volkswagen Passat de 1991.

Funcionários de cara amarrada — até hoje não entendo como os músculos faciais de um ser humano normal podiam ser capazes de tanta dureza — mandavam essa multidão de uma janela a outra. Consideravam que sua missão era encontrar o maior número possível de erros nos documentos: o carimbo estava errado, o formulário estava errado, a data estava errada. O que, por sua vez, abria oportunidades para jovens espertos que tinham "malandro de rua" escrito na testa. Eles não paravam nas janelinhas, mas se dirigiam a certas portas, enfiavam a cabeça e o punhado de documentos em lugares com a placa "Entrada proibida", faziam piada com os funcionários, apertavam mãos. Esses intermediários eram capazes de transformar qualquer um em veterano, diplomata ou marinheiro, cujos documentos eram aceitos sem problema.

Seus serviços, claro, tinham um preço, e dava para ver pela cara deles que seria perfeitamente possível pegarem seu dinheiro e não fazerem nada. De qualquer maneira, eu decidira ir em frente e pagar o imposto, e assim podia dispensar o intermediário. Juntaria todas as folhas de papel exigidas e entregaria na fila da janelinha. Entrei na fila um dia, entrei na fila no segundo dia, e no terceiro dia entendi que na manhã do quarto dia teria que entrar na sala dos todo-poderosos, portando todos os meus papéis prontos e autenticados com os carimbos obrigatórios. Nessa manhã, no entanto, me deparei com uma multidão no andar onde ficava a sala à qual eu me dirigia e um aviso de que estava fechada.

Nos três dias anteriores, eu mal tinha conseguido conter a raiva que sentia do sistema, mas aquilo era demais. Um vestígio do passado soviético que, por algum motivo, ainda não fora varrido pelo meu amado governo Yeltsin.

Logo se revelaria a causa da interrupção da linha de produção de preenchimento de formulários. Era esperada a visita de Serguei Yastrzhembsky, o secretário de imprensa de Yeltsin, que seria recebido pela alta administração do posto alfandegário. Os outros empregados também tinham decidido que não seria adequado trabalhar num dia tão importante. Permanecemos todos ali, para o caso de o trabalho ser retomado. A multidão me imprensava contra uma janela do corredor, e assim vi quando Yastrzhembsky chegou. O sujeito cuja principal função era anunciar na TV "O presidente está trabalhando numa documentação" quando ele estava bêbado, ou "O presidente aperta as mãos com firmeza" quando era submetido a uma cirurgia cardíaca, saltou sorrindo de uma Mercedes preta, apertou as mãos dos funcionários e, pulando degraus, desapareceu por uma porta. Estranho que não tivesse tropeçado e caído, tal era a energia psicocinética do meu olhar de ódio.

Um dia antes, as persistentes mentiras de Yastrzhembsky sobre a saúde de Yeltsin não me abalaram nem um pouco, e eu seria capaz de defendê-lo. Mas naquele momento fiquei decepcionado com Yeltsin e vi que seus lacaios, personagens como Yastrzhembsky, não passavam de um bando de vigaristas e oportunistas. Não mudei imediatamente de campo político, e teria votado em Yeltsin em qualquer eleição, até o momento da sua inesperada renúncia em 1999. Apenas deixei de ser um fã ou mesmo um apoiador. Aquele instante no posto alfandegário me mostrou o que eu obstinadamente me recusava a admitir: não era de reformas que se tratava o reinado de Yeltsin. Não fazia sentido esperar dele crescimento econômico ou uma visão política. Ele não passava de um velho alcoólatra doente cercado de um bando de pilantras cínicos, ocupados com as habituais manobras para encher os bolsos.

Mais tarde, soubemos pelas memórias do guarda-costas de Yeltsin, Alexander Korjakov, que um típico dia de trabalho do presidente terminava ao meio-dia, quando ele dizia: "Então, Alexander, parece que está na hora do almoço."

Era o sinal para que Korjakov trouxesse uma garrafa de vodca e algo para acompanhar.

E a gente lá, travando batalhas e clamando por reformas até a rouquidão, quando não havia nada. Zero. Yeltsin se cercara de um bando de trapaceiros, alguns dos quais se consideravam estadistas patrióticos, enquanto o resto se chamava de reformista, que roubava mais, só que era mais apresentável.

Minha desilusão com Yeltsin, apesar da emoção do momento, não causou uma grande mudança no meu ponto de vista. O episódio na alfândega ocorreu em 1996, quando eu tinha 20 anos. Ao redor havia gângsters, discotecas e uma nova e interessante vida a ser vivida. Eu era um estudante e tinha meu carro. Perdera apenas o interesse pela política.

O que me foi devolvido por Vladimir Putin.

8

Uau, que virada dramática no meu livro. Em casos assim, na ficção, costuma-se escrever algo do tipo: "O fluxo da minha narrativa é interrompido nesse ponto por este e aquele acontecimento." O meu certamente foi. O capítulo anterior foi escrito numa linda casa em Freiburg, na Alemanha. Este está sendo escrito na prisão.

Depois de ter alta do hospital, conversei sobre este livro com minha agente literária, explicando que seria difícil apresentar uma ordem de capítulos por se tratar de uma "história que está em andamento". E segue assim, mas agora com algo que mais parece um recurso literário barato. Só que não pode ser de outro jeito, pois a vida é cheia de situações muito parecidas com clichês literários. Por exemplo:

Uma funcionária do judiciário, uma jovem sorridente, me entrega papéis para serem assinados e fica surpresa quando eu lhe pergunto a data.

— Mas como você não sabe que dia é hoje? Hoje é 18 de janeiro. Provavelmente vai se lembrar dessa data muito, muito bem.

Fingindo surpresa, pergunto o que quis dizer. Ela abre um sorriso mais largo ainda e deixa claro que sabe que estou de gozação. A pergunta não merece resposta, pois ambos sabemos perfeitamente que hoje começo a cumprir minha pena na prisão. Vou então descrever esse dia marcante em detalhes, assim como o dia anterior. Estou sentado numa cela com caneta e papel, nada mais — condições ideais, portanto, para um escritor.

Quando estava me recuperando na Alemanha, decidi inicialmente voltar a Moscou no dia 15 de dezembro, a tempo de comemorar o Ano-Novo e o Natal ortodoxo em casa. Foi o que eu disse numa das primeiras entrevistas ao sair do hospital. Na verdade, um anúncio de que eu voltaria depois de me recuperar do envenenamento já fora feito quando eu estava em tratamento intensivo. Durante uma visita, Yulia leu para mim uma quantidade de indagações urgentes dos meus colegas. Deitado ali, todo paramentado de fios e tubos, eu ia respondendo.

— Kira quer saber se devemos responder ao *New York Times*, que está perguntando se você vai voltar.

— Que pergunta idiota. Claro que vou.

— Então ela deve responder?

— Sim, mas sem a parte sobre ser uma pergunta idiota.

Para minha contrariedade, isso se transformou em grande notícia no mundo inteiro. "Ora, vejam só", pensei, indignado, no dia seguinte, olhando para a parede. "Você trabalha durante vinte anos, diariamente exposto à publicidade, escreve centenas de artigos, luta todo dia para traduzir suas palavras em atos, e eles ainda acham que eu estaria com medo de voltar." Fiquei chateado.

Em outubro, contudo, ficou evidente que eu não retornaria em meados de dezembro. Eu me sentia muito melhor, mas ainda precisava recuperar a sensibilidade no lado esquerdo do quadril e não conseguia coordenar muito bem meus movimentos. Numa reunião de família, Yulia fez um comentário decisivo:

— Você sabe que eles podem te envenenar de novo. Precisamos garantir que voltará tão bem fisicamente que, se acontecer, pelo menos tenha chances de sobreviver.

Decidimos então adiar a volta para meados de janeiro e ver como estaria meu estado de saúde.

De modo que lá estava eu, no início da manhã do dia 17 de janeiro, abrindo os olhos num hotel de Berlim onde passáramos a noite depois de chegar de Freiburg. Está escuro; eu olho para o teto. Sinto um frio na barriga, porque, sim, Alexei, hoje é um dia especial. Em inglês, diz-se "borboletas no estômago". É o que heróis ou heroínas dos filmes de Hollywood dizem que estão sentindo em momentos decisivos. Por alguns instantes, me pergunto quem teve a ideia de chamar de borboletas essa sensação de ansiedade misturada com enjoo. É o que me acontece na véspera de grandes eventos em público, manifestações, sentenças judiciais. Sei que vai passar no momento em que tudo começar, mas por enquanto as borboletas estão bem ocupadas. Suspeito que devem ter sido inventadas por marqueteiros norte-americanos, como os que todo ano tiram novos feriados da cartola, forçando você a comprar presentes, embora nesse caso a motivação econômica não seja tão óbvia.

Meu fluxo de pensamentos — o meu meio de transporte favorito — imediatamente me conduz à estação seguinte, e fico imaginando: "Se eu fosse marqueteiro, que feriado inventaria para obrigar as pessoas a fazerem compras ainda mais desnecessárias?" Os primeiros que me ocorrem são "Dia do Irmão" e "Dia da Irmã". Não consigo entender por que ainda não foram inventados. Mas com certeza posso me sair melhor. Pense! Eu lançaria o "Dia do Melhor Amigo". Dia deles e delas! As mocinhas sairiam correndo para as lojas de cosméticos e comprariam presentes para várias amigas, entregando-os com as palavras: "Pensando só em você, minha melhor amiga!" A pressão do meio se encarregaria. Cinco anos depois do lançamento, não ganhar um presente nesse dia significaria que você não era melhor amigo de ninguém. Quem sabe, então, melhor que um Dia do Melhor Amigo, mais valesse simplesmente "Dia do Amigo". Abrangeria mais gente. Mas não: é a palavra "melhor" que aumenta o dispêndio médio. Já estou planejando uma campanha publicitária global, a ser encomendada possivelmente pelo Departamento de Fomento das Redes Comerciais de um futuro governo mundial (naturalmente mobilizando influenciadores do Instagram e criando um seriado de humor de Hollywood cuja heroína fica encrencada por jurar a várias amigas que cada uma é sua melhor amiga). Nesse momento, no entanto, alguém bate na vidraça do meu fluxo de pensamentos, e uma voz séria me lembra: "Alexei, você pode achar que é muito criativo e que faz uso criterioso do seu tempo, mas se engana. O que está fazendo se chama procrastinação. Você não quer sair da cama e começar a se mexer, e aqui não falta o que fazer. O avião decola daqui a sete horas."

Viro a cabeça e vejo que Yulia está me olhando. Também está acordada.

— Oi!

— Oi!

— Você estava mexendo os lábios. Estava discutindo com alguém?

— Não, estava imaginando um jeito de fazer mulheres trocarem mais presentes entre si.

— Que ótimo. Também imaginou um jeito de acabar o mais rápido possível com este dia, para voltarmos para casa?

— Já pensei nisso. Só preciso que alguém me arrume uma máquina do tempo.

— Hummm... espero que sua ideia para as compras femininas seja tão brilhante quanto essa.

— Vamos levantar e nos exercitar.

— Não, hoje não estou a fim de sair pulando por aí, e acho melhor que você não o faça.

Mas resolvi começar vida nova, como se faz toda segunda-feira e todo 1º de janeiro. Um futuro incerto me espera na volta para casa, mas é certo que esses estranhos, imprevistos e interessantes seis meses na Alemanha chegaram ao fim. A magnitude e a solenidade do momento pedem que eu dê início a uma nova vida. Hoje vou me manter calmo e transbordante de boa vontade, ninguém vai conseguir me irritar, e não levantarei a voz. Ao chegar em casa, não importa o que acontecer, vou ajeitar a vida numa programação mais organizada, com direito a crescimento pessoal e fim da procrastinação. Lerei pelo menos um livro por mês, e metade das leituras serão em alguma língua estrangeira.

Estou com 44 anos e adoro começar novas vidas. Acontece o tempo todo. O primeiro dia de uma nova vida é sempre maravilhoso, e, idealmente, deve começar com exercícios físicos, tipo tabata. Seria absurdo até pensar em iniciar uma vida nova sem esporte e exercícios toda manhã. Por mais ocupado que se esteja, sempre é possível encontrar dez minutos para um aquecimento, para se encher de energia que te alimente até o fim do dia. Como último recurso, é só passar dez minutos a menos no Twitter. Mais simples, impossível. Estranho que eu nunca tenha conseguido.

Para falar a verdade, pratiquei bastante atividade física nos últimos cinco meses. Era nisso que consistia a minha reabilitação. Quando deixei o hospital, mal podia andar, braços e pernas tremiam, as conexões entre o cérebro e os músculos tinham sido destruídas e era difícil conseguir alguma coerência nos movimentos. Mas comecei a fazer exercícios com um fisioterapeuta e um treinador, seguindo uma programação. Estivesse eu com vontade ou não, já bem acordado ou querendo passar o resto do dia na cama, a campainha tocava, e um sujeito musculoso, alegre e sorridente ia entrando e dizendo: "Olá, Alexei, hoje vamos trabalhar as pernas. Vai ser bem difícil."

Os contratos com o treinador e o fisioterapeuta terminaram recentemente, e a pretexto de me preparar para viajar e de precisar trabalhar no Projeto Psicopata — uma investigação sobre o palácio de Putin que eu divulgaria um dia depois de voltar —, suspendi os exercícios. Mas agora levanto da cama e começo a me aquecer, sob o olhar meio descrente de Yulia. Vou fazer dois treinos de tabata.

Grande erro. O tabata é um treino breve de alta intensidade que dura quatro minutos. Vinte segundos de malhação e dez de descanso. Faço a primeira série e sinto dor nas costas. Costuma acontecer quando fico sentado por muito tempo, e ontem viajamos sete horas de trem. Em geral, passa depois de alguns dias. Nesse tabata, os exercícios em boa parte trabalham as costas e a região lombar. Preciso fazer com intensidade, e a mão invisível do esporte cuida de tudo, sem necessidade de intervenção.

Na quarta série, contudo, vem aquele clássico: "Ai! Droga! Ui, ui, ui, não consigo me levantar!" Fiquei imobilizado com as mãos e os pés no chão, incapaz de me mover. Acho graça da situação, tentando não gritar de dor. Qualquer um que tenha sentido um nervo pinçado na coluna sabe do que estou falando. Ouço vindo da cama um suspiro e as palavras:

— Você às vezes é mesmo um pateta. Não podia ter encontrado momento melhor para isso.

Não importa — preciso me mexer e ver a mais recente versão da nossa investigação sobre Putin, que agora soma duas horas, e cuidar da montagem. Pode ser a última chance, pois a eventualidade da detenção no aeroporto, embora não seja a mais provável, ainda assim é uma possibilidade para a qual devo estar preparado. Entro mancando no chuveiro, tomo banho, faço a barba, me visto e vou até a sala. É onde se encontra Kira Yarmysh, também responsável pela produção de vídeos. A porta está aberta. Kira e Maria Pevchikh, que chefia as investigações da Fundação Anticorrupção, estão sentadas num sofá olhando com atenção para a tela de um laptop sobre a mesa de centro. Seguram copos de papel com café e têm no rosto exatamente a expressão que se espera na véspera do lançamento de um projeto muito importante, quando todos os prazos possíveis e imagináveis estão ficando para trás.

Passamos vários meses trabalhando num gigantesco projeto de investigação sobre o palácio de Putin em Gelendzhik, no Mar Negro, que usamos para apresentar um panorama detalhado das maneiras como ele financia a família, a diversão, os hobbies e as amantes. Eu ainda estava em cuidados intensivos quando Maria entrou no quarto do hospital e disse:

— Vamos acertá-los onde dói. Conseguimos as plantas do palácio, e, enquanto você estiver aprendendo a andar de novo, vou descobrir onde eles conseguiram o dinheiro.

O projeto tinha o codinome de Psicopata porque, quando vimos pela primeira vez as plantas, com todos os teatros, as águias douradas e os sofás com preços de apartamentos, nosso constante refrão era: "Esse cara é doente. É obcecado por luxo." Decidimos divulgar o vídeo no dia seguinte à minha volta à Rússia, e hoje ficou óbvio que estamos atrasados. Há uma enorme quantidade de recursos de computação gráfica. Vastos diagramas detalhando conexões de corrupção que não podem ser omitidos, caso contrário nossas acusações pareceriam boatos, mas que são enfadonhos para o espectador médio. É o nosso eterno dilema: encontrar um equilíbrio entre entretenimento e entediantes questões jornalísticas e legais.

Assistimos à nova versão, e Kira toma notas para mais ajustes na montagem. Eu aprovo o título e as principais imagens que vamos postar nas redes sociais para despertar interesse. Não vai dar para divulgar amanhã, mas vamos fazer das tripas coração para deixar tudo pronto para terça-feira.

— O que faremos se você for preso no aeroporto? — pergunta Kira.

— O principal é manter os planos de lançar o mais rápido possível — respondo. — Se vocês virem que as notícias sobre a prisão estão ocupando demais o noticiário e que a investigação não terá a atenção que merece, podem adiar por um dia, não mais.

Volto ao meu quarto muito preocupado. Um breve texto para o YouTube relatando as investigações, textos para as redes sociais, uma postagem no meu blog — nada disso está pronto, e não vejo como encontrar tempo. É possível criar um bom produto e estragar tudo com promoção inadequada. Uma lição sobre as novas mídias que aprendi há muito tempo.

Eu supunha que voltaria num voo no domingo à noite, concluiria tudo tranquilamente em casa e no dia seguinte mandaria para o mundo o nosso *blockbuster*, recorrendo ao máximo às redes sociais, especialmente o TikTok, na qual depositava grandes esperanças. Mas agora estou ficando nervoso, pois todo mundo pergunta o tempo todo, com a maior naturalidade: "E se você for preso no aeroporto?" Não que estivesse com medo de ser preso, mas me dou conta de que ignorei alegremente um monte de questões muito importantes.

Preciso enviar uma boa quantidade de e-mails, pois posso muito bem ser preso e não vou me perdoar se não tiver feito isso. A experiência mostra que os maiores problemas são causados por coisas em que você não pensou — acesso à conta bancária pela internet, autorizações e senhas para os diferentes aplicativos e dispositivos usados no dia a dia. Na prisão, saber que a família está bem representa 99% da paz de espírito. Não quero ficar me preocupando porque minha mulher não consegue tirar dinheiro da minha conta, por causa de uma exigência imbecil de autorização minha por e-mail. Centenas de jornais do mundo inteiro podem confirmar que estou preso, na cadeia, mas ainda assim o gerente do banco vai responder: "Lamento, não podemos fazer nada. Ele precisa nos mandar um e-mail ou usar nosso excelente aplicativo."

Eu abro o laptop. Ter que escrever uma quantidade enorme de e-mails é uma das chatices mais comuns da modernidade. É justamente o que está fazendo ferver um caldeirão de raiva em mim, embora há apenas três horas eu estivesse tentando me convencer de que hoje começo um novo estilo de vida marcado por incrível serenidade e boa vontade com todo mundo. Yulia está embalando nossas coisas, estou escrevendo e-mails idiotas, e a dor nas costas está piorando. Alguém bate à porta.

Yulia abre e eu a ouço dizer em inglês:

— Daniel, ainda não autorizei que você filme, não estou pronta.

Daniel é um jovem e excelente diretor, sujeito muito agradável. Está fazendo um documentário sobre mim e, compreensivelmente, precisa de imagens interessantes: nossos preparativos, os últimos minutos empacotando pertences, reuniões sobre "O que devemos fazer em caso de…". Quanto mais movimento, quanto maior a tensão nervosa, melhor para ele. Eu disse a ele ontem que poderia filmar os preparativos para a viagem, mas só quando estivessem no fim, e que só deveria ligar a câmera com nossa autorização. Mas que documentarista obedeceria a uma regra dessas?

Portanto, agora tenho alguém para descarregar minha frustração.

— Daniel! — grito do quarto ao lado. — Mas que inferno… O que foi que combinamos? Por que está fazendo isso? Você realmente está atrapalhando.

Sem me conter, prossigo com uma frase começando com "Cai fora" e acabando com "daqui", e imediatamente me arrependo da grosseria.

Daniel vai embora. Yulia entra no quarto, girando um dedo na lateral da cabeça:

— O que deu em você? Ele estava com a câmera ligada. Você vai ter sua grande cena dramática no cinema.

Mais uma coisa, então, para colocar na lista pendências: pedir desculpas a Daniel. Ótimo.

Termino de redigir os e-mails e envio. Confirmo que Yulia tem acesso aos aplicativos bancários — operação perfeitamente inútil, pois todas as minhas contas foram congeladas há meses em virtude de processos movidos pelo "chef de Putin", Yevgueny Prigojin, um homem condenado por roubo qualificado na época da URSS, mas que se tornou, graças à amizade com Putin, um "empresário bem-sucedido" que detém o monopólio do fornecimento de alimentos às creches e escolas de Moscou.

Nosso tempo está acabando. Mais uma reunião é marcada. Convoco Leonid Volkov, nosso chefe de gabinete, Maria e Kira. Yulia se junta a nós. Discutimos rapidamente o plano de ação para cada possibilidade: voltamos para casa sem problemas; eu sou detido no aeroporto e mandado para a prisão; sou detido, depois liberado, e o Kremlin espera a indignação diminuir para então me prender; nada acontece, mas duas semanas depois sou detido sob outra acusação, e assim por diante. São métodos que o Kremlin já empregou contra nós. No século XXI, não enfrentamos apenas a máquina de um Estado repressivo, mas também a sua máquina de relações públicas. A opinião pública é o que interessa para todos os envolvidos. Encaminhada de maneiras sutilmente diferentes, a mesma iniciativa pode deixar as pessoas impassíveis ou enfurecê-las e provocar manifestações nas ruas. Tudo precisa ser levado em conta, inclusive o dia da semana e o clima.

Nossa discussão gira em torno de detalhes operacionais, quem vai fazer o quê. Desde 2012, quando uma fornada de acusações criminais contra mim saía mais rápido do que uma de bolo, não precisávamos discutir esta questão mais ampla: como continuar a trabalhar se eu for preso. Todo ano eu passo vários meses na cadeia, e nossa organização continua funcionando sem problemas na minha ausência, o que me enche de orgulho. Temos uma equipe de grande talento.

Telefonamos a Olga Mikhailova, minha advogada, que veio à Alemanha para estar comigo no voo de volta, caso eu seja detido no controle de passaportes. Rapidamente repassamos os planos com ela também e decidimos a ordem em que vamos atravessar a fronteira.

Mikhailova prevê que eles podem me deter depois que eu passar pela catraca, ou seja, depois de atravessar oficialmente a fronteira. Nesse caso, eu seria levado embora rapidamente. Ela então passará primeiro, seguida de mim e depois Yulia. São questões importantes a serem discutidas para estarmos preparados para qualquer eventualidade, mas na verdade não acredito que enfrentarei alguma ameaça no dia da chegada.

Há muito tempo já desisti de tentar analisar e prever o comportamento de Putin e do Kremlin. Simplesmente, é muita irracionalidade. Putin está no poder há mais de vinte anos, e, como sempre aconteceu com qualquer dirigente na história que se manteve por tanto tempo, tem a cabeça cheia de obsessões messiânicas, coisas do tipo "Sem Putin, nada de Rússia", abertamente proclamadas da tribuna da assembleia nacional, a Duma de Estado. O verdadeiro equilíbrio de poder entre os diferentes grupos no interior do Kremlin também é desconhecido, não importa o que escreviam os analistas políticos. Então não adianta tentar prever o que "eles" podem fazer, e nós precisamos proceder como achamos certo.

Mas temos, de qualquer modo, uma visão geral de como funcionam a opinião pública e os meios de comunicação. Tudo o que sabemos, mais ou menos, da técnica utilizada por Putin para governar é que ele encomenda intermináveis pesquisas de opinião e leva em conta os resultados no seu planejamento. Não seria do seu interesse me prender no aeroporto. De todas as maneiras de me isolar, essa é a que me é mais favorável. Para começar, o Tribunal Europeu já deu sua sentença no caso Yves Rocher, reconhecendo minha inocência.* Eu argumento em nossa discussão: "Vocês estão querendo me dizer que vão me prender por uma acusação que já foi descartada pelo Tribunal Europeu de Direitos Humanos? Só podem estar brincando."

Seria muito cinismo me prender por "inobservância das condições da liberdade condicional", mesmo pelos padrões do Kremlin. Eles tentam me envenenar e, depois, quando estou em coma, em tratamento intensivo, anunciam: "Vejam bem, ele não se apresentou à polícia. Vai ser preso por causa disso." Se tentarem essa, imediatamente perderão a batalha pelo primeiro bastião da opinião pública, os jornalistas que acompanham de perto os desdobramentos da situação.

Minha liberdade condicional do processo que eles moveram em 2014 chegou ao fim, depois de vários prolongamentos, no dia 30 de dezembro

---

* O caso Yves Rocher foi um processo penal movido em 2012, na Rússia, contra Alexei e Oleg Navalny. Os dois irmãos foram ilegalmente considerados culpados de "fraudar" a subsidiária russa da empresa francesa de cosméticos Yves Rocher.

de 2020, há dezoito dias. Portanto, não é mais possível revogar a condicional. Claro que uma insignificância como a lei em vigor jamais impedirá um juiz russo, para o qual a única coisa que importa é o telefonema em que o chefe dá as ordens. Mas para que dificultar as coisas, chamar atenção e, sobretudo, gerar empatia por mim com uma perseguição clamorosamente ilegal?

Em sua entrevista coletiva mais recente, Putin se referiu a mim de maneira desdenhosa, com uma frase nitidamente estudada e que caracteriza sua atual tática: "Quem se importa com ele?"

Assim, não faria mais sentido agir nessa linha e ignorar a minha volta? Apagar o incêndio antes que ele se espalhe? Em vez de dar aos jornalistas as esperadas e sensacionais imagens da minha detenção, deixar que fiquem com um vídeo da minha saída do aeroporto com a bagagem, sem saber muito bem o que fazer, à espera de um táxi? Então, passadas umas duas semanas, quando a poeira assentar, poderia me convocar para ser interrogado por mais uma acusação fabricada. Uns dois meses depois, decretaria prisão domiciliar. Mais três meses mais ou menos, me transferiria para uma prisão, com uma sentença curta, e em seguida a renovaria. E então simplesmente me deixaria por lá. A essa altura, todo mundo já estaria acostumado. Por que alguém haveria de protestar, quando já estou há séculos na prisão? Não, Putin é maluco, mas não o bastante para criar um grande incidente ao me prender no aeroporto.

Quando Leonid propõe que pensemos no que fazer se o avião for desviado para um aeroporto diferente daquele onde estarão me esperando, eu descarto a ideia logo de cara. Pense bem, eles jamais fariam isso. Não se encaixaria na estratégia "Quem se importa com ele?".

Só que tem um vermezinho minúsculo e teimoso corroendo os alicerces do meu raciocínio lógico: o Projeto Psicopata. Sei que durante a investigação não havia possibilidade de vazamento, mas há umas duas semanas mandamos o material para produção em larga escala. Um site está sendo criado, o texto se encontra em edição, e um filme de duas horas, em produção. Um bom número de pessoas foi informado do conteúdo do projeto. Tenho total confiança em todo o nosso pessoal, mas, mesmo assim, a Fundação Anticorrupção é alvo de infiltração e tentativas de recrutamento por parte de uma vasta agência de inteligência, o Serviço Federal de Segurança. Além disso, é possível obter informações sobre o projeto hackeando computadores e redes de trabalho, plantando escutas no nosso escritório, usando câmeras ocultas. O vermezinho me adverte: "Cara, você sabe muito bem que, se Putin ficou sabendo do seu plano de revirar o palácio dele pelo avesso diante do país inteiro, de divulgar como sustenta as amantes e os apartamentos com que são presenteadas pela estatal Gazprom, ele vai subir nas tamancas. Vai te trancafiar na primeira oportunidade, para impedi-lo de divulgar essa investigação. E existem mil e uma maneiras de te matar na prisão."

Muito bem, fizemos nossa reunião e agora vamos cuidar da vida e dentro de meia hora voltamos a nos encontrar, com a bagagem. Eu me levanto do sofá e sinto uma dor forte nas costas. Droga, por que isso tinha que acontecer hoje? Há meses venho fazendo exercícios diariamente. Mas hoje... bom, esquece, vai passar. O principal é que as pessoas que vão nos receber não notem que não consigo me curvar.

Preciso convocar a equipe de filmagem, pois prometi que os deixaria registrarem os últimos minutos antes da partida. Para Yulia e eu, são os últimos minutos juntos e sozinhos até chegar em casa, ou o que der e vier. Sentamos e nos enlaçamos, rindo. Nossa conversa é o que se pode esperar de um momento que parece pedir que algo seja dito, mas no qual não há de fato muito a dizer. O clima em torno oscila entre desânimo e cautela. Nós dois queremos apenas voltar para casa. Para Yulia e para mim não é um dia a ser temido, mas um dia pelo qual esperamos há muito tempo. Todos os nossos problemas e ansiedades têm a ver apenas com o fato de que nas próximas horas uma horda de jornalistas estará se agitando ao nosso redor, e depois o caos da recepção no aeroporto e assim por diante. E assim nos sentamos e dizemos um ao outro coisas do tipo: "Como está se sentindo? Bem. E você? Ótima. Só precisamos de um pouco de paciência e logo estaremos em casa, fecharemos a porta e vão nos deixar em paz."

No aeroporto, estarão à nossa espera milhares de pessoas, como dá para ver pelo grupo de recepção no Facebook. Significa que terei que fazer um discurso. Nada longo, mas essencial. Quero agradecer a todos pelo apoio — embora tudo vá acabar num caótico empurra-empurra, pois não resta dúvida de que a última coisa que Putin quer ver é uma linda foto de uma multidão em júbilo comemorando meu retorno triunfal. Já tive essa experiência muitas vezes. Entro no espaço do encontro, e militantes do Kremlin imediatamente começam a empurrar e nos acotovelar.

Manifestantes pagos são graciosamente dispostos para levantar cartazes absurdos. O policial que está por perto grita no megafone que a multidão deve dispersar imediatamente. Em geral, não presto atenção, procuro algo onde possa subir e fazer meu discurso, gritando mais alto que a polícia e seu som amplificado. As coisas que já usei como palanque improvisado, desde um monte de neve até uma casinha de brinquedo com escorrega num *playground*...!

A única decisão que não consigo tomar é se vou falar com ou sem máscara. As regras da pandemia e a etiqueta política europeia mandam que eu a use. Quantas vezes encontrei aqui pessoas que conversavam tranquilamente sem máscara, mas que depois, na hora das fotos, tomavam o cuidado de cobrir o rosto e manter um metro e meio de distância? Não querem confundir os eleitores. Mas como fazer um discurso de máscara no rosto? A energia toda se dissiparia. Seria como tirar os sapatos para entrar numa casa que acabou de ser devastada por um tsunami. Tomo então a única decisão sábia: vai depender das circunstâncias.

Todo mundo começa a se aprontar para a partida. Vestimos as roupas que separamos para a viagem e checamos se nada foi esquecido. Nossa sala está atulhada de gente de sobretudo, com bagagem, o que faz o grupo parecer muito maior. O cinegrafista pula daqui para ali, buscando os ângulos mais dramáticos. Os que vão permanecer em Berlim olham para mim e Yulia com uma mistura de preocupação e empatia, o que é ligeiramente incômodo e cômico ao mesmo tempo. Mais uma vez, digo a todos que não precisam fazer caras tão fúnebres, pois vai dar tudo certo, e dentro de seis horas nos falaremos pelo Zoom.

Uma superstição russa — ou seria um costume? — que eu respeito rigorosamente é se sentar por um momento antes de sair em viagem. Muitos dos presentes — alguns nem tão conhecidos nossos, outros, sim, como Leonid — têm uma visão decididamente racional das coisas. Isso me faz hesitar em propor "Vamos nos sentar por um momento antes da partida", mas, se existem espíritos ou entidades capazes de dar sorte numa viagem, este com toda certeza seria o momento certo para invocá-los. Na verdade, podem até ficar ofendidos se não o fizermos. A vida inteira tenho repetido esse ritual antes de viajar, mesmo quando apenas levávamos a família para um passeio de um ou dois dias numa cidade próxima. Por que ignoraria agora uma regra tão pétrea? Esperando que não riam de mim, especialmente para não chocar estrangeiros como Daniel com a minha mentalidade atrasada, eu digo, brincando:

— E agora, em respeito às tradições russas, vamos nos sentar por um momento antes da partida.

Todo mundo prontamente adere, e Leonid diz:

— Puxa, minha mãe sempre faz isso.

— No Canadá as pessoas fazem isso também — acrescenta Daniel.

Fico feliz por não ser o único pagão e ao ver que todo mundo também está dando força aos espíritos viajantes.

No corredor, vem ao nosso encontro um grupo de homens fortes, e os fios que sobem das suas orelhas deixam clara a natureza da sua atividade. Trata-se de uma equipe de proteção direta da polícia de Berlim. Eu sou "uma pessoa que está em risco", e eles são obrigados a levar em conta esse fato. Cabe aos policiais de diferentes partes da Alemanha fazer a devida avaliação desse risco. Na Floresta Negra, de onde acabamos de chegar, minha categoria de risco foi baixada da mais elevada para a terceira posição, significando que a polícia só estava presente em eventos públicos programados com antecedência. Em Berlim, eles disseram: "Não sabemos o que eles fazem nas outras regiões, mas aqui é a capital, e você está na categoria máxima de ameaça."

E corroboraram isso fornecendo duas limusines blindadas e seis pessoas para me acompanharem de perto em todas as saídas. Quando os alemães estabelecem um protocolo, mesmo que um cometa caia na Terra, ele será seguido ao pé da letra.

Os policiais na verdade eram fantásticos, caras boa-praça. Durante os meses que passamos na Alemanha, Yulia e eu fizemos amizade com eles, que por sua vez faziam o possível e o impossível para serem úteis. Fiquei com a impressão de que uma coisa que nos aproximou foi o fato de terem estado comigo desde os primeiros momentos da minha "nova vida", depois do envenenamento. Cuidaram de mim enquanto eu aprendia a comer, a falar e a andar de novo.

Fico aliviado de estar hoje sob proteção especial. As normas de risco máximo estipulam que devemos ser levados direto à pista de pouso e decolagem, escapando da multidão de jornalistas que estão prontos para me armar uma emboscada. Sinto um pouco de pena deles e entendo a frustração de esperar horas para no fim não poder tirar uma foto.

Nós nos despedimos, nos abraçamos e entramos nos carros. Yulia e eu num deles, minha advogada Olga e Kira no outro. Sentado à frente, o chefe da segurança se vira para trás e me diz em tom de brincadeira que a equipe toda admira minha coragem, mas espera que eu esteja sabendo que minha próxima viagem ao exterior provavelmente vai demorar um tempo. Acho graça e respondo que espero que eles venham de helicóptero para me resgatar na prisão.

Nosso carro se dirige ao aeroporto e entra por um portão especial. A polícia examina nossos passaportes, e passado um tempo um guarda de fronteira vem cotejar o passaporte com a pessoa. Nós sorrimos para ele do carro, e ele sorri de volta. Podemos partir.

A primeira coisa que vejo ao entrar no avião é uma multidão de gente dos meios de comunicação. Kira me avisou que uns dez jornalistas haviam ligado para dizer que tinham comprado passagem no nosso voo. Imaginei que haveria uns quinze. Na verdade, são uns cinquenta, e estão todos no meio da cabine, amontoando-se uns nos outros, pendurados por cima dos passageiros, que acompanham a cena espantados. O bando de jornalistas parece formar uma bola de onde se projetam, como cerdas eriçadas, paus de selfie com celulares na ponta, câmeras, mãos e algumas cabeças. Estou calmo. O frio na barriga passou, como sempre. É evidente que o corpo sabe quando está na hora de parar de se preocupar, pois não há o que fazer.

Vai começar o meu momento "favorito". Os jornalistas precisavam fazer o que tinham de fazer, as gravações de vídeo e som encomendadas pelos editores. Mas agora vou simplesmente me acomodar no meu assento. Não farei comentários nem darei entrevistas a bordo, guardando as coisas importantes para Moscou. Se eu entregar tudo agora, não terei nada para dizer quando realmente precisar fazer isso. Os políticos experientes têm uma capacidade única de repetir a mesma coisa muitas e muitas vezes, dando a impressão de que estão revelando algo pela primeira vez. Ainda não tenho essa aptidão e, assim, peço aos repórteres que nos deixem chegar aos assentos.

Mas a mídia não quer saber e continua filmando, caso eu faça alguma coisa interessante. O que estão esperando, uma cambalhota? Uma canção satírica? Que eu rasgue uma foto de Putin e coma os pedacinhos?

Por trás de nós ouvimos a voz de um comissário de bordo pedindo que todos voltem a seus assentos. Eu continuo dizendo gracinhas idiotas do tipo "Por que será que tem tantos jornalistas aqui?" e cumprimentando os que conheço. Até que avanço resolutamente para a turba, que afinal cede e nos deixa passar.

Eles se debruçam sobre nós, registrando vídeos, espocando flashes, gravando com seus microfones. Eu leio nos olhos de cada jornalista: "Vamos, faça alguma coisa!" E então faço. Pego meu laptop, abro *Rick e Morty*, ponho os fones de ouvido e começo a assistir. Não é muito educado, apenas algo que sempre faço. Olho para Yulia e vejo o pedido no seu olhar: "Não me abandone assim, com seus desenhos animados." Eu não gosto desses momentos constrangedores com os jornalistas, mas Yulia os odeia. Entrego a ela um dos fones, e ela sussurra no meu ouvido desocupado um "Obrigada".

Não lhe estou fazendo nenhum grande favor, pois ela não gosta desses desenhos, que eu adoro — *Os Simpsons*, *Futurama*, *Rick e Morty*. Mas por enquanto vai fingir que é uma grande fã.

O piloto junta sua voz aos esforços dos comissários de bordo para restabelecer a ordem. Pelo alto-falante, exorta todo mundo a voltar a seus assentos, e funciona. Levantamos voo, mas, poucos instantes depois, já tem alguém por cima de nós, perguntando: "Alexei, você não acha que vai ser preso no aeroporto?"

Um sujeito alto e careca é o mais insistente. Postado ao nosso lado, ele instrui o colega a apontar a câmera para mim e grita bem alto, para a cabine inteira ouvir: "Alexei, diga algumas palavras para a TV israelense."

Não consigo ouvir nem Rick nem Morty. Percebendo que a vontade de ferro do sujeito supera qualquer obstáculo, me sinto tentado a dizer: "Gostaria de assegurar a todo mundo em Israel que vai ficar tudo bem comigo, exatamente como está tudo bem no Oriente Médio." Abro a boca para começar, mas paro a tempo, lembrando a regra de ouro de qualquer político no planeta Terra: se possível, não diga *nada* sobre Israel e a situação no Oriente Médio. Não importa o que diga, alguém vai achar ruim, e então me saio com algo do tipo: "Olá para todo mundo que está assistindo em Israel. Vai dar tudo certo."

O distinto careca fica radiante e se vira para a câmera para explicar o profundo significado do comentário.

Anunciam que vamos aterrissar. Todos voltam aos assentos. E aí:

— Senhores passageiros, devido às condições do tempo e ao intenso tráfego aéreo, o pessoal em Vnukovo informa que não poderemos aterrissar no momento, e teremos que voar em torno do aeroporto algumas vezes. Dispomos de combustível suficiente.

Suspiros em todo o avião. As reações vão de um frustrado "Ah, não!" entre os passageiros comuns até um animado "Enfim alguma coisa interessante" dos jornalistas, e de modo geral aquela impressão de "já entendemos".

— Minhas desculpas a todos — grito, em consideração aos outros passageiros. Todos riem, e alguém até bate palmas.

Do outro lado do corredor está uma jovem numa das mais terríveis situações para qualquer passageiro. Quem tem filhos vai entender. Em seus braços dorme um bebê, grande e pesado, e a seu lado, uma criança de uns 7 anos. Ela está viajando sozinha, com filhos e bagagem. As normas absurdas da Pobeda Airlines proíbem os passageiros de trocar de assento e, apesar de pedir encarecidamente, ela não é autorizada a se afastar dos jornalistas que se amontoam ao nosso redor. Ela encara a coisa com resignação, e até nos mostra de vez em quando o polegar para cima em sinal de apoio.

— Pobre mulher — sussurra Yulia no meu ouvido. — Viajar sozinha com duas crianças pequenas já é dose. Quero ver se tivermos que desviar para um aeroporto onde não tem ninguém à espera dela.

— Sim, é mesmo uma situação horrível para os passageiros. Vão nos odiar se trocarem o aeroporto. Se fosse comigo, eu ficaria furioso. Mas acho que não vai acontecer. Só vão manter o avião voando em círculos até que aqueles que vieram nos receber se cansem de esperar.

Vem então outra mensagem do piloto: "Senhores passageiros", e agora me parece que ele nem tenta mais encobrir o sarcasmo, "o apoio terrestre do aeroporto de Vnukovo informa que não poderemos aterrissar, em virtude das condições do tempo. Nosso avião está sendo redirecionado para o aeroporto de Sheremetievo".

Volto a pedir desculpas aos demais passageiros, e todo mundo cai na risada de novo. Os jornalistas não conseguem disfarçar a alegria. O passeio não foi em vão. Os passageiros coçam a cabeça, ansiosos, perguntando-se como vão ficar os que os estão esperando em Vnukovo, ou o que fazer a respeito das conexões.

Estamos nos preparando para aterrissar, e a imprensa começa a se juntar outra vez perto de nós, ignorando os pedidos do comissário para que voltem aos seus assentos. Sempre há a possibilidade de que eu abra uma das portas da cabine na marra e salte de paraquedas para fugir da segurança na fronteira. Eles não poderiam perder uma imagem dessas. Para tentar afastá-los, Yulia e eu nos damos as mãos e juntamos as cabeças, sussurrando. A corporação jornalística bufa de satisfação enquanto as câmeras disparam, como se dissessem: "Tudo bem, se não vão dar entrevista nem saltar de paraquedas, pelo menos nos deram uma demonstração de amor." Essas imagens devem garantir um bom tráfego on-line.

O avião aterrissa. Nós descemos. Os celulares voltam a funcionar. A bordo do ônibus que percorre a pista em direção ao terminal, os jornalistas nos dão as últimas notícias. Em Vnukovo, onde milhares de pessoas nos esperavam, algumas estão sendo detidas. Além disso, quando se viu pelos aplicativos de rastreamento aéreo que estávamos sendo desviados, a polícia bloqueou a rodovia para impedir que os que nos esperavam tomassem táxis ou fossem de carro até Sheremetievo para nos receber. Enquanto nos contam tudo isso, os jornalistas seguram paus de selfie com seus celulares, transmitindo ao vivo o que está acontecendo.

— Por que estão transmitindo? — pergunto. — Não está acontecendo nada. Estamos num ônibus, e estou segurando uma valise. Quem poderia estar interessado nisso?

— Então — responde um dos repórteres —, só nesta transmissão tem meio milhão de pessoas assistindo.

Eu daria tudo para ter essa quantidade de gente assistindo às minhas transmissões das quintas-feiras. Claro que o mote "Navalny vai ser preso ou não?" desperta muito mais interesse no público do que os meus discursos políticos. Isso me lembra uma transmissão que viralizou alguns anos atrás. Estavam passando faixas de borracha numa melancia: apenas finas faixas de borracha comuns, do tipo que as pessoas compram sabe-se lá por quê. A melancia era espremida no meio e começava a parecer um oito, mas sem rachar nem explodir. A coisa era acompanhada por milhões de pessoas, entre as quais eu. Era insuportável ver aquilo, uma perfeita idiotice. Por acaso eu nunca tinha visto uma melancia partida? Mas teria sido ainda mais insuportável parar. Tendo investido uma hora inteira, eu não podia perder o exato momento em que a melancia explodiria. Deve ser a mesma coisa agora: todos estão curiosos para saber se a melancia vai explodir e, se acontecer, querem estar de olho.

Depois de saltar do ônibus e entrar no aeroporto, nosso turbulento contingente vai na direção errada. O pessoal do aeroporto corrige o rumo. "Preciso dizer alguma coisa agora", penso. Não será justo com os jornalistas se eu for preso sem dar a eles nenhuma notícia. Na verdade, de fato quero dizer certas coisas. Estamos passando por um grande pôster iluminado de Moscou, como costuma ser apresentada aos estrangeiros — Praça Vermelha, Catedral de São Basílio, mais do mesmo —, e eu então, pegando na mão de Yulia, caminho ostensivamente na direção do pôster, pensando que é o lugar ideal para uma declaração à imprensa.

Como acontece com frequência, eu imediatamente esqueço tudo que pretendia dizer. Não a ideia geral, claro, mas a estrutura e a sequência. Sai tudo espontaneamente. Começo pedindo desculpas aos passageiros, não só do meu voo, mas de toda a malha aérea de Moscou, pois está claro que as autoridades fecharam Vnukovo por completo. Acrescento que, não importa o que aconteça, estou muito feliz por estar em casa e sei que tenho a verdade a meu lado. Eu digo o que estou sentindo.

Passamos pelo controle de passaportes. Como combinado, Olga vai na frente, para não ser retida pelos guardas se decidirem me deter quando eu passar para o outro lado. Eu vou em seguida. O guarda me olha com ar de satisfação e estende a mão para receber o passaporte.

— Então — digo —, estava me esperando?

— Claro — responde ele.

Procede então aos gestos habituais, folheando meu documento, averiguando, depois olhando para mim, e digita algo no teclado. De repente, um colega surge de trás do vidro fosco de uma sala vizinha. É mais graduado, um capitão. Ele estende a mão para pegar o passaporte e começa a examiná-lo bruscamente. Yulia me manda um sorriso sardônico, como quem diz "Vai começar".

— Alexei Anatolievich, queira me acompanhar — diz o capitão.

A expressão no rosto da nossa advogada reflete o que ela está pensando sobre o fracasso do nosso astucioso plano. Ela está literalmente a centímetros de distância, mas já do outro lado da barreira que simboliza a fronteira de Estado. Ela tenta abri-la para retornar, mas está trancada e só pode ser aberta pressionando-se um botão no cubículo da guarda.

— Por que devo acompanhá-lo? — pergunto.

— Precisamos verificar certos detalhes.
— E qual o problema de resolver isso aqui?
— Terá que vir comigo.

"Por acaso acha que sou um completo imbecil?", penso. "Se resolveu me prender, traga os guardas, afinal certamente já mobilizou um pelotão." Eles querem evitar que alguém tire uma foto minha sendo levado pela polícia.

— Não sou obrigado a acompanhá-lo a lugar algum — respondo. — Esta é minha advogada. Insisto que esclareça seus detalhes ou o que for na presença dela.

Discutimos mais um pouco, e vejo a aflição nos olhos do capitão. Ele foi instruído a me fazer passar pela porta ao lado — sem fotos de policiais —, mas é evidente que não vai conseguir. Murmura algo ao telefone, e magicamente aparecem seis policiais. Olga começa a investir com energia ainda maior contra a barreira, exigindo que a autorizem a retornar. Só para prevenir, eu me posiciono à frente de Yulia, que está entre mim e a polícia. Sabe Deus o que eles podem ter em mente.

A altercação prossegue, agora com um major, e a essa altura já entrei em piloto automático. Esse ramerrão do "Venha comigo", "Não", "Venha", "Não, não sou obrigado. Minha advogada está aqui", "Não, venha comigo" eu já conheço tão bem que seria capaz de repetir dormindo. O importante é pensar em termos estratégicos. Tenho no bolso (estou apalpando) um celular descartável. Kira está com a mochila do laptop. Eu entrego a valise a Yulia; é improvável que ela também seja detida. Acho que é só isso. Estou pronto. Digo adeus a Yulia, beijando-a no rosto.

A conversa de sempre já chegou à etapa do "Caso se recuse a obedecer às ordens dos policiais, usaremos a força". Não faz sentido me recusar a acompanhá-los e ser carregado, como se estivesse numa manifestação. E se quiserem apenas me intimar? Em quinze minutos, o confronto todo ficaria parecendo bem ridículo. Beijo Yulia de novo e sigo em frente, acompanhado de escolta policial.

Dez metros adiante, abre-se uma porta que dá para uma sala com uma mesa, uma cadeira e mais uma dúzia de policiais.

— Ora, vejam só — digo —, era uma emboscada?
— Sente-se — ordenam.

Eu obedeço. Máscaras no rosto, os doze policiais formam um semicírculo em torno de mim, com as mãos para trás. A cena é cômica, e meu primeiro impulso é pegar o celular, tirar uma foto e postar no Twitter. Mas me contenho, sem saber ao certo se o aparelho tem câmera, pois era um dos mais baratos. Sobretudo, eles vão confiscá-lo, e aí não poderei informar para onde estou sendo levado. Quase sempre é possível fazê-lo da van da polícia. Agora já é óbvio que não vou voltar por aquela porta.

Todo mundo na Rússia conhece a expressão "performance teatral para um espectador". Vai começar dentro de alguns segundos. Dois personagens à paisana ligam câmeras, enquanto um terceiro (dá para ver pela jaqueta que é quem manda) traz alguns papéis, dirige-se ao major e começa a entoar solenemente: "Camarada blá-blá-blá, informo que no caso de blá-blá-blá existem provas, blá-blá-blá, Navalny, blá-blá-blá, busca." Absorvidas as informações, o major vira-se para o guarda da fronteira, que informa que, com base na análise dos documentos blá-blá-blá, foi identificado o cidadão Navalny.

Nesse momento, eu começo a rir.

— Por que estão se comportando feito uns doidos? Para quem é esse teatrinho? Não tem mais ninguém aqui, só eu. Relaxem e falem normalmente — digo.

Mas eles não podem relaxar, por causa das duas câmeras que estão filmando todo o procedimento. Seus superiores, responsáveis pelo script da performance, estão invisíveis, mas presentes graças a elas. Ninguém reage às minhas palavras.

Depois de ouvir o relato dos guardas, o major se volta de novo para o oficial de jaqueta e diz: "Informo que no decorrer de blá-blá-blá foi identificado… providências para deter blá-blá-blá." A essa altura, já estou rindo alto. Os policiais ao redor também estão visivelmente constrangidos com o total absurdo da situação, mas as câmeras estão ligadas, e é preciso fazer o que mandaram.

Mais uma vez, tento interromper o show:

— Olhem só, meus amigos, podem me dizer se estou detido ou não? Se não estiver, vou sair daqui.

Os policiais formando o semicírculo ficam tensos, mas é a única reação ao que eu digo. É evidente que foram proibidos de me dirigir a palavra.

A parte protocolar acaba, e o jaqueta se vira para mim.

— Venha por aqui.

— Para onde?

— Venha por aqui.

— Quero ser informado da minha situação. Estou detido?

— Venha por aqui.

Sou levado de volta ao pátio dos aviões, onde aguardam dois ônibus da polícia. Cerca de oito pessoas entram no meu, e o jaqueta senta ao meu lado. Droga! Não poderei telefonar do ônibus. Um guarda qualquer não se importaria, mas esse aí me tomaria o telefone.

O percurso leva muito tempo, e não é na direção de Moscou. Pela vidraça congelada eu vejo árvores, lojinhas e montes de neve nas ruas, que não são as do centro de Moscou. Sem resposta depois de perguntar duas ou três vezes aonde estamos indo, estou ainda mais certo de que foram proibidos de falar comigo. Os policiais, em geral, mesmo quando não me dão uma resposta direta, gostam de falar de política.

Chegamos a um prédio cercado.

— Desça — ordenam.

Do lado de fora, surgem outra vez os dois caras com as câmeras. Não há nenhum letreiro no edifício, mas ao entrar vejo que é uma delegacia, com um guichê de plástico e um major sentado por trás. A recepção.

— Camarada major, pode dizer por gentileza para onde fui trazido?

— Distrito policial de Khimki.

Estranho que tenhamos demorado tanto para chegar aqui. Khimki fica perto de Moscou e não é muito distante do aeroporto de Sheremetievo. Significa que eles decidiram me esconder nos arredores de Moscou, enquanto todo mundo estará me procurando na capital.

— Posso ir ao banheiro? — pergunto.

— Claro.

É a minha chance de telefonar antes que o celular seja confiscado. Mas não dou sorte. Eles abrem a porta do banheiro, dois policiais espiam, e há até um cinegrafista filmando.

— Ficaram malucos? — pergunto. — Tirem essa câmera daí.

O cinegrafista se afasta, mas os policiais permanecem, recusando-se a fechar a porta, pois isso é contra o regulamento. Eu decido não tentar esconder o telefone no sapato nem nada parecido. Como me trouxeram para cá, vão me revistar, e não seria nada bonito se encontrassem um celular na minha meia. Tanto é que tudo está sendo filmado, e eles fariam um relatório especial sobre minha tentativa de enganar os vigilantes guardiões da lei.

Na cara dos policiais de Khimki está escrito com todas as letras o que eles acham do fato de seu departamento ter sido escolhido para me deter, e toda a papelada que vem junto. Sei o quanto os policiais de qualquer departamento detestam quando sou levado, pois passam a sentir no cangote o bafo dos superiores e das autoridades. Às vezes, o mandachuva comparece pessoalmente; outras vezes, é pelo telefone. Uma cadeia de comando deveria significar que o oficial de plantão se reporte ao superior imediato, e este, por sua vez, ao seu, e assim por diante até o ministro. Na prática, toda uma hierarquia de superiores telefona diretamente ao oficial de plantão, fazendo as mesmas perguntas a noite inteira até a exaustão. Em seguida, eles começam a aparecer para checar a documentação a meu respeito, o "material", como dizem. Em caso de erros flagrantes, eu poderia ridicularizá-los e humilhá-los no tribunal, e os jornalistas vão adorar passar adiante todos os detalhes na internet. O alto comando vai ficar sabendo, enfurecido. Para preservar a honra do uniforme, em geral, durante a noite, agentes capazes de redigir corretamente aparecem e fazem os oficiais reescreverem tudo. Mesmo assim, sempre há erros.

A secreta insatisfação dos policiais de Khimki se traduz na disposição de falarem comigo. Comportam-se amistosamente e até riem das minhas piadas. O clima vai melhorando. Claro que se trata de uma variante da síndrome de Estocolmo. Alguns cometem ilegalidades contra você em silêncio, enquanto outros fazem o mesmo, mas perguntam se você quer um chá com limão. Você tem vontade de atirar em uns, mas ama outros. Por isso, aliás, é que, por mais que se veja a aplicação da técnica bom-policial-mau-policial nas séries de TV, ela sempre funciona. Atrás das grades, você precisa de alguma coisa boa a que se agarrar.

Mas, ao me deparar com o policial encarregado de me revistar, não acredito no que estou vendo. Ele é muito parecido com Osipov, um dos oito capangas incumbidos de me envenenar. Estudei bem o rosto de todos eles e fiquei perfeitamente familiarizado. Esse major, como os outros, está usando máscara, mas tem o mesmo rosto redondo, as bolsas sob os olhos e, sobretudo, uma mecha de cabelo grisalho na frente. As pessoas ficam encanecidas de diferentes maneiras, e essa cabeleira tem exatamente as mesmas proporções de preto e branco. Tenho a impressão de que o major percebeu que o observo de perto. Há talvez cinco outros homens na sala, mas focalizo a atenção exclusivamente nele. Caminho na sua direção, pensando que seria uma bela sacada da parte de Putin se o sujeito tirasse a máscara, revelando ser de fato Osipov, e dissesse: "Então, Alexei, o que foi mesmo que você disse no seu vídeo, 'Sei perfeitamente quem são os caras que tentaram me matar'?"

Mas o major não tira a máscara e continua mexendo nos papéis, olhando para mim de vez em quando. Meu momento de estupefação passou. "Sim, a semelhança da parte superior do rosto é incrível, mas seja lógico, Alexei. Para começar, você nunca viu o homem, apenas uma foto de passaporte tirada vários anos atrás."

"Osipov" se mostra razoavelmente animado e amistoso, o que afinal me desilude. Fico um pouco decepcionado. Teria sido bem dramático, e deixaria Hollywood roxa de inveja.

No entanto, o clima mais cordial tem como consequência negativa que, passada a incerteza, minha adrenalina se esvai. Trata-se apenas de mais uma rotineira detenção de um dia para outro numa delegacia de polícia. Minha dor nas costas volta com toda força. Quando o policial dá início à revista, tenho dificuldade de me abaixar para tirar os sapatos. Eles me revistam com educação, mas meticulosamente, pois as duas câmeras — os olhos das autoridades invisíveis, porém presentes — ainda estão filmando. Fico feliz por não ter escondido o celular e escapar da desgraça que seria se ele fosse encontrado. Tudo é tirado de mim e checado no detector de metais. Cadarços, cinto e qualquer coisa metálica devem ser removidos.

— A aliança.
— Não sai.
— Ok.

Na verdade, sai, sim, mas, desde que comecei a ser preso, digo sempre que não sai, e eles deixam para lá.

— Algum machucado?
— Não.
— Doenças? Como está se sentindo?
— Nenhuma doença, me sinto bem.

O major que está preenchendo o formulário olha para mim com ar intrigado.

— Suas costas?

Momentos antes eu tinha me queixado, e ele viu minha dificuldade para tirar sapatos e meias.

— Não precisa mencionar isso — digo.

O problema com a dor nas costas é que é impossível provar. Parece que você está fingindo para sentirem pena. Tanto mais que todo mundo, ao ser preso, tende (com razão) a se queixar imediatamente de todas as doenças possíveis e imagináveis. Mas quem vai ficar com pena de um sujeito que está com dor nas costas? É mais provável que sintam pena pela falta de imaginação: não podia ter inventado algo melhor? Para não falar da regra implícita de todo heroico prisioneiro político: só se queixar da saúde em caso grave. (Não sei quem inventou essa norma. Talvez eu mesmo, neste exato momento.)

— Aqui está sua roupa de cama descartável. Aqui — um tenente-coronel me entrega uma caixa quadrada — tem comida e chá. Aqui, o colchão.
— O colchão é velho e está inacreditavelmente manchado. Sempre estão, mas um presidiário experiente como eu sabe manifestar indignação.

— O que é isto? Onde encontraram esse colchão? Debaixo de um mendigo morto? Está na cara que não foi desinfetado. Por favor, tragam outro.

O tenente-coronel examina as manchas, suspira e concorda. Vai até o depósito e traz um novo, e até um novo travesseiro.

Minha nossa! Colchão e travesseiro novinhos em folha, mas que sorte a minha! Eles me levam à "casa dos macacos", e a porta bate atrás de mim. Um longo banco de madeira e três paredes. No lugar da quarta parede, uma grade (daí "casa dos macacos"). Nos últimos anos, começaram a substituir as grades por plástico transparente resistente a alto impacto, para mostrar como o sistema judicial russo é humano. Mas dessa vez tem a grade e o plástico. Por trás dele, duas cadeiras onde se acomodaram dois tenentes.

— Vão passar a noite inteira me olhando? — pergunto.

Os tenentes assentem, acabrunhados.

— Tem câmeras — retruco, apontando para um suporte semicircular no canto, no alto.

Os tenentes dão de ombros sincronizadamente. Eu tiro o casaco, dobro com cuidado e o deposito na parte do banco que me parece mais limpa. Coloco por cima o colchão, uma fina lâmina de espuma de borracha coberta com um tecido sintético que serve de lençol descartável. Tiro os sapatos e me deito. Dois pensamentos me ocorrem: primeiro, que aquela sensação é maravilhosa; segundo, que depois de uma noite nessa prancha de madeira, estarei acabado. Eu sempre durmo como uma pedra em celas de delegacia, e dessa vez caio no sono imediatamente.

Acordo com uma terrível dor nas costas, causada pela tentativa de virar de lado na cama. Um dos tenentes se ausentou, mas o outro me vigia como um gavião. Com grande dificuldade, eu me levanto e calço os sapatos.

— Minhas costas estão doendo muito — digo ao policial que observa meus tormentos.

— Dormir em cama dura é bom para as costas — diz ele.

— Obrigado, fico feliz em saber. Me sinto tão bem que já podia até morrer. — O tenente não teve medo de falar comigo. Bom começo. — Diga lá, alguém sabe que estou em Khimki?

— Sim, todo mundo está sabendo há muito tempo. As postagens começaram durante a noite.

— Certo. Quer dizer que acionaram a Operação Fortaleza?

O tenente solta um suspiro: acionaram. Operação Fortaleza é um plano de defesa de delegacias policiais em caso de ataque. Foi desenvolvido para enfrentar atentados terroristas e outras emergências, mas na prática é usado sempre que as autoridades querem manter advogados, militantes de direitos humanos, jornalistas ou quem mais seja longe dos distritos. Se depois você se queixa de que não pôde receber visitas do advogado, o Ministério do Interior invariavelmente responde: "Na ocasião foram efetuados exercícios de treinamento para a Operação Fortaleza. Somente oficiais e pessoal do departamento de polícia estavam autorizados a entrar e sair do local."

Eles praticam a Operação Fortaleza sempre que sou detido.

— Que horas são? — pergunto, esperando ouvir algo como 5h. Não vejo nenhuma janela, mas a área toda está mergulhada em silêncio e relativa escuridão. Nada do habitual burburinho nem de portas batendo. Fico sabendo que já são 9h30. — Uau! Realmente dormi bem. Poderia dizer ao oficial que está de serviço que quero dar o meu telefonema? Me prometeram ontem, mas não rolou. Tenho certeza de que os meus advogados estão esperando do lado de fora da cerca, e precisam ser autorizados a entrar.

O tenente diz que tudo bem e se retira. Explorando a caixa que haviam me dado, encontro um copo de plástico e um saquinho de chá. O tenente volta.

— O oficial disse que daqui a meia hora você será levado ao seu advogado.

— Ótimo. Pode me conseguir um pouco de água fervente?

— Sem problema.

Meia hora depois, sou autorizado a sair da jaula.

— Por aqui.

— Os advogados chegaram?

— Sim.

Subimos ao segundo andar. Um corredor, um gabinete, outro corredor.

— Por aqui — repetem.

Eu dou um passo e levo um susto. Estou num salão amplo e muito iluminado e, depois da escuridão da cela, fico meio cego. Há uma mesa com vários microfones presos a suportes, como numa entrevista coletiva. Em frente à mesa, fileiras de cadeiras ocupadas por pessoas de máscara no rosto. Junto à fileira da frente se posicionam vários cinegrafistas com câmeras sobre tripés, que são apontadas para mim quando entro. No meio do salão estão meus advogados, Olga Mikhailova e Vadim Kobzev, olhando para mim com o mesmo espanto com que olho para eles. Todos esperam que eu tome meu lugar à mesa dos microfones, muito formalmente arrumada, com enormes bandeiras em mastros.

"Puta merda", penso, "é uma entrevista coletiva". Que canalhas! Não me avisaram de propósito, para eu aparecer sem banho tomado, com as roupas amassadas, remela nos olhos e todo desgrenhado. Ajeito o cabelo com as mãos, tentando não passar impressão de pânico. As câmeras estão voltadas para mim. O que esperam que eu anuncie? Que me desculpe? Que abra mão da minha cidadania? Que vá emigrar? Eu me recordo dos processos de dissidentes na era soviética; havia uma espécie de entrevista coletiva em que eram obrigados a se retratar. Mas, se fosse o caso aqui, deveriam ter me pressionado antes, para se certificar de que eu diria o que precisavam que eu dissesse. Será que acreditam ter me intimidado o suficiente com essa detenção ridícula? Os advogados prometeram algo em troca da minha libertação?

Estou pensando dez vezes mais rápido que o normal, evidentemente por causa do choque, e todas essas ideias passam pela minha cabeça nos poucos segundos que levo para olhar ao redor e me acostumar com a luz forte.

— O que está acontecendo? — pergunto.

— Vai haver uma audiência judicial — explica Olga. Pela expressão em seu rosto, dá para ver que ela gostaria de tacar a bolsa na cara de alguém.

— O quê? — Parece tudo uma brincadeira de mau gosto, especialmente quando Vadim começa a rir.

— Vai haver uma audiência para autorizar a sua detenção.

— Mas estamos numa delegacia!

— Sim. Acabamos de ser autorizados a entrar e ficamos sabendo que vai haver uma sessão extramuros do tribunal de Khimki.

— Não pode ser — retruco.

— O chefe de polícia de Khimki entrou com um pedido para sua detenção por um mês.

— E quem são essas pessoas? — pergunto, apontando para os que estão sentados.

— São "o público". Não tenho a menor ideia de como entraram.

Percebo que "o público" é todo constituído de sujeitos mal-encarados de meia-idade que evitam o meu olhar.

— Só pode ser brincadeira.

Ainda estou de pé junto à porta, esperando que a qualquer momento Olga caia na gargalhada e explique tudo, e eu a cumprimente por seu talento cênico. O que está acontecendo seria impossível até pelos padrões dos tribunais de Putin. Fui formalmente incluído na lista de procurados por não ter me apresentado à divisão penal enquanto me tratava na Alemanha por ter sido envenenado. Exigiam que mesmo lá eu me apresentasse duas vezes por mês, em função de uma sentença que já havia sido declarada ilegal pelo Tribunal Europeu de Direitos Humanos. Teoricamente, o Tribunal Distrital de Simonovsky, que tem jurisdição sobre meu endereço, pode decidir se converte minha liberdade condicional em pena de prisão, alegando não comparecimento. Isso foi feito mais de uma vez, quando eu era detido por participar de manifestações. O argumento era que também se tratava de uma violação das regras da condicional, segundo as quais eu devo me "comportar bem e não infringir a lei". Audiências dessa natureza são necessárias para intimidar e me lembrar que posso ser jogado na cadeia a qualquer momento. Até agora, eles concluíam com uma advertência: "Tudo bem, não vamos te mandar para a cadeia dessa vez, mas é o último aviso." Nesses casos, pelo menos, havia a aparência formal da legalidade. Passávamos por intimações, audiências com data marcada, acusação e defesa. A divisão penal exigia que eu fosse encarcerado, explicando como eu era terrível. Nós contestávamos. Mas isto, agora, o que é? Um tribunal numa delegacia de polícia? E, de qualquer maneira, o que o delegado de Khimki tem a ver comigo e que direito teria de exigir que eu fique preso por um mês?

— Sente-se ali — diz Olga, mostrando uma cadeira.

A cadeira está bem embaixo de um retrato do chefe da polícia secreta de Stálin, Genrikh Yagoda. Dizer que um julgamento é kafkiano já é clichê na Rússia. Eu mesmo apliquei o adjetivo a todos os julgamentos a que fui submetido, até que perdeu a graça continuar usando uma expressão tão batida. Mas era mesmo o que aquilo estava parecendo. Se bem me lembro, o herói de Kafka vai até o tribunal por algum motivo e de repente se vê em julgamento. A perplexidade e depois a indignação do herói não têm o menor impacto nos mecanismos do sistema judicial. É o que acontece aqui no momento. Eu deixo minha cela numa delegacia de polícia para encontrar com meu advogado e descubro que estou num tribunal, com direito até a público falso e jornalistas falsos. Quando a juíza aparece, grito para ela:

— Todo mundo aqui enlouqueceu? O que está acontecendo? Quem são essas pessoas, e como ficaram sabendo desse julgamento antes de mim?

— São jornalistas e membros do público, e estamos num julgamento público.

Nesse momento, bem na hora, ouvimos gente na rua entoando "Liberdade para Navalny!" e "Queremos entrar!".

— Tem gente lá fora nesse exato momento. Deixem que entrem — eu digo.

— Todos que queriam comparecer foram autorizados a entrar — é a resposta.

— Não está ouvindo? Estão gritando "Queremos entrar!".

— Tem gente lá fora há horas, e ninguém consegue entrar — diz Olga. — Eu mesma fiquei três horas esperando e só pude entrar minutos atrás. E descobri que haveria um julgamento três minutos antes de começar.

— Todos que queriam comparecer foram autorizados a entrar — repete a juíza.

— A senhora disse que é um julgamento público. Exijo que deixe os jornalistas entrarem. São dezenas.

— O julgamento é público. Os pedidos vieram da secretaria de imprensa do Ministério do Interior e... — Ela menciona duas publicações pró-Kremlin. — Ninguém mais manifestou desejo de assistir.

— Ninguém mais estava sabendo desse julgamento! — protesto.

— Nosso julgamento é público. Qualquer organismo de comunicação podia apresentar um pedido, mas não quiseram — insiste a juíza.

Yagoda, que concebeu o infame sistema stalinista pelo qual qualquer um podia ser detido, acusado de espionagem e fuzilado, pisca para mim do seu retrato. Eu praguejo contra todos eles, sem papas na língua, manifestando em alto e bom som a minha perplexidade, mas o efeito é exatamente como na novela de Kafka. O "público" se mantém em total silêncio, olhando para o chão ou para a tela do celular. Meus advogados bombardeiam a juíza com citações da lei, sem que ela dê a menor atenção. O clamor lá fora aumenta, e a juíza continua insistindo que ninguém quer assistir ao julgamento.

Uma tenente me chama a atenção em particular. Foi necessário convocar alguém para representar o chefe da delegacia de polícia que está solicitando a minha prisão. Naturalmente, ninguém se dispôs a aceitar a vergonhosa incumbência, e ela então foi enviada. Jovem e tímida, de início ela se mostra assustada. Mas também oferece uma oportunidade ideal de observar uma autêntica metamorfose kafkiana. A princípio terrivelmente reticente, a cada pergunta ela responde, quase inaudível:

— Como o tribunal considerar melhor.

Depois, percebendo que ela e o tribunal estão do mesmo lado e que ninguém vai repreendê-la nem rir dela se fizer algo errado, entra na onda da juíza e de uma mulher mais áspera e cínica que representa a promotoria. Dando-se conta de que nós, que gritamos e praguejamos, exigindo coisas e denunciando os representantes da lei, não temos a menor chance, podendo até sermos considerados inimigos, enquanto ela representa o Estado, a oficial começa a se envolver emocionalmente num julgamento cuja insanidade pouco antes a assustava. Instinto gregário. Eles contra nós.

Depois de várias horas desse desatino, sou detido em nome da Federação Russa, e nós tentamos adivinhar para onde poderão me mandar. Estamos na região de Moscou e, assim, supomos que irei para uma das distantes penitenciárias de detenção preventiva, Volokolamsk ou Mojaisk.

Mas o suspense não dura muito. A mocinha sorridente a que me referi no início deste capítulo entra no salão.

— Eu trabalho no tribunal de Simonovsky, assine esta notificação — diz.

Olga pega a papeleta, lê e se volta para mim. Prisão de Matrosskaya Tishina. Do aviso constam os nomes daqueles aos quais é dirigido: eu, meus dois advogados e o comandante da Penitenciária de Detenção Preventiva 1, Matrosskaya Tishina. Rapidamente faço um cálculo. Estamos em Khimki, perto do aeroporto, e o tribunal de Simonovsky fica quase no centro de Moscou, a uma hora e meia de carro. O que significa que, enquanto estávamos aqui argumentando furiosamente, o tribunal de Simonovsky já sabia onde eu seria encarcerado. É bem provável que minha hospedagem em Matrosskaya Tishina já estivesse sendo providenciada antes mesmo de o avião pousar em Moscou.

Restavam alguns minutos — em meio à comoção geral, todo mundo assinando papéis —, e decidi gastá-los no TikTok. Eu seria preso, o que significava que, no dia seguinte, meus colegas divulgariam a investigação sobre o palácio de Putin. Eu precisava estimular todo mundo a compartilhar. Mas como? Havia policiais por todo lado. Várias câmeras me filmavam, e assim eu não tinha como registrar um vídeo que dissesse "Compartilhem nossa investigação sobre o palácio de Putin". Por enquanto, era um segredo fechado a sete chaves.

— Olga, por favor, me filme aqui por alguns segundos enquanto estou sentado, em silêncio.

Uns cinco segundos depois, um policial percebeu que ela estava gravando e tentou tirar o celular da mão dela.

— Não é permitido.

Mas tive tempo suficiente para escrever um texto de acompanhamento num pedaço de papel: "Produzimos um vídeo sobre o palácio de Putin, mas estou cercado de policiais e não posso dizer nada a respeito. Por isso estou calado. Nos ajudem a espalhar."

Os guardas chegaram. Eu fui levado. Nova revista.

— Aliança.

— Não sai.

— Aonde estamos indo, vão arrancar seu dedo se for preciso, mas vão tirá-la. É melhor passar sabonete para sair.

Tirei a aliança.

Em geral, quando a polícia já passou as algemas, você é levado por uma saída nos fundos e num instante está no carro deles. Mas aquilo não era uma audiência num tribunal, e não havia saída dos fundos. Tiveram que me levar à vista de todo mundo.

"Não vá se torcer de dor quando se levantar", pensei. "Dá um jeito de entrar no carro com essas malditas costas em posição normal na frente de todo mundo. Claro que a gravação que farão vai se espalhar para todo lado. Vamos, Alexei, força! Senão todo mundo vai achar que a dor nas costas é medo e autocomiseração."

Fui levado para fora, e as pessoas começaram a gritar. Inesperadamente, para mim, gritei de volta: "Não tenham medo de nada!" Foi um momento importante, daqueles em que você sente que é um só com quem te apoia. Eles estão pensando em você e querem demonstrar que estão a seu lado. Você pensa neles, pensa que o regime está tentando assustá-los com essa detenção e faz o possível para ajudá-los a não ter medo. Mantém as costas eretas e grita: "Não tenham medo de nada!"

Na realidade, sou bem sentimental. Ao ver um filme sobre um cãozinho solitário, derramo baldes de lágrimas. Aquele era, compreensivelmente, um momento de muita emoção. Fui jogado na viatura da polícia. Meus joelhos ficaram pressionados na porta. Meus olhos se encheram de lágrimas de gratidão por todos aqueles que me apoiavam. Eu já ia secá-las com a mão quando, de repente, vi uma câmera. À esquerda, na altura dos meus olhos, a apenas cinquenta centímetros de distância.

"Que droga, não!", pensei. "Ninguém vai me filmar chorando no camburão da polícia." Inspirei com força e foquei a atenção num cão da polícia que estava do lado de fora. Ele foi introduzido na viatura. Dava para ver através das barras. Não era um pastor alemão nem de outra raça usada para vigiar presos, mas um Staffordshire bull terrier. Raça forte, de mandíbulas poderosas, mas quase sem pelo. "Deve estar sentindo muito frio", pensei, "primeiro do lado de fora, na neve, e agora sentado num piso metálico".

Nós partimos, e as vozes foram desaparecendo. Eu ouvi quando as sirenes dos carros do cortejo foram acionadas e vi as luzes piscando. Pensei, convencido, que nem só Putin era transportado pelas ruas de Moscou em comitiva, com luzes que piscam.

Paramos. Um portão. Um segundo. Um terceiro.

— Saia.

Um vestíbulo sem graça. Várias pessoas de pé.
— Nome?
— Navalny.
— Artigo?
— Não tenho nenhum artigo. Por enquanto, estou sendo detido. Fui trazido para cá ilegalmente.
— Em frente.

Vadim me falou certa vez de um cliente, chefe de uma gangue de assassinos de aluguel. Contou que o sujeito foi encarcerado num bloco especial da penitenciária de detenção preventiva de Matrosskaya Tishina. Foi em 2012, mas me lembro muito bem da nossa conversa porque, quando perguntei:

— Mas que tipo de bloco especial?

Vadim respondeu, sério:

— Quando te prenderem, Alexei, pode ter certeza de que você vai ficar nesse bloco especial.

Entramos numa sala pequena. Havia seis ou sete oficiais de segurança, todos com uma câmera corporal no peito. Pela milionésima vez nos dois últimos dias, meus dados pessoais foram anotados.

— Muito bem — perguntei —, quando vão me levar para esse infame bloco especial de vocês?

Os guardas trocaram olhares, achando divertido.

— Você já está nele.

Você é obrigado a ficar nu. Todos os seus objetos pessoais passam por um raio-X. Falei brincando da lima que trazia na meia. Eles permaneceram calados. Também tinham sido proibidos de falar.

Colchão. Travesseiro. Cuia. Colher.

Em 2013, fui condenado a cinco anos de prisão e, mesmo tendo sido liberado no dia seguinte, eu já conhecia o procedimento.

A cela era pequena e limpa, mas completamente vazia.

— Me deem um livro, por favor.
— Amanhã faça um pedido à biblioteca.
— Mas e agora? Não há o que fazer. Um tédio.
— Agora não é possível.
— Posso ler um jornal?
— Não.

Fiquei me perguntando o que faria pelo resto da noite.

Eu sabia que, pelas regras, não poderia simplesmente ir para a cama e dormir.

— Pelo menos podem me dar papel e caneta?

— Isso podemos.

E foi assim que escrevi este capítulo.

9

Quem poderia imaginar que aqueles 600 dólares seriam o melhor investimento da minha vida? Na época, contudo, fiquei furioso por ter que me separar deles. Fico horrorizado de pensar que poderia ter me recusado a pagar, não por causa do valor (embora fosse metade do meu salário mensal), mas por orgulho ferido. Vou, então, explicar e retomar o fio da história.

Eu era advogado numa grande empresa moscovita de incorporação imobiliária. No fim da década de 1990, para conseguir alguma coisa no setor imobiliário na Moscou do prefeito Yuri Lujkov era preciso primeiro pagar alguma coisa a ele, depois ao seu vice, o lendário Vladimir Resin, que todas as pessoas decentes queriam ver na cadeia, de tão cínico e descarado era o seu esquema de propinas. É mesmo uma ironia que eu tenha investigado com tanto rigor as manobras sórdidas de Resin em cada etapa de sua carreira, e agora esteja aqui, escrevendo nesta prisão, enquanto ele, aos 85 anos, bota banca na Duma de Estado como representante do partido de Putin, o Rússia Unida.

Nosso conglomerado consistia em várias empresas com escritórios em Moscou, mas a sede ficava no Prédio nº 1, na Rua Nikitsky, 4, também endereço do Departamento de Obras Públicas da Câmara Municipal de Moscou, chefiado por Resin. Por coincidência, o escritório da esposa de Lujkov também ficava ali. Era, então, uma simpática concentração de gente com "importantes conexões de negócios".

Tínhamos muito dinheiro. Os preços dos imóveis na capital russa batiam recordes, e os incorporadores estavam indo muito bem, obrigado. Eu ainda não entendia direito a estrutura de comando da nossa companhia, muito embora, com a necessária curiosidade, pudesse ter chegado lá. Como advogado, e também por falar inglês, meu chefe, Sasha, não sossegou até me mandar enormes caixas de documentos relativos às empresas *offshore* dos nossos donos, sediadas no Chipre. Eu tinha dado uma olhada uma ou duas vezes, em busca de informações de passaporte, mas a bagunça era tanta que eu queria ficar longe do misterioso conteúdo. Era evidente que o mandachuva na nossa parte do conglomerado era o sujeito que vinha à nossa entrada de motorista, numa deslumbrante Mercedes W140 S-Class (foi na época da minha paixonite por carros caros), escoltado por um jipe. Os seguranças se espalhavam, como nos filmes, olhando vigilantes em todas as direções, para que a entrada dele fosse segura e devidamente impactante. Não sei muito bem se isso ajudava a reforçar a segurança, mas com certeza significava que ninguém mais podia entrar no elevador nessa hora.

O chefão era Alexander Chigirinsky. Seu irmão mais velho, Shalva, administrava o prédio da Rua Nikitsky.

Nossos chefes se esforçavam ao máximo para cultivar o espírito de equipe e a união entre os empregados. Foi antes de surgirem todos esses "formadores de equipe", "coaches" e "consultores de desenvolvimento pessoal". Na época, ninguém sabia ainda que era fundamental, periodicamente, contratar um consultor por um valor absurdo para que ele apresentasse uma coleção de brincadeiras para fortalecer vínculos, gráficos, apresentações e "avaliações em 360°", além de fazer todo mundo perder tempo num hotel do interior durante o dia, para, então, na primeira oportunidade, passar ao que realmente interessava na coisa toda: uma festa regada a álcool, sexo para os que tinham sorte e fofocas sobre os sortudos para os outros.

À frente de sua época, em 1998, em um feriado de maio, os Chigirinsky resolveram levar toda a equipe do escritório à Turquia, de graça. Vai quem quer; quem não quer, não vai. Nem é preciso dizer que todo mundo foi, e o resultado foi um trem da alegria de umas duzentas pessoas, o que gerou assunto até as férias do ano seguinte, a respeito de como foi divertido, o que haviam bebido, o que haviam comido e quem fora visto saindo do quarto de quem.

Em meus primeiros dias na empresa, fui informado do passeio anual e fiquei feliz de participar. Seria ótimo para socializar; eu logo ficaria conhecendo todo mundo e deixaria de ser "o novo advogado". Além disso, gosto de praia e acho que é o melhor lugar para se passar férias. Aquele bando de meninas lindas que trabalham na recepção também iria. Como recusar?

Mas aí as coisas desandaram. Como a situação era boa na empresa, decidiu-se por mais uma fusão. E, como invariavelmente acontece nessas situações, os chefes resolveram encontrar maneiras de aumentar a produtividade. Não menos inevitavelmente, pensaram: "Deve haver despesas que possam ser cortadas. O único motivo pelo qual gestores eficientes como nós nos sentamos em volta dessa gigantesca mesa tão bem lustrada é para parecermos inteligentes e eliminarmos algum contrassenso que custe 3 copeques, constatando que assim foi gerada uma perda de 3 rublos e gastando mais 10 rublos para restabelecer tudo do jeito como era antes. Gerenciamento é isso."

Os representantes dos novos acionistas ficaram exultantes ao encontrar na contabilidade o lançamento "Despesa com a viagem da empresa inteira à Turquia". Suas narinas de predadores farejaram por antecipação um auspicioso sequestro de bens. As lentes retangulares dos óculos brilhavam, refletindo a caixa que aparecia no monitor do computador sob o título "Total".

— Vocês levam todo mundo, não é?
— Sim.
— Até as secretárias e os motoristas?
— Sim, claro.
— Certo.

É importante que esse "Certo" seja dito num tom de voz que não tenha a menor sugestão de satisfação ou expectativa empolgada. Deve sair tranquilo e neutro. Mas o coração, lá no fundo, pula exaltado: missão cumprida! Encontraram mais uma pepita a ser adicionada ao baú dos "gastos ineficientes identificados no processo de auditoria". Os acionistas ficarão felizes da vida, pois é dinheiro jogado fora.

Correu no escritório o boato de que a viagem do ano seria cancelada. Com isso, vi amostras de expressões de amargura, de rostos rubros de indignação e dos lábios comprimidos que eu conhecia bem dos filmes soviéticos que falavam da revolução e da guerra civil. Chefes de departamento, secretárias e motoristas se transfiguraram em habitantes de uma aldeia ocupada, em que cada morador era um guerrilheiro. Sim, ainda precisavam se dirigir com todo respeito aos chefes — de cabeça orgulhosamente erguida, como único sinal de rebeldia —, mas era evidente que, no instante em que estes dessem as costas, aquela gente seria capaz de descarrilar trens.

A insatisfação coletiva era tão palpável que os apóstolos da eficiência ficaram com medo. Começou então o grande regateio.

— A viagem será mantida, mas não para todo mundo.

— Ah, isso, não.

— Todos poderão ir, mas mediante modesta contribuição.

— Preferimos morrer.

Para não causar uma má impressão dos instigadores do plano, tudo permaneceu como era, mas com um pequenino ajuste: só poderia desfrutar da viagem gratuitamente quem trabalhasse na empresa há mais de um ano. Como vocês devem ter adivinhado, eu estava de fora.

Quando a notícia foi dada numa reunião do departamento jurídico, foi um daqueles momentos pelos quais todo mundo já passou: você finge não ligar muito, embora ligue. Todo mundo vai de graça, menos eu. Que humilhação.

Logo ficou claro que meus colegas estavam enfrentando dois problemas: um gigantesco ímã se materializara perto da minha cadeira, gerando um campo gravitacional de força quase inconcebível que fazia todas as cabeças se voltarem para mim, e uma força não menos poderosa gerando nos rostos das pessoas um sorrisinho malicioso. Todos ali eram pessoas decentes que consideravam injusta a regra do "primeiro ano", mas os seres humanos são assim mesmo. Uma satisfaçãozinha com a frustração do vizinho, combinada com o alívio pelo próprio privilégio, sempre é agradável.

Apesar das emoções em turbulência na fase da barganha, minha mente logo passou para a etapa da aceitação. Meus superiores eram idiotas, mas seria bobagem desistir de um encontro divertido, da integração instantânea à equipe e de ficar por dentro das fofocas do escritório durante um ano.

———

Catorze anos depois, eu estava na diretoria da Aeroflot, a principal companhia aérea da Rússia. Foram apenas doze meses, mais ou menos, mas aconteceu de ser um ano em que houve vários incidentes que envolveram passageiros desordeiros. Numa das reuniões, o CEO, muito exaltado com o problema, declarou que a empresa exigiria a aprovação de uma lei específica que proibiria desordeiros em qualquer companhia aérea. Ao me lembrar da história da ida para a Turquia em 1998, eu sempre votava em favor de propostas nesse sentido.

O avião foi quase completamente ocupado pelo pessoal da empresa. Todo mundo ansioso com o tão esperado feriadão de maio, os dias de calor, a descontração e a praia. Celebravam a felicidade coletiva com ajuda do inseparável amigo do homem: o álcool. Todos circulavam pela cabine, juntando-se a um grupo aqui, outro ali, gritando pelo avião inteiro e checando quem estava bebendo o que e onde.

Todo mundo ignorava os comissários. Os pedidos de afivelar cintos, permanecer sentados, não fumar no banheiro, entre outros, pareciam gemidos patéticos, perdidos na zoeira ensurdecedora de empregados de escritório que escapuliram da coleira.

Nós, advogados, com nossa vodca, nos juntamos às secretárias e ocupamos a cozinha, aquele espaço da cauda do avião que eu conheço tão bem. Uma comissária implorou que saíssemos dali para poder fazer o seu trabalho. Virando-se para mim, pois tinha escolhido o mais sóbrio dos farristas, ela exclamou:

— Se não saírem imediatamente, terei que tomar providências!

— O quê? — retruquei, carregando na ironia e desempenhando o meu papel de advogado em meio ao súbito silêncio. — Por acaso pretende formalizar uma queixa contra nós junto ao comandante deste assim chamado veículo de transporte aéreo?

Pessoas bêbadas que estejam comemorando acham graça de tudo, por mais estúpido que seja. A turma se escangalhou de rir, e, quando passou, todos caíram na gargalhada de novo. A comissária estava quase chorando. Como nós, ela sabia muito bem que não havia nada a fazer. Hoje, não é mais assim, felizmente.

Havia uma lição a ser aprendida. Poucas coisas além de advogados bêbados que conhecem as brechas da lei são mais merecedoras de serem incineradas com um lança-chamas. Essas brechas permitem que esse tipo de advogado banque o sabichão e seja autoritário com pessoas que não conhecem a lei, mas que têm o direito ao seu lado.

Nossa ânsia reprimida de festejar não era tão grande assim, tanto que foi toda liberada no avião. Depois de chegarmos, as férias foram menos desordeiras. A intenção de virar o lugar de ponta-cabeça fora proclamada várias vezes, mas sempre ia por água abaixo em banais maratonas de cerveja na beira da praia. Também me decepcionei ao descobrir que as histórias dos colegas sobre festas de arrebentar a boca do balão eram exatamente isso — histórias. As pessoas só se encontravam naquela instituição sagrada para todo turista na Turquia: o bufê a quilo. Alguns tentavam acabar com a comida dos turcos e, mais importante, com as provisões de vinho tinto barato. Ninguém conseguiu, embora uma ou outra tentativa merecesse um prêmio, pela determinação.

Para se ter uma ideia de como eu estava entediado: meu colega Andrei Belkin, um animado ex-detetive convertido em advogado empresarial, e eu nos inscrevemos numa excursão para jogar boliche! Em minha defesa, só posso dizer que, em 1998, na Rússia, boliche era uma coisa exótica. Quase nenhum dos nossos colegas tinha jogado. Eu, sim, e pretendia posar de poeta romântico extenuado e enfadado que detesta tudo. Mas seria legal conseguir fazer um *strike* pela primeira vez. Um dos primeiros salões de boliche de Moscou ficava perto da minha universidade, no Central Tourist Hotel. Nele também se estabelecera o quartel-general da famosa máfia Solntsevo, o que não deixava ninguém particularmente incomodado, pois na época todo hotel servia de sede a uma ou outra máfia.

Era o procedimento habitual na Turquia: um ônibus passava por vários hotéis, recolhendo grupos de turistas, e levava todo mundo para a atração. Em cada parada, o ônibus esperava dez ou quinze minutos, e os que já tinham embarcado em geral saltavam para dar uma olhada no saguão dos outros hotéis e comparar com o seu.

Nosso hotel era o último. "Droga", pensei, "não vai mais ter lugares na janela". Quando o ônibus chegou, e a porta se abriu, não fiquei de bobeira do lado de fora (o que costuma ser chamado de "respirar ar fresco", embora na realidade signifique "fumar um cigarro ou ficar inalando a fumaça do cigarro dos outros"). Notando que ainda havia um assento livre na janela, entrei e me sentei. Dali do alto, vi que se aproximava da porta uma garota com um suéter branco jogado no ombro (ainda fazia bastante frio à noite) e que olhava para todos os lados, absorvendo tudo. Ela levantou os braços e os estendeu para o alto, naquele gesto cômico das crianças quando estão explodindo de felicidade e desesperadamente querem alguma coisa para fazer. No seu rosto resplandecia um prazer encantadoramente infantil. Tudo nela dizia: "Uau! Que maravilha! Olhem só que incrível!" Olhando para ela, eu não podia deixar de sorrir, e exatamente nesse momento ela olhou para mim.

Por um nanossegundo, pensei: "Epa! Constrangedor. Eu aqui comendo com os olhos uma garota que não conheço (e das bem bonitas, por sinal), sorrindo feito um bobo." Mas, outro nanossegundo depois, a garota sorriu de volta. "É ela", pensei. "É com essa garota que eu vou me casar."

É brega pensar uma coisa assim, e parece quase impossível acreditar que foi o que fiz. Se não tivesse casado com Yulia, eu teria me esquecido disso, mas casei, e por isso lembro que foi o que me passou pela cabeça. Pode parecer um pensamento insólito, mas não podia ter sido mais claro e preciso.

Um romântico emocionado (o que decididamente não sou) poderia se lembrar de algo como "me apaixonei à primeira vista". Por algum motivo, pulei essa parte e fui direto à decisão de me casar. Recordando hoje aquele momento, parece estranho para mim o reconhecimento de que "aí está, ela é a pessoa certa para mim". Era como se durante todos aqueles anos eu tivesse um radar interno cuja existência ignorava, e que de repente entrou em atividade para anunciar "pronto, missão cumprida", quando eu sequer sabia que havia uma missão em andamento.

Minha certeza era tão inequívoca que me pareceu loucura, mas imediatamente levou às seguintes perguntas: "Espera aí, e agora? Como vou me apresentar?" Ok, é a minha futura mulher, mas o que devo dizer? "Vem cá, gata. Seu destino é ser minha!", acompanhado de um olhar lascivo? Na época, eu gostaria de ter esse talento e tinha inveja de gente que não tinha dificuldade em flertar. Eu realmente não sabia por onde começar. Fui socorrido pelo meu colega Andrei.

No boliche, minha pista e a da garota estavam nas extremidades opostas do salão. Sempre que podia, eu espiava o grupo dela, e a garota fazia o mesmo comigo — ou era o que eu desejava. Eu tinha a sensação boa de que nosso contato visual e o sorriso através da janela do ônibus tinham servido de apresentação, mas as coisas não estavam mais andando. A porcaria do boliche tinha acabado, e a garota sondava os caça-níqueis.

Enquanto eu, à distância, mandava olhares significativos na direção dela (na esperança de que ela entendesse e tomasse a iniciativa de se aproximar), Andrei se encaminhou resoluto para onde ela estava. Eu vi que era minha chance e fui atrás. Ao chegar perto, meu colega, por algum motivo inexplicável, apresentou-se, dizendo:

— Oi. Me chamo Andryusha.*

---

* Diminutivo de Andrei.

Ela riu e disse:

— Muito bem. Nesse caso, me chamo Yuliasha.*

Soube na mesma hora que daria certo. Ela não era fria e reservada. Nós nos apresentamos, comecei a fazer gracinhas, e ela riu. E também fez as dela. Ficamos juntos durante o resto da excursão, e alguns dias depois fomos a um parque aquático, que pode ser considerado o nosso primeiro encontro.

———

Diz a lenda da família que, desde o início, fiquei perdidamente apaixonado por Yulia (o que não nego). Mas lembro que, ao voltar da Turquia, mal me aproximava da porta do meu apartamento quando ela telefonou. Seis meses depois fomos morar juntos e, passados dois anos, casamos. Nossa primeira filha, Dasha, nasceu um ano mais tarde, e, seis anos depois, chegaria o nosso filho, Zakhar.

Já é um clichê bem gasto falar de química entre as pessoas, mas eu acredito mesmo nisso. E também em amor à primeira vista, do qual sou testemunha. No momento em que escrevo, Yulia e eu estamos juntos há 24 anos. Os mais jovens, ou então jornalistas que querem fazer uma pergunta autêntica, muitas vezes me questionam qual é o segredo de um casamento bem-sucedido. Realmente não tenho a menor ideia. Uma parte enorme do sucesso simplesmente é sorte. Tive sorte de encontrar Yulia. Se não tivesse acontecido, hoje eu poderia ser uma pessoa muito diferente — divorciado três vezes ou solteiro e ainda em busca de alguém.

E também existe essa coisa de "almas gêmeas". Tenho certeza de que todo mundo tem a sua. Quando você a encontra, simplesmente sabe.

Naturalmente, casamento dá trabalho (outro clichê muito frequente, no qual também acredito). É preciso firmar compromissos. Yulia e eu somos pessoas comuns, discutimos e brigamos, mas no fundo tem sempre o sentimento de que o outro é a pessoa mais próxima de você neste mundo. Você a ama, e ela o ama; você a apoia, e ela o apoia. Os melhores momentos da sua vida se passam com ela.

Na Rússia, se estiver envolvido com política e não apoiar o regime, você vai preso a qualquer momento. Podem dar buscas em sua casa, e seus pertences são confiscados. A polícia leva os celulares dos seus filhos

———

* Diminutivo de Yulia.

e o laptop da esposa. Numa das buscas, queriam porque queriam botar a mão na nossa televisão. Mas nem uma vez sequer ouvi uma palavra de censura de Yulia. Na verdade, é ela, de nós dois, que tem opiniões ainda mais radicais. Sempre esteve envolvida em política. Detesta as pessoas que tomaram o poder no nosso país, provavelmente ainda mais que eu. E isso me motiva a fazer o que eu faço.

---

24 DE JULHO DE 2023

Sabe, Yulia, tentei várias vezes contar como foi que nos conhecemos, mas invariavelmente, depois de algumas frases, precisava parar de escrever, congelado, horrorizado com a ideia de que, na época, tudo isso poderia não ter acontecido. Foi tudo pura sorte. Eu poderia ter olhado para outro lado; você poderia ter se virado em outra direção. O instante que definiu minha vida poderia ter transcorrido de outra maneira, e nesse caso tudo teria sido diferente.

E aí com certeza eu teria sido a pessoa mais infeliz do mundo.

Como é bom que naquele dia tenhamos olhado um para o outro, e agora basta eu sacudir a cabeça e me livrar desses pensamentos, passar a mão na testa e pensar: "Credo, que pesadelo!" Eu tenho você, e, aconteça o que acontecer, só de pensar nisso fico feliz.

Obrigado por isso.

Feliz aniversário, gata!

PARTE III

O TRABALHO

10

Em 1999, quando Vladimir Putin chegou ao poder, muitos achavam que ele era maravilhoso. Era jovem, não bebia como Yeltsin e o que dizia fazia sentido. Isso reforçou a esperança de que as coisas finalmente entrariam nos eixos. Esse papo me incomodava muito. Eu não gostava da ideia de Putin como "sucessor"; queria eleições presidenciais autênticas, com vários candidatos. Se Putin fosse um comunista que havia feito campanha e vencido com justiça, eu ficaria muito chateado, mas teria aceitado o resultado. Mas ele era impingido à Rússia como pagamento por sua lealdade e disposição de garantir imunidade jurídica ao ex-presidente e sua família.

Eu sabia que não dava para acreditar em uma só palavra do que Putin dizia. Essa nomeação me deixou determinado a resistir. Eu não queria uma pessoa igual a ele como o dirigente do meu país.

Era um sentimento muito forte. Eu queria firmar presença o mais distante possível de Putin, no lado oposto da arena política, para que, mais tarde, quando tivesse meus netos, pudesse dizer: "Fui contra desde o início!" Restava apenas escolher para qual partido entraria.

Os comunistas ainda tinham a maior organização e eram a escolha óbvia para quem quisesse se posicionar contra o sucessor de Yeltsin, mas, para mim, a mais leve lembrança do passado soviético era como uma capa vermelha na frente de um touro. O Partido Liberal Democrata da Rússia parecia estar na oposição, mas eu não confiava no seu líder, Vladimir Jirinovsky, para fazer frente ao novo regime.

Na ala democrática, havia a União das Forças de Direita (UFD) e o Yabloko. Da União faziam parte dirigentes conhecidos, como Anatoly Chubais e Bóris Nemtsov (que para mim tinham o perfil da Liga da Juventude Comunista). O Yabloko, que mais parecia um bando de nerds simpáticos, era o único partido autenticamente democrático, em declarada oposição a Putin, o que me soava preferível.

Minha decisão deve ter causado estranheza a alguns, e eu poderia ter hesitado mais tempo, só que não poderia haver dúvidas: eu entraria para a oposição. Quando se começou a dizer que o mínimo de votos para entrar para a Duma poderia subir de 5% para 7%, com incertezas quanto à possibilidade de um partido democrático alcançar esse piso, minha motivação só aumentou. Assim, fui visitar a sede do Yabloko no centro de Moscou.

Não era nem de longe como eu imaginava que seria a sede de uma agremiação parlamentar. Uma bagunça total. Eu esperava encontrar uma instituição bem-estabelecida e tinha até vestido um terno. Havia preparado um discurso declarando que era um advogado interessado em política e desejava contribuir de alguma forma como voluntário. Eles me olharam como se eu fosse doido e me mandaram para a filial do partido mais próxima da minha casa. E lá as coisas não eram muito melhores. No primeiro andar de um prédio residencial, na entrada de um pequeno apartamento convertida em recepção do escritório, encontrei uma senhora que demonstrou grande surpresa ao me ver. Enquanto conversávamos, ela me inspecionava com um olhar questionador. Acabei descobrindo que também era a encarregada de cuidar do prédio, ou pelo menos da escada. De início, não lhe ocorreu que eu queria entrar para o partido. Evidentemente, concluíra que eu era um novo morador que vinha se apresentar. Por sinal, mais tarde ela se desligou do Yabloko e aderiu — adivinhem! — aos comunistas.

Quando eu disse aos yablokistas que queria entrar para o partido, eles me olharam desconfiados e perguntaram por quê. "Você tem emprego, certo? É advogado formado, certo?" Fiquei furioso. Era tudo um caos, e ninguém tinha senso prático. Eu estava louco para fazer alguma coisa, de preferência de imediato! Disseram-me que eu teria que passar pelo processo habitual de admissão: tornar-me um apoiador para depois me candidatar à filiação, apresentar referências e esperar um ano. Só então me aceitariam.

Muitos entravam para o Yabloko por admirar seu líder, Grigory Yavlinsky. Eu não compartilhava desse sentimento. Se na época do meu entusiasmo por Yeltsin, eu não suportava Yavlinsky e acreditava que ele tirava votos de Yeltsin, minha atitude tinha ficado mais matizada, e comecei a encará-lo como um político decente e honesto. Os burocratas do antigo Partido Comunista que furtivamente tinham se esgueirado dos seus gabinetes soviéticos para os escritórios da Federação Russa eram ladrões, mas ele era um homem de princípios. Posicionava-se de acordo com suas ideias e, sobretudo, o partido Yabloko agia com coerência. Eles ficavam nervosos com a perspectiva de fazer algo decisivo e preferiam promover debates intelectuais, mas pelo menos seus membros acreditavam no que diziam.

Aos poucos fui percebendo que a unânime admiração por Yavlinsky era tão grande que às vezes resvalava para o culto à liderança. Os dirigentes do partido e ele próprio eram intocáveis, com estrita observância da hierarquia partidária. Por isso, desconfiavam dos recém-chegados, caso alguém mais audacioso quisesse assumir o controle! Olhavam-me de esguelha porque eu não me encaixava na imagem padrão do militante político. Tomava banho de manhã e tinha um emprego. Devem ter me perguntado cem vezes por que eu continuava com eles, já que quase não tinham dinheiro. Até hoje não me livrei disso. As pessoas continuam desconfiando que há alguma coisa por trás. Afinal, se o sujeito recebeu uma boa educação e tem um bom emprego, por que estaria combatendo Putin? Por que faz essas investigações? Talvez torres concorrentes do Kremlin estejam vazando informações, ou quem sabe seja um pau-mandado do Kremlin. Ou um pau-mandado do Ocidente. A vida inteira, ouço falar de teorias conspiratórias inventadas a meu respeito para tentar explicar meu interesse pela política. Embora hoje eu ache engraçado, na época isso incomodava. O fato de o Yabloko me achar tão estranho indicava que eles não confiavam na própria força.

Entrei na política para combater as pessoas que estão acabando com o meu país, que se mostram incapazes de melhorar nossas condições de vida e que agem exclusivamente em interesse próprio. E pretendia vencer.

As campanhas eram fascinantes, para mim. Depois de atuar como observador das eleições, percebi duas coisas: primeiro, minha experiência jurídica viria muito a calhar; e, em segundo lugar, eu enxergava muito melhor que a média dos advogados dos partidos o que acontecia nas campanhas. A principal motivação, contudo, era ter encontrado ali um verdadeiro trabalho jurídico. Ao começar meus estudos, eu imaginava que o trabalho de advogado seria assim: uma sala de tribunal, um juiz impondo ordem com severidade. Eu defenderia meu cliente, agitando a papelada no ar, argumentando, provando cabalmente as coisas, e nesse momento teria certeza de estar lutando contra os maus. Pode parecer brega, mas é verdade: eu queria tornar o mundo melhor.

A minha empresa, construtora de prédios de escritórios em Moscou, não oferecia oportunidades assim. Eu sentia calafrios só de pensar na possibilidade de passar a vida inteira ajudando certas pessoas a ganhar mais alguns milhões de dólares. Aos poucos, comecei a me distanciar do trabalho no mundo corporativo. Não larguei tudo de vez, pois, mesmo depois de ser admitido no Yabloko, continuei durante muito tempo como voluntário do partido, sem salário. Quando de fato comecei a receber, eram 300 dólares por mês, e nem sempre eu era pago. Não dispúnhamos nem de um fax no escritório, precisei levar o meu. Eu tinha uma família para sustentar e, assim, continuei trabalhando como advogado (embora como autônomo).

Em 1999, na véspera do Ano-Novo, Yulia e eu comemoramos juntos, e eu a pedi em casamento. Pousei um joelho no chão, fiz um discurso e lhe ofereci o anel. A julgar pela expressão da minha pretendida, foi uma total surpresa, mas ela imediatamente disse sim. Depois, achou graça e admitiu que tinha imaginado a cena muitas vezes para saber como reagir. Havia decidido que, quando eu fizesse o pedido, não aceitaria logo de cara e me deixaria uma ou duas semanas sofrendo, no suspense. No fim, contudo, ficou tão emocionada com meu discurso que abandonou esse plano.

Decidimos nos casar em agosto. A documentação tinha que ser entregue ao cartório dois meses antes da cerimônia. O auge da procura era no verão, quando todo mundo queria se casar. Se estivesse marcado, digamos, para 26 de agosto, era preciso chegar ao cartório nas primeiras horas da manhã para pegar lugar na fila. Na véspera, Yulia teve uma intoxicação alimentar. Sentia-se tão mal que nem dava para pensar em entrar numa fila às 4h. Propus que entregássemos os documentos num outro dia, mas Yulia, com o rosto lívido, respondeu:

— Não, já decidimos, vamos em frente.

Felizmente ela estava se sentindo melhor quando chegamos ao cartório. Sonhar com a proximidade de um casamento claramente tem poder de cura.

Em 2001, nasceu a nossa filha, Dasha. O fato de ter uma filha mudou minha vida de um jeito inesperado. Yulia e eu queríamos filhos, e fiquei muito feliz de ser pai, mas aconteceu outra coisa. Como qualquer um que tenha sido criado na União Soviética, nunca acreditei em Deus, mas, conforme eu via Dasha crescer, não podia aceitar a ideia de que fosse apenas uma questão biológica. Isso não alterava o fato de que eu era um grande fã da ciência, mas naquele momento cheguei à conclusão de que, por si só, a evolução não explica tudo. Deve haver algo mais. Até então ateu ferrenho, aos poucos me tornei uma pessoa religiosa.

———

As primeiras eleições importantes em que me envolvi foram as para a Duma em 2003. Fui encarregado da campanha na sede moscovita do Yabloko e comecei a organizar eventos com o pessoal da ala jovem do partido, que era liderada por Ilya Yashin. (Quase vinte anos se passaram, e ainda somos bons amigos.) A ideia na época era que só fossem promovidas manifestações políticas em reação a algum acontecimento, mas decidimos que os protestos se justificavam e que serviriam para chamar a atenção da imprensa. Começamos promovendo comícios e protestos de uma pessoa só. Neles, fui detido dezenas de vezes pela polícia, embora logo fosse liberado.

Yavlinsky não acreditava muito em fazer política nas ruas. Acreditava que, para participar de eleições, era preciso seguir a velha cartilha: dirigir-se a um gabinete no Kremlin, encontrar alguém do alto escalão e chegar a um acordo. Fora isso, esperava que seu carisma pessoal levasse o partido adiante. Para falar a verdade, as pessoas de fato não votavam no Yabloko tanto pelas realizações do partido, mas por causa de seu líder, que falava muito bem na televisão.

Apesar dos boatos, o mínimo de votos para entrar na Duma permaneceu inalterado: 5%. Embora fizesse muitas críticas ao Yabloko, eu não tinha dúvida de que passaríamos disso.

Na noite da eleição, fechadas as seções de votação e iniciada a contagem, acompanhamos a apuração na sede. Chegamos a apenas 4,3%. Ainda precisávamos de muito pouco, e os resultados de São Petersburgo e Moscou, onde o Yabloko era tradicionalmente forte, ainda não haviam saído. Fui me deitar confiante em que superaríamos os 5%, mas, quando acordei, continuávamos com 4,3.

Fiquei indignado. Eu sabia que tínhamos feito um bom trabalho na sede da campanha. Na verdade, Moscou foi a única região em que os votos no Yabloko aumentaram, em comparação com a eleição anterior.

Mesmo consternado por achar que talvez não tivesse conduzido a campanha tão bem, sentindo que estava competindo com os outros diretórios do partido, soube que nenhum deles tinha movido uma palha. Tentaram, então, explicar a derrota por todas as razões possíveis e imagináveis, exceto a verdadeira: o vergonhoso fracasso da nossa campanha como um todo.

Em 2016, quando o Yabloko voltou a concorrer nas eleições para a Duma, a campanha divulgou um anúncio em que Yavlinsky aparecia sentado numa sala escura, segurando cartazes brancos com inscrições. Durante um minuto, ele ia passando os cartazes ao som de música fúnebre, como se aos poucos construísse uma sentença. A certa altura, mostrava um cartaz com os dizeres: "Você pode não fazer nada."* A imagem virou meme na internet. Era exatamente o que o Yabloko e o próprio Yavlinsky faziam escrupulosamente há muitos anos. O resultado era previsível: nas eleições de 2016 para a Duma, o partido teve 1,99% dos votos.

Vamos imaginar que, num universo paralelo, os piores temores dos dirigentes do partido se concretizassem, e eu me tornasse o líder no início dos anos 2000. Nesse caso, tudo seria completamente diferente. Seus membros continuariam sendo nerds simpáticos, mas também seriam corajosos, pois acredito firmemente que as melhores coisas do mundo foram criadas por nerds corajosos. (Tenho na parede do meu escritório uma fotografia dos físicos que participaram da Conferência de Solvay de 1927. Meus heróis são aqueles bravos nerds que promoveram uma revolução, contribuindo para o progresso da humanidade. Para mim, eles são uma inspiração tão grande que pendurei cópias da foto nos quartos dos meus filhos.)

Mas os nerds do Yabloko eram covardes, tinham medo de experimentar. O mundo havia mudado, e eles permaneceram parados. Houve uma época em que o partido constituía uma corrente política dentro da Duma de Estado e não podia conceber que algum dia fosse diferente. Quando eles não conseguiram o mínimo de 5%, denunciaram abusos de poder e fraude nos resultados. Indignados, clamavam que a vitória lhes fora roubada, que na verdade haviam recebido muito mais votos. É verdade que, já na época, os resultados eleitorais eram flagrantemente adulterados, mas

---

* O cartaz seguinte dizia "Ou então pode ir votar", mas só aparecia vários segundos depois.

o Yabloko também não lutara por votos. Aos poucos se resignaram à ideia de que nunca ganhariam. Achavam que eram pequenos e que não tinham força para enfrentar a hostilidade de um país gigantesco onde os nerds eram vistos com maus olhos. Passaram a ter medo dos próprios eleitores e mascaravam esse medo com excesso de elitismo intelectualizado. Desnecessário dizer, ninguém estava nem aí para isso, e eles começaram a perder o pouco apoio que lhes restava.

Tudo isso ia de encontro à minha concepção do que é fazer política. Eu considerava essencial encontrar uma linguagem comum a todos. Sinto-me tão à vontade com os antigos colegas de estudos, quase todos hoje nas forças armadas ou na polícia, quanto num presídio com viciados em drogas e arruaceiros dos mais variados tipos. Um desses infelizes, no beliche ao lado, contou-me que arruinou a própria vida e que o tratamento para HIV é muito caro e não funciona. Temos conversado sobre os prós e os contras da terapia com metadona.

O povo russo é bom; nossos dirigentes é que são horrorosos. Eu não tinha dúvida de que 30% da população russa abraçava ideias democráticas, e assim tínhamos todas as chances de nos tornar, com o tempo, maioria parlamentar. Por isso, quando percebi que o Yabloko deliberadamente alienava seus apoiadores, cansei de fazer parte de uma minoria política.

Acabei sendo expulso do partido. O pretexto foi meu "nacionalismo".

―――――

A palavra "nacionalismo" assusta. É um dos temas favoritos dos jornalistas estrangeiros, pois o conceito evoca, para muitos ocidentais, imagens de *skinheads* agressivos. A maioria dos nacionalistas não era desse tipo. Eles se consideravam "nacionalistas europeus" e eram, sobretudo, pessoas que, como os liberais, haviam sido privadas de representação no parlamento e de qualquer chance de entrar, pois eram impedidas de participar das eleições.

Eu estava convencido da necessidade de uma ampla coalizão para combater Putin. Todo ano esses nacionalistas realizavam comícios em Moscou, as chamadas Marchas Russas, que só eram autorizadas nos arredores da cidade, mas mesmo assim atraíam milhares de pessoas. Eram implacavelmente dispersadas pela polícia, e foi nesses comícios que ocorreram as primeiras detenções em massa, e não nas manifestações dos liberais ou dos democratas. Eu considerava que, se eu, com meus valores democráticos, apoiava o direito de ocupar as ruas, precisava ser coerente e exigir o mesmo direito para os outros. Ajudei-os então a organizar seus comícios e várias vezes também compareci. Na internet é possível encontrar fotos em que eu apareço diante de uma bandeira preta, branca e amarela, muitas vezes usada como pano de fundo nas entrevistas em que me perguntam: "Você é nacionalista?"

Havia pessoas desagradáveis nas Marchas Russas, algumas repugnantes mesmo, mas 80% dos participantes era gente com pontos de vista conservadores, embora às vezes exóticos, às vezes tacanhos. A mente humana, no entanto, funciona de tal maneira que, ao analisar grupos, focaliza principalmente os radicais, pois parecem mais interessantes. A mídia logo trata de explorar essa peculiaridade, e assim cada uma das marchas rendia fotos de baderneiros, e esses meus entrevistadores adoram perguntar, com um sorrisinho sabichão, se não tenho nada contra participar de manifestações ao lado de gente assim.

Já expliquei isso tantas vezes que, se me acordassem no meio da noite, começaria a recitar tudo de novo.

A essência da minha estratégia política é que não tenho medo de gente e estou aberto ao diálogo com todo mundo. Converso com a direita, e eles me ouvem. Converso com a esquerda, e eles também me ouvem. Também converso com democratas, pois sou um deles. Um líder político sério não pode dar as costas a um número enorme de concidadãos por não gostar pessoalmente dos seus pontos de vista. Por isso precisamos criar uma situação em que todos possam competir, participando de forma igual em eleições livres e justas.

Em qualquer sistema político normal e desenvolvido, eu não estaria no partido dos nacionalistas. Mas considero contraproducentes as tentativas de desacreditá-los como um todo. Não resta dúvida de que quem promove os *pogroms** deve prestar contas, mas todos precisam ter a oportunidade de se manifestar legalmente e expressar suas opiniões, por mais que não gostemos delas. Essas pessoas existem e, mesmo que queiramos ignorá-las, elas não vão desaparecer. Tampouco seus apoiadores. Pelo contrário,

---

* Palavra de origem russa que designa perseguição e massacres contra grupos étnicos e religiosos, em muitos casos históricos, como os judeus, não raro com aprovação ou tolerância do governo vigente (N. do T.).

se forem enfraquecidas, isto só servirá em última análise para fortalecer Putin. E foi o que aconteceu. Enquanto estávamos envolvidos em nossas disputas mesquinhas, tentando resolver quem enquadrar em qual facção, e se seria conveniente sermos fotografados na companhia desse ou daquele, de repente nos vimos num país em que as pessoas eram atiradas na prisão sem motivo, e até assassinadas.

A política de um país autoritário se estrutura de forma muito primitiva: ou você está com o regime ou está contra ele. Todas as demais alternativas políticas são eliminadas.

Eu sempre deixo minhas plateias ocidentais desconcertadas ao falar dos partidos políticos russos, pois estão acostumadas com um espectro político definido: direita, esquerda, socialdemocrata, liberal. Essas categorias não se aplicam à Rússia. Nossos comunistas não são "de esquerda" no sentido clássico: não apoiam minorias nem lutam com vontade pelo aumento do salário mínimo. Os comunistas russos são muito mais conservadores até do que a direita norte-americana. A legalização das armas de fogo e a proibição do aborto são temas acaloradamente debatidos no mundo ocidental, mas despertam muito menos interesse nos eleitores russos. Nossa maior prioridade é nos certificar de que teremos liberdade de expressão e eleições justas, e de que os direitos humanos serão respeitados.

Se hoje eu ainda preciso explicar — o que já acontece muito menos — por que decidi estabelecer diálogo com os nacionalistas, em meados da década de 2000 isso foi um grande escândalo. Em 2006, o Yabloko explorou isso ao me expulsar, supostamente por "participação na Marcha Russa", quando era óbvio que o verdadeiro motivo eram minhas duras críticas a Yavlinsky, responsabilizando-o pelos fracassos do partido. Se eu o estivesse louvando, os acontecimentos provavelmente teriam tomado um rumo diferente. Em Krasnoyarsk, tínhamos no partido um presidente regional chamado Abrosimov (lembro muito bem porque também é o sobrenome de solteira de Yulia) que pendurou no prédio uma enorme faixa com os seguintes dizeres: "A Rússia para os russos!" Todo mundo ficou escandalizado no Yabloko, mas Abrosimov não foi expulso do partido, pois cobria Yavlinsky de elogios.

É irônico que tenham demorado um ano, o mesmo tempo que levaram para aprovar minha adesão, para me expulsar. Insistiram para que eu "fosse embora discretamente", mas eu disse que, se me queriam fora, teriam que me expulsar. Claro que eles queriam evitar a publicidade negativa, e esse confronto se arrastou durante meses, ficando cada vez mais bizarro. A gota d'água foi o que Ilya Yashin chamou de "Orwell em Yabloko".

Nessa época, algo extraordinário aconteceu no jornal do partido, que, por sinal, tinha uma tiragem de mais de 1 milhão de exemplares. Na primeira página, apareceu uma foto da manifestação do Yabloko no Dia do Trabalho, as pessoas marchando com bandeiras brancas. Olhando-se bem de perto, dava para ver que uma das bandeiras, desafiando as leis da física, flutuava no ar. Tinha um mastro, mas nenhuma mão segurando. A mão, assim como as outras partes do corpo do portador da bandeira, era na verdade minha. Yashin ficou sabendo que Yavlinsky telefonara para mandar alguém do jornal me apagar da imagem.

Depois disso, eu me recusei terminantemente a solicitar desligamento do partido por iniciativa própria. Em vez disso, redigi uma postagem endereçada a Yavlinsky, exigindo sua renúncia. Essa postagem e outras que criticavam a direção do Yabloko foram distribuídas numa reunião do Politburo político do partido como justificativa para me expulsar. Não se falava de nacionalismo.

Fui convidado por telegrama a participar dessa reunião (apesar de nos encontrarmos todos no mesmo escritório). Quando cheguei, a segurança me impediu de entrar. Fui informado de que só poderia estar presente nos debates sobre "a minha questão". Dos que estavam na sala, só Ilya Yashin votou contra a minha expulsão. Prudentemente, Yavlinsky não compareceu. Eu fiz um discurso inflamado, e se encerrou ali a minha contribuição ao Yabloko.

Foi um momento de mudanças fatídicas na minha vida. Até então, eu era apenas um militante político trabalhando para outros e satisfeito com isso. Eu queria trabalhar com uma equipe coesa de pessoas que tivessem ideias convergentes e conseguir as coisas por meio da ação coletiva. O Yabloko, apesar dos inconvenientes, tinha uma organização partidária com a qual eu compartilhava responsabilidades. E então me vi sozinho ante um futuro incerto. A partir dali, teria que agir por conta própria e assumir eu mesmo a responsabilidade.

Não me arrependo dos meus anos no Yabloko. Conheci pessoas excelentes, entre elas Pyotr Ofitserov; nós dois passaríamos por muita coisa juntos, embora na época nem tivéssemos ideia. Aprendi muito, e também sou grato a Grigory Yavlinsky por ter me ensinado algumas lições. Mas eu não conseguia aceitar que o partido optasse por se refugiar numa viela na vida pública da Rússia. Eu sonhava com a conquista da maioria parlamentar. Esperava que surgisse um político que fosse capaz de empreender os mais diferentes projetos necessários e interessantes e de cooperar diretamente com o povo russo. Se essa pessoa tivesse aparecido, eu começaria a trabalhar em conjunto com ela. Esperei e esperei, e um dia me dei conta de que essa pessoa poderia ser eu.

11

Antes mesmo de ser expulso do Yabloko, eu começara a trabalhar em projetos sociais sem vínculo direto com minhas obrigações partidárias. Em 2004, conheci Maria Gaidar, filha de Yegor Gaidar, um reformista do governo Yeltsin. Ela era filiada à União das Forças de Direita. Juntamente com ela, mais Natalia Morar, Oleg Kozyrev e outros jovens dinâmicos interessados em política, fundei o DA! (Sim!), o movimento da Alternativa Democrática.* Nós nos encontrávamos com frequência, discutíamos muito as questões políticas e promovíamos comícios e manifestações. As reuniões aconteciam na casa de Yevgênia Albats, uma jornalista muito conhecida, e outros políticos também as frequentavam, entre eles Ilya Yashin.

Um dos projetos do DA! (e, inesperadamente, o de maior sucesso) era a promoção de debates políticos. A principal diferença entre a Rússia soviética e a década de 1990 era que havia liberdade de expressão e uma imprensa independente, algo inédito num país que, durante décadas, foi submetido a um sistema de total censura. Os debates políticos pela TV ganharam enorme popularidade. Todo mundo gostava de ver os políticos discutindo e se engalfinhando, às vezes chegando perto das vias de fato. Um dos momentos icônicos daqueles anos ocorreu em 1995, quando Vladimir Jirinovsky jogou um copo de suco no político democrata Bóris Nemtsov durante um debate televisivo. Nemtsov prontamente deu o troco.

Uma década depois, os debates eram coisa do passado. Dia após dia, o Kremlin sistematicamente privava os cidadãos russos da liberdade que

---

* A sigla inglesa de Alternativa Democrática (*Democratic Alternative*) forma a palavra russa "*da*", que significa "sim" (N. do T.).

haviam acabado de conquistar, e a censura voltou. Todo *talk show* de cunho político era submetido a uma lista de pessoas que não poderiam ser convidadas, e os programas se degeneraram até se transformarem em performances, e umas bem medíocres, por sinal. Uns fingiam estar na oposição, outros fingiam atacá-los. Era de um tédio indescritível.

Nós não tínhamos dinheiro para promover eventos em grande escala, mas não faltava entusiasmo. Um bar de Moscou foi transformado em cenário de debates, com a presença de 400 a 500 pessoas. Elas tomavam uma cerveja, acompanhavam o debate e, se quisessem, faziam perguntas. No primeiro debate, enfrentaram-se o blogueiro Maxim Kononenko e Nikita Belykh, líder da União das Forças de Direita e vice-governador da região de Perm. Eu era o moderador. O local estava lotado. Todos gostaram tanto que decidimos promover debates regularmente.

Os participantes podiam ser as pessoas mais diferentes possíveis. Em geral, convidávamos um político jovem e outro mais experiente. Compareciam políticos conhecidos e bem-sucedidos, como Dmitry Rogozin — que na época fazia oposição, mas que viria a dirigir a Corporação de Estado para Atividades Espaciais (Roscosmos), tornando-se um firme aliado de Putin — ou Bóris Nemtsov, um dos políticos democratas mais populares. Anos depois, Nemtsov seria assassinado perto das muralhas do Kremlin. Um júri especial, formado por blogueiros famosos em atividade no LiveJournal, um serviço de redes sociais, designava o vencedor. Eu estimulava o público e pedia que votassem. Era muito legal ver alguém capaz de fazê-los mudar de ideia, pela pura e simples eloquência e a força de persuasão. Aquilo era política de verdade.

Para nossa surpresa, os debates se tornaram muito populares entre políticos, militantes e jornalistas. Com isso quero dizer que eram populares no grupo relativamente pequeno de pessoas que usavam a internet e se envolviam com política; de todo modo eram milhares de pessoas que antes jamais teríamos alcançado. Tínhamos rompido uma pequena e restrita bolha de informação e falávamos para um público novo.

Quanto mais popular se tornava, mais o nosso projeto preocupava o Kremlin. No início, fomos simplesmente ignorados, mas, após certo tempo, os ataques começaram. Jornalistas pró-Kremlin escreviam que estávamos "proporcionando uma plataforma de massa às pessoas erradas" e "gerando todo tipo de tendências erradas". Até que o regime começou a obstruir nossas atividades abertamente, tentando desacreditá-las de todas as maneiras possíveis.

Os debates não eram transmitidos on-line, o que nos deixava vulneráveis. Os donos das instalações eram pressionados. Havia "inspeções", visitas da polícia, ameaças de cortar a eletricidade, qualquer coisa que servisse para impedi-los de nos alugar os espaços. O regime passou a mandar bandos de agitadores. Apareciam umas dez pessoas que começavam a berrar, a atirar objetos e a arrumar briga, e com isso o local nos era negado na tentativa seguinte de agendamento. O objetivo principal era nos marginalizar, mostrar que "não se tratava em absoluto de debates políticos", e sim um bando de bêbados que se reuniam e começavam a brigar, no estilo "vejam como são lamentáveis, um deles até tem sangue escorrendo pelo rosto".

Menciono o sangue porque era pelo meu rosto que ele estava escorrendo.

Um grupo de jovens bêbados apareceu num dos debates, gritando insultos, entoando "*Sieg Heil*"* e arrancando o microfone das mãos de quem quisesse fazer perguntas. Do palco, eu tentava acalmar o tumulto, mas começou uma briga e um dos invasores me atacou do lado de fora. Para me defender, eu tinha comigo um revólver com balas de borracha. Primeiro atirei para o alto, depois na direção do meu agressor. Não surtiu muito efeito, e ele se jogou em cima de mim. Ambos fomos levados pela polícia, mas não fomos indiciados. No fim, eu soube que o agressor era filho de um figurão do FSB, e papai não queria confusão.

Devo reconhecer que a tática do Kremlin funcionou. Passamos a enfrentar um problema logístico básico: nenhum clube queria saber da gente, e, mesmo se quisesse, não podíamos garantir a segurança do público. As perturbações se tornaram previsíveis e passaram a ofuscar o conteúdo dos debates. O projeto teria que ser abandonado.

Aprendi com isso uma lição útil, e foi um momento importante na minha carreira política. Vi o quanto era possível alcançar sem dinheiro e sem a "proteção" do Kremlin — e, na verdade, indo contra ele. Só precisava de um grupo de simpatizantes para trabalhar comigo, e o encontrei na internet.

Muitas vezes ouvi dizerem que o fato de eu ter abraçado a internet foi um passo de raro tino político, que eu era um visionário profetizando o

---

* A saudação nazista "Viva a vitória" (N. do T.).

alvorecer de uma nova era. Fico muito lisonjeado, óbvio, mas isso está muito longe da verdade. Recorri à internet por não ter alternativa; a televisão e os jornais eram censurados, e os comícios, proibidos.

No passado, a primeira medida na preparação de um evento político era distribuir um comunicado à imprensa, que só podia ser mandado por fax. Sem *press release*, o evento não seria levado a sério. Eu detestava aparelhos de fax e tinha motivos para desconfiar que só eram usados no Yabloko. Com o tempo, vim a conhecer muitos jornalistas. Eram caras jovens como eu, e seria difícil imaginá-los sentados o dia inteiro junto ao tal aparelho, esperando que começasse a cuspir preciosos pedaços de papel. Um dia, pensei: "Por que não uso o LiveJournal?" Na época, era a plataforma mais popular para blogs, onde se juntavam todos os jornalistas. Eu só precisava escrever: "Estou organizando uma manifestação, por que não se junta a nós?" Depois do evento, podia escrever: "Aí vão algumas fotos, se alguém estiver interessado." Hoje em dia, ninguém mais acha original, mas na época parecia quase revolucionário.

Eu gostava de blogar, mas não imaginava que se tornaria minha principal ocupação durante anos.

Naquele tempo, a internet russa era uma delícia. E ainda é. Um dos motivos era que não se desenvolveu de forma gradual, como nos Estados Unidos, mas simplesmente apareceu em dado momento. Desde o início era acessível, com boa velocidade, e o número de usuários aumentou com rapidez. Todos os jovens de bom nível educacional e empreendedores aprendiam a usá-la. Mais formidável ainda era o fato de não ser levada a sério pela presidência do país. Eles botavam dinheiro na televisão e descartavam a internet, o que, na época, serviu para salvá-la. Na China, assim que ela surgiu, o governo providenciou um *firewall*, uma muralha informática para mantê-la sob controle. Nosso governo achou que não passava de algo insignificante e incompreensível usado para reunir esquisitões e não viu necessidade de prestar atenção. Ninguém no Kremlin se deu conta de que a internet era um espelho da vida real: podia-se postar uma mensagem pedindo a distribuição de panfletos, e as pessoas iam até uma rua de verdade e de fato os distribuíam. Não era algo irrisório, e sim uma infraestrutura.

Levei algum tempo para descobrir como as coisas funcionavam nela. As pessoas estavam interessadas em quê? Em que não estavam interessadas? Como conseguir que participassem? Logo entendi que a primeira regra era dar as caras com regularidade. Escrevia todos os dias, às vezes mais de uma vez. Depois, faria o mesmo no meu canal do YouTube. Não dava para carregar um novo vídeo diariamente, mas eu tentava pôr em circulação dois ou três por semana. Meu conselho a qualquer aspirante a blogueiro: se quiser que o seu blog deslanche, poste (ou faça vídeos) com frequência. E peça que as suas postagens sejam compartilhadas. Eu concluía toda postagem que considerasse importante com esse pedido. Era crucial. A interação também é vital. Comente as postagens dos amigos. Entre nas discussões. Mostre que se interessa pelas reações e esteja sempre pronto para começar um diálogo.

Botei na cabeça que o meu blog no LiveJournal seria o maior veículo noticioso sem censura da Rússia. Em 2012, ele já era um dos mais lidos no país. Eu sempre postava sobre coisas que achava interessante e das quais estava mais convicto. E uma coisa da qual eu tinha certeza era que o regime de Putin se baseava na corrupção.

Talvez tivesse a ver com o fato de eu ser advogado. A corrupção sempre me incomodou, mas eu sabia que tinha sido banalizada nos últimos anos por causa de Putin e do seu sistema de governo. O país inteiro sabia disso, e eu queria fazer alguma coisa a respeito. Para isso, entretanto, precisava me tornar um participante qualificado. Num canto estariam os oligarcas e burocratas corruptos de Putin, e no outro, eu.

Mas que direito eu teria de representar a oposição? Eu não era promotor, então como poderia ir atrás deles em nome da lei?

Nessa altura, eu já tinha me formado na Academia Financeira, com um diploma em finanças e crédito, e tinha uma boa ideia do funcionamento dos mercados e da bolsa de valores. Então, me ocorreu que havia empresas estatais em que a corrupção era flagrante e que eu poderia comprar ações delas. Mesmo com um pequeno investimento, seria acionista e poderia solicitar documentos de tal empresa, apresentar queixas, mover ações judiciais e comparecer às assembleias anuais.

Com cerca de 5 mil dólares, comprei ações de várias empresas, entre elas a Rosneft, a maior petrolífera da Rússia; a Gazprom, a maior do setor de gás; e a Transneft, de transporte de petróleo. Eram enormes e ricas corporações controladas pelo Estado, com as quais seria arriscado se meter. Quem o fizesse provavelmente receberia a visita de uns capangas mandados para espancar o autor de perguntas incômodas. Ninguém (nem essas empresas) podia imaginar que algum blogueiro sem amigos influentes se arriscaria a enfrentá-las. Se o fazia, com certeza se escorava em forças poderosas. Na verdade, eu não tinha ninguém me escorando. Apenas entendia de finanças — e também dos meus direitos.

Na época, os jornais a todo momento publicavam matérias sobre casos de desfalque em empresas estatais. Graças às minhas próprias ações, passei a ser afetado diretamente. Escrevi, numa carta, algo assim: "Prezada Gazprom, acabo de ler uma matéria no jornal e me pergunto o que está acontecendo. Poderia fazer a gentileza de me dar uma explicação, já que sou acionista?" Mesmo com uma participação acionária insignificante, eles eram obrigados a me atender. Quando a resposta chegava, eu lia com atenção e, se as decisões empresariais fossem de encontro aos interesses dos acionistas, entrava na justiça. Tornando-me uma das partes num processo judicial, eu podia exigir que me enviassem documentos e atas das assembleias. Ao recebê-los, publicava no blog do LiveJournal.

Minhas batalhas com as estatais acabaram atraindo dezenas de milhares de seguidores. Mas eu buscava aliados, não apenas seguidores. Convidei meus assinantes a enviar reclamações e a processar as empresas comigo. A título de exemplo, eu li no *Vedomosti** que o governo comprara do oligarca Viktor Vekselberg, por um preço várias vezes maior que o valor real, um prédio no centro de Moscou. Era sem dúvida um negócio corrupto. Preparei modelos de queixas a serem apresentadas, e milhares de pessoas as encaminharam, juntamente comigo, à Comissão de Investigação e ao presidente Medvedev, que na época fingia combater com firmeza a corrupção. Repeti essa técnica muitas vezes. Seria fácil ignorar uma pessoa, mas não milhares, especialmente sabendo-se que os documentos seriam publicados na internet.

Eu comparecia a assembleias de acionistas, realizadas em geral num teatro ou lugar semelhante. Sempre chegava o momento em que representantes da empresa liam seus relatórios. O público era formado, sobretudo, por titulares de ações ordinárias, impressionados com todo aquele aparato. A alta administração no palco, seguranças por toda parte, a presença de jornalistas — tudo contribuía para que o público guardasse respeitoso silêncio, em meio ao qual eu me levantava e dizia: "Tenho uma pergunta."

---

* "*O Registro*", diário de negócios publicado em Moscou desde 1999 (N. do T.).

Eu me lembro muito bem de uma das primeiras assembleias. Foi em 2008, e a empresa se chamava Surgutneftegas. Era uma das maiores companhias de extração de petróleo e gás da Rússia, sediada a quase 3 mil quilômetros de Moscou, na cidade siberiana de Surgut. A administração da empresa achava que era dona da cidade. Podia fazer o que bem entendesse, até, por exemplo, ordenar que o aeroporto local não permitisse a aterrissagem de um avião, se houvesse entre os passageiros algum desafeto.

Fui então a Surgut para comparecer à assembleia dos acionistas. Seria realizada em instalações que deviam ter sido de uma Casa de Cultura soviética. Um salão com a habitual pompa, o palco ocupado por homens grisalhos de ar severo. Tudo lembrava uma sessão do Partido Comunista da União Soviética. Um alto gerente bilionário se levantou e disse:

— Concedemos este prêmio especial a Vladimir Leonidovich Bogdanov.

Bogdanov, o CEO, outro bilionário, pôs-se de pé, recebeu o prêmio e começou a ler seu relatório: extraímos tal quantidade de petróleo; obtivemos tal enorme lucro. A certa altura, o apresentador do evento se levantou e perguntou:

— Alguma pergunta?

Trezentos acionistas sentados no auditório se mantiveram calados.

— Alguém quer dizer alguma coisa?

Silêncio. Eu levantei a mão e disse:

— Eu gostaria de dizer algo.

Pela expressão do jovem anfitrião, parecia que um disco voador tinha pousado no salão e que homúnculos verdes saíam dele. Era evidente que nunca na vida ele encontrara alguém que quisesse dizer alguma coisa.

— Muito bem — acabou dizendo. — Por favor, venha aqui.

Eu subi ao palco e disse:

— Existe uma empresa de comercialização de petróleo chamada Gunvor. Seu proprietário é Gennady Timchenko, grande amigo de Putin, e os senhores vendem seu petróleo por meio dela. Por que foi escolhida? Foi aberta uma concorrência? Em caso afirmativo, que outras empresas participaram? Quais as quantidades de petróleo que vocês comercializam pela Gunvor, e quais são os termos? Peço essas explicações porque, no momento, tudo indica que o lucro da empresa é simplesmente encaminhado à Gunvor, e por isso nós, acionistas, não recebemos dividendos.

A julgar pela cara dos que estavam no palco, os homúnculos verdes não só tinham pousado como se punham a sapatear e disparar suas armas intergalácticas. Dava para ver pelo olhar das pessoas que elas estavam se perguntando de onde eu tinha saído. "Teria sido mandado pelo Kremlin? Pelo FSB? Como ousava acusá-los publicamente de corrupção?!"

Eu falava com toda cortesia, salpicando expressões jurídicas aqui e ali. Depois da pergunta a respeito da Gunvor, exigi que informassem quem eram os verdadeiros proprietários da Surgutneftegas. Era do conhecimento geral que desde 2003 a companhia só identificava nos relatórios públicos os detentores de ações ordinárias, apresentando esquemas incrivelmente complicados de propriedade corporativa, dos quais ninguém na face da Terra seria capaz de deduzir quem de fato era dono daquela gigantesca empresa petrolífera.

O silêncio enquanto eu falava era absoluto, mas, à medida que prosseguia, percebi que alguns se interessavam, a começar pelos jornalistas. Fazia parte do trabalho deles acompanhar aquelas assembleias maçantes e, pela primeira vez em suas vidas, um imprevisto estava acontecendo, e as coisas pareciam estar se animando. Em seguida, os acionistas começaram a dar sinal de vida. De início, limitaram-se a olhar para mim perplexos, tentando adivinhar quem eu era, até que se deram conta de que eu era uma pessoa comum como eles, com a diferença de que não tinha medo de subir ao palco.

Quando acabei, o público aplaudiu. Foi um instante inesquecível, um triunfo e um momento estonteante em que senti que estava realmente combatendo a corrupção. Passei a comparecer a todas as assembleias de acionistas. Antes de começarem, o grande assunto entre os jornalistas era saber se Navalny estaria presente. Todo mundo adorava assistir à batalha entre Davi e Golias. Eu levantava a mão, começava a falar, e os diretores faziam uma cara azeda, porque não podiam fazer nada para me impedir. Naturalmente, não respondiam às perguntas. Não podiam dizer: "Você tem razão, Alexei. Somos ladrões, exatamente como Putin." A resposta era: "Obrigado por levantar um tema tão importante. Vamos examinar a questão."

Ninguém ali presente, óbvio, esperava que eles dissessem algo relevante. O fato mais importante era alguém fazer perguntas.

Em 2009, publiquei uma investigação no meu blog: "Como a contabilidade é maquiada no vtb."* Depois, "Como a contabilidade é maquiada no..." tornou-se um título recorrente nas minhas postagens. Bastava mudar o nome da corporação estatal, pois todas chafurdavam na corrupção. A gente lia nos jornais "Um bilhão desviado aqui", "um bilhão desviado ali". Podia-se até acabar pensando que era inevitável. Mas eu não me conformava e, toda vez que lia no noticiário mais um caso de apropriação indébita, ficava furioso e tentava fazer alguma coisa.

Eu tinha ações de vários grandes bancos estatais, entre eles o vtb, cujo ceo era Andrei Kostin, um dos banqueiros de Putin e o seu homem da mala. Na década de 1980, Kostin trabalhou no exterior para o Ministério de Relações Exteriores, o que provavelmente não passava de fachada para uma função na kgb. Nos anos 1990, converteu-se em banqueiro do governo. Na década de 2000, percorria os fóruns econômicos internacionais contando como Putin era popular e que todo mundo o considerava o "pai da nação". Como só acontece com quem está no círculo íntimo de Putin, Kostin era incrivelmente rico e não fazia segredo, embora administrasse o banco com espetacular incompetência.

Na época, os agentes econômicos de Putin tinham que se apresentar como "administradores eficientes". Na prática, contudo, significava apenas que trajavam ternos Brioni sob medida, compravam os escritórios mais caros da Rússia e tinham como modelo Leonardo DiCaprio em *O lobo de Wall Street*, com a diferença de que geriam dinheiro do Estado, e não deles. Por baixo do verniz de eficácia gerencial estava o mesmo bando de pilantras que, à menor oportunidade de roubar, não hesitaria. Sua única eficiência era a capacidade de imaginar maneiras diferentes de adulterar a contabilidade de um contrato oficial em menos de um minuto, inventando uma dezena de acordos comerciais falsos para fazer tudo parecer correto e rapidamente desaparecendo com o butim em suas empresas *offshore*.

Os mandachuvas de todas essas corporações estatais eram corruptos até a raiz dos cabelos, e os funcionários ficavam ainda mais indignados do que eu. Alguns deles fizeram chegar a mim informações que permitiram dar a partida na minha primeira grande investigação anticorrupção.

---

* vtb (Vneshtorgbank) significa "Banco do Comércio Exterior".

Em 2007, o VTB começou a comprar plataformas petrolíferas na China para arrendar a produtores russos de petróleo. O custo de uma plataforma chinesa de perfuração era de 10 milhões de dólares. Mas a VTB Leasing pagava 50% mais que isso, por meio de uma empresa *offshore* registrada no Chipre. Era um esquema sem sentido. O que o Chipre tinha a ver com a história e qual a necessidade de um intermediário? Para surpresa geral, descobriu-se que a empresa *offshore* era controlada pelos altos executivos do VTB e que a diferença de preço ia direto para os bolsos deles. Eles não compraram cinco, nem dez, mas trinta plataformas. Seria impossível encontrar clientes para tantas.

O trato deveria ficar em segredo, como dezenas de outros, mas dessa vez foi diferente. Eu não só escrevi sobre o negócio como fui a Yamal, onde encontrei as plataformas órfãs no meio de um campo, ainda embaladas em gigantescos contêineres e cobertas de neve. No verão, enferrujaram num pântano.

Essa investigação foi muito simples. Não era preciso ser formado em economia nem especialista em produção petrolífera para ver o que estava errado. Eu redigi centenas de denúncias, entrei na justiça e até ganhei. Na época, ainda era possível. Exortei os acionistas minoritários do VTB a apresentar queixa junto comigo e exigir documentação. E foi feito. Isso durou anos, com declarações da polícia, indeferimentos, recursos, processos na Rússia e no Chipre. Foi um prazer especial interrogar Kostin pessoalmente sobre as plataformas nas assembleias de acionistas. Ele tentou encontrar desculpas, com evidente insucesso.

Nessas assembleias, Nailya Asker-zade, jovem repórter do *Vedomosti*, sentava ao meu lado. Na época, o *Vedomosti* era o principal jornal de negócios e acompanhava de perto a minha batalha com o VTB. Nailya e eu rimos um bocado às custas de Kostin. Era surpreendente, portanto, que ela fosse o personagem principal da minha investigação seguinte a respeito do VTB, divulgada dez anos depois. Mais ou menos na época da saga das plataformas petrolíferas, Nailya conseguiu uma longa entrevista com Kostin. Como ficaríamos sabendo mais tarde, pouco depois tiveram um caso, que mantiveram em segredo absoluto. Conseguiram bloquear e apagar qualquer menção ao relacionamento graças à Roskomnadzor, a agência federal de "supervisão" (ou seja, censura) dos meios de comunicação. Eu e meus colegas na Fundação Anticorrupção acabamos descobrindo que Kostin deu de presente a Nailya um iate no valor de 60 milhões de dólares, um jato particular e uma série de valiosas propriedades imobiliárias em Moscou, algumas adquiridas com dinheiro do VTB, um banco estatal. Nailya retribuiu comprando um banco no Central Park, em Nova York, com uma inscrição romântica.

O amor é lindo.

12

Na década de 2000, havia dois grandes partidos democráticos na Rússia, o Yabloko e a União das Forças de Direita (UFD). Os dois se atacavam o tempo todo, e muitos achavam que seria melhor que se unissem num grande partido liberal. Eu estava entre os partidários da unificação, e foi um dos motivos pelos quais me mantive em contato com membros da União das Forças de Direita.

Em maio de 2005, eles escolheram um novo líder, um jovem chamado Nikita Belykh. Ele tinha vindo de Perm, onde se elegera deputado e demonstrara capacidade de alcançar resultados consideráveis para o partido. Tínhamos quase a mesma idade (Nikita é um ano mais velho). Ambos sabíamos usar a internet e nos vimos numa situação em que as diretrizes dos nossos partidos eram decididas por membros diferentes da gente em personalidade, anos de vida e visão de mundo. E, assim, surgiu certa amizade entre nós.

Em 2007 houve eleições para a Duma de Estado, e Belykh, talvez influenciado por mim, em certa medida, e também pela opinião pública liberal, decidiu assumir uma posição bem radical — contra Putin. O partido sofreu uma derrota acachapante, pois ainda fazia parte da "oposição sistemática". Nessa condição, você não pode se opor a Putin e precisa olhar por onde anda. A UFD teve menos de 1% dos votos, o que, no entanto, não representou um revés para a carreira de Belykh. Muito pelo contrário. Em 2008, Dmitri Medvedev foi eleito presidente, e disseram a Belykh que seu partido seria destruído, mas que, "se quiser, vamos nomeá-lo governador, assim teremos um liberal ocupando um desses cargos". Na época, Medvedev gostava de fazer experiências desse tipo.

Belykh concordou com o projeto de promover um pequeno milagre democrático em determinada província. Ele mobilizaria uma equipe jovem e progressista para mostrar que era possível obter grandes êxitos, mesmo numa região que estava em recessão econômica. Foi incumbido, então, da região de Kirov, uma das mais pobres. É uma área de vastas florestas, quase sem nenhuma indústria e considerada das mais necessitadas.

Preparando-se para assumir o governo, Belykh me chamou. Eu não tinha a menor vontade de me tornar um funcionário, mas concordei em assumir uma posição de assessor, como voluntário. Eu já tinha certa fama por causa da minha campanha contra a corrupção e disse: "Vou te ajudar a combater a corrupção."

E lá fomos nós.

Minha família ficou em Moscou. Eu só via Yulia e as crianças nos fins de semana. Ao mesmo tempo que colaborava com Belykh, continuava trabalhando como advogado e investigando. Vez ou outra pegava um avião para Kirov à noite e precisava voltar para casa no dia seguinte, quando não havia voos diretos. Tinha que ir de carro até Kazan e de lá pegar o avião para Moscou. Mais adiante, a operação toda se repetia. Era exaustivo. Depois de passar por isso durante todo o verão, decidimos levar a família inteira para Kirov. Dasha estava no segundo ano da escola e Zakhar tinha acabado de completar 1 ano. Quando ele nasceu, fui a pessoa mais feliz do mundo. Houve um momento em que o sexo do filho que estava para chegar era muito importante. Eu queria um filho homem. Mas, quando Dasha chegou, percebi que isso era uma grande bobagem. Mesmo assim, quando Zakhar nasceu, fiquei muito contente. Viva! Agora eu tinha uma filha e um filho! Um exército de carrinhos de brinquedo se juntaria à turma da Barbie!

Pretendíamos nos estabelecer de vez em Kirov, mas acabei ficando por lá um ano apenas. Foi um período estranho, mas fico feliz por ter aquela experiência. É essencial para quem quiser se envolver em política na Rússia.

A corrupção era terrível na região, e, como tantas vezes acontece, o governador anterior havia sido promotor de justiça. Parece que há uma regra segundo a qual, se o maioral tiver sido promotor ou oficial do FSB, a corrupção é duplicada. O Estado tinha vastas propriedades na região. A situação era muito confusa e difícil de elucidar, mas minha função consistia em chegar ao fundo da coisa toda e propor soluções. Pus mãos à obra, mas logo cheguei à triste constatação de que um governador não tinha poder especial. A Rússia é organizada de um jeito tal que os representantes do Kremlin estão em toda parte. Além do governador, toda região tem um "inspetor federal principal" e representantes de vários ministérios federais. Um funcionário diretamente subordinado a Moscou pode anular qualquer decisão do governador. Isso podia chegar ao nível do absurdo. Por exemplo, não havia wi-fi nas instalações do governo regional de Kirov. Eu propus que fosse providenciado. A saga mereceria um capítulo próprio, a título de alívio cômico. Só para debater a minha proposta foram necessárias cinco reuniões com muita gente e o governador, e nem assim o wi-fi foi instalado.

No geral, trabalhar em Kirov foi uma experiência interessante, embora decepcionante. Adquiri um bom entendimento de como as coisas funcionam. Entendi que nenhuma modernização é possível num país autoritário, muito menos em alguma região específica de um país assim. Gente jovem, ativa e ambiciosa chega querendo endireitar tudo e botar as coisas para funcionar, mas é sugada pelo pântano do sistema. Rapidamente ficou claro que, num ambiente corrupto, você também é forçado a se comportar de maneira corrupta, mesmo se quiser apenas ajudar as pessoas.

A título de exemplo, lembro que pedimos dinheiro ao ministro de Recursos Naturais — não para nós, mas para a região. O ministro disse a Belykh:

— Veja bem, alguém de lá ofendeu um dos meus funcionários por causa da madeira de construção que ele queria. Por favor, me ajude a resolver isso.

Belykh, então, veio me dizer:

— Por favor, me ajude a resolver isso.

Ou seja, estavam me pedindo para fazer um arranjo suspeito no qual o camaradinha do ministro ganharia uma quantidade extra de madeira, e, em troca, o ministro mandaria recursos federais para a região de Kirov. Eu respondi que não queria saber da história.

Era essa a única maneira de resolver alguma coisa. Toda vez que se queria providenciar algo bom, era preciso fazer algo ruim (talvez não em benefício próprio, mas para outra pessoa). Se não prestar atenção, você passa a se comportar de um jeito corrupto desde que acorda até a hora de dormir. E se estiver adotando comportamentos corruptos em benefício de alguém, o que haveria de errado em fazer um pouquinho também por si mesmo? Rapidamente você é tragado pelo sistema.

Numa das primeiras reuniões, recebi uma pilha enorme de pastas, cada uma com documentos relativos a determinada empresa importante na região. Eu precisava analisá-los e avaliar o grau de eficiência dessas empresas. Uma das pastas tinha a etiqueta "Kirovles [Madeira de Kirov]". Alguns anos depois, esse nome ficou tristemente famoso em toda a Rússia. A empresa foi usada para fabricar acusações criminais contra mim e me considerar culpado num processo de fachada, para dar o exemplo.

A Kirovles era uma companhia madeireira estatal com 4 mil empregados, e sua situação era catastrófica. Havia acumulado dívidas monstruosas e sempre atrasava o salário dos funcionários. De início, achei que isso se devia ao baixo desempenho nas vendas e considerei centralizar a companhia ou estabelecer um "câmbio" de madeira só para a região de Kirov. Quanto mais eu mergulhava na contabilidade, contudo, mais me dava conta de que o problema era uma gestão incompetente. Vyacheslav Opalev, o diretor da Kirovles, era um vigarista, preocupado apenas em extrair dinheiro da empresa. Em todo e qualquer distrito visitado por Belykh, os empresários se queixavam da Kirovles. No fim, consegui que Opalev fosse demitido e uma auditoria completa, a cargo de uma das quatro maiores firmas do setor. Para que não houvesse dúvidas quanto à confiabilidade dos auditores, a empresa responsável foi designada mediante licitação.

Meses depois, fiquei sabendo que Opalev fora discretamente reintegrado ao cargo e que a auditoria tinha sido cancelada, desafiando decisões tomadas em todos os níveis do governo regional de Kirov. Fiquei impressionado e entendi que devia sair dali. Candidatei-me ao programa World Fellows, da Universidade de Yale.

Nikita ficou em Kirov, assumiu mais plenamente o cargo e se tornou um típico governador. Um burocrata russo é obrigado a obedecer a todas as ordens, mesmo se forem ilegais, e com o passar dos anos a coisa vai parecendo mais natural. Quando usaram o caso da Kirovles para me processar, Belykh, sabendo que as acusações eram fabricadas, ficou de boca fechada. Esse foi um dos motivos que possibilitaram que o caso chegasse aos tribunais.

Para o poder putinista, todavia, é fundamental que as regras possam ser mudadas e usadas contra você a qualquer momento. Um belo dia, sete anos depois, liguei a televisão, e meu queixo caiu. Nikita estava sendo detido em flagrante, recebendo propina num restaurante de Moscou. Pegou oito anos numa penitenciária de regime severo e, no momento em que escrevo, ainda está na prisão.

———

Havia cerca de mil candidatos para quinze vagas no programa de Yale. Fui um dos que tiveram a sorte de conseguir entrar, o que era realmente importante para mim. Eu tinha entendido que não sabia o suficiente. Os pilantras russos roubavam no meu país, mas gastavam a grana ilegal no Ocidente. Para processá-los no exterior, eu precisava saber usar a legislação de combate à lavagem de dinheiro dos Estados Unidos e da Europa. E também queria conhecer o mundo. Como as coisas funcionavam no Ocidente? Quais os métodos do sistema de ensino? Depois de um ano nas profundezas da região de Kirov, eu estava ávido por novas impressões.

A ideia por trás do programa World Fellows era dar todas as oportunidades de estudo aos candidatos escolhidos mundo afora. Por exemplo, eu me interessava por gestão e direito corporativos e poderia me matricular em qualquer curso da faculdade de Direito. Também poderia optar por mais um curso em outra faculdade e encontrar qualquer professor. Todo mundo me orientava com boa vontade. Não precisei fazer provas nem exames. Pude até levar a família. A universidade pagava uma remuneração respeitável aos participantes e fornecia acomodações.

Passei seis meses nos Estados Unidos e aproveitei muito. A única coisa que me desconcertou foi o forte temperamento amigável dos norte-americanos, e tive que responder cem vezes por dia a perguntas do tipo "Como vão as coisas?", "Como foi o fim de semana?". Eu, um russo carrancudo, tinha que sorrir tanto que de noite minhas bochechas doíam. Mas, falando sério (como convém a um russo carrancudo), durante o tempo que passei em Yale, eu vivia cercado de pessoas inteligentes e me orgulhava disso. Tinha plena consciência disso e achava que todo mundo era mais esperto que eu. Foi maravilhoso.

Eu, que me dedicava a combater a corrupção em corporações estatais, estava sentado ao lado de uma sul-africana que combatia a AIDS e o HIV. Chamava-se Thembi Xulu e falava de maneira tão interessante sobre o próprio trabalho que eu me perguntava se não seria mais importante que o meu.

Havia também um indonésio à frente de uma organização de jovens muçulmanos. Fiquei curioso e lhe perguntei quantos membros tinha.

Eu esperava que ele respondesse algo como duzentas pessoas. A resposta foi: "Bem, não somos exatamente a maior organização jovem do mundo. Uns 12 milhões."

Um participante da Tunísia costumava se queixar comigo sobre a terrível dificuldade de fazer oposição no seu país. Dizia: "Na Rússia tem YouTube, Facebook e Twitter, mas, na Tunísia, é tudo bloqueado."

Ele só podia se manter ativo na política trabalhando da França.

Estávamos conversando nos últimos dias de 2010, e um mês depois veio a Primavera Árabe, e o regime ditatorial da Tunísia caiu. Podia ter sido uma experiência única para o povo tunisiano, mas ainda era importante e útil que eu me informasse a respeito.

Mas eu não me limitava a ouvir as histórias dos outros; também tocava meu trabalho contra a corrupção. Ao longo desses meses, publiquei uma nova grande investigação, "Como a contabilidade é maquiada na Transneft".

A Transneft é a maior empresa de oleodutos do mundo e transporta petróleo por toda a Rússia. Desnecessário dizer, é uma estatal. Em meados da década de 2000, iniciou o gigantesco projeto de construir um oleoduto do Leste da Sibéria até o oceano Pacífico. Qualquer projeto dessas proporções tem a garantia, antes de tudo, de envolver muito desfalque. Mesmo se for concluído, não ficará pronto no prazo; será feito de qualquer jeito e contrariando as normas; e grande parte do orçamento será indevidamente embolsada. Foi o que aconteceu. A coisa ficou óbvia para todo mundo, inclusive para o governo, e, em 2008, a Transneft foi auditada pela Câmara de Contas, um departamento especial de auditorias do Estado. Para escândalo geral, os resultados foram mantidos em segredo a pedido da própria Transneft.

Revirei mundos e fundos para botar as mãos nesse relatório secreto e por fim consegui. Fiquei pasmo. As 150 páginas expunham, sem rodeios, com números e análises, que tudo que podia ter sido roubado foi roubado. Os custos de construção foram inflados muitas vezes, empresas *offshore* inidôneas eram contratadas como empreiteiras, lances e licitações haviam sido conduzidos com irregularidades inacreditáveis, e a documentação fora destruída para encobrir o que estava acontecendo. Não se tratava de teorias de especialistas nem de uma série de postagens num blog, mas de um relatório oficial da Câmara de Contas. O total desviado durante o projeto do oleoduto beirava 4 bilhões de dólares, "1.100 rublos roubados de cada adulto na Rússia", como escrevi na época, no LiveJournal.

Foi um escândalo enorme. O diretor da corporação estatal na época era, e ainda é, Nikolai Tokarev, ex-oficial da KGB e um grande chapa de Putin, com quem compartilhara um gabinete quando ambos trabalhavam na representação da KGB soviética em Dresden. Sempre muito reservado, Tokarev acabou se manifestando. Acusou-me de ser oportunista e disse que eu era "cria do Instituto Democrata Nacional de Madeleine Albright",* uma pessoa que, segundo ele, tinha um ódio virulento à Rússia. Eu ridicularizei essa visão de mundo, que não mudara um milímetro desde a Guerra Fria e a juventude dessa gente.

Quase imediatamente depois de a minha investigação ser publicada, teve início na região de Kirov uma avaliação do caso da Kirovles. Na verdade, era uma reavaliação, pois eu já havia sido investigado quando trabalhava como assessor de Belykh. Na ocasião, a polícia não encontrou nenhuma ilegalidade, e o episódio foi esquecido. Tratava-se de uma evidente tentativa de impedir que eu voltasse à Rússia, alternativa que nem por um momento eu contemplara. Há vários meses eu sentia tanta saudade do meu país que sonhava estar devorando um *borsch* de azedinha. Minha família e eu fizemos as malas e pegamos um avião de volta a Moscou. Começava uma nova fase da minha vida: toda vez que eu voltava para casa, me perguntava se seria detido na fronteira.

Estávamos em 2011, ano em que tudo mudou de novo.

---

* Madeleine Albright (1937–2022), política e diplomata norte-americana, serviu como embaixadora dos Estados Unidos na ONU durante o primeiro mandato do presidente Bill Clinton (1993) e como secretária de Estado (ministra de relações exteriores) no segundo, de 1997 a 2001 (N. do T.).

13

A coisa mais importante que aprendi com os debates, o meu blog e as batalhas com as corporações estatais foi como botar muita gente para trabalhar comigo. Descubro uma história de corrupção, escrevo no LiveJournal "Pessoal, venham participar! Vamos todos apresentar queixas contra esses picaretas", e milhares de pessoas respondem e se juntam a mim nas denúncias. Elas assinam com os nomes verdadeiros e fornecem endereço e números de telefone. Ou então escrevo "Estou precisando de um especialista em oleodutos. Me ajudem a encontrar" e em poucas horas recebo uma mensagem que diz: "Olá, sou especialista em oleodutos. O que você precisa saber?"

Todo mundo acha que custa uma fortuna contratar um especialista qualificado, mas graças ao blog descobri que as pessoas se oferecem de bom grado como voluntárias quando são chamadas a fazer parte do processo, sabem o que está acontecendo e compreendem os benefícios que serão alcançados se contribuírem gratuitamente. Eu explicava cada passo. Divulgava on-line todas as minhas solicitações e as respostas obtidas. As pessoas confiavam em mim e respondiam, e não demorei a ver que muitos voluntários eram centenas de vezes mais qualificados que os dos escritórios onde eu havia trabalhado.

Em 2010, um usuário do LiveJournal me mandou uma notícia. "O Ministério da Saúde decidiu criar uma rede social de 'comunicação entre profissionais da área médica e pacientes'." Anunciaram um concurso para a criação da rede, com orçamento inicial de 55 milhões de rublos e prazo de dezesseis dias para a conclusão do projeto. Não sou nenhum especialista em tecnologia da informação, mas percebi que era inviável. Seria impossível criar um website, muito menos uma rede social, em apenas duas semanas. O "concurso" era uma fraude, o fornecedor há muito já havia sido escolhido, sem sombra de dúvida, e o website provavelmente já estava montado. Eles apenas haviam acertado, em benefício próprio, o rateio da parte do leão dos 55 milhões de rublos. Formalizei uma denúncia, e, em questão de dias, o Ministério da Saúde cancelou o concurso.

Depois disso, recebi no LiveJournal uma avalanche de menções de concursos fraudulentos como esse. Eu lançava no blog meu habitual pedido de ajuda especializada, dessa vez para que escrevessem uma avaliação profissional fundamentando as queixas. A ideia deslanchou, mas eram tantos concursos que não dava para cuidar de todos. Alguns voluntários me ajudaram, criando um novo website onde as pessoas podiam pôr informações sobre pedidos de compra corruptos que o governo fazia, e os especialistas podiam compartilhar suas avaliações. Mas não dispúnhamos de um número suficiente de voluntários, e assim postei uma mensagem dizendo que precisava de um advogado para redigir as denúncias comigo. Mais uma vez, um dilúvio de currículos.

Foi assim que começou o projeto RosPil e como contratei a primeira pessoa para trabalhar nele. Lyubov Sobol, na época ainda aluna da Universidade Federal de Moscou, revelou-se uma advogada meticulosa e objetiva. Temos trabalhado juntos desde então, e ela se tornou uma parceira de confiança. Contratei mais algumas pessoas e, além do projeto RosPil, que denunciava fraudes nos pedidos de compra oficiais, lancei mais alguns: RosYama, um site em que qualquer um poderia formalizar reclamações sobre rodovias que precisassem de manutenção, e RosVybory, um site em que era possível se inscrever para atuar como observador nas eleições que aconteceriam em alguns meses, para a Duma de Estado e a presidência. Todas essas iniciativas se consolidaram em uma organização.

Em qualquer projeto são necessárias duas coisas: gente e dinheiro. Gente, para mim, não era problema. Toda a minha experiência indicava que eu não seria um advogado solitário trabalhando num escritório instalado num porão. Dinheiro, no entanto, era um problema, pois, sem orçamento, não é possível tocar uma organização independente num Estado autoritário.

No passado, os políticos pediam dinheiro aos ricos, aos oligarcas. Mas, em 2011, os oligarcas não queriam nem passar perto da minha linha de tiro. Tampouco eu queria dever favores a eles. Assim, fiz uma postagem no meu blog, dizendo: "Eu sei trabalhar, sei o que é preciso fazer, vou encontrar e contratar a equipe necessária, mas o financiamento tem que vir de vocês. Me deem dinheiro. Vocês precisam doar uma quantia modesta para um projeto bom e útil, o que vai me poupar de sair por aí mendigando fundos a oligarcas e empresários." Essas microdoações constituíram a base que me permitiu alcançar a independência. E o Kremlin não podia fazer nada. Seria fácil para eles deter e intimidar um ou dois grandes doadores, mas o que poderiam fazer contra dezenas de milhares de pessoas?

Hoje em dia, uma abordagem assim não parece nada especial; é o padrão em qualquer campanha de levantamento de fundos. Mas, em 2011, todo mundo achou que eu tinha pirado. Que seria uma microdoação? Como alguém poderia levantar fundos para investigações e ações jurídicas on-line, especialmente na Rússia? Ninguém jamais fizera nada parecido no país. Não havia modelos a serem seguidos nem o hábito de fazer doações regulares, não havia infraestrutura financeira. E, mesmo assim, as pessoas, leitores comuns do meu blog, começaram a transferir dinheiro para mim. Inicialmente, eu recebia as doações na minha conta pessoal e depois publicava uma declaração do banco e um relatório no blog. A média das doações para o RosPil era de 400 rublos (o equivalente, na época, a uns 15 dólares), e em um mês eu juntei quase 4 milhões de rublos, mais que o orçamento anual que previra originalmente.

Antes disso, as pessoas achavam que só era possível fazer doações pessoais a obras de caridade. Ninguém doaria nem um copeque para qualquer outra coisa, muito menos uma iniciativa política. Consegui mudar essa mentalidade. Todo mundo ficou chocado, e eu, incrivelmente contente.

Havia também a crença, não menos persistente e danosa, de que nenhuma pessoa pública doaria dinheiro abertamente para causas políticas. Ficariam com medo de represálias, de modo que era melhor nem pedir. Surtiria muito mais efeito abordar algum empresário em segredo, para passar dinheiro por baixo do pano, ou então procurar a administração presidencial. Eu estava convencido de que isso era errado e decidi provar.

Em setembro de 2011, registrei a Fundação Anticorrupção como organização sem fins lucrativos. Todos os meus projetos integravam a mesma iniciativa. Anunciei que continuaria coletando dinheiro para as atividades da FA por meio do financiamento coletivo, mas me dirigia a pessoas famosas pedindo doações. Passados alguns meses, dezesseis figuras públicas me apoiavam abertamente. Cada uma doou mais de 10 mil dólares. Entre elas estavam o empresário Bóris Zimin; o economista Sergei Guriev;

o jornalista Leonid Parfyonov; e o escritor Bóris Akunin. O financista Vladimir Ashurkov não só doou dinheiro como me ajudou a organizar a operação. Essas pessoas de coragem quebraram o grave tabu social de que não se deve contribuir para o financiamento de uma causa na qual se acredita sem prévia autorização.

Eu pretendia levantar cerca de 9 milhões de rublos no primeiro ano de existência da FA e foi até fácil conseguir. Em 2019, o ano anterior ao meu envenenamento, arrecadamos mais de 80 milhões de rublos, recebendo do país inteiro dezenas de milhares de pequenas doações de 100 a 500 rublos.

O princípio fundamental da nossa organização é a transparência, um conceito importante para mim desde o início, por dois motivos. Primeiro, porque as pessoas doariam mais prontamente se soubessem no que o dinheiro seria de fato utilizado; e segundo, para me diferençar do Estado. O governo gasta nossos impostos sem qualquer explicação. Não temos influência nas prioridades orçamentárias nem sabemos como o dinheiro é distribuído. Nunca houve na Rússia um político com uma abordagem de fato pública. Mesmo no breve período da década de 1990 em que os democratas estiveram no poder, era considerado normal ocultar recursos e não revelar de onde provinham.

Eu queria fazer diferente. Publiquei informações detalhadas sobre minha renda pessoal e a origem do dinheiro da minha organização. Todo mundo conhecia o rosto da minha esposa e dos meus filhos. Todas aquelas pessoas que doavam também mandavam um sinal inequívoco às autoridades: optaram por doar a mim porque podiam ver o que eu estava fazendo e como eu gastava o dinheiro, ao passo que os funcionários do governo mantinham tudo às escondidas e, não raro, roubavam.

Apesar da intimidação, que começou quase imediatamente — "Você está doando para Navalny? Todas as transações ficam registradas. Pode esperar problemas!" —, milhares de pessoas continuavam nos mandando dinheiro. Era como se me enviassem uma mensagem: "Estamos dispostos a lutar, mas precisamos de um líder, alguém que não tenha medo do Estado nem aceite suborno. Acreditamos que você é esse tipo de pessoa, e por isso o apoiamos."

Eu nunca recebi salário da Fundação Anticorrupção nem jamais, em circunstância alguma, usei doações para fins pessoais. Decidi que haveria uma Grande Muralha da China intransponível entre meus rendimentos e o orçamento da organização. Afinal, eu era advogado e, enquanto comandava a FA, continuei prestando serviços jurídicos, embora talvez seja verdade que certos clientes me contratavam como uma maneira de me apoiar.

O segundo princípio importante era "normalidade". Há anos o Kremlin tenta marginalizar nosso movimento e forçá-lo a entrar na clandestinidade, para nos transformar num equivalente moderno dos dissidentes soviéticos. Tenho grande respeito por esses dissidentes, que eram heróis. Mas, em 2012, ninguém em seu juízo perfeito desejaria se transformar num dissidente heroico: é perigoso, dá medo. Todo mundo queria apenas ser normal. E nós éramos exatamente isto: pessoas normais com uma vida profissional normal.

Embora fôssemos uma organização para a revolução, na qual cada um assumia grandes riscos, de fora parecíamos um bando de moscovitas descolados e hipsters. Tínhamos um espaçoso escritório sem divisórias, uma máquina de café e fazíamos amigo oculto no Natal. Estávamos no Twitter e no Instagram. Nossa equipe era jovem, todo mundo amigo de todo mundo; fazíamos caminhadas juntos e dávamos festas (embora anos depois eu começasse a notar uma curiosa tendência: elas ficavam mais divertidas depois que eu tinha ido embora). A única diferença entre a gente e uma start-up chique era que combatíamos Putin. E claro que isso trazia desvantagens previsíveis, como grampos instalados no escritório.

Embora fosse desagradável, nunca chegou a ser assustador. Com o tempo, no entanto, os inconvenientes se tornaram mais numerosos. A pressão aumentava a cada ano, e em 2019 detenções e pedidos de busca e apreensão já faziam parte do nosso cotidiano. Nosso escritório hipster continuava descolado, só que a tropa de choque da polícia arrombava a porta com uma serra elétrica, entrava com armas semiautomáticas e mandava todo mundo deitar no chão. Numa dessas batidas, cinquenta integrantes da equipe ficaram sem seus computadores e celulares, e todos os nossos equipamentos, documentos e objetos pessoais foram levados. Se você conseguisse esconder o celular por trás do rodapé e o laptop no forro do teto, ótimo. Mas quase sempre tudo era confiscado. A tática era bem clara: precisaríamos de dinheiro para substituir o equipamento e teríamos que pedir doações. O Kremlin esperava dificultar cada vez mais a arrecadação de fundos, mas, depois de cada ataque, vinha uma onda de contribuições.

O que a Fundação Anticorrupção faz é óbvio, pelo próprio nome. Nós somos híbridos, alguma coisa entre jornalistas, advogados e militantes políticos. Tomamos conhecimento de uma história que envolva corrupção, examinamos os documentos, reunimos provas e publicamos. Nos primeiros anos, isso era feito mediante postagens no meu blog; mais tarde, em vídeos no YouTube. A coisa mais importante que fazemos, portanto, é espalhar a história para que milhões tomem conhecimento.

O número de veículos independentes de comunicação estava caindo rapidamente, a censura estava em toda parte, e nenhum grande jornal, muito menos qualquer rede de televisão, daria publicidade ao nosso trabalho. O que fazer numa situação assim? Você mesmo conta a história e pede ajuda. Posta um link no seu blog, escreve alguma coisa nas redes sociais, manda o vídeo para os amigos e, se nada mais funcionar, imprime um panfleto e distribui nos elevadores. "Este é o nosso prefeito. Ele ganha oficialmente um salário de mais ou menos 2 mil dólares por mês. E aqui está seu apartamento de 5 milhões de dólares em Miami."

No fim de cada investigação, eu lançava um apelo: "Pessoal, fizemos a nossa parte. Eis aí uma história muito séria e importante, mas sem a ajuda de vocês ninguém ficará sabendo. Compartilhem com seus amigos. Entrem para o nosso grupo regional no Vkontakte* e comentem lá também. Mandem para suas avós e seus pais."

O resultado era que os doadores não só nos davam dinheiro, como começavam a trabalhar para nós, tornando-se uma parte importante da nossa organização.

"Tenho o Rússia Unida em muita baixa conta. É um partido corrupto, composto de vigaristas e ladrões."

Externei essa opinião em fevereiro de 2011, ao vivo, na rádio Finam FM, e imediatamente virou meme. Em seguida, Yevgueny Fyodorov, um deputado do Rússia Unida que se sentiu ofendido, me desafiou para um debate. Era algo inédito para um membro do partido de Putin. Eu adorava debates e aceitei. O encontro se deu na mesma estação de rádio e, ao terminar, o apresentador promoveu uma votação: 99% dos ouvintes achavam que eu estava certo. Logo depois, outro membro do Rússia Unida me processou,

---

* Rede social russa.

alegando danos morais pela maneira como eu me referia ao partido. O tribunal discordou, e o *Vedomosti*, que na época ainda era um jornal corajoso, publicou a seguinte manchete: "Tribunal autoriza chamar o Rússia Unida de 'partido de vigaristas e ladrões'". Foi muito divertido.

No meu blog, eu pedia que a frase fosse repetida o máximo possível e, em pouco tempo, quando se digitava "Rússia Unida" num site de busca, a primeira sugestão era "partido de vigaristas e ladrões". Em dezembro de 2011 haveria eleições para a Duma de Estado, e eu queria garantir que o partido do Kremlin obtivesse o menor número possível de votos. O principal slogan da nossa campanha foi "Vote em qualquer partido, menos em vigaristas e ladrões". Eu conduzi a campanha como sempre, usando a internet e a nossa rede de seguidores.

No fim das contas, o Rússia Unida acabou com menos votos que o esperado, e o Kremlin apelou para uma maciça deturpação dos resultados. A escala da adulteração dos votos foi, à época, sem precedentes: operações fraudulentas para levar eleitores de ônibus a sessões eleitorais, cédulas falsas, manipulação de planilhas dos resultados. Embora o Rússia Unida ainda tivesse mantido sua maioria na Duma, a falcatrua toda provocou a maior onda de protestos da nossa história recente.

Uma manifestação contra a fraude eleitoral fora programada com antecedência, porque ninguém esperava que as eleições fossem justas. Marcada para 5 de dezembro, um dia depois da votação, foi organizada pelo movimento Solidariedade, fundado por Garry Kasparov, Bóris Nemtsov, Ilya Yashin e Vladimir Bukovsky. Yashin, meu amigo da época da Juventude do Yabloko, me convidou, mas de início eu recusei. Ficara irritado com a posição deles a respeito da eleição: uma parte do movimento (a de Kasparov) pregava o boicote, outra parte (a de Nemtsov) era favorável a anular o voto, e assim os dois comprometeram minha estratégia de "Vote em qualquer partido". Cada voto era importante para mim. Ante os resultados, contudo (em Moscou, o Rússia Unida obteve 46% dos votos; em certas seções apenas 20%, em outras, 70%), e vendo os vídeos da fraude eleitoral, entendi que precisava estar presente. Publiquei no blog uma postagem estimulando todo mundo a comparecer ao parque de Chistye Prudy às 19h. Era uma segunda-feira, e eu não tinha grandes expectativas de que muita gente fosse comparecer.

Os comunistas realizariam um comício na Praça Pushkin uma hora antes. (Eu o mencionava na minha postagem.) Já era tarde para unificar os dois protestos, mas eu sugeria a quem pudesse que fosse aos dois. "Tem cem pessoas na manifestação dos comunistas", avisou Yashin por mensagem quando eu estava no metrô, a caminho de Chistye Prudy. Pensei, desanimado, que não haveria muito mais gente no nosso. Manifestações não haviam sido uma forma de protesto muito popular nos últimos anos, como eu sentira na carne quando tentava organizar um ou outro com Yashin para o Yabloko. Eu via como as pessoas ficavam furiosas com a grotesca injustiça da eleição, mas não tinha muita esperança de que tomassem as ruas.

Ao sair da estação do metrô, eu não acreditei no que estava vendo: eram milhares de pessoas. A avenida estava lotada. Eu não me lembrava de ter visto algo assim antes. Era impossível chegar ao palanque. Mas o que importava era que outras pessoas haviam sido atraídas, não só aquele mesmo punhado de militantes que já conhecíamos.

Ninguém queria voltar para casa quando o comício acabou, e nós, toda aquela enorme multidão, nos encaminhamos em procissão para a comissão eleitoral. Mobilizada no local, a tropa de choque da polícia tinha tolerado o comício autorizado, mas aquela manifestação de amor à liberdade era uma provocação insuportável. Eu, Ilya e centenas de pessoas fomos presos. Na delegacia, descobri que, em sua maioria, os outros detidos eram observadores eleitorais, que tinham visto o que acontecia nas seções de votação, na véspera, e descido então às ruas, indignados. Passamos a noite detidos, e pela manhã um tribunal me mandou para um centro de detenção especial. Foi a minha primeira prisão — quinze dias (período máximo, na época), por "desobedecer a instruções de um policial".

Hoje em dia, ninguém se espanta quando você conta que esteve em um centro de detenção especial, mas na época era uma experiência bem incomum. Imaginem a cena: uma porta de metal é batida atrás de você, que se depara com dezoito sujeitos carrancudos te olhando em meio a uma cortina de fumaça de cigarro. No começo, você se sente mal, sentado durante dias inteiros numa cela em que todo mundo, menos você, fuma sem parar, exercitando-se num pequeno pátio de concreto coberto de barras e tendo apenas quinze minutos por dia para dar telefonemas. Mas aos poucos eu me acostumei. No momento em que escrevo, não resisto a um sorriso de ironia: um centro especial de detenção em Moscou em 2011 era muito diferente da prisão em 2021. Além do mais, eu estava em ótima companhia. Muitos ali tinham sido detidos na manifestação, como eu.

Nas celas próximas havia motoristas bêbados, viciados em drogas e gente presa por comportamento antissocial, mas logo ficou claro que a vasta maioria também me apoiava.

Uma das piores coisas de ser preso é ficar isolado de tudo que acontece fora dali. A vida continua a todo vapor e você nem fica sabendo das notícias a tempo. Naqueles quinze dias, perdi muita coisa interessante. No dia 10 de dezembro, houve outro comício, na Praça Bolotnaya, em Moscou, para protestar contra a fraude eleitoral. Ao saber que 100 mil pessoas haviam comparecido, eu não podia acreditar. Escrevi da prisão uma carta aos manifestantes, que foi lida no palanque. Mas na manifestação seguinte, na Avenida Sakharov, no dia 24 de dezembro, pude estar presente. Fiquei emocionado. Nunca na vida vira tanta gente numa manifestação. E tive companhias inesperadas no palanque. Bóris Nemtsov estava lá, assim como o ex-ministro das Finanças Alexei Kudrin e até a "Paris Hilton russa", a socialite Ksenia Sobchak, filha do antigo chefe de Putin.

14

O ano de 2012 inaugurou um padrão na minha vida, um interminável círculo vicioso durante muitos anos: manifestação, prisão, manifestação, prisão. Era desagradável, claro, mas não a ponto de me deter. O Kremlin logo se deu conta disso e, em dezembro, moveu quatro ações penais contra mim, de uma vez. As acusações eram que eu havia roubado madeira na região de Kirov; roubado dinheiro da empresa francesa Yves Rocher; roubado 100 milhões de rublos do partido União das Forças de Direita; e, minha favorita, roubado de uma destilaria em Kirov. Eu enfrentava a ameaça de passar muito anos na cadeia. Os dois últimos casos não eram tão preocupantes nem chegaram aos tribunais — o que aconteceu com os dois primeiros, e esses, sim, me deixavam apreensivo, pois pessoas inocentes foram envolvidas. A acusação a respeito da Yves Rocher me incomodava muito, pois meu irmão mais novo, Oleg, também fora indiciado.

Eu já esperava que o Kremlin me perseguisse, assim como a Yulia. Mas ir atrás de outros parentes doía. Lembro de uma noite de jantar em família. Eu estava tentando encontrar algo encorajador para dizer, mas a reação foi: "Não precisa. Nós entendemos."

Só que era impossível não falar do assunto.

Em 2012, os julgamentos nos tribunais ainda estavam longe, mas havia outras maneiras de dificultar a vida: por exemplo, pedidos de busca e apreensão que duravam doze horas, nos quais eram confiscados todos os nossos celulares e laptops.

Meus processos são um exemplo fundamental de como o sistema judicial funciona. Eles simplesmente vão inventando acusações e designando vítimas. Em geral, é difícil explicar a quem vive em países que respeitam as leis. Afinal, ninguém é capaz de simplesmente inventar trinta volumes de documentos. Os investigadores russos conseguem.

Ao me processar, o Kremlin tinha dois objetivos. O primeiro era me impedir de agir politicamente. Não é nada fácil continuar seguindo em frente quando se está na prisão, e até uma suspensão condicional de pena dificulta muito a vida. Com uma condenação no histórico, você é impedido de concorrer a cargos públicos. O segundo objetivo era destruir minha reputação. Eles precisavam arrumar acusações que não fossem relacionadas à política, mas a crimes comuns: "Ora, ora, ele acha que pode lutar contra a corrupção que praticamos? Pois vamos dizer que ele também é corrupto!"

Decidi que, quando fosse visado por um processo, eu postaria na internet todos os documentos e outros materiais sobre o caso. A melhor defesa contra mentiras é a publicidade. Eu não tinha nada a esconder e queria que todos vissem que essas ações tinham motivações políticas.

A primeira oportunidade que tive de testar o estratagema foi o caso Kirovles. Era um indicador perfeito do quanto minhas atividades preocupavam o Kremlin em diferentes momentos. Tudo começou com uma batida policial, quando eu trabalhava como assessor de Nikita Belykh em Kirov. Como já disse, a inspeção não conseguiu encontrar nada, mas aconteceu de novo quando eu estava em Yale, uma semana depois de minha investigação sobre a Transneft ser publicada. As autoridades não tomaram nenhuma iniciativa judicial contra mim, evidentemente supondo que, de qualquer maneira, eu não voltaria. A fiscalização foi retomada uma segunda vez em fevereiro de 2011, dias depois de eu ter chamado o Rússia Unida de "partido de vigaristas e ladrões" no rádio. Em maio do mesmo ano, a inspeção escalonou para um processo penal, que de novo seria encerrado por falta de provas. Em julho de 2012, Alexander Bastrykin, diretor da Comissão de Investigação, ameaçou, em discurso em São Petersburgo, demitir os investigadores que haviam encerrado o caso, exigindo que fosse reaberto. A história seria retomada duas semanas depois.

Nada poderia ser mais ridículo do que a acusação que fizeram. O leitor deve lembrar que havia na região de Kirov uma empresa estatal chamada Kirovles, que não dava lucro. Vendia madeira, fosse diretamente, por intermediários ou até no mercado paralelo. Uma perfeita bagunça. Ninguém sequer se dera ao trabalho de estabelecer um preço exato para a matéria-prima nem determinara os custos de produção.

Um dos negociantes era a Vyatka Timber Company, que não apresentava nenhuma peculiaridade. Comercializava madeira em quantidades irrisórias, em comparação com outras empresas, mas seu diretor, infelizmente para ele, era alguém que eu conhecia, Pyotr Ofitserov, meu amigo do Yabloko. Como tantos outros, ele fora atraído a Kirov quando da nomeação de Belykh, na crença de que seria fácil e agradável fazer negócios na região. Quando os policiais corruptos locais começaram a buscar alguma coisa associada a mim para se agarrar, lembraram da Kirovles. A grande ideia foi que eu supostamente convencera o diretor a vender madeira por 14,5 milhões de rublos a Ofitserov, que então teria revendido por 16 milhões, o que, segundo eles, configurava desvio de fundos.

Você pode estar relendo a última frase e se perguntando: "Mas onde está o desvio? São apenas transações normais." Os investigadores russos pensavam diferente. Munidos do depoimento do diretor da Kirovles, cuja demissão eu tentara conseguir quando trabalhava como assessor de Belykh, eles alegavam que eu o obrigara a vender a madeira por um preço reduzido e desfavorável.

"Ok, tudo bem", pensa o leitor. "Você então foi acusado de botar no bolso 1,5 milhão de rublos?"

Infelizmente, falta ao prezado leitor a imaginação com que foram contemplados os funcionários da Comissão de Investigação da Rússia. Eles me acusaram de desviar os 16 milhões. Não bastou para dissuadir nenhum deles o fato de que a madeira fora vendida e de que a Kirovles recebera pagamento por ela. Mas, convenhamos, "16 milhões" impressiona muito mais na televisão do que "1,5 milhão".

Os investigadores nem se deram ao trabalho de fingir que se tratava de uma investigação estritamente financeira. Em vez disso, a título de exemplo, interrogaram uma pessoa com quem eu malhava na academia na época da universidade. Revistaram a casa dos meus pais, confiscaram documentos relativos ao meu trabalho como advogado e, de modo geral, não se empenharam muito em disfarçar que estavam apenas buscando pretextos para me difamar. Nem cheguei a me incomodar muito, mas fiquei com pena do meu companheiro de desgraça, Pyotr Ofitserov, pai de cinco filhos. Seu trabalho exigia constantes viagens de negócios e ele estava impedido de deixar Moscou, onde residia na época. Os investigadores tinham um plano maroto: botar a mão em Ofitserov, um empresário comum, privá-lo de uma grande parte da sua renda e intimidá-lo, deixando-o louco para prestar falso testemunho contra mim. Sustentar cinco filhos não é brincadeira. Eu nem o culparia por isso.

A essa altura, em obediência às regras de uma boa contação de histórias, eu deveria deixar o caro leitor em suspense por um tempo, sem dizer como Ofitserov reagiu. Mas não deixarei. Ele se revelou um sujeito muito firme e honesto. Ao ser iniciada a investigação, foi logo me dizendo que não cooperaria. Sua reação a todas as tentativas de pressioná-lo era de perplexidade. Sim, era assustador; sim, ele não queria passar por aquilo, mas não comprometeria a própria consciência com um ato infame. Mais tarde, no caminhão da polícia que nos levava à prisão, perguntei se ele se arrependia. Ele respondeu: "Você acha que é o único que quer se manter honesto?"

O julgamento transcorria em Kirov, para onde éramos autorizados a viajar, de Moscou: Yulia e eu, Pyotr e sua esposa, Lida, e uma multidão de jornalistas. Fiz amizade com muita gente da imprensa nessa época com quem ainda hoje mantenho contato. Nós viajávamos de trem, e logo todos os atendentes nos conheciam. Não posso dizer que eu estava exultante com a perspectiva de um processo penal e de uma sentença pendendo sobre a cabeça, mas as viagens eram muito divertidas. O julgamento era encarado em geral como pouco mais que um show, efeito reforçado pelo fato de ser transmitido ao vivo por uma agência de notícias. Não consigo imaginar quem teve a brilhante ideia, mas espero que, com isso, tenha perdido qualquer chance de ganhar gratificações. O julgamento era presidido por um juiz que trajava uma túnica preta. O promotor, de terno azul, ficava sentado a uma mesa, mas parava por aí qualquer semelhança com um tribunal. A tese da promotoria era risível, como ficaria óbvio para quem assistisse a qualquer das sessões.

No início do verão, no dia 4 de junho, comemoramos o meu aniversário com uma festinha no café Lago dos Cisnes, no Parque Gorky. O assunto eram as últimas notícias. Nesse dia, Sergei Sobyanin, o prefeito de Moscou, anunciara a decisão de renunciar. Na realidade, era um esquema recém-inventado por funcionários de Putin. Renunciavam ao cargo antes do necessário, para logo depois declarar que estavam se candidatando à reeleição. O objetivo era impedir que os adversários tivessem tempo de preparar uma campanha eleitoral. Os titulares permaneciam no cargo como "interinos" até o dia da eleição, o que lhes conferia uma gigantesca vantagem administrativa sobre os outros candidatos.

Na minha festa de aniversário, alguém perguntou, de brincadeira: "Alexei, lembra daquela pesquisa publicada pelo *Kommersant*?"

Claro que eu lembrava. Em 2010, pouco antes da última eleição para prefeito da capital russa, o jornal promoveu em seu site uma votação para "prefeito virtual" da capital. A iniciativa atraiu muita gente, mais de 65 mil participantes. Venci por ampla margem, recebendo 45% dos votos. Bóris Nemtsov ficou em segundo lugar, com 12%, e o terceiro lugar coube ao banqueiro Alexander Lebedev, que teve algo em torno de 11%. Foi divertido e ao mesmo tempo muito encorajador: todos os candidatos eram políticos sérios, enquanto eu não passava de um cara normal na internet, e os derrotei. Sobyanin, por sinal, teve menos de 3% dos votos.

Na minha festa de aniversário, tomei uma decisão de rompante. Aquela renúncia era um bom momento para participar de uma eleição de repercussão nacional. Eu amo Moscou, conheço bem a cidade e tenho uma boa visão dos seus problemas. Olhei para Yulia, Yulia olhou para mim, e eu sabia exatamente o que ela estava pensando: que era uma boa ideia eu me candidatar. Eu nunca preciso debater longamente com Yulia. Ela já está do meu lado.

Tive uma conversa com Vladimir Ashurkov, um aliado muito próximo, e perguntei se ele poderia dar início a uma campanha sem verba. Conseguiríamos financiamento mais adiante? Ele respondeu, do seu jeito bem calmo e equilibrado, que não seria fácil. Precisaríamos de muito dinheiro, muito mais do que já havíamos arrecadado. Mas tinha muita gente que nos apoiava, e sabíamos tudo sobre levantamento de fundos. Valia tentar.

Em seguida, fizemos uma ligação em grupo com Leonid Volkov, deputado na Duma Municipal de Yekaterimburgo, e o convidei para dirigir meu escritório de campanha. Disse-lhe que queria conduzir uma campanha eleitoral séria, não do jeito como a oposição havia feito nos últimos anos, em que um candidato anuncia sua nomeação, senta de braços cruzados durante vários meses e, quando tudo acaba, queixa-se de fraude nos resultados. Eu queria vencer. Falando de sua casa em Yekaterimburgo, Volkov respondeu: "Ótimo! Vou para Moscou dirigir a sua campanha."

Foi assim que aconteceu, literalmente em trinta minutos.

Foi uma decisão brilhante, mas teríamos um trabalho muito pesado pela frente. Para quem olha de fora, pode parecer que o sucesso numa eleição resultou do trabalho de uma pessoa, mas está longe da verdade. Foi mais como uma pirâmide, sendo eu por acaso o que estava no topo, mas nem de longe se pode dizer que trabalhava sozinho. Eu representava todos aqueles que estavam comigo e por trás de mim. Eu me dediquei muito.

Se não estiver preparado para começar por si mesmo e dar o exemplo, você nunca alcançará nada. Não menos importante, todavia, é confiar nos outros. Nós rapidamente montamos uma equipe, que se tornou o motor responsável pelo funcionamento da campanha.

No começo, foi um pandemônio, inclusive por se tratar da primeira grande e autêntica campanha eleitoral na Rússia contemporânea. Abrimos uma sede no centro de Moscou, mas nos primeiros dias ninguém sabia quem era responsável pelo que nem como organizar o trabalho dos voluntários. E eles não paravam de chegar, cada vez mais numerosos. Centenas de pessoas entravam no nosso escritório perguntando se tínhamos trabalho.

Houve uma ocasião em que notei um sujeito que eu conhecia do Facebook. Era um especialista de primeira em tecnologia da informação, um milionário. Vi que ele estava dobrando e empilhando panfletos, que depois empacotava com esmero.

— Minha nossa — eu disse —, você é um programador incrível. Por que está perdendo tempo com esses panfletos?

— Porque você ainda não tem uma tarefa mais especializada para mim, Alexei — respondeu —, mas estou vendo que você trabalha muito. Quero participar da sua campanha e contribuir de alguma forma.

Suponho que houve no Kremlin uma discussão preliminar sobre autorizar ou não minha candidatura. Eu era conhecido na internet, o que era perigoso, mas a internet é uma coisa, e a vida real, outra. Eles não me levavam a sério como candidato e acabaram decidindo fazer um experimento. Não me impediriam de participar da eleição, para que eu fosse esmagado pela popularidade de Putin e de seu representante, Sobyanin. Com certeza se convenceram de que eu conseguiria no máximo 5%. Eu podia ter o blog mais popular da Rússia, mas as senhoras de idade que viam televisão jamais votariam em mim. Era óbvio que os outros candidatos também me derrotariam. Em toda eleição russa, o padrão é que o primeiro lugar fique com o candidato do Kremlin; o segundo, com o Partido Comunista da Federação Russa; e o terceiro vai para o partido de Vladimir Jirinovsky, o Partido Liberal Democrata da Rússia. Eu seria apenas um intruso, o que significaria o fim da minha carreira política. Bom, talvez não o fim, mas eu me tornaria apenas mais um político democrata de oposição aquinhoado com não mais que 1% ou 2% dos votos. No dia 17 de julho, fui oficialmente registrado como candidato e autorizado a concorrer.

O Kremlin tinha outra razão para não se preocupar demais comigo. No dia seguinte, 18 de julho, sairia o veredito no caso Kirovles. Eu poderia ser condenado a cinco anos de prisão, e Ofitserov, a quatro. Óbvio que eu não queria ir para a cadeia e me preocupava com a minha família, mas via que Yulia encarava a situação com calma, o que me dava forças. Na chegada ao tribunal, uma multidão de simpatizantes e jornalistas nos aguardava. Tomamos nossos lugares. O juiz entrou e começou a ler o veredito com uma voz monótona. Levou várias horas, de modo que tive bastante tempo para me preparar, mas, mesmo assim, quando ele disse "Cinco anos em colônia penal de regime comum", fui apanhado de surpresa. Ofitserov foi condenado a quatro anos, e eu vi a mulher dele desabar na cadeira ao ouvir a decisão.

E foi isso. Beijei Yulia, e eles me algemaram — a cena também estava sendo transmitida ao vivo, para intimidar ainda mais qualquer um que pensasse em seguir meu exemplo — e me conduziram ao caminhão da polícia.

Esse caminhão é um veículo especial para o transporte de presos. Por fora, parece um caminhão, mas por dentro é subdividido em vários pequenos compartimentos, conhecidos como "tulipa" no jargão das prisões. E de fato são boxes altos e estreitos nos quais não dá para sentar direito, pois os joelhos comprimem a divisória da frente. Eu fui posto em um deles, e Pyotr, em outro.

Na prisão, deram-me um colchão, e fui instruído a levá-lo para minha cela, a uma distância considerável. Eu já estava carregando outras coisas, mas tinha que levar tudo de uma vez só. Joguei o colchão nos ombros e fui em frente.

Na cela fazia frio, e havia muitos mosquitos. Eu tinha decidido que, se de fato fosse mandado para a prisão, manteria um diário, e imediatamente redigi as primeiras anotações. Eram sobre os mosquitos.

Preciso confessar que nunca dormi melhor do que naquela noite. Você imagina que vai ficar olhando as paredes, sem conseguir sossegar, mas na verdade caí no sono feito um bebê. A gente sente ansiedade antes de a sentença ser anunciada, mas, quando acaba, com o que mais você vai se preocupar? Eu não tinha dúvida de que passaria cinco anos na prisão. Meu futuro estava preestabelecido. Não haveria surpresas.

De manhã, os guardas vieram à minha cela na ronda de inspeção e perguntaram se eu tinha algum pedido. Pedi que trouxessem da biblioteca da prisão alguns livros de Tolstói. Passaram-se duas horas sem os guardas voltarem, até que a porta se abriu, e eu fui instruído a me dirigir à saída, levando meus pertences.

— Para onde vão me levar? — perguntei.

— À audiência de apelação.

— Que apelação? Nem tive tempo de entrar com o pedido.

— A promotoria entrou.

Algo muito suspeito estava acontecendo. Eu sabia que as audiências de recursos não são marcadas assim tão rápido.

Ofitserov e eu fomos conduzidos de novo ao tribunal e instalados nos "aquários", boxes envidraçados para os criminosos. Eu já estava preso quando fiquei sabendo que na véspera houvera um enorme protesto espontâneo em Moscou. A transmissão ao vivo, pela qual o regime queria que me vissem ser declarado culpado, tivera o efeito oposto. As pessoas entenderam que o julgamento era uma armação e ficaram furiosas quando fomos sentenciados. Mais tarde, quando pude ver as fotos num computador, fiquei muito impressionado. Num dia de semana, dezenas de milhares de pessoas tinham convergido para a principal rua de Moscou, a Tverskaya, apenas duas horas depois de ouvirem a sentença. Quem lá estava me contaria depois como o comício tinha sido inesquecível. Fiquei até com inveja.

Durante a manifestação, enquanto eu, sem saber de nada, escrevia sobre mosquitos na cela, a promotoria divulgou uma declaração oficial anunciando que solicitara a redução das nossas sentenças, o que era algo inconcebível na prática jurídica da Rússia.

Desde então, em quase todas as entrevistas me perguntam por que isso aconteceu. Como se achassem que estou por dentro de algum segredo e um dia vou acabar revelando tudo. Mas não sei de nada e estou convencido de que a multidão naquele comício assustou o Kremlin. A rapidez com que se organizaram e saíram em protesto e o número de pessoas forçaram Putin a recuar.

Ofitserov e eu fomos liberados e voltamos a Moscou. Centenas de pessoas nos esperavam na estação. Mergulhei imediatamente na campanha eleitoral.

Parecia um filme, mas, ao mesmo tempo, era muito real a sensação do que estava acontecendo naquele momento. Nós distribuímos tarefas na equipe da nossa sede de campanha e encontramos coisas para ocupar os voluntários. Inventamos os Cubos, estruturas leves de 2 metros de altura cobertas de faixas e cartazes, que usávamos como ferramenta móvel de propaganda, instalando-os em diferentes bairros da cidade. Eles chamavam a atenção. Alguém se aproximava, lia o que estava escrito e conversava com os voluntários que posicionávamos por perto. Qualquer um podia instalar um Cubo; bastava fazer o pedido num dos nossos escritórios.

O segundo elemento da nossa campanha foram os encontros com eleitores. Eu estava proibido de aparecer na televisão ou em jornais e por isso decidi me comunicar diretamente. Há um motivo para eu ter escrito que nossa campanha "parecia um filme". Eu sou fã da série *The Wire*. Numa das temporadas, o herói concorria a prefeito de Baltimore. Expliquei à equipe responsável pela organização dos encontros com o público que queria um cenário igual: um palco, cadeiras para os mais idosos, grupos de pessoas em pé ao redor. Deve ser algo muito comum numa campanha eleitoral norte-americana, mas não se fizera nada parecido antes na Rússia.

Foi o trabalho mais exaustivo que fiz na vida. Toda manhã acordava pensando: "Deus do céu, tenho encontros de novo hoje." Eram três ou quatro por dia, não raro em bairros em lados opostos de Moscou. Para me facilitar a vida, os escritórios providenciaram um miniônibus com cama e banheiro. A teoria era eu descansar enquanto fosse transportado entre um encontro e outro. Foi uma excelente ideia, mas se revelou inviável. Eu ficava enjoado na minha "casa sobre rodas", não conseguia deitar, não conseguia trabalhar no computador e, depois de uns dois dias, não aguentava mais. Optei por um carro comum de novo.

O Kremlin e o prefeito interino, Sobyanin tentaram me afundar. Enviavam funcionários a todos os encontros. "Alexei! O que acha da parada gay?" "Alexei! O que acha dos imigrantes?"

Na visão do regime, são questões incômodas, e eu vacilaria tentando encontrar respostas. Mas nesse caso minha experiência com debates entrou em ação. Eu adoro debater, o que se transformou num dos pontos altos dos meus discursos. Parte integrante do show. O Kremlin achou que me deixaria desconcertado, mas eu estava preparado. Toda vez que me mandavam uma dessas "perguntas incômodas", eu convidava a pessoa a subir ao palco e começava a debater com ela. O público ficava fascinado com a disputa, o que só contribuía para que me apoiassem ainda mais. As senhoras idosas que, na opinião do Kremlin, jamais votariam em mim, milagrosamente passaram a me apoiar, pois podiam me ver em carne e osso. Eu ia aonde estavam, elas podiam tocar em mim, olhar para mim e me perguntar o que quisessem.

Nós quase vencemos. Sei que não existe "quase" em eleições, mas foi uma grande vitória para a oposição. Fiquei em segundo lugar, com 27,2%. Todo mundo tinha esquecido que uma parte tão significativa dos votos podia ser obtida por alguém que não estivesse sob controle do Kremlin. No dia da eleição, constatamos por pesquisas independentes de boca de urna que Sobyanin obteve 48% dos votos, o que significa que deveria ter havido um segundo turno. Tenho certeza de que o teria derrotado se isso acontecesse, mas claro que o Kremlin jamais permitiria. Assim, Sobyanin "obteve" 51% e venceu no primeiro turno.

Há anos o regime se esforçava para sustentar a ilusão de que só havia o Rússia Unida e os partidos de oposição que funcionavam dentro do sistema, enquanto a oposição alheia ao sistema vegetava na periferia da política e não representava ninguém. Embora eu não tivesse sido eleito prefeito, nossa campanha mostrou que era tudo mentira. Muitos russos não apoiam Putin e seus candidatos. Anseiam por uma política e eleições verdadeiras. Devidamente mobilizados, dispõem-se a participar ativamente de campanhas eleitorais, trabalhar em escritórios de campanha, atuar como voluntários. Era óbvio que, se pudéssemos participar de eleições livres, haveríamos de nos tornar um partido grande e poderoso, competindo com o Rússia Unida pela maioria no parlamento. Eu era a prova viva disso: um sujeito comum, sem dinheiro, sem apoio dos meios de comunicação nem dos oligarcas, que até tinha ido parar na cadeia durante a campanha. Num julgamento transmitido pela televisão, fui acusado de fraude, e ninguém acreditou. Apesar de toda a manipulação, alcancei o segundo lugar na maior cidade da Rússia. E tinha certeza de que havia mais de nós. Muitos mais.

O Kremlin também sabia. Eles nunca mais permitiram que eu disputasse uma eleição.

15

Em termos políticos e pessoais, 2014 foi um ano difícil. Vendo sua popularidade cair nos três anos anteriores, Putin tomou a Crimeia e se refestelava no calor da adoração popular. Quem não compartilhasse dessa alegria era considerado traidor.

Na vida pessoal, a situação era ainda pior. Eu e meu irmão mais novo, Oleg, pai de dois filhos, fomos levados aos tribunais. A acusação era ainda mais ridícula que a levantada contra mim no primeiro julgamento, mas a essa altura o sistema jurídico fora devidamente aparelhado por Putin, e seus membros obedeciam a cada ordem que partisse do Kremlin. Os promotores nos acusaram de roubar 26 milhões de rublos da empresa francesa de cosméticos Yves Rocher, supostamente inflando o custo de serviços de logística. Era óbvia a semelhança com o caso anterior da Kirovles. Mais uma vez, práticas empresariais normais eram apresentadas como fraude. Mas, ao passo que no caso anterior a polícia arrolava uma suposta vítima real — Vyacheslav Opalev, diretor da Kirovles, que prontamente se dispôs a me acusar —, no novo caso não havia vítima. Como já escrevi, é muito difícil explicar para quem vive num país sob o império da lei como uma coisa assim seria possível, mas na Rússia de Putin ninguém nem pisca. O representante da Yves Rocher convocado ao tribunal (pela promotoria!) declarou que não havia queixas contra nós, o que não teve nenhum efeito sobre a juíza. Ela havia recebido ordens para nos considerar culpados, e assim a máquina de Putin fez todo o possível.

Em fevereiro de 2014, foi decretada a minha prisão domiciliar, como medida preventiva; durou quase um ano. Prisão domiciliar é algo insidioso. Você não está na prisão, e assim ninguém sente empatia, mas na realidade não pode fazer praticamente nada. Nos termos do decreto, eu era proibido de sair do nosso apartamento e só podia receber visitas dos parentes. Tampouco podia usar telefone ou internet. Usei, preso à minha perna, um dispositivo eletrônico que informava ao Serviço Penitenciário Federal (FSIN) onde eu estava.

Resolvi não me queixar e me valer daquele tempo em meu benefício. Passaria mais tempo com meus filhos e me exercitaria! Até comprei uma bicicleta ergométrica. Foi o meu segundo erro. Após uma semana, foi convertida de vez em cabide.

Meu primeiro erro foi esperar uma idílica vida em família. Parado dentro de casa o tempo todo, quase imediatamente eu me transformei numa fera enjaulada. E quase imediatamente enlouqueci minha esposa e meus filhos. Todo mundo vivia irritado, inclusive eu. Depois de nove meses, eu me divertia consultando o mapa de Moscou e pensando aonde iria quando tudo acabasse. Quando me via nesse afã, Yulia perguntava, irônica: "Legal, vai dar outra caminhada?"

Eu fantasiava como seria maravilhoso um passeio com as crianças ao bairro de Lianozovo, no extremo norte da cidade. Mas em geral meus sonhos tinham como limite a ilha em Kolomenskoye, não muito longe da nossa casa, onde costumávamos caminhar em família. Fica na margem do rio Moskva. Nesse período de prisão domiciliar, percebi no mapa que há uma ilha próxima ao parque. Comecei a imaginar que seria fantástico explorá-la e ficava com inveja dos outros, pois podiam fazê-lo sempre que quisessem. Mais tarde, quando o caso foi encerrado e a prisão domiciliar ficou para trás, fui até a ilha com meu filho, Zakhar, para realizar meu sonho! E a ilha era apenas uma ilha, sem nada de especial...

A última audiência do julgamento foi no dia 19 de dezembro. Oleg e eu fomos autorizados a fazer uma declaração final. A juíza anunciou que a sentença sairia no dia 15 de janeiro. Cada um de nós foi então cuidar da vida (fui levado da minha casa ao tribunal e de volta à minha casa num carro oficial do FSIN, sob escolta). Quase imediatamente foi criado no Facebook um grupo para promover uma manifestação no dia 15 de janeiro. Ficou acertado que os manifestantes iriam às ruas para protestar contra a sentença; não havia a menor dúvida de que seríamos considerados culpados. O número de inscritos na manifestação aumentava com tanta rapidez que parecia ter efeito inverso ao desejado: Putin não poderia permitir um protesto como o ocorrido depois da sentença do caso Kirovles. E, assim, do nada, Oleg e eu fomos informados de que a audiência da sentença seria antecipada para 30 de dezembro, véspera de Ano-Novo, o maior feriado russo, época em que todo mundo está mergulhado nos preparativos das festas ou já de férias (a primeira semana de janeiro é período de feriado nacional).

Lembro-me de como a juíza pronunciou a sentença: "Alexei Navalny, três anos e meio, com suspensão condicional da pena; Oleg Navalny, três anos e meio."

Esperei ela acrescentar "com suspensão condicional da pena". Oleg com certeza não podia receber uma sentença mais severa que eu. Mas recebeu. Ficamos olhando enquanto o oficial de justiça o algemava e o conduzia à jaula da corte, que se mantivera vazia atrás de nós durante o julgamento. A esposa de Oleg, Vika, estava presente. Um dos filhos do casal tinha 3 anos e o segundo nem completara 1 ano. Os oficiais de justiça retiraram Oleg do salão, mandaram os jornalistas saírem, e Yulia e Vika começaram a passar objetos da minha bolsa da prisão para a do meu irmão. Trata-se de uma grande mochila preparada de antemão, que contém os itens essenciais para os primeiros dias e semanas na cadeia. Eu me tornei (na verdade, minha mulher se tornou) especialista em juntar o necessário nessas bolsas, pois tive que carregá-las nas minhas andanças pelos centros de detenção de Moscou, para não falar da cadeia em Kirov. Oleg também tinha a sua, claro, e se aconselhara comigo sobre o conteúdo. Mas, agora que era necessária, ficou claro que faltava muita coisa.

Apesar da condicional, a juíza determinou que eu permanecesse em prisão domiciliar. Eu não tinha a menor intenção de obedecer. Depois da prisão de Oleg, não podia me importar menos.

Os funcionários do FSIN me escoltaram de volta para casa, mas, nessa noite, quando os manifestantes tomaram a rua Tverskaya, como haviam feito dezoito meses antes, violei a prisão domiciliar para me juntar a eles. Saí do apartamento com o dispositivo eletrônico na perna e fui para o centro de Moscou. Não podia ficar de braços cruzados em casa enquanto meu irmão era mandado para a prisão.

Apareceu muita gente, mas não o suficiente, por causa da mudança da data da audiência, por ser véspera de feriado e por causa do clima congelante. Rapidamente fui detido. Em geral, em caso de violação da prisão domiciliar, você é atirado numa cela, mas a polícia apenas me levou para casa e deixou homens de guarda na porta do nosso apartamento. Sentados em bancos, eles permaneceram ali durante vários dias. Putin percebeu que seria muito mais doloroso para mim. Eu supostamente desfrutava de uma "liberdade" limitada, enquanto meu irmão estava sendo atormentado na cadeia.

No dia 5 de janeiro, cortei o dispositivo eletrônico com uma tesoura e botei no Twitter uma foto dele, acrescentando que não cumpriria as restrições. Nas duas semanas seguintes, minha vida parecia uma comédia. Toda vez que eu saía de casa, funcionários do FSIN plantados na entrada corriam atrás de mim, filmando e chamando:

— Volte para casa imediatamente!

Não tinham coragem de me deter, contudo, e depois de um tempo também pararam de me perseguir.

———

A prisão de Oleg foi um terrível golpe para minha família. Eu costumava dizer que ninguém devia fazer o que eu estava fazendo se não contasse com o apoio de entes queridos, e minha família sempre me apoiou: meus pais, minha esposa e meus filhos. Oleg também. Todo mundo dizia que eu não tinha culpa, mas eu não podia deixar de me culpar. Era eu a causa das lágrimas da esposa de Oleg. Por minha causa, ele passaria três anos e meio sem ver os filhos. Estava preso por ser meu irmão. Fora tomado como refém. *Eu* estava preparado para ser preso; sabia perfeitamente que me expunha a isso e já tivera a experiência de ser trancafiado por alguns dias. Mas Oleg, não. Pode parecer pretensioso, mas é verdade que eu pensava nele a cada segundo de cada dia que esteve preso.

Oleg passou maus bocados. Ficou dois anos e meio em uma solitária, embora, pela lei, o limite máximo fosse de seis meses. A cela era fria, e tomaram o casaco dele, para que sentisse ainda mais frio. Com frequência era mandado para a cela de punição. A administração do presídio usava os outros prisioneiros para exercer mais pressão sobre ele. Quando alguém era privado de certos privilégios, por exemplo, diziam:

— Você está sofrendo por causa do Navalny, é tudo culpa dele.

A administração piorava sempre as condições de Oleg: menos visitas, menos entregas. E faziam tudo isso por causa das minhas ações. Toda vez que eu apertava o botão para publicar mais uma investigação, me dava conta de que estava atingindo Oleg diretamente.

Oleg não se queixou nem uma única vez. Sempre que sua vida na prisão piorava, ele me escrevia: "Não pare! Se você parar, significaria que estou aqui por nada."

Ele sabia que eu me preocupava com ele e mesmo assim sempre dizia para eu não me preocupar.

Oleg cumpriu os três anos e meio da pena. Nossas esperanças de uma intervenção do Tribunal Europeu de Direitos Humanos deram em nada. A corte de fato se manifestou sobre o caso, afirmando que nenhum crime fora cometido. Significava que a Suprema Corte da Rússia deveria ter anulado a sentença e libertado Oleg, mas ele foi forçado a concluir a pena na solitária.

No dia em que foi solto, fizemos uma grande comemoração. Mas a prisão deixa marcas. Além disso, ninguém queria empregá-lo. Nenhum banco — mesmo os estrangeiros — aceitava que ele abrisse uma conta. Na Rússia, ele era considerado um ex-detento (e, além do mais, tinha a questão do sobrenome); na Europa, era uma "pessoa politicamente vulnerável", ligada a atividades políticas. Ambas as situações impõem limitações. Ele não tinha nem como empreender.

Apesar dessas dificuldades, contudo, Oleg continuou a me apoiar, e continuamos unidos como sempre.

DECLARAÇÃO FINAL DE ALEXEI NO PROCESSO DA YVES ROCHER

Quantas vezes na vida alguém que não cometeu nenhum crime nem desrespeitou a lei tem a chance de dar a palavra final? Nunca. Jamais. Certo: com algum azar, talvez uma vez. Mas, ao longo deste último ano e meio, ou dois anos, se contarmos os recursos, esta é provavelmente minha sexta ou sétima, talvez até minha décima, "palavra final". Já ouvi a frase "réu Navalny, pode fazer uma declaração final" em muitas oportunidades. Tenho a sensação de que, com a palavra final — para mim, para qualquer um, para todo mundo —, vêm também os dias finais. Estão sempre pedindo que você dê a sua palavra final. Eu digo isto, mas vejo que esses dias finais não chegam nunca.

E há uma coisa em particular que me convence disso. Se eu tirasse uma fotografia de vocês três [a juíza e os dois promotores], ou, melhor ainda, de todos vocês com os representantes das supostas vítimas, aquelas pessoas com as quais tenho lidado nos últimos tempos, apareceriam pessoas cabisbaixas, que ficam olhando para a mesa. Já se deram conta de que vocês todos estão sempre olhando para baixo, para a mesa? Vocês não têm o que dizer. [Juíza] Yelena Sergeyevna [Korobchenko], qual é a frase que você mais gosta de usar para se dirigir a mim? A senhora sabe exatamente qual é. Investigadores, promotores, funcionários do FSIN, juízes civis, juízes penais, todos vocês se dirigem a mim com uma única e mesma frase: "Alexei Anatolievich, bem, você entende…" Eu entendo tudo; tudo, exceto uma coisa: por que vocês estão sempre olhando para a mesa?

Eu não me iludo. Entendo perfeitamente que nenhum de vocês vai se levantar de repente e virar essa mesa, nem dizer: "Estou farto de tudo isso!" Nem os representantes da Yves Rocher vão se levantar e dizer: "Navalny nos convenceu com suas palavras eloquentes!" As pessoas são diferentes umas das outras. A consciência humana compensa o sentimento de culpa; se assim não fosse, as pessoas estariam se atirando em terra seca como golfinhos. Para vocês, é impossível voltar para casa no fim do dia e dizer aos filhos ou ao marido: "Sabe, hoje participei da condenação de uma pessoa, de fato, inocente. Agora me sinto muito mal por causa disso e sempre vou me sentir mal." Não fazemos isso, pois somos diferentes uns dos outros. O que dizem é: "Alexei Anatolievich, você entende como é" ou, então: "Onde há fumaça, há fogo." Ou então "Você não deveria ter se metido com Putin", como declarou recentemente um representante da Comissão de Investigação. "Se não tivesse chamado atenção para si mesmo, se não saísse por aí agitando os braços, se não atravessasse o caminho das pessoas, muito provavelmente os problemas teriam ido embora."

Nessa altura dos acontecimentos, contudo, é muito importante que eu me dirija àqueles que verão ou lerão minhas palavras finais. De nada adianta, claro. Mesmo assim, vocês, que ficam olhando para baixo, isso aqui efetivamente se trata de uma batalha entre os escroques que tomaram o poder e aqueles que querem mudar alguma coisa. Estamos lutando pelos corações e pelas mentes daqueles que se limitam a olhar para a mesa e dar de ombros. Gente que, quando precisa apenas *não* fazer algo ruim, vai em frente e faz assim mesmo.

Há uma frase muito citada — hoje em dia todo mundo gosta de citar alguém — do famoso livro *To Slay the Dragon*. "Todo mundo aprendeu a fazer coisas ruins, mas *você*, sua besta, como é que foi parar no primeiro lugar da turma nessa matéria?" Não me refiro especificamente a este tribunal. Uma quantidade enorme de pessoas é forçada a fazer algo ruim, mas há também aqueles (e é esta a situação mais comum) que fazem coisas ruins sem que ninguém obrigue ou mesmo peça. Apenas ficam olhando para a mesa e tentam ignorar o que acontece em volta. E nossa luta pelos corações e pelas mentes das pessoas que ficam olhando para a mesa consiste em explicar mais uma vez que não deveriam se limitar a ficar olhando, mas admitir a si mesmos que, infelizmente, todo o sistema de poder no nosso lindo país, e tudo que está acontecendo, baseia-se em infindáveis mentiras.

Estou disposto a permanecer aqui, diante de vocês, enquanto for necessário para mostrar que não aceito essas mentiras — que não vou aceitar. A coisa toda é literalmente feita de mentiras do início ao fim, entendem? Dizem que os russos não têm interesses no Turcomenistão, mas que, em nome dos interesses dos russos que estão na Ucrânia, é necessário começar uma guerra. Dizem que ninguém está oprimindo os russos na Chechênia. Dizem que ninguém rouba na Gazprom. Eu lhes mostro documentos específicos que provam que esses funcionários têm imóveis e empresas sem registro. Eles dizem: "São puras invenções." Eu digo a eles que estamos prontos para participar das eleições e que vamos derrotá-los. Registramos nosso partido e trabalhamos com afinco. Eles me dizem: "Besteira. Nós vamos vencer as eleições, e você nem vai participar, não porque não vamos permitir, mas por não ter preenchido os formulários direito."

Tudo se baseia em mentiras, constantes mentiras, estão entendendo? E, quanto mais concretas as provas que apresentamos de alguma coisa, maiores as mentiras que enfrentamos. Essas mentiras se transformaram no *modus operandi* do Estado; hoje, são sua própria essência. Vendo nossos dirigentes discursarem, ouvimos mentiras do início ao fim, estejam falando de questões importantes ou triviais. Ontem Putin disse: "Não temos palácio nenhum." E, no entanto, a cada mês tiramos fotos de três palácios diferentes! Elas são publicadas, e assim nós provamos ao mundo. "Não temos palácio nenhum." E nós também não temos nenhum oligarca constantemente mamando nas tetas do Estado. Deem só uma olhada nos documentos que mostram que o diretor das Estradas de Ferro da Rússia registrou metade das corporações estatais em zonas *offshore* no Chipre e no Panamá.

Por que vocês aceitam essas mentiras? Por que se limitam a olhar para baixo? Sinto muito se os estou arrastando para uma discussão filosófica, mas a vida é muito curta para ficar apenas olhando para a mesa. Pisquei e já estou com quase 40 anos. Se piscar de novo, já terei netos. E depois todos piscaremos de novo e estaremos no leito de morte, cercados dos parentes, e eles só estarão pensando: "Já estava na hora mesmo de ele morrer e liberar este apartamento." E em certo momento vamos nos dar conta de que nada que fizemos tinha algum sentido, então por que ficamos olhando para baixo sem dizer nada? Os momentos que contam na vida são aqueles em que fazemos o que é certo, quando não precisamos baixar os olhos e podemos erguer a cabeça e olhar nos olhos dos outros. Nada mais importa.

Precisamente por tudo isso é que estou nesta situação angustiante. Esse plano ardiloso, mas angustiante, que o Kremlin escolheu em sua batalha contra mim, no qual tentam não só me trancafiar, mas arrastar outras pessoas inocentes. Pyotr Ofitserov, com seus cinco filhos. Eu tenho que olhar nos olhos da esposa dele. Estou convencido de que as pessoas que foram jogadas na cadeia depois das manifestações na Praça Bolotnaya* não tinham feito nada errado. Foram presas simplesmente para tentar me amedrontar e a outros que, como eu, são líderes da oposição. Agora foram atrás do meu irmão, que também tem esposa e dois filhos. E agora foram atrás dos meus pais. Todos eles sabem o que está acontecendo e me apoiam. Sou muito grato à minha família, mas é simplesmente…

Uma coisa eu reconheço: podem dizer a eles que, sim, de fato fico incomodado ao ver pessoas inocentes sendo jogadas no mesmo barco que eu. E talvez isto seja errado, mas digo uma coisa: eles não vão me deter, mesmo fazendo pessoas de refém. Pois nada na vida pode ter algum significado quando toleramos essas mentiras sem fim, quando nos limitamos a concordar com tudo, especialmente se não há motivo para isso, exceto para poder dizer: "Nós concordamos."

Eu nunca vou concordar com o sistema montado no nosso país, pois esse sistema se destina a roubar cada um dos que estão nesse tribunal, nesse momento. Tudo foi armado de tal modo que o que temos no momento é uma junta. Vinte pessoas que se tornaram bilionárias controlam tudo, das compras estatais às vendas de petróleo. E tem outras mil que mamam nas tetas dessa junta. Não mais que mil pessoas, na verdade: parlamentares federais e golpistas. Um pequeno percentual não concorda com esse sistema. E há também os milhões que se limitam a olhar para baixo. Eu nunca vou desistir da minha luta contra essa junta. Vou continuar lutando contra a junta, fazendo campanha e o que mais for necessário para sacudir essa gente que fica olhando para baixo. Inclusive vocês. Não desistirei nunca.

---

* Em 2011, quando milhares de pessoas protestaram contra a fraude nas eleições para a Duma de Estado.

Não me arrependo de convocar as pessoas a participar de uma manifestação não autorizada. Refiro-me à manifestação em frente à Lubyanka,* que deu início a tudo isso. Sim, reconheço que não foi bem-sucedida. Mas nem por um segundo lamento ter feito o que fiz. Nem por um segundo lamento ter decidido combater a corrupção. Alguns anos atrás, meu advogado Vadim Kobzev me disse algo que nunca esqueci. Ele disse: "Alexei, eles vão te botar na cadeia. Você provoca muito além do que eles podem tolerar. Mais cedo ou mais tarde, vão te botar na cadeia."

Mais uma vez, contudo, nossa consciência humana dá um jeito. Não dá para seguir em frente com a ideia de que "eles vão me botar na cadeia" incomodando no íntimo. Eu a tirei da cabeça, mas ao mesmo tempo tenho consciência de tudo que faço. Posso afiançar que não lamento uma única coisa que tenha feito. Continuarei a convocar as pessoas a participarem de ações coletivas, inclusive exercendo o direito de livre associação.

As pessoas têm o direito legal de se insurgir contra esse poder ilegal e corrupto, contra essa junta que roubou e se apropriou de tudo que podia, que mandou trilhões de dólares para fora do país em forma de petróleo e gás. E que benefício *nós* tiramos de tudo isso?

Vou repetir nesse tribunal as palavras que disse no fim do caso Kirovles. Nada mudou desde então. Olhando para baixo, nós permitimos que nos roubassem tudo. Permitimos que investissem o dinheiro roubado em algum lugar na Europa. Permitimos que nos fizessem de gado. E o que ganhamos? O que vocês receberam como pagamento, enquanto olhavam para baixo? Nada! Temos um sistema de saúde? Não, nada de sistema de saúde. Temos educação? Não, nada de educação. Por acaso eles nos deram boas estradas? Não, não nos deram boas estradas. Vamos perguntar às secretárias quanto ganham. Oito mil rublos por mês. Talvez 15 mil, com as gratificações. Eu ficaria muito surpreso se os oficiais de justiça ganhassem mais de 35 ou 40 mil rublos por mês.

O paradoxo é que diariamente dezenas de vigaristas roubam tudo de nós e de vocês — e nós permitimos! Pois bem, não vou tolerar. Volto a dizer que continuarei de pé aqui, o tempo que for necessário, seja a um metro de distância dessa jaula, seja dentro dessa jaula. De cabeça erguida. Existem coisas mais importantes na vida.

---

* A sede dos serviços de segurança, antes a KGB, hoje o FSB.

Vou dizer de novo: o truque deu certo, com a minha família, com meus entes queridos. Não esqueçam, no entanto, que eles me apoiam em tudo. Mas nenhum deles pretendia entrar para a militância política. Então não há absolutamente necessidade alguma de mandar meu irmão para a cadeia por oito anos, ou por qualquer tempo que seja. Ele não queria se envolver em política. Vocês já causaram suficiente dor e sofrimento à minha família com isso. Não há a menor necessidade de insistir. Como já disse, fazer pessoas de refém não vai me impedir. Mas ao mesmo tempo não entendo por que as autoridades acham que agora precisam matar esses reféns.

Talvez pareça ingênuo, e sei que o normal é rir com ironia e debochar dessas palavras, mas exorto todo mundo a não viver na mentira. Não há outro caminho. Não pode haver outra solução no nosso país, hoje.

Quero agradecer a todos pelo apoio. Exorto todos a não viverem na mentira. Quero dizer em alto e bom som que podem me isolar, podem me prender, mas outra pessoa vai se levantar e tomar o meu lugar. Eu não fiz nada original nem difícil. Qualquer um pode fazer o que eu fiz. Não tenho a menor dúvida de que haverá pessoas na Fundação Anticorrupção e outros também que vão prosseguir exatamente pelo mesmo caminho, quaisquer que sejam as decisões dos tribunais — tribunais cuja única razão de ser é dar uma aparência de legalidade a esse processo. Obrigado.

Anatoly e Lyudmila Navalny com o recém-nascido Alexei, 1976.

Lyudmila, Anatoly, Alexei (em pé) e seu irmão Oleg (à frente).

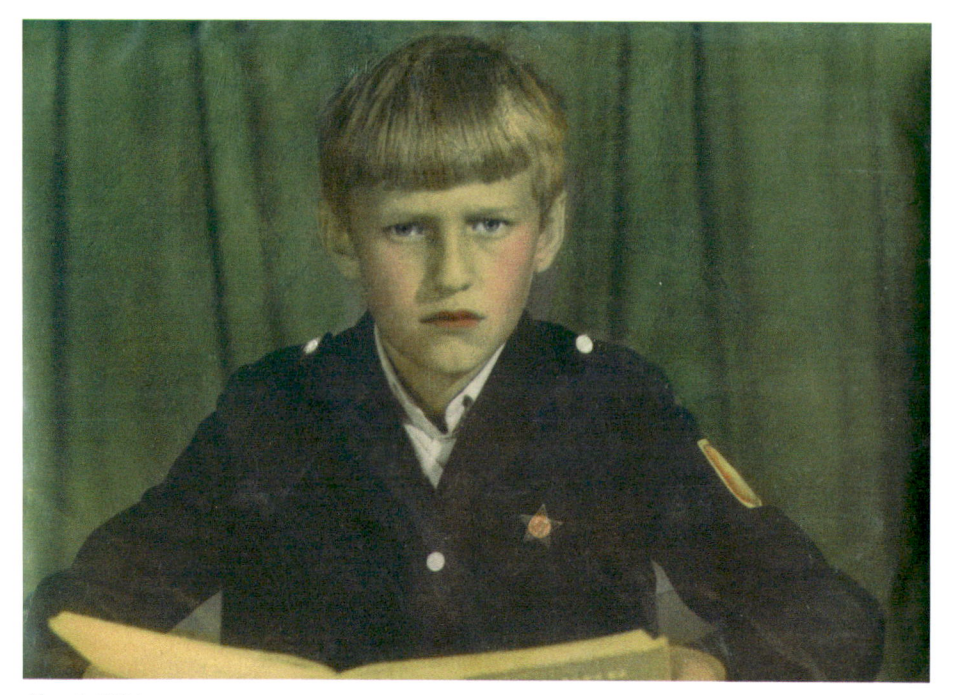

Alexei, 1984.

Alexei, 1992. Na parede atrás dele, pôsteres de bandas russas de rock.

Alexei e Yulia antes de se casarem, 1999.

No casamento, 2000.

Alexei com seu filho Zakhar, 2010.

Com Yulia na corte de Kirov imediatamente após ser solto, 2013. (Evgeny Feldman)

Alexei (abaixo, no centro) distribui autógrafos depois de conversar com apoiadores durante as eleições majoritárias de 2013. (Evgeny Feldman)

Vladimir Ashurkov (esquerda), Alexei e Leonid Volkov em Moscou, no dia das eleições presidenciais de 2013. (Maxim Shemetov/Reuters/Scanpix)

Alexei e Oleg durante o julgamento da Yves Rocher em 2014, quando ambos foram injustamente acusados de crimes contra o Estado. (Sergei Karpukhin/Reuters/Scanpix)

Alexei com a filha Dasha, 2015. (Alexei Konstantinov/APE agency)

Alexei com a família, 2016. (Alexei Konstantinov/APE Agency)

Alexei é detido pela polícia durante um protesto em 2017. Em seguida, foi condenado a quinze dias na prisão. (Evgeny Feldman)

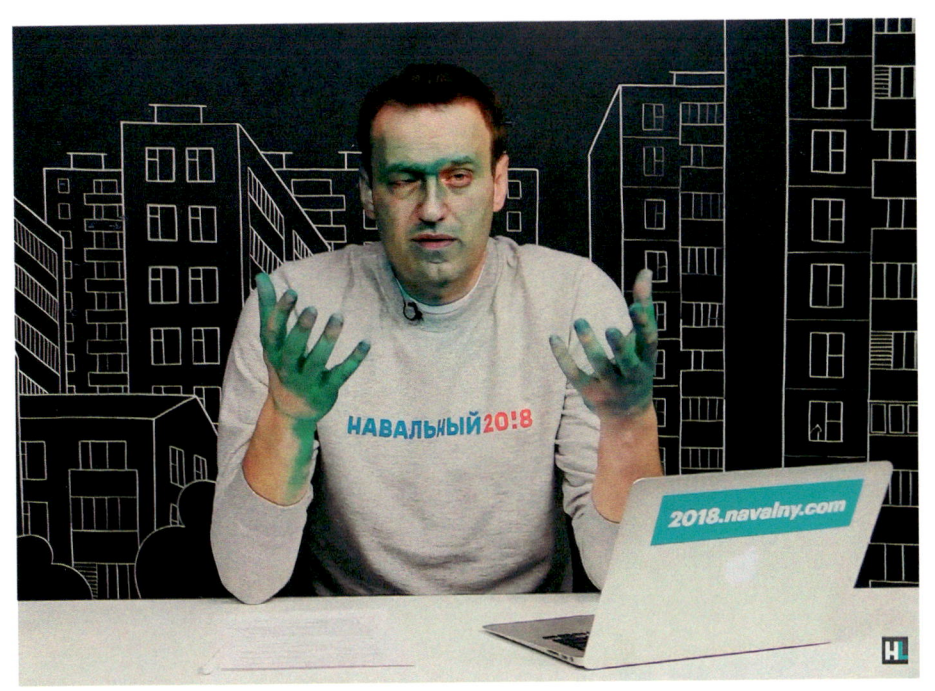

Alexei em uma live em 2017, logo após ser atingido no rosto por um líquido tóxico durante um ataque. Na ocasião, ele quase perdeu a visão de um olho.

Alexei em outra live, uma semana após o ataque.

Alexei, Yulia e Zakhar em um comício em Moscou, 2017. A polícia o cercou e o escoltou para fora sem dar explicação alguma, impedindo-o de discursar. Durante esse período, ele ainda se recuperava da cirurgia no olho. (Evgeny Feldman)

Alexei em um comício em Omsk durante a campanha presidencial, 2017. (Evgeny Feldman)

Alexei e seus colegas se dirigindo à Comissão Eleitoral Central para submeter documentos da candidatura à presidência da Rússia, 2017. (Evgeny Feldman)

Alexei no comício da "greve de voto", após ser impedido de concorrer à presidência em 2018. Ele foi detido no comício e passou quinze dias preso. (Evgeny Feldman)

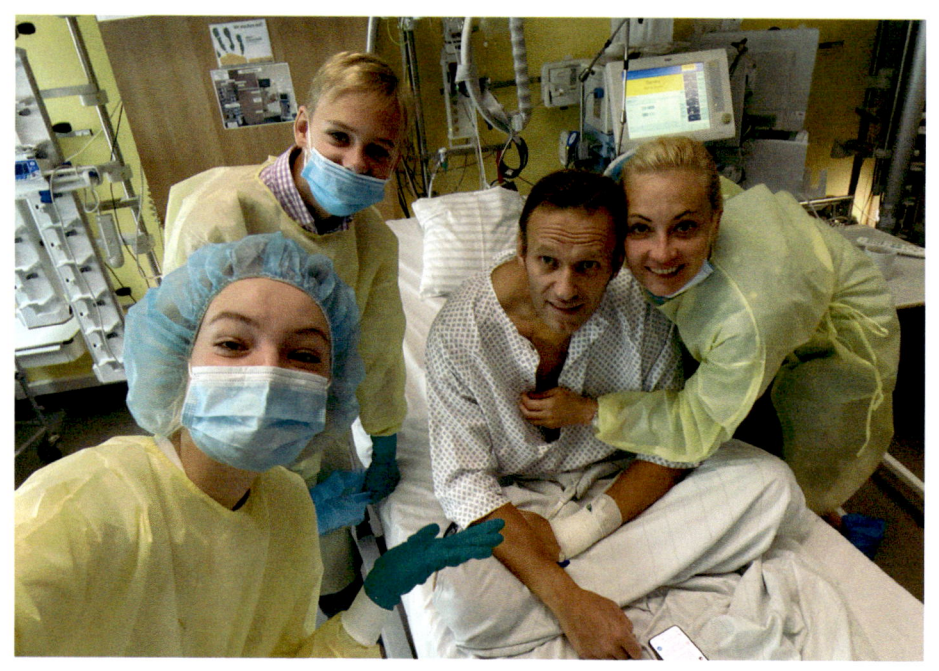

Alexei e a família na clínica Charité em 2020, logo após acordar do coma em decorrência do envenenamento por *novichok*.

Alexei e a família durante a reabilitação após o envenenamento.

Alexei com a família, 2020.

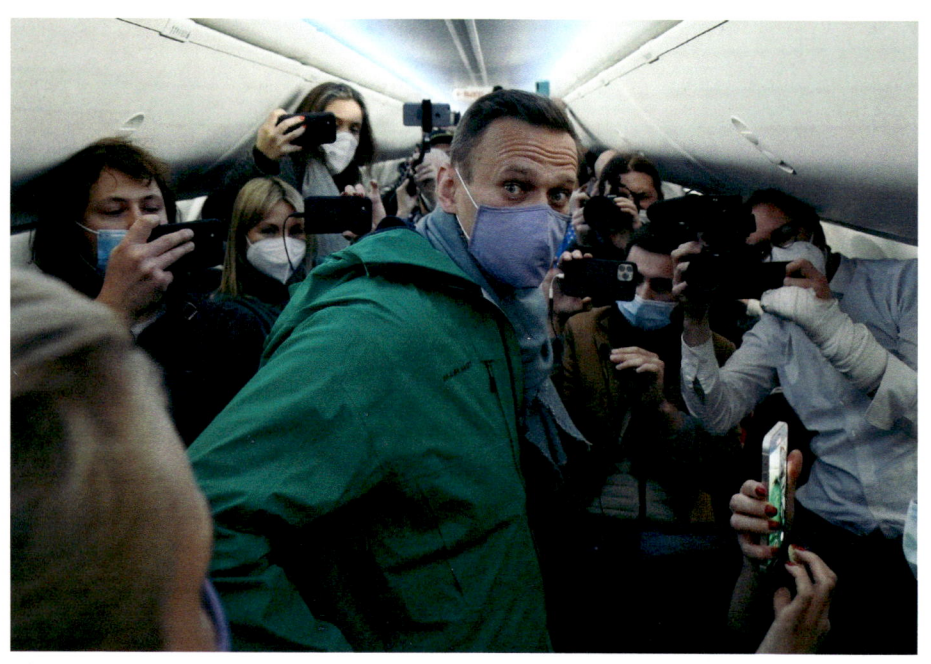

Alexei retorna a Moscou em 2021 após cinco meses de recuperação na Alemanha. (Mstyslav Chernov/AP/East News)

Alexei diretamente da prisão, durante um dos seus julgamentos, 2022. (Denis Kaminev/AP/East News)

16

Durante a minha prisão domiciliar, aconteceu algo sério e muito desagradável. Em março de 2014, o meu blog no LiveJournal foi bloqueado por ordem do Serviço Federal Russo de Supervisão das Comunicações, da Tecnologia da Informação e dos Meios de Comunicação de Massa (Roskomnadzor) e da promotoria. Apagaram meu blog e até cópias do que eu tinha escrito em outros sites. Quando os assinantes tentavam entrar na minha página, viam a imagem de um carneiro com cara de surpresa e o aviso "Erro 451: o acesso a esta página foi proibido pelas autoridades do seu país", o que me colocava diante de um enorme problema.

No ano anterior, o meu LiveJournal atraíra 20 milhões de visitantes individuais. Muitos o liam diariamente. E agora, num momento particularmente importante, três dias antes do referendo de Putin na Crimeia e da anexação do território, ele decidira resolver muitos dos problemas que enfrentava, inclusive o da mídia independente. Ao longo de alguns meses, toda uma série de recursos, blogs e sites foi varrida do mapa, entre eles a principal fonte de notícias do país, Lenta.ru.

Resolvi evitar as plataformas existentes de hospedagem de blogs, pois sabia que, se a promotoria exigisse, impediriam o acesso à minha conta de uma hora para outra. Criamos, então, um site independente, para onde foi transferido o meu blog. Com isso, perdi mais da metade dos leitores, e sabia que em algum momento esse site também seria bloqueado. Por mais que eu sugerisse que as pessoas usassem um VPN, por mais que recorresse a links alternativos e redirecionadores, eu sabia que não se dariam ao trabalho. Uma coisa é ler minhas postagens on-line, outra muito diferente é tentar acessar um site bloqueado, recorrendo a tecnologias complicadas e trabalhosas. Eu tinha que achar um meio de contornar a situação. Era importante que meu trabalho fosse acessível. Depois da prisão domiciliar, decidi testar os vídeos. O único problema era que a ideia de ter que aparecer me horrorizava.

Eu adoro escrever. Desde que me lembro, sempre fui um homem de letras. Mas fazer vídeos é bem diferente. Eu era capaz de redigir um roteiro, mas recitá-lo na frente de uma câmera era outra coisa. Além do mais, é muito mais complicado produzir um vídeo do que escrever uma postagem. São necessárias pessoas especialmente treinadas — operadores de câmera, técnicos de som, editores — e toda uma parafernália técnica e de iluminação. E um estúdio.

E chega o momento de juntar tudo isso, a parte mais dolorosa. No início, não havia maior tortura para mim do que assistir às minhas gravações, principalmente quando eu queria demonstrar alguma coisa, montar um personagem ou contar uma piada; era fisicamente doloroso. Essa sensação ainda não passou de todo.

Seja como for, entendi que os vídeos tinham se tornado a única maneira de alcançar um público amplo. Se quiser atrair mais pessoas — e é exatamente o que desejo —, vou ter que fazer vídeos, apesar do incômodo. O fato é que os russos entram na internet em busca de uma alternativa à televisão. A vasta maioria da população — gente inteligente — não gosta de ler. São pessoas que querem assistir a alguma coisa. Quando percebi isso, fiquei muito contrariado, mas assim são as coisas.

Você pode realizar uma excelente investigação, pode escrever um artigo interessante, ou mesmo brilhante, com humor e num estilo espirituoso, contendo os mais variados tipos de fatos, fotografias, diagramas, informes bancários e outras provas, mas, na melhor das hipóteses, será lido por 1 milhão de pessoas. Mas, se fizer um vídeo banal, sentado a uma mesa com um pano de fundo preto e os mesmíssimos diagramas, fotografias e informes, será visto por 2 milhões de pessoas. Mais que isso, se puser um drone para voar por cima de uma *dacha* oficial e escrever uma história interessante para acompanhar, além de uns gráficos divertidos, terá 6 milhões de expectadores.

Nosso domínio do YouTube começou com a investigação sobre o procurador-geral Yury Chaika. Não era apenas uma história de corrupção, mas também sobre as ligações entre a Procuradoria-Geral e o crime organizado.

A primeira coisa que descobrimos foi que o filho mais velho do procurador-geral, Artyom, vivia (para empregar um eufemismo) uma vida que não conseguiria bancar. Coisas assim eram muito comuns. Descobrimos que ele tinha um hotel de luxo e algumas mansões na Grécia e uma casa na Suíça, além de contas em bancos estrangeiros. Mais tarde, ficamos sabendo que o procurador estava cercado de toda uma máfia. Artyom era proprietário do hotel junto à esposa do vice do seu pai. Ela, por sua vez, investira num negócio com as esposas dos dois maiores criminosos da região de Krasnodar, membros de uma gangue chamada Tsapki. Essa gangue mantivera toda uma cidade sob regime de terror durante décadas, com assaltos, extorsão, estupros e assassinatos que eram comentados no país inteiro. Saiu no noticiário que os bandidos da Tsapki haviam invadido a casa de um empresário e matado as catorze pessoas que lá se encontravam, entre elas um bebê. Em seguida, queimaram os corpos. A Procuradoria-Geral protegeu essa gangue durante anos e se recusava a formalizar acusações contra ela.

Quando tomamos conhecimento de tudo isso, ficamos chocados. Até que se revelou que o próprio filho do procurador-geral estava envolvido num homicídio. Ele queria assumir o controle da companhia de transporte fluvial da Sibéria. O diretor da empresa declarou numa entrevista que Artyom tentara chantageá-lo e amedrontá-lo; dois dias depois, ele foi encontrado enforcado na garagem. Nenhum processo penal foi aberto. A morte foi registrada como suicídio, embora a autópsia tenha revelado que as mãos dele estavam amarradas e que as marcas no pescoço só poderiam ter sido causadas por morte violenta.

O vídeo da nossa investigação foi assistido por mais de 5 milhões de pessoas só nos primeiros dias, um número inédito em 2015 para uma reportagem política em russo no YouTube.

Depois do sucesso do vídeo sobre Chaika, começamos a lançar esporadicamente filmes sobre acontecimentos políticos, nosso trabalho e notícias em geral. Não havia um padrão. Embora achasse que no YouTube teria um grande futuro, eu não conseguia me forçar a fazer vídeos regularmente. E assim foi até lançarmos um vídeo da investigação que fizemos sobre o vice-primeiro-ministro Igor Shuvalov.

Não há absolutamente nada normal no estilo de vida de Shuvalov. Já sabíamos que ele tinha um palácio em Moscou, o tipo de residência que a gente imagina que seja habitada por um conde; dez apartamentos num monumental arranha-céu da era Stálin, com vista para o Kremlin;

um gigantesco apartamento em Londres que custou 11 milhões de libras, à beira do Tâmisa; uma mansão na Áustria; e alguns Rolls-Royces.

Mas até nós ficamos perplexos com o que descobrimos. Revelou-se que ele gosta de criar cães da raça corgi e que eles também levam uma vida de luxo. Descobrimos que Shuvalov possuía um jato particular, analisamos as rotas dos voos e ficamos sabendo que ele não transporta apenas o vice-primeiro-ministro, mas também, em outros momentos, seus animais de estimação, quando participam de competições caninas internacionais.

Era uma história tão incrível que tínhamos que fazer um filme. Contratamos um ator da mesma raça, um cãozinho superfofo e obediente que ficava deitadinho na mesa ao lado, enquanto eu falava de Shuvalov. Meses depois ainda encontrávamos pelos em vários cantos do escritório.

Depois desse, começamos a fazer videoclipes regularmente, duas vezes por semana. Ainda era difícil competir com a televisão, com suas transmissões ininterruptas, mas mesmo assim o meu canal era cada vez mais visto. No metrô, alguém podia assistir no celular a um vídeo que eu havia feito.

Eu sempre me queixava da dificuldade de ler um roteiro em frente à câmera, mas o que dificultou ainda mais foi que nossos vídeos se tornavam cada vez mais sofisticados. As exigências do público aumentavam, assim como a concorrência: seguindo o nosso exemplo, muitos políticos de oposição e jornalistas tinham começado a fazer vídeos, o que nos obrigava a encontrar um novo ângulo constantemente.

Hoje, gravamos menos clipes no estúdio e passamos a filmar o que são praticamente documentários. Em dado momento, fizemos um filme sobre o promotor moscovita Dênis Popov. Durante anos, ele fora responsável pelos processos contra nossos militantes, supervisionando detenções nas manifestações, impondo multas e mandando pessoas para a prisão por participarem de protestos pacíficos. E sua família, como acontece com tantos funcionários corruptos, vive no Ocidente, onde mantém negócios. Um deles é uma empresa em Montenegro que aluga e é dona de apartamentos. E assim nós alugamos um deles e fomos a Montenegro, onde fizemos um filme como hóspedes do herói da nossa história. Enquanto filmávamos a maravilhosa vista da varanda, descortinando o mar, uma amiga do promotor estava na varanda ao lado. Ela cuida da propriedade no lugar dele. Eu tive que discorrer quase sussurrando sobre o estilo de vida do promotor Popov, para que ele não descobrisse nossa investigação antes que ela fosse postada.

Tudo isso é muito divertido, mas exige muito tempo. Você chega ao local, encontra o melhor ângulo para a filmagem, prepara o enquadramento com esmero, diz um parágrafo do roteiro de cor — e aí começa a chover, e você tem que ficar esperando para começar tudo de novo. Depois segue para nova locação e repete tudo. E, se estiver contando piadas, aí mesmo é que a coisa fica arriscada. É preciso ensaiar a piada, fazer de tudo para ficar engraçada. Pode até ser engraçada, mas só quando você acabou de pensar nela e a contou pela primeira vez. Depois de repetir umas cem vezes, dá vontade de chorar. Tenho pena dos meus pobres editores, que precisam ficar repassando as tomadas durante horas.

E então tive que enfrentar outra tortura: o Instagram. Eu não aguentava, achava que alguém tinha inventado aquilo só para todo mundo postar selfies e fotos das férias à beira-mar. Realmente não é para mim (embora eu adore praia), e durante muito tempo eu nem chegava perto. Mas acabei reconhecendo o potencial. O fator decisivo foram… as mulheres. Durante muito tempo, 70% do público dos nossos projetos e investigações era constituído de homens. As mulheres não liam o que eu escrevia, não assistiam aos vídeos e aparentemente não se interessavam por política. Mas, quando comecei a postar no Instagram, ficou claro que todo mundo se interessa por política, e que as mulheres estão tão dispostas quanto os homens a fazer alguma coisa. Na verdade, mostram-se muito mais resistentes: não se amedrontam com a mesma facilidade; são mais persistentes e, não raro, mais radicais.

Agora estou lutando com o TikTok. É como se a história se repetisse. Tive que começar a escrever (e adorava), mas todo mundo queria vídeos, então comecei a fazer filmes. Bastou eu me acostumar a filmar, e precisei aprender a usar o Instagram. Estou constantemente pedindo a alguém: "Tire minha foto assim; não, melhor assado; não, de outro ângulo; não, assim eu pareço estranho." E aí o TikTok entra na minha vida. Passando os olhos por lá, às vezes sinto vergonha da humanidade. Mas funciona! É onde um monte de gente tem acesso a notícias sobre política. Então agora tem vezes em que eu danço e até abro a boca (fingindo cantar) com fundo musical. Verdade que muitas vezes fico resmungando feito um vovô com saudade dos velhos tempos, quando as pessoas liam livros, mas mesmo assim faço vídeos no TikTok.

Minha válvula de segurança é o Twitter, minha rede social favorita. Escrevo muito nele, sobre todos os assuntos: aí vai a última notícia, aí vai o que penso a respeito e aí vai o bolinho que acabei de comer. Com creme azedo.

17

"Oi, aqui é o Navalny. Como você é assinante do meu canal, será a primeira pessoa a saber: estou concorrendo à eleição para a presidência da Rússia." No dia 13 de dezembro de 2016, cerca de 1 milhão de pessoas receberam este e-mail, acompanhado de um vídeo, por estarem inscritas numa das malas diretas da Fundação Anticorrupção.

Para mim, a questão não era saber se eu disputaria ou não a eleição. Eu lutava para ser o líder deste país, logo, tinha o dever de participar da eleição presidencial. Sabia que as pessoas esperavam que eu tomasse essa decisão e não queria decepcioná-las.

Optei por fazer o anúncio de que concorreria desse modo incomum. Não haveria entrevista coletiva.

Na época, eu já fazia vídeos com regularidade, embora ainda não tivéssemos um estúdio. Eram todos gravados no meu escritório, com a parede como pano de fundo. Dessa vez, contudo, queríamos que o vídeo tivesse um ar "presidencial" e, assim, alugamos um escritório num dos arranha-céus da área de Moscow City.* A reserva foi agendada sob um nome falso, pois a gravação tinha que ser feita em total segredo. Naquela manhã, a equipe apareceu com uma tonelada de equipamentos, mas conseguimos evitar qualquer vazamento.

Atrás de mim havia um janelão com vista para a cidade coberta de neve e, na mesa ao lado, fotos da minha família. Eu levara algumas gravatas, para poder escolher. Eram de cores e larguras diferentes, e decidimos por uma azul e larga. Só depois da divulgação do vídeo me dei conta de que tinha subestimado a importância da escolha. "Apoio totalmente sua decisão de concorrer, Alexei, mas sua gravata é bem antiquada" era o típico comentário indignado que eu recebia.

---

* A recém-construída área empresarial de Moscou.

Levei horas para gravar esse vídeo curto. Tentei com e sem *teleprompter*, para ficar mais natural. Mas só conseguia fazer a equipe inteira ranger os dentes enquanto me esfalfava, tropeçando numa frase pela quinquagésima vez. Esse vídeo era muito importante para mim, e eu estava nervoso. Ainda por cima, tínhamos tempo contado para gravar, pois à noite eu pegaria um avião para Kirov.

O Tribunal Europeu de Direitos Humanos havia considerado ilegal a sentença que me fora imposta no caso Kirovles. Em consequência, a Suprema Corte da Rússia a anulou, determinando novo julgamento. A primeira audiência do novo processo estava marcada para o início de dezembro. A sala do tribunal parecia um *remake* ruim de um filme péssimo. Tudo exatamente como antes: a mesma sala, o mesmo réu, as mesmas testemunhas fornecendo as mesmas provas, os mesmos jornalistas; só o juiz era outro. E dessa vez fomos de avião, em vez de pegar o trem. Mais uma vez precisei me deslocar entre Kirov e Moscou.

No fim da noite de 12 de dezembro, peguei o avião de volta a Moscou e fui para um hotel. Estávamos fazendo segredo a respeito do vídeo, então o gravamos com uma equipe muito pequena, que nem sequer incluía um editor profissional. Mais uma vez, tínhamos reservado a sala usando um nome falso e até puxamos as cortinas, para que ninguém usasse um drone e filmasse o que estávamos fazendo. Um enorme computador já tinha sido instalado, e sentamos em torno dele à meia-luz, tentando entender o programa de edição de vídeo.

No dia seguinte, enviamos o vídeo para os meus apoiadores, e uma hora depois fiz uma declaração pública de que estava concorrendo à presidência. No primeiro dia, arrecadamos mais de 6 milhões de rublos, um recorde na época. No país inteiro, milhares de pessoas queriam aderir à nossa campanha.

O vídeo também foi assistido no Kremlin. Imediatamente depois do lançamento do meu nome, comecei a ser seguido por um grupo de encapuzados do FSB. E eles continuariam atrás de mim durante três anos, me vigiando e esperando a ordem para me matar.

O caso Kirovles, que já avançava com rapidez, passou a evoluir mais rápido ainda. Pela lei, uma pessoa acusada de delitos graves não pode concorrer a cargos públicos. O julgamento anterior tinha sido anulado, e o caso Yves Rocher não afetava minha participação na eleição. Apesar disso, as autoridades, querendo evitar o erro cometido em 2013 na eleição para a prefeitura de Moscou, precisavam de um pretexto formal para me impedir de concorrer, um que pudesse ser usado em caso de necessidade.

No dia 8 de fevereiro, Pyotr Ofitserov e eu fomos condenados no mesmo caso pela segunda vez. O objetivo do processo supostamente seria "reconsiderar" o veredito, mas, de qualquer modo, recebemos as mesmas sentenças, cinco e quatro anos, ambas também com suspensão condicional de pena. O texto do veredito era exatamente o mesmo que o anterior, até nos erros de digitação.

Isso não me deteve. Nos últimos anos, eles introduziam leis cada vez mais repressivas por minha causa; num dos julgamentos, inclusive, alguém soltou a piada: "O Navalny está sendo julgado por um 'código especial de processo penal'." Eu sabia muito bem que a decisão de me autorizar ou não a participar da eleição não seria tomada na Comissão Eleitoral Central (CEC), mas no Kremlin. Tínhamos que fazer muita pressão sobre as autoridades, a ponto de eles me deixarem disputar. Para isso, dispúnhamos de um ano: a eleição estava marcada para março de 2018, e o anúncio oficial dos candidatos seria feito em dezembro de 2017.

Assim como em 2013, entrei na disputa sem grande financiamento e na lista proibida dos meios de comunicação. Mas tinha por trás uma excelente equipe e centenas de milhares de seguidores ativos. Isso nos permitiria arrecadar dinheiro e romper a muralha da censura. Mais uma vez, Leonid Volkov foi o gerente da minha campanha. Resolvemos fazer uma turnê pelo país, algo nunca visto antes. Eu visitaria todas as grandes cidades. Também lançaria um programa semanal on-line. O programa, *Navalny às 20h18*, ia ao ar nesse horário, toda quinta-feira, e rapidamente se tornou o *stream* mais assistido no país.

Viajar pelo país não é fácil. As distâncias entre as cidades são enormes, e não há integração entre os meios de transporte. Para um percurso de avião entre as cidades siberianas de Tomsk e Omsk, é preciso passar por Moscou. (Claro que uma vez voei direto de uma cidade à outra, mas, como lembram, foi em circunstâncias especiais.) Usávamos muito os trens intermunicipais e urbanos, e alugávamos miniônibus. Era como se fôssemos uma banda em turnê: um dia você se apresenta numa cidade; no dia seguinte, em outra; e, enquanto viajávamos à noite por estradas em condições terríveis, uma parte da equipe botava o sono em dia enquanto a outra se preparava para o show seguinte.

Na verdade, estou pintando um quadro muito róseo. Muitas vezes eram dois eventos no mesmo dia.

Nas noites de quinta-feira, eu fazia a transmissão ao vivo no meu canal do YouTube, Navalny Live; e partíamos cedo na manhã de sexta-feira. Em geral voltávamos a Moscou na segunda-feira.

No fim das contas, fizemos duas turnês regionais, uma na primavera, outra no outono. Na primavera, abrimos nossas sedes regionais, centros de campanha em 82 cidades: alugamos escritórios e contratamos coordenadores e um par de assistentes para organizar o trabalho dos voluntários nas respectivas cidades. Eram semelhantes às células de um partido, mas não fomos autorizados a nos registrar como partido político.

Os "QGs do Navalny" eram a rede de oposição mais ampla e de crescimento mais rápido no país, deixando bem claro que o Kremlin tinha bons motivos para nos temer. Mesmo depois de encerrada a campanha eleitoral, os QGs de quarenta das cidades maiores continuaram funcionando por alguns anos, até meus seguidores serem etiquetados como "extremistas". Muitos dos que trabalhavam nos QGs se tornaram políticos populares em suas regiões. Lilia Chanysheva em Ufa e Ksênia Fadeyeva em Tomsk estavam entre as coordenadoras de maior destaque, constituindo excelentes exemplos do que deveriam ser os verdadeiros políticos: esforçadas, dedicadas ao trabalho, hábeis na organização e, mais importante de tudo, pessoas honestas. Mas também foram notadas pelo Kremlin. No momento em que escrevo, acusações criminais falsas foram levantadas contra as duas.

Eu me reunia com voluntários locais, fazia apresentações e respondia a perguntas. De que outras maneiras os voluntários gostariam de aderir à campanha? Em Moscou, os políticos gostam de falar do "pobre povo russo", mas seria difícil encontrar um que já tivesse ido a Biysk. Vamos ser francos, a maioria nem chegou a Ijevsk!* Não acredito que alguém possa se dizer líder de um país sem conhecê-lo profundamente.

Eu anunciei que visitaria todas as grandes cidades, e foi o que fiz. Apresentei meu programa nos mais diferentes lugares, entre eles um clube de informática, um hangar e um campo aberto. Antes dos encontros, apertava a mão de todos que haviam comparecido. Depois, tirava fotos com eles. Nas cidades maiores havia muitos voluntários. Por exemplo, apareceram

---

* Biysk fica 3.732 quilômetros a leste de Moscou; Ijevsk, 1.216 quilômetros.

mil pessoas em Perm, numa incrível manifestação de apoio, embora o evento fosse realizado em ambiente fechado. A sessão de fotos ao final se prolongou por três horas. Depois da campanha, eu poderia ter montado um curso de automação de selfies.

No outono, como disse, parti para uma segunda turnê pelas regiões. Dessa vez, não se tratava de abrir quartéis-generais, mas de ir ao encontro dos eleitores. Eram comícios. Alguns colegas iam na frente para montar o palco e o equipamento de som. Minha apresentação consistia num discurso seguido de perguntas e respostas.

As pessoas acham que é fácil para mim me levantar e tomar a palavra. E acho que dou mesmo essa impressão: falo alto e agito um bocado as mãos. Na realidade, não é assim. Nem posso dizer que ajudava muito o fato de muitas vezes estar repetindo, nesses comícios regionais, as mesmas coisas que já dissera antes.

Mas o momento de perguntas e respostas era diferente. Quando se está falando, é muito difícil avaliar as reações, mas, quando começam as perguntas, você sabe exatamente em que pé as coisas estão. Tem início um diálogo. Você entende quais questões mais preocupam o pessoal da região. Eu me preparava para cada evento, e os colegas me entregavam anotações a respeito dos problemas locais, mas eu só relaxava quando entrava num autêntico debate.

Algumas pessoas se limitavam a ficar de queixo caído: um político se despencou de Moscou até aqui! E nem é alguém que a gente conhece da televisão, mas pela internet; e, além disso, um sujeito que praticamente foi banido — bem, assim fica até mais interessante! Alguém podia me fazer uma pergunta particularmente complicada. Um ou outro estaria presente por me apoiar há muito tempo. Eventualmente aparecem deputados regionais do Rússia Unida, que tentavam discutir comigo berrando alguma coisa. Como sabem, tenho uma queda especial por essas pessoas. Chamava-as ao palco e começava a debater com elas na frente de todo mundo. No fim do debate, em geral, até os mais severos e céticos na audiência já simpatizavam comigo.

Embora cada um desses comícios fosse diferente — em alguns lugares eu sentia que o público estava comigo, em outros precisava conquistá-lo —, logo entendi que certos temas eram infalíveis para quebrar o gelo. Um deles era a dívida da Rússia com outros países, que Putin queria saldar. Minha promessa de cancelar imediatamente essas dívidas se fosse eleito presidente encontrava instantânea aprovação. Outro tema (na verdade, o que fazia maior sucesso) começava comigo perguntando: "Qual é o salário médio aqui na região?" Quase sempre a resposta era "12 mil rublos" ou "15 mil rublos". "Mas vocês sabem", eu prosseguia, "qual é o salário médio aqui segundo o Serviço Federal de Estatísticas do Estado? Quarenta e cinco mil rublos. Parece real?". Vinha então uma explosão de gargalhadas, seguida de gritos de fúria. Não havia uma única cidade em que o salário "oficial" não fosse pelo menos o dobro do real.

Apesar da programação intensa, essas visitas davam um retorno impressionante. As pessoas valorizavam muito o fato de um presidenciável ter ido conversar com elas e postavam as fotos dos nossos comícios no Instagram, ampliando minha audiência. Eu precisava dos votos da geração mais velha, e, como não tinha acesso à TV, a única maneira de alcançá-los era pessoalmente.

Nas viagens, eu era acompanhado por um grupo de envenenadores do FSB. Embora passassem despercebidos, outros muito mais óbvios também vinham atrás de mim.

O Kremlin entendeu que estávamos fazendo uma campanha bem-sucedida, apesar de não termos dinheiro nem acesso à mídia, e assim decidiu passar ao ataque. Tornou-se um hábito encontrar no aeroporto de cada cidade uns paus-mandados contratados pela presidência do país para jogar ovos em mim, o que muitas vezes acontecia nos comícios também. Não era muito agradável ter que tirar cascas de ovo do casaco. Depois de umas duas vezes, comecei a levar comigo uma muda extra de roupas. Mas esses eram incidentes sem importância. Certa vez, quando eu me encontrava com voluntários no QG de Volgogrado, fomos agredidos por trinta cossacos e capangas. Tentaram me arrastar para fora pelas pernas, enquanto os apoiadores me puxavam para dentro pelos braços. Parecia a antiga punição do esquartejamento, quando uma pessoa era amarrada a dois cavalos, que em seguida eram açoitados para partirem em direções opostas. Difícil esquecer a sensação.

As forças policiais locais também faziam o possível para atrapalhar. Nosso micro-ônibus era retido pelo controle de tráfego a pretexto de uma "operação antiterrorismo", e nós, cansados e famintos, éramos obrigados a esperar durante horas. Outra tática muito empregada na batalha para impedir um comício era anunciar um alerta de bomba no prédio onde ele ocorreria. Eles também ameaçavam os proprietários dos imóveis que alugávamos, para que nos impedissem de usar as instalações. Em consequência, fiz comícios em lugares exóticos, como um escorrega infantil, um banco e um enorme monte de neve.

Em Barnaul, por exemplo, não fomos autorizados a entrar no prédio alugado porque o locador se assustou com o tamanho da multidão. Assim, ficamos do lado de fora: eu, minha equipe, mergulhada em confusão, e centenas de voluntários da campanha. Eu não pretendia de jeito nenhum cancelar o comício. Estávamos no dia 20 de março. As ruas tinham sido limpas, mas havia enormes montes de neve na calçada. Eu subi num deles e de lá conduzi o comício, com os voluntários.

Vale mencionar que não foi uma apresentação comum, pois fiz meu discurso com a cara toda verde. Quando estava a caminho, um sujeito veio correndo na minha direção, como se fosse um dos simpatizantes, e, enquanto eu tranquilamente estendia a mão, jogou algo no meu rosto. Doeu tanto que de início pensei "Ácido!". Mas na verdade se tratava da solução antisséptica verde conhecida como *zelyonka*. A não ser pelo fato de, com aquela cara, ficar parecendo uma mistura de Fantômas* e Shrek, não aconteceu nada terrível, e todo mundo se divertiu muito quando eu apareci daquele jeito. De Barnaul, segui direto para Biysk, a cidade vizinha onde fora preparado meu segundo comício do dia. As selfies tiradas comigo nessas duas cidades seriam as mais vistas.

Levei três dias para limpar o *zelyonka*.

Eles ainda tentaram outros métodos. Um belo dia, nosso QG em Moscou foi tomado por um grupo de jovens bem estranhas. Por sorte, eu não estava presente. Visualizem a cena: as pessoas estavam trabalhando tranquilamente no escritório quando irrompeu um grupo de mulheres trajando calcinhas de látex e fardas policiais erotizadas segurando bastões, chicotes e algemas. Com uma atitude vulgar, atiravam-se em cima das pessoas, todas chocadas, e registravam tudo com uma câmera. O que se poderia fazer? Seria meio estranho telefonar para a polícia de verdade, e de qualquer maneira não teria ajudado. Meus colegas conseguiram conduzi-las para fora com educação. Mais tarde, os vídeos gravados por elas apareceram em todos os meios de comunicação controlados pelo Kremlin.

---

* Do filme francês homônimo de 1964.

Eu queria saber quem as havia mandado. Pedi à chefe da nossa equipe de investigação, Maria Pevchikh, que descobrisse quem eram aquelas mulheres e de onde tinham saído. Encontrá-las nas redes sociais foi moleza. A líder do grupo erótico era uma jovem da Bielorrússia chamada Nástya Rybka. Trabalhava como acompanhante, mas não achava ruim receber dinheiro dos estrategistas políticos do Kremlin. Em sua conta do Instagram, ao lado das fotos posando nua, postava *stories* sobre como havia seduzido um oligarca. E também fotos suas ao lado do oligarca — na realidade, tantas que ficava claro que não podiam ser falsas. O oligarca era Oleg Deripaska. Sua vida privada não nos interessava, e poderíamos ter esquecido a descoberta, não fosse o fato de, num dos vídeos, registrado num iate onde Nástya curtia a vida com Deripaska, Maria ter notado a presença do atual vice-primeiro-ministro, Sergei Prikhodko. Ele aparecia na imagem por apenas alguns segundos, e depois sua voz também era ouvida tão brevemente quanto, mas nossos investigadores estão preparados para reconhecer essas pessoas. Prikhodko era muito influente no campo das relações internacionais, tendo trabalhado primeiro como assessor de Bóris Yeltsin e depois para Putin, em seguida dirigindo o gabinete presidencial de Dmitri Medvedev. E lá estava ele, passeando num iate com o oligarca Deripaska e dezenas de prostitutas. Um exemplo de corrupção que poderia ter saído direto do manual. Fizemos um vídeo que foi assistido por mais de 10 milhões de pessoas.

No breve áudio da conversa entre Deripaska e Prikhodko, dava para ouvi-los falando das relações entre a Rússia e os Estados Unidos. Especificamente, referiam-se à então secretária de Estado para a Europa e a Ásia, Victoria Nuland. Pouco antes de publicarmos o vídeo, os norte-americanos ficaram sabendo pelo noticiário que o chefe do comitê eleitoral de Donald Trump, Paul Manafort, recebera milhões de dólares de Deripaska em troca de informações sobre o que acontecia na campanha do então candidato. Esta viria a ser uma das provas da interferência russa nas eleições presidenciais dos Estados Unidos. Na época, encarei a coisa com certo ceticismo. Eram apenas histórias; Deripaska não tinha nenhuma ligação real com Putin. Mas de repente entendi como funcionava: lá estava um funcionário do governo Putin num iate, prestando atenção em tudo. E, assim, graças às meninas que armaram seu showzinho ridículo no nosso escritório, tínhamos virtualmente um Watergate russo! Devo assinalar, contudo, que, ao contrário do verdadeiro escândalo Watergate, nesse caso não houve consequências para os envolvidos.

De qualquer maneira, não obstante os melhores esforços do Kremlin, o plano não funcionou. Esses ataques contra nós só contribuíam para destacar nossa presença e geravam mais apoio ainda.

―――

Moscou, 27 de abril de 2017. Eu estou saindo do escritório e — BANG! — não vejo mais nada; meus olhos ardem e sinto uma dor insuportável. Meu primeiro pensamento foi: "Dessa vez, é ácido mesmo. Ficarei parecendo um monstro até o fim dos meus dias." Mas, quando tirei a mão do rosto, vi que estava verde. Ufa, é só *zelyonka* de novo.

Fiquei cego de um olho. Primeiro, tentei lavar o rosto. Depois do incidente em Barnaul, me tornara um especialista em lavar *zelyonka*. Tínhamos sempre no escritório frascos de água micelar e ácido fórmico (a melhor mistura para essa finalidade). Infelizmente, dessa vez não funcionou. Meu olho direito ficou esverdeado, assustador, e doía ainda mais. Chamamos um médico, que me aplicou uma bandagem e disse que eu deveria procurar um hospital imediatamente. Mas era quinta-feira. Eu tinha que levar meu programa ao ar, e, se o Kremlin achava que assim poderia me deter, estava enganado.

Minhas roupas estavam cobertas de *zelyonka*. Vesti um blusão de moletom e me sentei diante da câmera com o rosto verde e um olho inchado que não eu conseguia abrir.

Dezenas de milhares de pessoas assistiram ao programa ao vivo naquela noite, e no total ele foi visto por 2 milhões. Eu esperava que o olho melhorasse aos poucos, mas isso não aconteceu. No dia seguinte, os médicos disseram que era improvável que eu recuperasse a visão. O *zelyonka* fora misturado com algum veneno, que queimou a minha córnea.

Durante alguns dias, tive que ficar num quarto com as cortinas fechadas, pois a luz machucava meus olhos. Na quinta-feira seguinte, apresentei o programa com um tapa-olho preto, parecendo um pirata. Tinha sido avisado de que a iluminação do estúdio poderia acabar de vez com o meu olho. Seria possível passar por uma cirurgia na Espanha, onde havia equipamentos inexistentes em Moscou, mas eu não podia sair da Rússia. Há seis anos me recusavam um passaporte.

O atentado com *zelyonka* fora registrado por câmeras de vigilância, e os rostos dos responsáveis apareciam claramente. Mas no dia seguinte ficamos sabendo que se tratava de um grupo de provocadores enviado pelo Kremlin. Eu apresentei queixa, mas claro que nenhum processo foi aberto. Embora os nomes e até os endereços dos que me haviam agredido logo tivessem aparecido em toda a internet, a polícia disse que seria "impossível" descobrir quem eram.

Dessa vez, contudo, o Kremlin entendeu que tinha ido longe demais. Acredito que a combinação da inércia policial com a indignação dos meus seguidores teve algum impacto. Eles se deram conta de que o atentado não ia me deter e de que o apoio a mim estava crescendo. Em apenas um dia, como se alguém tivesse tirado do bolso uma varinha mágica, emitiram o meu tão esperado passaporte. Fui operado em Barcelona, onde os médicos conseguiram salvar a minha visão.

Houve outras tentativas de interferir na minha campanha. O leitor há de reconhecer que não é fácil fazer campanha quando o candidato está numa penitenciária: ao longo desse ano, passei dois meses preso (e o Kremlin gostou tanto que no ano seguinte passei três). A primeira vez que me prenderam durante a campanha presidencial foi depois das manifestações em torno do filme *Don't You Dare Call Him "Dimon"* [Não ouse chamá-lo de "Dimon", em tradução livre]. Vou explicar.

No dia 26 de março de 2017, Moscou acordou com notícias surpreendentes do leste do país. Milhares de pessoas se manifestavam nas ruas de Vladivostok, depois em Khabarovsk e logo também em Novosibirsk e Yekaterimburgo, e no fim em mais de cem cidades. Carregavam tênis coloridos e patos amarelos infláveis. Dezenas de milhares foram às ruas em Moscou e São Petersburgo. Inclusive eu. Verdade que o meu protesto não durou muito, talvez uns cinco minutos, possivelmente menos. Eu tinha desejado feliz aniversário ao meu filho, Zakhar, saí de casa e consegui chegar à Praça Púchkin, mas quase imediatamente fui agarrado e jogado num camburão. Não foi fácil para o motorista sair dali. Uma muralha de manifestantes cercou o veículo da polícia, impedindo a passagem.

Pela primeira vez se realizavam manifestações de massa por causa de uma investigação sobre atos de corrupção. Nós tínhamos posto o filme no ar no dia 2 de março de 2017. Eram denunciadas as práticas ilegais de Dmitri Medvedev — velho colega e amigo de Putin, desde a época em que trabalhavam no gabinete do prefeito de São Petersburgo, e primeiro-ministro na época da realização do filme. Medvedev fora o chefe do governo até 2008, então ele e Putin trocaram de lugar. Com isso, Putin evitava violar a constituição, que o proibia de cumprir um terceiro mandato consecutivo, mas ao mesmo tempo não abria mão do poder. Um truque primário. Após os quatro anos do mandato presidencial de Medvedev, um novo roque no xadrez do poder, e os lugares foram trocados outra vez.

Todo mundo zombava de Medvedev quando ele era presidente. Ele queria se passar por um liberal, abrindo os braços às novas tecnologias, aos jornais, à internet. Criou contas no Twitter e no Instagram, o que, para funcionários russos, era mais ou menos como viajar para a lua. (Putin não usa redes sociais nem sabe usar um computador. Considera a internet uma conspiração da CIA.) A única "realização" que se manteve depois dos quatro anos de Medvedev na presidência foi a mudança de nome da polícia, que até então se chamava "milícia".

Medvedev parecia inofensivo e inconsistente. Não se livrava dos apelidos Lamentável e Dimon (versão informal e às vezes depreciativa do seu nome). Durante uma entrevista, sua secretária de imprensa pediu com toda seriedade que ninguém chamasse Medvedev de "Dimon" na internet, insistindo no fato de o chefe ser uma pessoa séria e honrada.

Em princípio, assim, resolvemos dar a nossa investigação esse título. Revelou-se que Medvedev não era apenas um tolo, mas profundamente corrupto. Usava uma rede de fundações caritativas para tirar dinheiro dos oligarcas e registrar suas residências de luxo. Fomos secretamente visitar cada uma delas, lançávamos nosso drone de uma posição oculta e mostrávamos em detalhes como Medvedev vivia. Descobrimos sua enorme propriedade à beira do Rio Volga, na cidade histórica de Plyos. No meio de um grande lago dessa propriedade, mandara construir uma casinha de patos. Não sei por que o nosso público se agarrou a esse detalhe, mas, a partir de então, o patinho amarelo se tornou o símbolo tanto dessa investigação quanto dos protestos contra a corrupção em geral.

Os tênis viraram outro símbolo. Graças a eles conseguimos flagrar todo o sistema de corrupção de Medvedev. Em 2014, um grupo de hackers invadiu a caixa de entrada do primeiro-ministro e publicou os e-mails encontrados. Nós os examinamos detalhadamente e descobrimos que Medvedev era obcecado por tênis. Encomendava dezenas deles e mandava entregar no endereço do diretor-gerente de alguma fundação caritativa. Essas encomendas nos permitiram estabelecer a primeira ligação das fundações com Medvedev, e tudo mais decorreu dali: o chalé em Krasnaya Polyana, a propriedade na região de Kursk e os vinhedos na Toscana e em Anapa.

Medvedev registrou, em nome de uma dessas fundações, uma mansão em Rublyovka, o bairro mais caro das imediações de Moscou, onde moram funcionários de cargos importantes e oligarcas. Um deles, Alisher Usmanov, deu essa casa de presente à fundação de Medvedev. Depois que nossa investigação foi divulgada, o próprio Usmanov se envolveu inesperadamente na discussão. Ele gravou um dos vídeos mais estranhos que já vi. O título era "Eu cuspo em você, Alexei Navalny!". Sentado em seu famoso iate de 600 milhões de dólares, o *Dilbar*, um dos homens mais ricos do planeta declarou que, ao contrário de mim, levava "uma vida feliz", me chamando de "perdedor" e "idiota".

O próprio Medvedev reagiu à nossa investigação a seu respeito de maneira não menos estranha. Durante uma visita à fábrica de processamento de carne Tambov Bacon, improvisou uma entrevista coletiva, referindo-se à nossa investigação como "absurda, tenebrosa e uma salada de frutas", sem explicar de onde vinham as casas de campo, os vinhedos e as fundações de caridade. Ainda me acusou não só de investigar atos de corrupção para tirar alguma vantagem pessoal como de "tentar descaradamente fazer as pessoas votarem" em mim para presidente. Considerando-se que eu estava há quase quatro meses empenhado em uma campanha eleitoral, não era exatamente uma revelação chocante.

No dia 26 de março, meus colegas transmitiam por *stream*, do nosso escritório, as manifestações que estavam ocorrendo em todo o país. As pessoas nos mandavam fotos e vídeos das ruas, e nós reproduzíamos tudo ao vivo. No auge da transmissão, quando estávamos com 150 mil espectadores, a energia foi cortada. Em seguida, entraram policiais e cães, detendo os presentes e confiscando todo o nosso equipamento: computadores, câmeras, luminárias e microfones. Naturalmente, nada nos foi devolvido em momento algum. Como já disse, era uma tática do Kremlin para tentar nos arruinar. Treze membros da equipe que estavam trabalhando na transmissão foram levados para celas de detenção.

Nossa investigação destruiu a carreira política de Medvedev, propiciando uma virada decisiva para o movimento oposicionista como um todo. Dez dias depois da transmissão do filme, divulguei um apelo para que as pessoas fossem às ruas, exigindo explicações. Muitos se mostravam céticos. Entendiam que seria impossível promover manifestações de massa em toda a Rússia; eventos assim só aconteciam em Moscou e São Petersburgo. Mas as manifestações de 26 de março ocorreram em mais de uma centena de cidades, o que demonstrava que a única coisa capaz de congregar cidadãos dos mais diferentes horizontes políticos era a luta contra a corrupção. Alguns desses protestos foram organizados pelos nossos QGs, outros, por voluntários locais. Oitenta por cento dos participantes eram jovens que nunca antes tinham comparecido a manifestações políticas.

Eu me orgulho muito do que conquistamos. Ajudamos toda uma nova geração a se interessar por política. Eles demonstram iniciativa, são capazes de se organizar e estão profundamente insatisfeitos com o que acontece no país e dispostos a sair às ruas para defender suas convicções.

A campanha presidencial superou tudo que havíamos feito até então. Centenas de pessoas trabalhavam nela diariamente e centenas de milhares nos apoiavam, ajudavam, doavam dinheiro, compartilhavam nossas investigações e participavam das manifestações.

Minha designação oficial como presidenciável ocorreu em 24 de dezembro de 2017. De acordo com a lei, quando você se candidata por conta própria, precisa comprovar o apoio de no mínimo quinhentos eleitores. Em Moscou, a candidatura de Putin foi apresentada por um grupo de funcionários, atletas e atores. Decidimos submeter minha candidatura nas vinte maiores cidades simultaneamente. Percebemos que, se fizéssemos apenas um comício, ele seria dispersado. Assim, quem quisesse poderia participar do processo de designação em cada cidade, embora em Moscou convidássemos voluntários que haviam tomado parte na campanha. Se tivéssemos convocado qualquer um que se interessasse, haveria tantas pessoas envolvidas que não seríamos capazes de concluir o processo em um dia.

Até o fim, não sabíamos onde em Moscou ocorreria o processo de designação. Como sempre, enfrentávamos problemas com os locais dos eventos. No início, os proprietários nos permitiam usar as instalações e me diziam que me apoiavam, mas no dia seguinte telefonavam para dizer: "Puxa, sinto muito, não vai ser possível." Acabamos adotando uma solução radical. Como todo mundo se recusava a ceder instalações, nós mesmos construímos uma. Alugamos uma grande tenda e a erguemos na praia do parque de Serebryany Bor. No último momento, mandamos o convite para nossos voluntários.

Assim que cheguei lá naquela manhã, já ocorriam os primeiros encontros no extremo leste do país. Todos eles foram até o fim, apesar da interferência da polícia, que considerava que esses encontros não tinham autorização. Quinze mil pessoas participaram em todo o país.

Tivéramos um ano inteiro de campanha — viagens pelo país, fazendo comícios, levando a nossa mensagem por aí —, e naquele momento havia setecentas pessoas diante de mim. O advogado da Fundação Anticorrupção, Ivan Jdanov, anunciou: "Peço que votem a favor da proposta de que Alexei Navalny seja designado como candidato ao cargo de presidente da Rússia. Quem é a favor?"

Instantaneamente todos levantaram a mão. Um momento assim é de tirar o fôlego. Você fica preenchido por gratidão e pelo senso de responsabilidade, por aqueles que vêm trabalhando com você todo esse tempo, pelos que estão ali na audiência e votaram em você e por todos que o apoiam no país inteiro. Eu me orgulhava de ser o candidato de todas aquelas pessoas corajosas e honestas.

De pé, no palco, ao lado de minha esposa, meus filhos e meus colegas mais próximos, fiz um discurso em que disse que estávamos participando da eleição para vencer, pois representávamos a maior força oposicionista do país. Mas, se meu registro fosse negado, eu convocaria um boicote da eleição.

Às 21h, entregamos os documentos da nomeação. No dia seguinte, fui convidado a uma reunião, sinal de que a Comissão Eleitoral Central já havia decidido. A chefe da CEC, Ella Pamfilova, estava presente, acompanhada de sua equipe. Anunciou com arrogância que eu não poderia participar da eleição por causa da sentença no caso Kirovles. Naquela altura, o caso já fora encaminhado ao Tribunal Europeu de Direitos Humanos pela segunda vez, e o veredito deveria sair a qualquer momento.

"Trabalhei duro numa fábrica durante doze anos, na época soviética, enquanto você ganha seu dinheiro arrecadando doações ilegalmente e enganando os jovens", disse-me Pamfilova. Tais palavras, que só podiam causar perplexidade, antecipavam dois processos penais contra mim: "envolver menores em atividades ilegais" (segundo as autoridades, era o que significava a participação de jovens nos meus comícios) e "arrecadar fundos para financiar atos extremistas" (eles classificavam minha campanha presidencial como "extremismo"). Mesmo estando na prisão, como estou agora, esta segunda acusação poderia me render uma pena de trinta anos.

Como havia prometido, depois da assembleia convoquei uma "greve de voto" — não apenas boicotar as eleições, mas divulgar essa decisão e se registrar como observador eleitoral. Conseguimos a adesão de 33 mil pessoas. O Kremlin teria que adulterar os dados de comparecimento e os resultados diante dos olhos deles; em seguida, a internet foi inundada por vídeos dessas ocorrências.

Embora eu não estivesse autorizado a participar da eleição, essa campanha nos permitiu elevar o movimento a um novo patamar. A rede de QGS que havíamos criado se tornou uma estrutura de trabalho permanente para a oposição, uma nova forma, capaz de levar gente às ruas em qualquer cidade, participar de eleições e vencê-las.

18

Na Rússia, o poder não muda de mãos em consequência de eleições. Foi uma frase que eu disse em uma entrevista, em 2011. Mas não se pode negar que, durante uma campanha eleitoral, a atenção do público se volta para a política, e precisamos fazer uso disso. Por outro lado, nesses momentos as autoridades estão sempre muito vulneráveis. Foi o que vimos em 2011, quando o Rússia Unida venceu as eleições parlamentares graças à fraude eleitoral, o que imediatamente levou a protestos em massa.

No mesmo ano, exortei os eleitores a escolherem qualquer partido, menos o Rússia Unida. Em 2018, ao ser impedido de concorrer à eleição presidencial, o boicote que convoquei foi muito criticado pelos que consideravam que minha posição era incoerente. Na verdade, era perfeitamente lógico. Devemos sempre usar as eleições para prejudicar o Kremlin o máximo possível.

No fim de 2018, adotamos uma nova estratégia: voto útil. Com esse método, esperávamos acabar com o monopólio de poder do Rússia Unida, o que nunca fora feito antes. O candidato do partido de Putin sempre obtinha pelo menos 25% a 30% dos votos, e o resto se repartia entre os diferentes representantes da "oposição sistemática". O Kremlin tratava de assegurar que esses candidatos não entrassem em acordo entre si. Antes das eleições, provocava desentendimentos entre eles e desmembrava os distritos eleitorais. Todo mundo queria estar num "distrito bom", o que automaticamente fazia com que certos candidatos de oposição nas regiões centrais tirassem votos uns dos outros, assim contribuindo para a eleição do candidato do Rússia Unida. Portanto, se os políticos não entram em acordo, que os eleitores entrem.

A ideia era identificar o segundo candidato mais forte e propor que se votasse nele ou nela, deixando de lado as divergências ideológicas.

A identificação se fazia pela análise dos resultados das eleições recentes e levando em conta a opinião dos especialistas políticos locais. Em quase todos os casos, o segundo candidato mais forte era um comunista. Escrevi aqui coisas que deixam bem claro que não gosto de comunistas, mas a situação era outra. Não que eu quisesse a vitória deles, mas eu queria derrotar o Rússia Unida.

No verão de 2019, testamos a ideia do voto útil nas eleições para a Duma Municipal de Moscou. Eu não pude concorrer nessas eleições, mas muitos colegas e apoiadores puderam. Anunciamos o plano meses antes da eleição e obtivemos forte apoio. Claro que houve também os que não gostaram. "Eu voto no Yabloko há vinte anos e continuarei a votar, aconteça o que acontecer." "Votar nos comunistas?! Aqueles canibais?! Nunca!"

Eu explicava que estávamos numa situação em que votar numa cadeira seria melhor do que em um candidato do Rússia Unida. O argumento seguinte era que, quanto mais representantes alheios ao Rússia Unida houvesse no parlamento, mais ousados esses candidatos seriam.

O Kremlin logo se deu conta de que nossa tática estava fazendo efeito e de que eles estavam diante de uma possível derrota no outono. Recorreram então ao bom e velho método: impediram os candidatos mais populares de concorrer. Na verdade, detiveram a maioria deles durante um mês (alguns até por mais tempo).

Os candidatos independentes lutaram até o fim, entre eles Lyubov Sobol. Quando os funcionários se recusaram a registrar sua candidatura, ela entrou em greve de fome e não arredava pé da comissão eleitoral. O videoclipe em que ela é levada para fora do prédio, sentada no sofá do qual se recusava a se levantar, tornou-se o símbolo dessa campanha.

Uns dois meses antes, as pessoas estavam entediadas com as eleições para a Duma Municipal de Moscou. Naquele momento, porém, elas atraíam a atenção do país inteiro. A eliminação em massa de candidatos independentes levou a gigantescas manifestações de rua em Moscou. Alguns manifestantes sofreram acusações criminais, em particular sob o artigo "ameaça à integridade física de um policial". Atirar um copo de plástico vazio num polícia da tropa de choque era considerado um exemplo disso. Essas manifestações se revelaram um marco importante na história dos protestos na Rússia, não só por terem atraído novos participantes, mas por causa da crescente crueldade da repressão. Em 2017, qualquer um podia passar quinze dias na cadeia por ter participado de uma manifestação. Em 2018, já eram trinta dias. A partir de 2019, o risco era de passar anos na prisão.

As eleições aconteceram em setembro. Embora candidatos autênticos tivessem sido eliminados, o voto útil funcionou. O número de deputados do partido de Putin caiu de 40 para 25. Conseguimos até botar para fora o chefe do Rússia Unida em Moscou. Também elegemos alguns genuínos deputados oposicionistas, que passariam a criticar abertamente tanto o prefeito de Moscou quanto Putin do plenário da assembleia da capital. Certos candidatos incluídos na disputa, na expectativa de diluir o voto de protesto, ficaram tão surpresos com seu êxito quanto nós (o voto útil funciona assim mesmo). Entretanto, como eu esperava, a Duma Municipal de Moscou passou a ser formada por uma bancada completamente diferente de deputados. Não restava nada do monopólio do Rússia Unida, e a oposição "sistêmica" fazia ouvir cada vez mais a sua voz.

Fiquei sabendo de tudo isso pelo rádio. O rádio da prisão. Mais uma vez eu fora detido, como acontecia depois de cada manifestação, mas fiquei superfeliz. Como o voto útil tinha funcionado em Moscou, poderíamos repeti-lo em toda a Rússia. No verão seguinte haveria eleições para parlamentos regionais na Sibéria e, dentro de um ano, para a Duma de Estado.

Nós nos preparamos durante quase um ano para a campanha na Sibéria. Peguei um avião para lá no verão de 2020, para tratar da tacada decisiva dessa campanha: filmar nossas investigações em Novosibirsk e Tomsk. Tudo correu muito bem, e fizemos nossas gravações. Na noite de 19 de agosto, fui até o restaurante do hotel onde nossa equipe estava hospedada. O restaurante fechava cedo, mas meus colegas, que já haviam jantado, convenceram o pessoal da cozinha a prolongar um pouco o serviço, para que eu pudesse pedir alguma coisa.

— Na verdade — expliquei —, não vou comer nada, pois vou pegar o avião amanhã muito cedo. Vou apenas tomar um drinque com vocês e depois me deitar.

No balcão do bar, havia um barman de aparência estranha, que parecia olhar para mim o tempo todo. Na véspera, outra pessoa estava atendendo ali. Deduzi que era apenas uma troca de turno.

— Um negroni, por favor — pedi ao garçom, e esqueci o sujeito atrás do balcão.

Quando trouxeram o coquetel, era tão nojento que não deu para tomar mais de um gole. Mais uma vez, pensei no barman estranho, que parecia fora de contexto. Larguei a bebida, me despedi e fui para o quarto.

É dia 20 de agosto de 2020. O despertador toca às 5h30 da manhã. Eu acordo sem dificuldade e vou para o banheiro. Tomo um banho. Não faço a barba. Escovo os dentes. O desodorante *roll-on* acabou. Esfrego o plástico seco nas axilas e descarto o aplicador no cesto de lixo, onde será encontrado horas depois por meus colegas, ao chegarem para dar busca no quarto.

Estou preocupado, não quero me atrasar para o voo.

———

Não houve um momento específico em que eu tenha percebido que a partir dali a minha vida estava em risco. Pelo contrário, até ser envenenado, eu estava convencido de que, com o passar dos anos, eu ficava cada vez mais seguro. Quanto mais conhecido eu fosse, mais difícil seria para eles me matarem — ou pelo menos era o que eu pensava.

Ainda hoje acredito que meu trabalho mais perigoso foi em 2004, quando ainda fazia parte do Yabloko. Na época, eu era responsável pelo Comitê de Defesa dos Moscovitas, que combatia as construções ilegais na cidade. A população estava muito descontente com isso, e, como advogado, tentei ajudar.

O método tradicional dos empreiteiros para resolver problemas como esse era contratar alguém para ir até a sua casa e te derrubar com um golpe de bastão de beisebol na cabeça. Por isso, sempre me pareceu que lutar contra a corrupção local era a coisa mais perigosa. Tenho a maior admiração pelos militantes que o fazem no interior, especialmente no Cáucaso.

A essa altura, eu era uma figura pública, com muita visibilidade para que eles se arriscassem a me matar.

Eu estava enganado.

Vou sempre me lembrar de uma conversa que tive com Bóris Nemtsov, dez dias antes de ele ser assassinado. Estávamos com um colega dele e Nemtsov explicou que eu corria perigo. O Kremlin poderia me matar com a maior facilidade, pois eu era alguém de fora, um *outsider*. Mas Nemtsov era invulnerável, pois era alguém de dentro do sistema, um *insider* — fora vice-primeiro-ministro e, mais que isso, conhecia Putin pessoalmente, tendo trabalhado com ele durante muitos anos. Três dias depois, fui detido. E, apenas uma semana mais tarde, Nemtsov foi assassinado a tiros, a 200 metros do Kremlin. Entendi então que eram inúteis todas aquelas conversas sobre quem estaria ou não em perigo. Não temos a menor ideia do que vai acontecer. Existe um louco desvairado chamado Vladimir Putin. E, às vezes, as coisas dão uma virada na cabeça dele, ele escreve um nome num pedaço de papel e diz: "Matem."

O assassinato de Nemtsov foi um golpe arrasador para todo mundo, e muita gente ficou com medo. Até Yulia, uma pessoa incrivelmente corajosa, me disse mais tarde que se sentiu muito mal sozinha em casa com as crianças naquela noite e pensou: "Então chegou a hora? Agora eles vão matar a oposição? Vão partir para cima de nós com armas?" Conhecendo Bóris, também fiquei horrorizado, mas não achei que a ameaça contra mim tivesse subido de patamar.

Sempre tentei ignorar a ideia de que posso ser atacado, detido ou até assassinado. Não tenho controle sobre o que pode acontecer, e seria autodestrutivo ficar preocupado com isso. Eu deveria ficar pensando: "Quais as minhas chances de sobreviver esta manhã? Umas seis em dez? Oito em dez? Talvez até dez em dez?" Não que eu evite pensar no assunto, fechando os olhos e fingindo que o perigo não existe. Mas um belo dia tomei a decisão de não ter medo. Pesei tudo muito bem, entendi qual era a minha posição — e deixei para lá. Sou um político da oposição e sei quem são meus inimigos, mas, se fosse me preocupar o tempo todo com a eventualidade de me matarem, não valeria mais a pena viver na Rússia. Deveria emigrar ou fazer outra coisa.

Mas eu amo o que faço e considero que devo persistir. Não sou nenhum louco, nem irresponsável ou destemido. Apenas, lá no fundo, sei que tenho que fazer isso, que é a minha missão na vida. Existem pessoas que acreditam em mim. Há a minha organização, a Fundação Anticorrupção, e há o meu país, e quero desesperadamente que ele seja livre. Sim, existem ameaças, mas elas fazem parte do meu trabalho, e eu as aceito.

Eu me preocupo muito com minha esposa e meus filhos. E fico apavorado ao pensar que podem aplicar *novichok* na maçaneta da minha porta e que o meu filho ou a minha filha encostem nela. Aconteceu algo estarrecedor em Kaliningrado umas duas semanas antes de eu ser envenenado. Yulia e eu estávamos num café, e de repente ela se sentiu mal. Ela estava literalmente morrendo ali na cadeira, na minha frente, mas falhei em perceber e sugeri, despreocupado: "Vá para o nosso quarto se deitar um pouco."

Hoje consideramos a possibilidade de ela ter sido envenenada com *novichok*. As sensações que ela experimentou foram as mesmas que senti, mais tarde, no avião, só que mais fracas. Depois fiquei sabendo que os mesmos agentes do FSB que me envenenaram em Tomsk também haviam me seguido nessa viagem a Kaliningrado. E me horrorizou a ideia de que ela poderia ter sido encontrada morta num banco de praça, dois minutos depois de ter se levantado e se afastado de mim. É um pensamento insuportável, mas isso também não é uma questão de coragem.

Fiz a minha escolha. Claro que tento minimizar o risco para minha família, mas certas coisas estão fora do meu controle. Meus filhos sabem que posso ser preso, assim como minha esposa; todos já passamos por isso muitas vezes. A ideia de que podem me matar? Sim, foi inesperado, mas não muda nada.

Sou um cidadão russo, tenho direitos e não estou disposto a viver com medo. Se for necessário lutar, vou lutar, porque sei que estou certo e que eles estão errados. Porque estou do lado do bem e eles, do mal. Porque muita gente me apoia.

Entendo que são ideias muito básicas, talvez até populistas, mas acredito nelas e por isso não tenho medo. Sei que tenho razão.

Não gosto de estar numa prisão. Não sinto o menor prazer. É horrível, uma perda de tempo. Mas, se é assim, que seja. Não deixo de me pronunciar e afirmo que, quando chegar ao poder, levarei toda essa gente à justiça, pois eles estão roubando da nação. É óbvio que eles não gostam dessa ideia e por isso tentam me impedir do jeito que podem. Estou lutando contra eles, e eles me veem como inimigo.

Não sei o que me espera na vida, e tentar entender essas coisas é pura especulação. Existem dois pontos de vista opostos. Metade das pessoas acha que, como já tentaram me matar uma vez, irão até o fim. Putin mandou me matar e está furioso porque a ordem ainda não foi cumprida. A outra metade — da qual faço parte — considera que, depois da tentativa fracassada de me matar e da nossa investigação a respeito, eles vão preferir manter distância. O Kremlin continua repetindo que não houve tentativa de assassinato. Se estivessem planejando me envenenar de novo e eu morresse por causa do *novichok* ou de um súbito ataque cardíaco, como isso seria explicado? Talvez eu esteja me iludindo, mas de qualquer maneira ninguém pode prever o futuro nem faz sentido ficar tentando.

Uma coisa é certa: faço parte do 1% mais feliz do planeta — aqueles que absolutamente adoram o próprio trabalho. Gosto e desfruto de cada segundo. Recebo enorme apoio. E encontrei uma parceira com quem compartilho não só amor, mas os mesmos valores. Ela se opõe tanto quanto eu ao que está ocorrendo. Nosso país merece coisa melhor. O povo russo poderia ter uma vida vinte vezes mais rica. Não são apenas palavras vazias de mim e de Yulia; nós queremos fazer algo a respeito. Pelo menos tentamos, pois é algo que vale a pena. Talvez não tenhamos sucesso. Talvez tudo mude quando não estivermos mais aqui. Mas precisamos tentar. Quero que meus filhos e netos saibam que seus pais eram pessoas boas e passaram a vida tentando criar algo positivo.

Quando Zakhar estava no ensino básico, as crianças foram convidadas a dizer o que os pais faziam. Algumas respondiam "Papai é médico" ou "Mamãe é professora". Mas Zakhar disse: "Meu pai luta contra gente má pelo futuro do meu país."

Quando eu soube disso, foi o melhor momento da minha vida. Foi como se tivessem pendurado uma medalha no meu peito.

Não penso de jeito especial a respeito do amor pelo meu país. Simplesmente o amo. Para mim, a Rússia é um dos componentes de que sou feito. É como um braço ou uma perna; não dá para descrever como gostamos deles.

Quando retorno de algum lugar, antes mesmo de descer do avião, tenho a sensação de estar em casa. Sim, existem países com melhor culinária, outros em que as coisas são mais organizadas ou com uma arquitetura muito bela. Eu adoro viajar. Mas gosto ainda mais de voltar para o meu país, pois, quando ando pelas ruas, sinto que estou entre os que me são mais próximos. São quase como meus parentes.

O povo russo é maravilhoso. Os russos não se mostram muito receptivos ao primeiro contato, mas devo dizer que gosto disso. Eles são complexos e adoram filosofar. Eu também gosto muito. Transformam tudo numa questão existencial e começam a discutir o futuro do país. Eu faço a mesma coisa. Certa vez, eu disse que a Bela Rússia do Futuro seria um Canadá metafísico: um país rico do hemisfério norte, com baixa densidade populacional, onde todo mundo vive bem e é obcecado pelo raciocínio filosófico.

Eu adoro a língua russa. Adoro as paisagens melancólicas, quando a gente olha pela janela e tem vontade de chorar; é simplesmente maravilhoso. Eu me sinto muito bem, pois tudo isso me é próximo. Adoro nossas canções tristes. Adoro nossa literatura e nosso cinema, que sempre falam sobre angústia, contemplação, sofrimento, melancolia e autorreflexão.

Com essa descrição, a Rússia decerto fica parecendo um lugar triste, mas na verdade somos muito alegres. Gosto muito do nosso humor mórbido. As pessoas aqui adoram brincar com temas politicamente incorretos. Nossas piadas muitas vezes beiram o inaceitável, mas por isso é que, para mim, a internet russa é muito mais divertida que a ocidental.

O maior erro a respeito da Rússia que as pessoas cometem no Ocidente é equiparar o povo russo ao Estado russo. Na realidade, os dois nada têm em comum, e a maior desgraça do nosso país é que, dentre todos os milhões que aqui vivem, repetidas vezes o poder vai parar nas mãos dos mais cínicos e dos maiores mentirosos. Há um ditado popular segundo o qual cada país tem o governo que merece, e muita gente acredita que isso se aplica à Rússia. Caso contrário, nosso povo com certeza já teria se insurgido e derrubado o regime. Mas não acredito que seja assim. Um número enorme dos meus concidadãos não concorda com o que acontece nem foi isso que escolheu. Mas, se entendemos que, apesar disso, cada um de nós carrega nos ombros uma responsabilidade pessoal, então eu também carrego. Desse modo, cabe a mim lutar com afinco ainda maior para mudar as coisas.

Se me perguntassem se odeio Vladimir Putin, minha resposta seria sim, eu o odeio, mas não por ter tentado me matar ou por mandar meu irmão para a cadeia. Eu o odeio porque ele tem roubado a Rússia nas últimas duas décadas. Poderiam ter sido anos incríveis, de um progresso que nunca tivemos na nossa história. Não tínhamos inimigos. Tínhamos paz em todas as fronteiras. Os preços do petróleo, do gás e dos nossos outros recursos naturais estavam altos. Ganhávamos muitíssimo com nossas exportações. Putin poderia ter usado esses anos para transformar a Rússia num país próspero. Todos nós poderíamos ter uma vida melhor.

Em vez disso, 20 milhões de pessoas vivem abaixo da linha da pobreza. Uma parte do dinheiro simplesmente foi roubada por Putin e seus asseclas; outra parte foi desperdiçada. Não fizeram nada bom pelo nosso país, e esse é o pior crime que cometeram contra nossos filhos e o futuro da nação. Receio que jamais tenhamos de novo tal oportunidade de abundância, paz e felicidade, e não posso deixar de sentir tristeza por isso e ódio por aqueles que tiraram isso de nós.

O símbolo das minhas convicções é a Bela Rússia do Futuro que mencionei antes. Acredito que poderíamos ser um país normal, rico e governado sob o império da lei. Acima de tudo, o principal é que essa Bela Rússia é a Rússia normal.

Podemos começar com a ideia de que não vamos mais matar pessoas. Vamos lutar contra a corrupção. Sim, ela também existe na Europa e nos Estados Unidos, mas se pelo menos baixarmos o atual nível absurdo no nosso país, descobriremos de repente que temos dinheiro para educação e assistência médica. Entenderemos que podemos ter tribunais independentes e eleições honestas. Ao longo de nossa história, tivemos czares, e depois imperadores, secretários-gerais e presidentes, todos eles autoritários. Não podemos continuar assim.

Nossa tarefa consiste em romper o ciclo vicioso de que, independentemente de quem está no poder se transforme em autoritarista. É preciso restringir os poderes do presidente, que concentra coisas demais nas próprias mãos. O poder deve ser repartido entre o parlamento, os governos regionais e os prefeitos. Os impostos arrecadados numa região devem permanecer nela, em vez de serem mandados para Moscou. Mas tudo na Rússia gira em torno de Moscou. A única fonte de poder é o Kremlin e, mais especificamente, o gabinete do presidente. Um país dessas dimensões jamais deveria ser governado assim.

Que possamos finalmente nos tornar um país normal. Seria lindo.

Não é nada inalcançável. Descrevendo a Bela Rússia do Futuro, quero que o leitor entenda que é possível criá-la, e devemos lutar por isso agora.

Minha história vai continuar, mas o que quer que me aconteça, aos meus amigos e aliados na oposição, a Rússia tem todas as possibilidades de se tornar um país próspero e democrático. Este regime sinistro, baseado em mentiras e corrupção, está com os dias contados. Os sonhos podem se tornar realidade.

O futuro é nosso.

PARTE IV
PRISÃO

PRISÃO

Depois da audiência judicial na delegacia de polícia de Khimki, Alexei foi levado para o centro de detenção preventiva de Matrosskaya Tishina, em Moscou. A fundamentação formal da sua detenção foi o caso Yves Rocher, encerrado sete anos antes. Ele passou, então, a ser acusado de violar os termos da liberdade condicional, e em fevereiro de 2021 foi sentenciado a três anos e meio de prisão.

O segundo julgamento, que transcorreu simultaneamente, dizia respeito à suposta difamação de um veterano da Grande Guerra Patriótica.* No verão de 2020, o canal de propaganda Russia Today *divulgou um vídeo em apoio a emendas na Constituição russa (a principal se destinava a permitir que Putin fosse eleito indefinidamente para novos mandatos). Entre os atores e atletas que participaram do vídeo, aparecia o mencionado veterano. No X [antigo Twitter], Alexei se referiu aos participantes do vídeo como "uma desgraça para o país". Por isso, a Comissão de Investigação o acusou de difamar a honra e a dignidade de um veterano de guerra. E ele foi multado.*

Nos três anos seguintes, ele seria processado várias outras vezes, sob diferentes pretextos; os julgamentos ocorriam nas instalações penitenciárias, e nem parentes nem jornalistas eram autorizados a assistir. Em março de 2022, Alexei foi condenado a nove anos de prisão numa colônia de "regime severo" por desvio de fundos. Em agosto de 2023, foi condenado a dezenove anos numa colônia de "regime especial", ainda mais rigorosa, por "extremismo". A cada veredito, Alexei era transferido para uma nova penitenciária. As condições de encarceramento se deterioravam rapidamente. De início, ele era mantido num quartel comum com outros presos e podia se deslocar dentro da colônia, mas depois de um ano ficou o tempo todo numa solitária. Era levado com frequência para uma cela de punição (SHIZO) por transgressões como "o botão de cima do seu uniforme estava

---

* Como os russos se referem à participação do país na Segunda Guerra Mundial (N. do T.).

desabotoado". Passou 295 dias nela. Era privado de telefonemas e visitas e recebia papel e caneta por apenas uma hora e meia por dia — mais tarde, apenas meia hora; e no fim não foi mais autorizado a manter um diário.

 Alexei praticamente não recebia cuidados médicos. Por isso, em março de 2021, entrou em greve de fome, exigindo que médicos civis fossem autorizados a visitá-lo. A greve de fome durou 24 dias, e em consequência Alexei foi hospitalizado. Graças ao clamor público, pôde ser examinado por médicos.

 Em dezembro de 2023, ele foi levado da colônia. Durante quase um mês, nem a família nem os advogados sabiam onde ele estava. No dia 25 de dezembro, descobriu-se que estava numa penitenciária para além do Círculo Ártico. Em 16 de fevereiro de 2024, Alexei Navalny foi morto nessa penitenciária.

2021

21 DE JANEIRO

Decidi que vou manter um diário. Para começar, porque Oleg me deu alguns cadernos, e porque seria uma pena desperdiçar uma data tão boa e mágica como 21.01.21. Outro motivo é que, se não o fizer, certas ocorrências bem divertidas cairão no esquecimento. Hoje houve uma. Fui levado a um psicólogo, onde estou agora. A sala tem 32 metros quadrados. Há uma mesa e três cadeiras (todas aparafusadas no piso) e um espelho de dimensões consideráveis num nicho na parede. É como nos filmes: tenho certeza de que tem gente por trás. Observando. Sinto uma vontade enorme de me aproximar do espelho disfarçadamente, pela lateral, pular em frente com uma expressão bem horrorosa e dar um belo susto no meu público. Vi uma cena assim numa comédia e, no momento em que escrevo, acho graça só de lembrar. Se tem uns manés por trás do espelho, devem estar pensando: "Esse cara não regula bem da cabeça. Fica anotando coisas e rindo sozinho."

O psicólogo saiu, e fiquei aqui, esperando. Não me surpreenderia que se trate de mais um teste psicológico imbecil, para ver como o indivíduo se comporta quando está trancado numa sala sem motivo aparente. Vai demonstrar impaciência, dar voltas ansiosamente ou permanecer dócil e pacientemente sentado?

No início, fiquei caminhando impaciente de um lado a outro; e depois me sentei para escrever este diário. Isso significa que tive que usar especificamente este caderno, que na verdade se destinava a ser usado nos encontros com os advogados.

Ao ser trazido a esta sala, pensei: "Ótimo, finalmente me deram um lugar quase decente para me encontrar com meus advogados." Passados cinco minutos, apareceu um major de uniforme camuflado. Ele colocou um gravador de vídeo sobre a mesa (já existem dois presos ao teto).

— Olá — disse ele. — Sente-se.

— Obrigado, mas por enquanto vou ficar andando por aqui — respondi, achando que ele estava ali apenas para acompanhar o andamento do meu encontro com os advogados.

— Sente-se — insistiu ele. — Eu sou psicólogo. Precisamos conversar. — Entregou-me então um formulário dobrado. Eu teria que preenchê-lo.

Perguntei como ele se chamava, queixando-me de que ninguém ali se apresentava. Era sempre "camarada major" ou "camarada tenente-coronel". Não daria para ficar me dirigindo a ele como "camarada major" numa entrevista de avaliação psicológica.

Ele ficou nitidamente constrangido e, depois de hesitar um momento, decidiu não divulgar esse segredo militar.

— Pode me chamar de camarada psicólogo — respondeu.

Quase achei graça, mas me contive a tempo, percebendo que ele estava falando sério.

Vi-me, então, diante de noventa afirmações do tipo "Tenho dificuldade de conhecer novas pessoas" e "Sou uma pessoa equilibrada e de fácil convívio". Um sinal de mais ou de menos no quadradinho ao lado significava estar ou não de acordo. Marquei devidamente os mais e os menos e concluí que a psicologia é uma pseudociência. Seguiram-se vinte perguntas destinadas a identificar possíveis tendências suicidas ("Minha vida não oferece perspectivas de futuro"). Por fim, a culminância do teste: nove cartas de cores diferentes. "Escolha as cores que mais o atraem no momento."

Escolhi as mais brilhantes, mas depois de revirar os olhos. O camarada psicólogo, como se quisesse se desculpar, explicou que o teste só era válido em conjunção com os outros.

Nesse momento, a entrevista tomou um rumo previsível ("Então, por que não se considera culpado?"), com detalhes característicos do Serviço Penitenciário Federal.

— Como está se sentindo?

— Bem — respondi, mas mencionei que minhas costas doíam muito. Vi que ele anotou "Bem" no formulário.

A conversa chegou a um fim clássico quando começamos a falar de corrupção. Ele se saiu com: "Os velhos já tiveram a sua parte, e a nova geração virá ocupar o seu lugar." Eu respondi com meus habituais três minutos de preleção, com exemplos concretos da corrupção de Putin e seus comparsas. Isso lembrou o camarada psicólogo de que ele tinha outras coisas urgentes para cuidar.

— Acho que devemos encerrar nossa entrevista por aqui.

É sempre esse o efeito das câmeras corporais. Uma gravação de Putin sofrendo críticas (mesmo saindo da minha boca) lhes dá a sensação de que estão sendo produzidas provas que podem implicá-los em algum crime.

Pela minha descrição, o psicólogo fica parecendo terrível, mas na verdade era um cara normal. Educado. Realmente bem agradável.

Em seguida, tiraram minhas impressões digitais pela sexta vez em quatro dias.

À noite, Olga Mikhailova, da minha equipe de advogados, veio e começou a pegar no meu pé assim que chegou. Ontem escrevi uma nota num pedaço de papel, pedindo que defensores dos direitos humanos fossem autorizados a me visitar, e todo mundo chegou à conclusão de que eu seria assassinado aqui.

O Serviço Penitenciário Federal tornou pública a nota (precisamos ter em mente, no futuro, que eles se interessam por essas minúcias), mas ninguém acreditou ter sido escrita por mim. Tudo porque — *hip, hip, hurra!* — nossa investigação sobre Putin já tinha 44 milhões de visualizações. Ontem à noite, minha esperança era de que chegássemos a 20 milhões.

22 DE JANEIRO

Toda manhã, minha pressão arterial é aferida, sempre boa como a de um astronauta, 120/70. Em casa era sempre um pouco mais alta. Ou a minha permanência aqui tem um efeito terapêutico, ou então eles sempre registram 120/70 para todo mundo. A primeira hipótese parece mais provável.

Na primeira inspeção do dia, os guardas se lembram de desejar que eu "tenha um bom dia". Na inspeção noturna, desejam boa noite. É meio surreal quando sujeitos avantajados e toscos de uniforme camuflado se mostram tão educados, mas eles transmitem sinceridade.

———

Fui trazido de novo ao gabinete onde estive com o psicólogo e estou sentado, esperando. Você nunca sabe ao certo para onde está sendo levado.

"Vista roupas adequadas" significa que o estão levando para fora da prisão preventiva.

"Vista-se e traga seus documentos" significa que o estão levando a outra parte das instalações internas, mas pode ser para qualquer finalidade: encontrar um advogado, alguém da Comissão de Vigilância Pública (CVP) ou talvez um psicólogo.

Dessa vez, descobri que estavam me levando para usar o telefone. Minha solicitação de telefonemas para Yulia e a minha mãe fora atendida. O microfone estava ligado, havia duas pessoas por perto, e tudo era registrado em vídeo. Consegui completar a ligação para minha mãe, e nós pudemos nos falar. Mas não consegui, para meu azar, falar com Yulia.

―――

Depois do telefonema, não fui levado de volta ao segundo andar, mas ao térreo. E aqui estou, sentado numa sala minúscula com um telefone, uma janela envidraçada e um telefone idêntico do outro lado, e estou escrevendo. Junto à janela alguém escreveu com caneta esferográfica: "Que todos eles queimem no inferno!"

―――

Vadim Kobzev veio me visitar. Ele trouxe uma pasta com notícias da imprensa a meu respeito, mas foi tudo confiscado. Disse que Kira estava detida há nove dias, que Los[*] fora deportado e que Yulia escreveu uma postagem que quase o fez chorar no metrô. Essa é a minha garota!

A investigação sobre Putin já está com 55 milhões de visualizações.

―――

Fui levado pela primeira vez para me "exercitar". Somos conduzidos ao sétimo andar, onde várias celas formam o "pátio de exercícios". Você pode dar 27 passos (pequenos, sem pressa) pelo perímetro. É o meu exercício.

As paredes, de 4 metros de altura, são pintadas de verde, com sulcos encardidos. No lugar do teto, há uma grade de aço escorada em vigas metálicas. Por cima, uma tela de arame de malha fina, para impedir que objetos sejam atirados de um pátio a outro.

―――

[*] Vladlen Los, advogado da Fundação Anticorrupção.

Mais acima um pouco, há uma plataforma onde caminha um guarda, certificando-se de que os presos estejam corretamente apinhados, sem violar nenhuma regra. Me lembra de uma fazenda de formigas que Zakhar queria comprar. Só que não é um ser humano que observa as formigas, mas uma formiga especializada usando uniforme camuflado, chapéu de pele e botas de feltro.

Mais acima ainda, vê-se uma cobertura de metal inclinada, o que significa que, entre a parede externa do pátio e o teto, há um vão de cerca de 1,5 metro, de modo que você se exercita debaixo de um telhado, mas num dos lados pode ver uma faixa de céu. Estou dizendo céu, mas na verdade são rolos de arame farpado, sobre os quais há tiras de fibra entrelaçadas, depois telas de arame e depois o céu.

Você vê, literalmente, um "céu quadrado", que na minha infância era um eufemismo para prisão. Céu quadrado, uniforme listrado... Ainda não ganhei o uniforme listrado.

Mas já tenho meu sobretudo preto de detento, que me deram porque faz frio do lado de fora e eu não tenho "roupas adequadas".

Caminho em círculos de 27 passos. Se caminhar muito rápido, você fica tonto.

O som do rádio está torando. Não apenas tocando, mas torando. Lá embaixo, do terceiro andar, em geral ouço a música dos pátios de "exercícios" do sétimo andar, por trás de uma janela fechada.

De repente, ouço uma voz por cima da música. Presto atenção, e lá está ela de novo.

— Alexei!

Estão me chamando? Mas ninguém sabe que estou aqui, me exercitando, e ninguém consegue me ver. Mesmo assim, grito de volta:

— O quê?

Em resposta, alguém chama de novo, mas é impossível entender por cima da música. Dá para ver que a formiga especializada não está nada contente. Ela diz alguma coisa no *walkie-talkie*. Eu grito de novo:

— O quê? Não consigo escutar!

O sujeito, aparentemente enchendo ainda mais os pulmões e ignorando a formiga especializada, consegue superar o rádio:

— Alexei, aguenta firme. A Rússia inteira está com você!

— Obrigado! — berro de volta, e continuo andando, muito comovido. Este foi um momento inesperado e animador. Também tento entender como ele sabia que eu estava lá. Deve haver uma maneira de descobrir quem está se exercitando.

À noite, o vice-comandante das condições de detenção me visita.

— Alexei Anatolievich, devo lhe informar que é proibido gritar, batucar e outras formas de comunicação entre as celas.

— Eu não batuquei.

— Vocês estavam gritando.

— Tudo bem — concordo —, não vai se repetir. Mas uma dúvida está me deixando louco. Pensei nisso o dia inteiro: como alguém pode saber quando estou me exercitando?

O vice-comandante faz uma expressão de desagrado, mas responde:

— Uma coisa eu sei: malandro que é malandro não vacila.

Malandros ou não, são mais espertos que eu. Até agora não entendi como ele conseguiu.

23 DE JANEIRO

Hoje estão programadas manifestações em toda a Rússia. Tentei zapear pelos canais de televisão para descobrir o que estava acontecendo, mas só dava com a notícia, repetida à exaustão, de que "os quartéis-generais de Navalny" estavam aliciando menores de idade para os protestos. Apareciam duas mulheres robustas com dragonas de general, uma do Ministério do Interior e a outra da Comissão de Investigação.

"Estão arregimentando crianças. Receberam instruções do exterior. Querem espalhar informações falsas de oposição e de meios de comunicação estrangeiros. São delitos penais."

Nem uma palavra sobre do que tratam as informações ou o motivo dos protestos.

———

Já calculei que o nosso tempo no pátio dura o mesmo que vinte músicas na rádio Retro FM.

———

Vieram dois cômicos funcionários barbudos da Comissão de Vigilância Pública. Disseram que nossa investigação tinha alcançado 67 milhões de visualizações.

Apareceu uma legenda recorrente na TV com a notícia: "A esposa de Navalny foi detida." Fiquei preocupado por um breve momento, mas a legenda continuava: "De acordo com o Ministério do Interior, ela foi liberada sem acusações."

24 DE JANEIRO

Finalmente ouvi alguém xingando e praguejando no corredor. Já começava a duvidar que isso aqui fosse mesmo uma prisão.

―――――

Três dias atrás, assinei quatro jornais: *Novaya Gazeta*, *Kommersant*, *Vedomosti* e o periódico de negócios RBK. Relutei muito em gastar dinheiro com os três últimos, não pelo valor, mas porque detesto entregar um único copeque a esses filhos da mãe vendidos. Mas concluí que pelo menos conseguiria tirar alguma informação deles.

— Quando vou receber os jornais? — perguntei hoje, depois do tempo no pátio.

— Sua assinatura começa em março.

Sem notícias frescas, portanto! Será mesmo possível que em 2021 ainda esteja em vigor essa regra de imbecis, que só permite assinar os jornais a partir do início do trimestre seguinte? Não surpreende que as mídias impressas estejam com os dias contados.

―――――

A comida pré-embalada da loja interna traz a etiqueta "Halal", demonstrando a diversidade étnica da prisão.

Na biblioteca daqui encontramos as obras completas de Guy de Maupassant. Até hoje eu só tinha lido *Bola de sebo* e *Le papa de Simon*. Lá, encontrei *Bola de sebo*. Não me causara a menor impressão quando li pela primeira vez, mas agora fico deslumbrado, vendo como é legal. Só posso imaginar como deve ser em francês. Preciso descobrir como conseguir o original para ver se o meu francês dá conta.

Estou acabando o último livro da biblioteca, que é de Shakespeare, e receio não ter mais nada para ler. Até que chega a hora da inspeção noturna e o guarda de plantão me traz uma pilha enorme do correio. Deve ter pelo menos quinhentos ou seiscentos itens. Ótimo.

Por sinal, não entendo por que as feministas não exigem que *A megera domada* seja "cancelado" e varrido das bibliotecas. É diabólico, mesmo para a época.

25 DE JANEIRO

Passei um tempão respondendo a cartas. Descobri que (1) eram interessantes; (2) eu precisava, e queria, responder a cada uma; (3) eram respostas a perguntas do tipo "Por que estou fazendo o que faço?!".

A cada carta eu ficava com lágrimas nos olhos só de ler. Como as pessoas são boas.

Uma garota da faculdade de medicina em Yekaterimburgo relatava sua hesitação em comparecer ao comício. Chegou à conclusão de que era assustador, mas necessário. Precisei colocar sua carta de lado.

Uma pessoa me desejava força, sucintamente.

Outra escreveu páginas e páginas.

Não foi só animador, mas também muito útil. As mais variadas ideias inteligentes. Era como participar de um grupo focal.

―――

Respondi a todas elas. Levei um dia, embora 85% fossem pouco mais que: "Obrigado, Alina!"

Trouxeram o jantar. Depois passaram outro maço grosso de folhas pela portinhola da comida.

— Uau! — Espantei-me. — Mais cartas.

— É — respondeu o guarda.

E aí, com as duas mãos, ele empurrou outra pilha de cartas. Talvez umas 700.

E depois outra.

E mais outra.

Precisamos fazer alguma coisa a respeito disso.

26 DE JANEIRO

Este diário está ficando monótono. São 7h30 da manhã, e eu aqui, sentado, respondendo às cartas.

Algumas muito loucas. Uma delas endereçada a

> Alexei Navalny
> Moscou
> Câmara mortuária da prisão de Matrosskaya Tishina

E termina com as palavras: "Não permita que a sua verdade nos impeça de morrer."

27 DE JANEIRO

Olga veio. Disse que Oleg foi ao nosso apartamento em Maryino e encontrou a porta arrombada e um monte de gente dando busca.

Acabei de ligar na Euronews e leio a legenda de rodapé: "Batidas no escritório da Fundação Anticorrupção, na residência de Navalny em Maryino e num apartamento alugado na rua Avtozavodskaya." Pobre Yulia. Está sozinha.

―――

A luz fluorescente agora pisca com força em intervalos aleatórios. Minha cela perfeitamente aceitável de repente se transformou numa câmara de tortura. É impossível ler, ou ficar sentado olhando para a parede. Dá para ver os flashes mesmo de olhos fechados. Não tem escapatória. Maldição! É só uma bobagem, mas é de enlouquecer.

―――

Parece que alguém escreveu "Revistar todas as instalações de Navalny", mas o sistema é descerebrado e obedece literalmente. Vieram dar busca na minha cela.

Chega um momento em que você se dá conta de que uma prisão ainda é uma prisão, mesmo se for limpa e arrumada.

— Tire todos os seus pertences da cela, inclusive o colchão.

— Como assim, "todos"?

— Tudo, sem exceção.

— Mas depois terei que pendurar tudo de novo e botar tudo novamente no lugar.

— Retire todos os seus pertences e siga para a sala de revista.

Em suma, tenho que pegar todas as minhas bugigangas, que havia arrumado com esmero nas prateleiras de um pequeno armário de metal, e jogá-las num saco enorme. Todos os pertences na bolsa! Colchão e roupa de cama junto. E arrastar tudo para a sala de revista. Lá, tudo é inútil e, ainda assim, sacudido com cuidado para fora da bolsa e verificado com um detector de metais. Depois, devo ficar nu. Tudo que estou vestindo também é checado.

Aí volto para a cela, onde quatro pessoas estão conduzindo uma superbusca, verificando cada cantinho.

Aí arrasto tudo de volta, xingando todo mundo, e boto ou penduro tudo de novo no lugar.

Pelo menos, enquanto eu estava na sala de revista, eles consertaram a luz.

Aparece na televisão estatal a informação de que os participantes do comício do dia 23 são terroristas biológicos que estão disseminando covid de propósito.

Isso está sendo dito pelas mesmas pessoas que promoveram uma parada e uma votação nacional em plena pandemia.

Recebi uma carta de uma jovem de Murmansk, manifestando apoio e me agradecendo.

Ela tem paralisia cerebral e, de tempo em tempo, precisa gastar todo o dinheiro que economizou de sua pensão por invalidez para passar uma semana na Europa. Sente falta do sol. Murmansk tem menos de um mês de sol por ano.

Você lê uma coisa assim e perde a vontade de sentir pena de si mesmo.

Apagaram as luzes.

Vou dormir. Espero que Yulia esteja bem. Sinto falta dela.

28 DE JANEIRO

Ontem à noite, não desliguei o rádio. Foi desligado pelo controle central na hora de dormir. Em consequência, hoje, às 5h50, a cantora Sandra começou a berrar tão alto que quase botei os bofes para fora.

Aqui tocam a rádio Retro FM em todo lugar, o tempo todo. Não é das piores escolhas, na verdade. O noticiário e os apresentadores são pavorosos, mas as interrupções são espaçadas. É evidente que os apresentadores são obrigados a contar piadas a cada quatro músicas, mais ou menos, mas dá para suportar esses momentos constrangedores, que são relativamente escassos.

Lembro que uma vez, num centro especial de detenção, tocavam uma rádio de comédia o dia inteiro. Eu queria me enforcar. Felizmente, não era minha primeira passagem por lá, e eu sabia emudecer o rádio na cela, usando jornais e água com sabão.

———

Yulia escreve cartas muito divertidas. Perguntei como as crianças estavam, e ontem ela respondeu: "As crianças estão bem, só o Zakhar anda meio nervoso, pois todo mundo quer o tempo todo dar apoio e falar com ele, e ele não gosta disso."

Ele puxou a mim.

———

A audiência do recurso contra minha detenção começou.

Ontem Olga estava muito otimista. Ela acha que o trâmite iniciado pelo Tribunal Europeu de Direitos Humanos, com base no artigo 39, realmente incomodou o regime. Isso me surpreendeu. Ela estava falando como se tudo já estivesse resolvido e fossem me soltar amanhã. A única dúvida era se ocorreria no tribunal ou dias depois, na prisão.

Ela considerava que seria melhor no tribunal, pois os papéis da libertação muitas vezes levam vários dias para tramitar entre o tribunal e a prisão.

Aquilo não era típico de Olga, que em geral se mostra convencida de que todo mundo vai ficar encarcerado pelo resto da vida.

Eu hoje bem que gostaria de provocá-la com isso, mas não é a mesma coisa por videoconferência.

Fui levado ao sexto andar, numa sala com uma grande televisão e uma câmera fixa no alto da tela. Havia dois guardas, de pé, à direita e à esquerda da TV, cada um filmando com sua câmera, com se a principal não bastasse. Havia também uma câmera de parede.

O juiz é um velho filho da mãe lambe-botas chamado Musa Musaev. Ele fala russo com um sotaque pesado e é avesso à gramática. Provavelmente só é mantido no lugar para presidir esse tipo de farsa.

Por fora, contudo, é tudo muito educado. Educado, mas ilegal. Ele até me concedeu cinco minutos para consultar os advogados.

Vadim me disse que tinham serrado a porta da nossa casa e partido para a busca mais canalha que já vimos até agora.

Não deixaram nosso advogado entrar, ofenderam Yulia e, claro, levaram tudo.

A coisa toda durou até noite adentro. Pobre Yulia, me pergunto como ela está enfrentando essa história da porta serrada.

Ela mandou Olga dizer que "está tudo bem".

O julgamento acabou num piscar de olhos. Setenta por cento do tempo foi tomado por acusações contra mim. Olhei bem firme para a câmera e jurei que jamais entregaremos a Rússia a um regime de bandidos. Uma pena que em vídeo os discursos percam a graça.

29 DE JANEIRO

É a primeira vez que eu desanco a administração desta prisão, mas nem quis saber.

Dois dias atrás houve a busca na cela, e tive que tirar tudo de dentro, até o colchão, e levar para a sala de revista. Agora estou com uma dor ferrada nas costas. Dizer "Essa dor nas costas foi o ponto mais baixo da minha estadia nessa prisão" pode parecer ridículo, mas é verdade. Dói tanto que mal consigo levantar da cama de manhã. Um passo em falso, e sinto vontade de chorar de dor. Estou com um nervo pinçado, e essa história de arrastar as coisas provoca dor. Não consigo me inclinar.

E agora de noite a porta se abre de novo. Estou lavando os pratos e dou um passo para ver o que é. Lá estão um capitão e alguns outros. Ele diz:

— Vai ser feita uma revista de rotina na sua cela. Retire todas as suas coisas.

"Mas que corja", penso. "Estão vendo pela câmera que mal consigo andar. Fazem de propósito."

— Não vou levar coisa nenhuma para lugar algum.

Continuo lavando os pratos. E eles ali, de pé. E eu lavando. E eles lá. A raiva vem subindo dentro de mim. Ao terminar de lavar, aponto para a câmera corporal e pergunto se está gravando. O major de plantão responde:

— Sim.

Eu olho direto para a câmera e digo a todos eles exatamente o que penso deles. Berro tão alto que dá para ouvir nos últimos recantos da prisão.

Em seguida, digo ao major:

— Como disse, não vou levar coisa nenhuma para lugar algum. Vou redigir um protesto formal. Podem me mandar para a cela de punição.

Eles ficam parados, sem saber o que fazer.

Até que saem correndo. Dez minutos depois, chega um jovem coronel.

— Eu sou da administração — diz.

Eu falo da dor nas costas e das "revistas de rotina" de dois em dois dias.

O coronel merece o devido reconhecimento. Claramente tem um talento, tanto como psicoterapeuta quanto como negociador.

— Vamos nos acalmar. Você é revistado duas vezes por mês. Foi apenas coincidência. Vamos carregar um objeto de cada vez, se as suas costas estão doendo.

A essa altura já tem umas oito pessoas de pé, no corredor. Apoio. Situação clássica. Quem vai piscar primeiro e como os dois lados vão reconhecer que perderam a moral?

Discutimos um tempão por causa de cada objeto. O coronel me ajuda a levantar a bolsa. Um gesto de boa vontade. Eu me recuso a carregar o colchão. Não retiro toda a comida. É o que causa a maior confusão.

Eles revistam tudo. Eu entrego a minha queixa. Uma hora depois, é óbvio, me arrependo de ter gritado com o major. Ele já está ficando velho. Durante a inspeção noturna, digo:

— Peço desculpas por ter gritado. Claro que acho que estou certo, mas não deveria ter gritado com você.

30 DE JANEIRO

Sábado. Os advogados não aparecem, nem ninguém mais. Eu olho pela janela. Por puro tédio, decido aprender *shuffle dance*, o que tentei sem êxito depois de deixar o hospital na Alemanha. Queria melhorar a coordenação dos movimentos, que simplesmente entrara em falência.

Me saí muito melhor dessa vez.

31 DE JANEIRO

Hoje é mais um dia de protestos de rua em minha defesa. A televisão informa que todo o centro de Moscou foi isolado, e até fecharam sete estações de metrô.

Segundo a Euronews, 1.600 pessoas foram detidas. A informação passa numa legenda de rodapé, sem mais detalhes.

Agora são 2 mil detidos.

Eu ando pela cela, preocupado com os que foram às ruas para protestar. Outra legenda: "Yulia Navalnaya foi detida." É terrível ficar sentado aqui, sem saber o que está acontecendo.

Outra legenda: "Um homem tentou atear fogo em si mesmo no centro de Moscou." Que pesadelo.

Agora já são 4 mil detidos.

1º DE FEVEREIRO

De manhã, vem a ordem: "Vista-se, traga seus documentos."

No dialeto local, como já disse, isso significa que qualquer coisa pode acontecer, mas dentro do prédio. O mais importante na prisão é que você não tenha controle de nada, não saiba de nada nem tenha a menor ideia do que vai acontecer daqui a um minuto. "Traga seus documentos" — o que será desta vez? Visita de um advogado, de alguém da Comissão de Vigilância Pública, de um investigador, comparecimento ao tribunal (por *link* de vídeo), um psicólogo, um telefonema?

Certo dia, perguntei:

— Que documentos? Não sei aonde estou indo, portanto não sei que documentos levar.

— Seus documentos.

— Quais exatamente?

— Do seu processo.

— Não tenho nenhum processo.

— Traga seus documentos.

E assim não consegui descobrir aonde estávamos indo. É evidente que uma ordem está sendo cumprida, que algum princípio está em jogo. O sujeito detido precisa tremer ao contemplar o futuro.

Dessa vez, era um caso judicial. Eu tinha esquecido completamente. Uma audiência técnica para estender o período de análise dos documentos do caso de "difamação de um veterano". Eu não me manifestei, apenas concordei com tudo que Vadim sugeria, para acabar com aquilo o mais rápido possível. Pelo menos, consegui conversar com ele no intervalo. Fiquei sabendo que nesse exato momento Yulia está sendo julgada por ter participado de um comício.

Concluída a audiência, apareceu um capitão, que me disse:

— Foi-lhe concedido o privilégio de dar um telefonema.

O momento não podia ser pior. Expliquei que naquele momento minha mulher estava num tribunal e não poderia atender.

— Vamos telefonar mais tarde.

— Não, tem que ser agora.

Tentamos telefonar, mas claro que ela não atendeu.

Felizmente, Yulia, muito esperta, se deu conta da situação. Simplesmente se levantou e saiu da sala de audiência, dizendo:

— Preciso de uma pausa de cinco minutos. — E me ligou de volta.

Eu já estava me sentindo mal por ter desperdiçado a chamada.

Conversamos durante sete minutos, mas ela teve que voltar. Estávamos numa situação clássica.

— Por favor, não se preocupe comigo. Está tudo bem. E você?

— Tudo certo. Não me falta nada. Não se preocupe comigo. Prefiro que conte como você e as crianças estão.

Ela é tão maravilhosa.

Não tivemos tempo de falar das crianças. A ligação foi cortada, e, quando liguei de volta, ela não atendeu.

Mais tarde, fiquei sabendo por mais uma legenda da Euronews (minha única fonte de informação) que ela foi multada em 20 mil rublos.

Caí na besteira de mandar três das minhas cinco camisas para a lavanderia. Achei que devolveriam em três dias, mas já se passaram dez, e nem sinal delas. Sou obrigado a lavar as duas que ficaram em noites alternadas.

Pelo interfone, veio a ordem: "Prepare-se para o banho."

Mas eu não tinha nenhuma camisa limpa. Tive que levar uma regata. Pela internet, Yulia encomendara para mim duas da loja da prisão, uma cinza e outra preta, no meu primeiro dia aqui. Para qualquer eventualidade.

Trata-se da camisa de algodão *Made in Russia* mais básica. Provavelmente são costuradas por detentos. Há uma infinidade de fotos de prisões em que os prisioneiros estão usando esse mesmo tipo. Quando a vesti depois do banho, era meio mal-ajambrada e apertada nas axilas. Pela primeira vez me senti como um preso.

Mas hoje foi um dia muito bom. Falei com Yulia, tomei um banho e recebi a primeira entrega de comida pedida à loja. Estava esperando há mais de uma semana. Até agora, só me traziam objetos domésticos que eu solicitava. Mas agora tenho uma omelete (que vou comer amanhã, no café da manhã), rabanetes, pão comum, ovos cozidos e assim por diante. Todas essas delícias foram entregues pela portinhola da comida, e fiquei pensando: "Droga, que desperdício vai ser se me soltarem amanhã!"

Amanhã tenho uma audiência para possivelmente converter a condicional em sentença.

Yulia estava na televisão! Ela é uma estrela.

2 DE FEVEREIRO

São 5h40. Rádio ligado. Já são 6h. Luzes acesas. Eu me levanto e imediatamente sou instruído pelo interfone preso à parede: "Vista roupas adequadas. Fique pronto e traga seus documentos."

Uau! Significa que vão me levar para o tribunal, em vez de recorrer a uma videochamada. Mas por que tão cedo? A audiência só está marcada para as 10h.

———

Pedi um barbeador (fornecido imediatamente), fiz a barba, fervi um pouco de água e fiz café. A porta se abriu.
— Venha.
— Por que tanta pressa? Não me deram nem cinco minutos.
Tive que sair.
Não fomos longe. Primeiro, minha sala de revista "favorita". Fico nu mais uma vez, cada item é inspecionado e listado. Depois, sou trancado numa "lapiseira" de concreto, uma cela estreita de 1,5 metro por 2,5 metros. É onde fico esperando agora.

———

Vieram me buscar bem depressa (quinze minutos) e me conduziram ao veículo da polícia. Havia tropas das forças especiais usando capacetes, com armas semiautomáticas. Chegamos ao Tribunal Municipal de Moscou, sabe-se lá por quê. Supostamente, deveria ser o tribunal de Simonovsky. Tive que me despir outra vez, mas agora só até a cintura. Fiquei de calça, mas tirei as meias e as botas. Agora estou sentado em outra lapiseira. Dessa vez são 3,2 metros quadrados. E espero.

———

Fiquei sentado numa cela, depois fui levado para outra. Lá permaneci por um tempo, até me levarem para o tribunal. O julgamento foi maçante.
Um grande e belo salão. O julgamento foi transferido de Simonovsky para cá porque muitos profissionais de imprensa se inscreveram. Mesmo assim, não foi autorizada a entrada de muita gente. Yulia está na primeira fila.
Trocamos uma piscadela.
Agora estamos num intervalo de duas horas.
Eles me trazem um almoço embalado. Eu peço água quente, mas o copo de plástico está rachado.
Estou em uma cela ao lado da sala de audiência.

— Por favor — digo —, você pode pedir aos advogados que comprem um copo para mim na cafeteria?

— É contra o regulamento.

É evidente que os policias ficam meio constrangidos por não me conseguirem um pouco de água quente, de modo que arranjam uma garrafa plástica, cortam-na pela metade e aí está o meu copo. Problema resolvido.

———

A segunda parte da audiência foi mais animada. Eu falei, e tudo acabou. A juíza se retirou para ponderar sua decisão, que não seria nenhuma surpresa para nós.

———

Pronto. Agora é oficial:

Fui condenado. Três anos e meio numa prisão de condições normais.

3 DE FEVEREIRO

Ser sentenciado parece ter um efeito calmante em mim. Dormi como um bebê. Na verdade, de fato durmo bem aqui, embora a cama seja desconfortável e eu sinta dor nas costas ao me virar. Mas esta noite foi a melhor até agora. Acordei cinco minutos antes do necessário, às 5h55, me sentindo descansado.

A mesma coisa aconteceu em 2013, em Kirov. Sentença proferida, cinco anos, de volta à prisão, e logo caí num sono profundo. Provavelmente porque a incerteza acabou.

Já tive essa mesma conversa franca comigo mesmo umas cem vezes: tenho algum arrependimento? Estou preocupado?

Absolutamente não. A convicção de estar certo e a sensação de fazer parte de uma grande causa supera todas as preocupações em 1.000.000%. Depois, tudo isso era perfeitamente previsível. Pensei no caso muitas vezes e entendi que a eficácia cada vez maior da nossa equipe levaria Putin a mandar me prender. Ele não teria outro jeito de resolver seu problema. Ou melhor, teria, mas não funcionaria.

Tiraram-me da cela para encontrar Olga, e junto à porta havia caixas de valor inestimável, cheias de tomates e pepinos.

Estou rico!

Depois do nosso encontro, tudo foi entregue na minha cela. Por alguma lógica inexplicável e insondável, parte do que eu encomendara já havia chegado de manhã. Em geral se espera mais de uma semana. (Tudo bem, o que significa "em geral", quando só estou aqui há pouco mais de duas semanas?)

Em suma, temos aqui uma situação única. No mundo comum, essas coincidências fazem surgir uma nova vida, ou pelo menos erupções vulcânicas e tsunamis.

Tenho aqui, na minha cela, de uma só vez, pepinos, tomates, cebolas e a possibilidade de escolher entre óleo de girassol e azeite de oliva. Claro que também gostaria de creme azedo, mas esses luxos são inaceitáveis. O simples fato de pensar em salada com creme azedo provavelmente solaparia a determinação de um condenado em dar o primeiro passo no caminho da autotransformação.

Deram-me uma faca. Hoje a magia culinária vai entrar em ação.

———

Ah, não! Eu tinha preparado tudo com requinte e lembrei que não tem sal! E qual é a graça em uma salada sem sal?

———

A correspondência de ontem foi entregue hoje. As pessoas enviaram as cartas depois do veredito, portanto, um dia de atraso.

A legenda de rodapé da Euronews informa que Serguey Smirnov[*] vai passar 25 dias detido por causa do comício. Vadim me diz que ele foi acusado de tuitar: "A previsão para o dia 31 é de tempo bom." Putin está simplesmente copiando 100% do que Lukashenko faz na Bielorrússia.

---

[*] Editor do veículo de comunicação Mediazona, da oposição.

4 DE FEVEREIRO

Depois do almoço, eu me deito para uma soneca. Estava dormindo tão profundo que foi chato ser acordado com o interfone berrando. Mas uma voz perguntou:

— Você vai à academia?

Embora na realidade eu quisesse dizer não e voltar a dormir, há duas semanas eu tentava conseguir acesso à academia. Então, respondi:

— Claro.

A academia, no fim, era outra cela no meu andar, só que maior. Tem espaldares de barras horizontais, dois bancos de supino (com suporte), halteres e um banco romano, que é bom para as minhas costas e item obrigatório para qualquer academia que se respeite.

Para minha grande decepção, não havia mais ninguém na academia, e assim não ficava parecendo aquelas academias de prisão que a gente vê no cinema, cheias de marombeiros taciturnos cobertos de tatuagens.

Não é muito divertido malhar sozinho, mas, enquanto as costas continuavam doendo, fui em frente com os exercícios mais simples, com pouco peso. Sobretudo halteres.

Você tem uma hora para se exercitar, e de modo geral não tem nada errado com a academia. Mudar um pouco é tão bom quanto descansar.

Depois da ducha, a portinhola da comida se abriu, e me deram um recibo para assinar. Por um doce. Uma garota chamada Christina tinha encomendado um tiramisù para mim na loja da prisão. Dos grandes.

Aqui tem uma regra idiota segundo a qual os embrulhos não podem ser entregues na porta, mas só pela portinhola da comida. Assim, eles forçaram a passagem da caixa, e, desnecessário dizer, a caixa se rasgou e amassou o doce.

Em princípio, eu evito doces e bolos. Aqui não dá para se exercitar muito. Mas não é permitido recusar nem mandar para outra cela.

Simplesmente vou ter que comer.

5 DE FEVEREIRO

O interfone na parede me acorda ao mesmo tempo que a luz — o que significa que são 6h —, e uma voz resmunga alguma coisa que pode ser: "Vista-se e traga seus pertences." Hmm. Já vou ser transferido? Levanto-me e tropeço até o interfone, só com a roupa de baixo. Aperto o botão e espero alguém responder.

— Sim?

— Não ouvi o que você disse.

— Vista-se com roupas adequadas e traga seus documentos. Dez a quinze minutos.

— Mas não tenho audiência hoje. Para onde vou?

— Apronte-se.

Droga, mas que chateação. Tem uma audiência judicial amanhã, então aonde querem me levar hoje? Por acaso vão começar a me arrastar para audiências daqueles processos pateticamente tediosos do "chef de Putin", Yevgueny Prigojin? Ele está me processando por tantos motivos que até perdi o fio da meada. Ou será alguma investigação? É o mais provável. Não dá tempo de fazer a barba, e, de qualquer maneira, por que me preocupar com uma visita à Comissão de Investigação, onde só tem criminosos? Boto a chaleira para ferver e vou tomar banho. Como agora tenho leite, posso desfrutar de uma bebida celestial: café instantâneo com leite. Claro que também bebo água com pó de café (simplesmente repulsivo), mas só quando não tenho nada melhor. Se for possível adicionar 50 mililitros de leite, temos uma bebida deliciosa. Mas sei muito bem que os apreciadores de café consideram minha bebida habitual uma desgraça: café preto de máquina com acréscimo de leite de caixa (frio).

É no que estou pensando de pé, ali, bebendo café e esperando que abram a porta. Da última vez, não me deixaram terminar, e assim tento manter o equilíbrio entre engolir rápido e apreciar.

O chefe do plantão abre a porta, mas também não sabe de nada. Diz que os guardas da escolta vão me explicar tudo.

Mesmo procedimento: sala de revista, ficar nu, passar tudo no raio-X. O chefe da escolta é o mesmo do último julgamento. Trocamos um cumprimento de cabeça, como velhos conhecidos. Ele também não sabe de nada, ou, mais provavelmente, não quer dizer. Eles me levam, e a brigada de escolta é formada pelos mesmíssimos caras. É óbvio que foram destacados para me acompanhar. Sou conduzido à caixa de metal no interior do caminhão de polícia.

— Aonde vamos? — pergunto. — Não tenho audiência judicial hoje.

— Não sei aonde vamos, mas seus advogados lhe disseram "Nos encontramos no tribunal".

— Mas esse julgamento é na sexta-feira, e hoje é quinta.

— Hoje é sexta-feira.

Maldição, misturei tudo. Preciso de um calendário.

A audiência é sobre a suposta "difamação de um veterano". O caso foi inventado pelo povo de relações públicas do Kremlin, achando que seria uma grande ideia. Pensem só nas manchetes: "Navalny difama veterano de guerra." Vai haver muita filmagem hoje, e nem fiz a barba, pareço um mendigo. "Primeiro ele difama o veterano, depois o insulta de novo, aparecendo no julgamento sem fazer a barba. Uma afronta à memória da guerra! Culpado!"

Sou levado ao tribunal de Babushkinsky. Mais uma revista. Sou conduzido a uma cela. "Ah, ok", pensei, quando abriram a porta. "Pelo menos é ampla e clara, não é nenhum estojo claustrofóbico."

"Não, espera aí, não tem nada de ok", percebo, ao baterem a porta atrás de mim. É evidente que a cela foi lavada antes da minha chegada. O que significa "limpo" num tribunal de distrito ou numa delegacia de polícia? Isso mesmo: muita água sanitária.

Trata-se de uma câmara de gás natural. Tudo foi muito bem lavado com água sanitária, e não há ventilação. Eu ando de um lado a outro na cela ampla, sentindo-me um soldado num campo de batalha da Primeira Guerra Mundial. Eu me consolo com a ideia de que o cloro se revelou a arma química menos eficaz e logo foi descartado, substituído pelo gás mostarda. Que sorte que as celas não sejam lavadas com gás mostarda.

Achei que me acostumaria, mas, ao me sentar para redigir estas notas, uma hora e meia depois de ter sido trazido, apesar de não sentir mais o cheiro do cloro, ainda estou com o nariz irritado e os olhos cheios d'água.

Não tenho a menor ideia de quando será o julgamento. Fui trazido para cá às 7h15, de modo que devem ser provavelmente umas 9h agora.

———

Às 14h me trouxeram de volta para a cela. Recesso de uma hora. Nojo! Que julgamento asqueroso! É evidente que o roteiro foi todo preparado. Não me surpreenderia que tenha sido a própria Margarita Simonyan.* Tudo segue de perto a mentalidade dela, e o próprio caso é uma resposta à nossa investigação "Parasitas", sobre o Russia Today, Simonyan e seu marido.

Resumindo, o pobre coitado do veterano de 95 anos, que obviamente não sabia o que estava acontecendo, foi postado por um tempo diante de uma câmera, em sua própria casa, com as medalhas no peito, para uma transmissão de vídeo. O velho não entendia as perguntas, e dava para ouvir claramente que o instruíam sobre o que dizer. No interrogatório, ele leu três linhas num pedaço de papel e declarou que queria interromper a entrevista porque não estava se sentindo bem.

A promotora logo tratou de agarrar a oportunidade.

— Vamos ler seu depoimento escrito!

Isto consistia em vinte páginas de recordações da guerra, provavelmente escritas por outra pessoa.

A juíza, não menos apressada, exclamou:

— Sim, façamos isso!

Foi feita a leitura. O velho olhava para a câmera. Passados dez minutos, a juíza, que na verdade se encontrava na casa do velho (como manda a lei), botou a cara na frente da câmera e disse:

— Ele está passando mal. Chegou uma ambulância.

Uma interpretação e tanto.

Em setembro, o velho tinha entregado uma carta autenticada, declarando que estava doente e não queria comparecer ao julgamento. O autor do roteiro disse que ele deveria comparecer, e aqui está ele.

Foi anunciada uma pausa. Estou sentado na minha cela, comendo biscoito de água e sal da minha "ração diária". Os policiais me deram água quente.

———

Ha-ha! Claro que já fui ameaçado de ser retirado da sala de audiência, mas nunca tantas vezes seguidas. Nunca antes recebi três "últimas advertências" sucessivas, nem ouvira a juíza gritar para mim que mandaria

---

* Editora-chefe do Russia Today.

"me remover para a sala de guarda". A juíza é uma anta repulsiva, fora do prumo mesmo para os padrões do judiciário de Putin. Na verdade, não só fora do prumo, mas estúpida que nem uma porta. Foi incumbida de um caso fabricado e não sabe o que fazer. Assim, limita-se a indeferir nossos questionamentos quando apanhamos testemunhas em contradição, a interromper os interrogatórios cruzados ou a determinar um recesso. Sequer entende o procedimento para apresentação de um documento do arquivo do caso.

O neto do veterano, um palhaço que se mancomunou com os investigadores para tramar o caso, afirma em alto e bom som que ele e o avô nunca fizeram uma declaração específica. Acontece que sei que existe uma declaração assim nos autos. E o enrolo direitinho.

— Mas não há uma declaração?
— Não.
— Tem certeza?
— Sim.

Eu então solicito, triunfante, a apresentação do documento. A juíza declara "Não farei uma coisa dessas!" e suspende o julgamento, decretando recesso de uma semana.

O neto esperava usar o interrogatório cruzado como palanque e tinha começado com uns disparates sobre a necessidade de eu "me comportar como um homem". Outra evidente peça do roteiro. Senti-me na obrigação de gritar que ele era uma prostituta vendendo o avô. Ele pediu um copo d'água.

E assim, no fim, voltei do tribunal faminto e furioso. Enquanto era revistado, lembrei que tinha perdido o jantar, e na cela só havia bolo e uma salada de cenoura coreana. Ao ser levado de volta à cela, encontrei um embrulho mandado pela minha amada gata. Continha uma garrafa de azeite, uma salada e quatro latas de carne de boi, que se revelaram deliciosas. Comi duas latas com amor e alegria no coração.

Mais boas notícias. Redigi uma solicitação ao comandante dizendo que, para exercer meu direito de autoeducação, precisava de dois dicionários e de livros em inglês e francês. Ele não concordou com os livros, mas havia algo ainda melhor. Em algum momento, eles compilaram um catálogo de livros em língua estrangeira que podem ser comprados. Não é muito grande, mas mesmo assim… Eles fizeram o melhor que podiam. Estou decididamente grato.

6 DE FEVEREIRO

Pelo segundo sábado consecutivo me vejo pensando que gosto dos fins de semana aqui. Tudo bem, nada de embrulhos chegando, mas não vem ninguém para te levar a lugar algum, nem dizendo "se arrume e traga seus documentos". Há uma quietude, e até as portas de metal são batidas com estrondo muito menos vezes.

―――

Passei metade do dia respondendo a cartas. A que mais me agradou consistia em apenas uma linha: "Alexei, quero lhe informar que estou muito satisfeito com você."

―――

Ainda chegam muitas cartas de garotas, comunicando que sou considerado um "*crush*" no TikTok. Algumas acrescentam uma explicação sobre o que é *crush*. Eu respondo, sacana, que não estou tão por fora assim que não saiba o que é um *crush*.

Por sinal, está fazendo -15°C lá fora. Meu nariz congelou.

7 DE FEVEREIRO

É risível. Os guardas foram proibidos de falar comigo. São autorizadas apenas ordens como "Entre" e "Saia", e, como nossas interações são sempre filmadas, eles são fiéis à proibição. Devem ter sido ameaçados com punições terríveis se não o fizerem.

Agora chega um major. Está de plantão dia sim, dia não. Um cara jovem, parece ok.

— Bom dia.

— Olá — respondo. — Tudo bem?

Calado, o major olha para mim. Eu olho para ele intrigado e repito:

— Tudo bem?

O major continua olhando para mim, não sei se horrorizado ou ansioso. Tem consciência do absurdo da situação, mas não consegue se convencer a cometer um crime contra os alicerces da ordem constitucional ao me responder "Tudo bem".

Hoje é domingo, e peguei um pedaço de pão para o café da manhã. Em geral, não ligo para café da manhã. Parei há alguns anos, quando fiquei preso durante dois meses e me dei conta de que não sinto fome de manhã. Por que, então, comer nessa hora? Porque lhe ensinaram na infância "Faça o desjejum sozinho, almoce com um amigo e abra mão do jantar para seu inimigo"? Ou porque uns salafrários querendo nos impingir flocos de milho (que fazem muito mal, cheios de açúcar) ficam dizendo na televisão que "o desjejum é a principal refeição do dia"? Na época, quando fui solto, pesquisei na internet e concluí que não existem provas científicas em favor do café da manhã. Ele não nos "carrega" de energia para o resto do dia. Pura besteira. E agora, então, considero que devemos comer quando sentimos fome e não comer se não sentimos. Por isso não tomo café da manhã, e eles aqui só distribuem pão de manhã. Faço questão de não aceitar. Também recuso batatas, que estão sempre no cardápio. Aqui não se gasta energia que justifique se encher de pão e batata. Calculo que passo vinte das 24 horas do dia deitado. Comendo pão, logo você estará pesando 120 quilos.

Claro que milhares de anos de evolução incutiram uma regra férrea no nosso cérebro: "Coma! Encha o bandulho! Amanhã os mamutes vão para o norte, e você vai passar fome durante um mês. Isso aí é açúcar? Beleza, se empanturre ainda mais, estoque gordura para os tempos difíceis."

Por isso é que não consigo abrir mão completamente dos carboidratos. (Vamos falar a verdade, dois dias atrás devorei metade de um tiramisù, e teria acabado com ele no dia seguinte se não tivesse obrigado a mim mesmo a jogá-lo fora.) Assim, decidi comer pão aos domingos.

E agora, pelo terceiro domingo consecutivo, parto solenemente um insípido pão de forma branco e como. Parto com a mão porque não tenho nada para serrar. E hoje tenho até manteiga, de forma que faço café, me sirvo de dois dedos de manteiga com uma colher de alumínio, passo nos pedaços de pão e desfruto de um suntuoso café da manhã digno de um hotel, engolindo tudo com café com leite.

E o melhor de tudo é que essa refeição tão singela transforma o domingo num dia muito especial de festa.

Fiz salada de pepino, tomate e cebola temperada com azeite, mas ainda não tenho sal. Assim, sem pensar um só momento, peguei um pó seco de um tablete com a etiqueta "caldo de galinha" e salpiquei por cima.

Funcionou! Não consegui atinar como foi que tive a ideia. Mas aí lembrei das muitas vezes em que ficava irritado com veteranos que conhecia na penitenciária. Muitos tinham cubos de caldo de galinha, tipo Knorr, e os usavam o tempo todo para temperar qualquer coisa. Era meio repulsivo o jeito como esmagavam o cubo com os dedos e salpicavam no caldo, mas na verdade os cubos são uma mistura de sal, pimenta, temperos e aroma de galinha.

Agora eu encontrei um jeito decente de salgar a salada.

E qual será o próximo? Vou descobrir como ferver água num saco plástico?

———

Está passando uma legenda de rodapé na Euronews: "Grigory Yavlinsky afirma num artigo que uma Rússia democrática e Navalny são incompatíveis." É o Kremlin ridicularizando o velho covarde, forçando-o a escrever uma coisa assim nesse exato momento. Humilhação pública como pagamento pelo registro e financiamento do seu partido. Que terrível se transformar em algo assim.

———

Acabei de ler *Madame Bovary*. Muito decepcionante. Eu ia escrever que é uma versão light de *Anna Karenina*, mas nem dá para comparar.

Agora que acabei de ler o imbecil do Flaubert, voltei ao segundo volume das obras completas de Maupassant. Ele seria supostamente um discípulo de Flaubert, mas é um zilhão de vezes melhor. Um escritor de verdade. Os contos são quase sempre uma droga, mas as grandes obras são boas. Encontro nelas frases muito fortes. Acabei de levantar do beliche para anotar uma delas; basicamente diz o seguinte: "Ele tinha a aparência auspiciosa com que as mulheres sonham, mas que qualquer homem acha repulsiva." Não é incrível?

Eu penso o tempo todo que deveria ler no original. Há alguns livros em francês na biblioteca. Parece que tem *Bel-Ami*, mas receio não estar à altura.

8 DE FEVEREIRO

Está frio, -16°C, mas caminhei no pátio a hora inteira e não desisti. Que bom que Yulia mandou meias de lã.

Decidi limpar a cela, embora já estivesse limpa. Varri e comecei a lavar o piso com um pano novo encomendado na loja. Pedi um esfregão.

— Esfregão é contra o regulamento — responderam.
— Então temos que lavar com a mão? Que droga!
— Só com a mão.

Muita burrice!

———

— Arrume-se para ir ao médico e traga seus documentos.
— Preciso me vestir para sair?
— Não, será dentro do prédio.

Uma semana atrás, talvez, escrevi que precisava me consultar com um oftalmologista, para mandar fazer óculos novos.

Fui levado a outro andar, onde nunca estive antes. É a ala hospitalar. As celas e as portas de metal são iguais, só que as placas nas portas dizem coisas do tipo "Sala de tratamento", e tudo é pintado de azul.

Há duas pessoas na sala. Eu conheço a enfermeira, que veio me ver quando fui admitido, e um jovem doutor do Cáucaso, inteligente e de aparência agradável. A enfermeira é mal-humorada, e percebo que o médico se sente deslocado. Essas reações deixam óbvio quem trabalha aqui e quem foi trazido de fora.

— Eu sou oftalmologista.
— Ótimo. Como se chama?
— Ilmar Khalilovich.

O fato de ter se apresentado e não sugerir que o chamasse de "camarada oftalmologista" confirma que ele não é da casa.

Tem uma jaula na sala. Uma jaula de verdade, tamanho real. Sou levado para dentro dela e trancado. O médico se senta a uma mesa do lado de fora e toma notas. Em seguida, me passa entre as barras da jaula uma folha laminada enrolada em forma de tubo, com textos em fontes de diferentes tamanhos, e depois, da mesma forma, um par de óculos com lentes intercambiáveis, que ele vai alternando para mim, com a mão introduzida na jaula. Nitidamente constrangido, o médico murmura:

— É a primeira vez que atendo em condições assim.

— Você vem de fora ou trabalha aqui?
— Venho de fora.

É muito engraçado esse "de fora", como se não estivéssemos no distrito de Sokolniki, praticamente no meio de uma cidade de 10 milhões de almas, mas num acampamento remoto na Sibéria.

Vou ganhar óculos novos!

―――――

Segunda-feira. Dia de balneário. Hoje fui acompanhado até o chuveiro por um cara decente.

— Você tem quinze minutos — disse. — Vou avisar cinco minutos antes de acabar o tempo.

Caramba, muito melhor assim. Sem relógio, você não tem ideia do tempo que já passou, e no início acelera para que não te apressem nem que tenha que vestir roupa limpa no corpo molhado, mas aí fica lá, todo vestido, perguntando-se por que correu tanto quando ainda podia estar no chuveiro.

Dessa vez deu para tomar banho com calma. Com bucha vegetal! Devo ter usado uma dessas (é uma espécie de esponja) pela última vez quando ainda estava na escola. Depois só fiquei ali, debaixo da maravilhosa ducha de água quente durante vários minutos, para então me enxaguar e me vestir sem pressa.

A vida acaba enredada em rituais. Tenho aqui um limão e um potinho de mel que Yulia botou no primeiro embrulho que recebi. Economizo os dois para poder beber chá com mel e limão depois do chuveiro. Meu cerimonial de preparo é tão prolongado e meticuloso que qualquer japonês se roeria de inveja. O prazer de preparar o chá é comparável ao de beber.

Aqui na prisão, qualquer psicólogo faria a festa. Dá para escrever uma centena de dissertações sobre a incrível capacidade dos seres humanos de se adaptar e extrair prazer das coisas mais triviais.

Olga veio e me contou as novidades. Ela leu para mim o artigo de Yavlinsky, porque sabia que eu estaria curioso. Achei que seria o de sempre da parte dele: um monte de demagogia e de sentenças vazias, com duas ou três frases críticas, sua verdadeira motivação para escrever o texto. Em vez disso, era um enorme artigo sobre mim. O terrível populista que eu sou, minha participação nas Marchas Russas e que sou um agente do

Kremlin. Todos os meus vídeos e investigações são uma perda de tempo, e por aí vai. Quase fica parecendo um ataque pessoal, o que não é típico de Yavlinsky.

Pobre coitado. Só posso imaginar o tormento que passou para escrever esse troço. Além do fato de ter sido forçado pelo Kremlin a escrever sobre *mim*, ele também deve ter entendido que receberia uma enxurrada de críticas, como se poderia esperar, e de fato foi o que aconteceu. Não especificamente por minha causa, mas por que escrever um artigo assim sobre alguém que acabou de ser jogado na cadeia? Como se costuma dizer, perdeu uma grande oportunidade de ficar calado.

Não sei o que o longo braço do Kremlin descobriu a seu respeito, mas o fato é que puseram mesmo as mãos nele. Nem se pode dizer que ele enterrou qualquer perspectiva de futuro, pois já não tinha nenhuma mesmo. Mais precisamente, ele perdeu os últimos aliados e torpedeou as chances eleitorais de muitos companheiros de política. Os mais chocados são seus correligionários no partido. Aí está, então, o tão esperado tsunami político, às vésperas das eleições. Eles precisavam mesmo ir fundo.

Mas, em vez disso, mergulharam na direção oposta, engoliram um bocado de água e areia, perderam as sungas nas ondas e agora morrem na praia, cobrindo-se de vergonha, enquanto todo mundo dá risada.

———

Fui levado da cela de novo, dessa vez para encontrar o comandante. Eu vinha tomando notas há muito tempo, e até fiz uma lista de perguntas, que na maioria dos casos já foi esclarecida.

Foi a segunda vez que estive com ele. No primeiro dia, ele apareceu com os funcionários da Comissão de Vigilância Pública. Soturno e mal-humorado, como todo mundo aqui. Será por causa das máscaras de covid? Qualquer um fica com ar sombrio por trás de uma máscara.

Dessa vez, ele estava cheio de alegria de viver, e até fez piada. Fiquei surpreso. É verdade que tudo acontecia sob o olhar atento de uma câmera de vídeo, que ele colocou sobre a mesa. Tivemos uma conversa amistosa. Ele respondeu com minúcias a todas as minhas perguntas, mesmo as mais tolas, tipo como o sorvete que é vendido na loja é guardado. Parece que a minha geladeira também tem a função congelador.

Conversamos sobre livros. Conversamos sobre a Comissão de Vigilância Pública. Conversamos sobre o treinamento. E até a possibilidade de uma cama mais comprida. Eu já perdera o hábito de esperar que alguém responda a perguntas de um jeito que não seja olhar com horror para mim sem dar uma palavra e repetir feito um robô "Entre com um pedido".

Mas infelizmente ele não foi capaz de responder à grande questão que me atormenta há um mês: como é que alguém num pátio vizinho de "exercícios" sabe quando estou me exercitando? Só aconteceu daquela vez, mas o sujeito tinha certeza de que eu estava lá. Não foi por simples coincidência que ele gritou. Não acredito que o guarda que estava vigiando do alto e vendo todo mundo lá embaixo pudesse ter lhe dito. Tem que haver uma resposta mais simples.

―――

Acabou de acontecer uma coisa engraçada. A portinhola da comida se abriu com estrondo. "Pronto", pensei, "mais alguma coisa para assinar". Peguei uma caneta e me dirigi à porta. Apareceu na portinhola a cabeça de um gato, com a boca alegremente escancarada. Com grande dificuldade, uma *gigantesca* pilha de cartas foi forçada pela portinhola. Pareciam pelo menos 2 mil, e por cima de tudo havia fotos junto à carta de alguém: a imagem impressa de um gato ocupando uma página inteira, com a boca escancarada e as patas esticadas na minha direção, e a legenda: "Venha ganhar um abraço!"

Bem, pelo menos agora sei o que farei nos dois próximos dias. Ou provavelmente três.

―――

"Certa noite, quando estavam na praia, Père Lastique o abordou e, sem largar o cachimbo, cuja ausência provavelmente chamaria mais a atenção do que a perda do seu nariz..." Maupassant não é um gênio? Estou lendo *Uma vida* e apreciando o estilo.

9 DE FEVEREIRO

Está frio, mas passei uma hora e meia no pátio. No fim, estava congelado.

Inventei uma salada. Fatiar pepinos, tomates e cebolas como se fosse para uma salada normal, adicionar óleo de girassol e então cortar filés de arenque (enviados por Yulia) para misturar. O arenque é salgado e compensa muito bem a ausência de sal, que até agora não consegui.

10 DE FEVEREIRO

Só muito raramente eu tomo bebidas doces — sucos, refrigerantes, qualquer tipo de bebida com frutas. Mas hoje pensei: "Quero um pouco de suco."

Eles têm três tipos na loja. Pensei muito e acabei pedindo mirtilo. Mas aí risquei e escrevi "cranberry".

À noite me levaram de volta à cela. Eu vi uma caixa junto à porta. Continha uma garrafa de suco de cranberry. "Mas que rapidez", pensei, admirado.

Uma hora depois a caixa me foi entregue pela portinhola. Tive que assinar um recibo no qual se lia: "Pacote enviado por Yulia Navalnaya."

Como ela consegue?

———

Passei dois dias respondendo a cartas. Não fiz mais nada. Meu pescoço está doendo muito. E ainda faltam 200. Acabaram de trazer outro lote semelhante, pelo menos 2 mil.

11 DE FEVEREIRO

Hoje está nevando, e assim tive meu primeiro período de "exercícios" caminhando na neve. Melhor dizendo, flocos de neve conseguiram cair na parte do pátio mais próxima do vão de 1,5 metro pelo qual se vê o céu. Mesmo assim, foi muito bonito e apocalíptico. Grandes flocos de neve flutuando através das bobinas de arame farpado.

———

Na época da União Soviética, havia uma piada sobre ficar esperando uma eternidade pelo ônibus, que parece que nunca vai chegar, até que chegam três de uma vez. É que os motoristas estavam jogando cartas no terminal. Quando acabam de jogar, levantam-se e vão dirigir seus ônibus.

Parece que é a mesma coisa com a minha comida. Eu faço o pedido, mas nada chega. Concluo que devem ter perdido o pedido e faço de novo. Hoje eles trouxeram tudo junto, e tive grande dificuldade de enfiar a remessa inteira na geladeira. Até a prateleira de cima está cheia. Agora tenho sal, creme azedo (duas embalagens), couve recheada, peixe e frango — asas, que Yulia deve ter encomendado. Mandaram até a "*tabaka* de frango com purê de batata" que pedi há vinte dias. Eu tinha me convencido de que o pedido fora extraviado ou de que não estavam mais fazendo.

A *tabaka* de frango na verdade era uma metade fria de uma galinha frita.

Tenho tantos tomates que poderia montar uma loja. Poderia construir uma pirâmide de cebolas da altura de um homem. Disponho de todos os ingredientes necessários para ousadas experiências culinárias.

———

O almoço chegou. Me recusei a receber, dizendo que já tinha comida demais e precisava consumi-la.

— Sério? — perguntou a moça que traz as refeições. — Hoje é sopa com pepino em conserva.

E olhava para mim com uma expressão que dizia: "Navalny, seu bobo. Está há um mês comendo todo tipo de porcaria, e agora torce o nariz para sopa *rassolnik*."

Então concordei, obediente, em receber a sopa. Foi a decisão certa. Estava excelente.

———

Fui à academia. Bom. Só que, infelizmente, minhas costas ainda doem.

———

A legenda de rodapé da Euronews, minha principal fonte de informação, divide-se em duas partes. À esquerda, ocupando cerca de um quinto da tela, vemos em negrito o nome do país ao qual está relacionada a notícia. À direita vem a notícia propriamente, em letras pequenas. O tempo todo aparecem Alemanha, Lituânia, Espanha, Estados Unidos.

Em todas as notícias a meu respeito, em vez de um país, eles escrevem "NAVALNY" em letras maiúsculas. É engraçado.

———

Chegou outro monte de cartas semelhante. Se parecer que estou inventando isso para impressionar, não estou. Agora tenho milhares de cartas por responder na minha cela. Calculo que sejam umas 4 a 5 mil.

12 DE FEVEREIRO

Hoje tem audiência no tribunal. Ontem à noite avisaram: "Amanhã você terá que ir ao tribunal. Portanto, levante-se um pouco mais cedo."

Por algum motivo eles realmente me apressam de manhã. Embora todo mundo se levante às 6h, 25 minutos depois já estou pronto, de banho tomado e barba feita, apesar de ter que sair às vezes só às 10h. Sobra tempo que não acaba mais!

— Tudo bem, mas vão ter que me acordar às 5h45 — digo.

— Nada disso! — (Como quem diz: Está pensando que isto aqui é um hotel?) — Dá um jeito de acordar sozinho.

— Como que vou acordar sozinho? Não sei que horas são. Não tenho relógio e o rádio ainda não foi ligado. Mesmo que eu acordasse às 5h45, como saberia que estou na hora?

Nenhuma resposta.

Hoje de manhã, eles acenderam as luzes antes de ligar o rádio.

— Bom dia. Que horas são? — perguntei pelo interfone.

— Bom dia. São 5h46.

Pronto, quase como num hotel. A recepcionista me acordou na hora certa.

E toda vez essa pressa não faz o menor sentido. Hoje, eu me visto todo; eles me levam para a sala de revista, que fica ao lado. E tenho que me despir de novo. Minha roupa toda é apalpada e passada pelo detector de metal. E então me visto outra vez. Em seguida, sou trancado num box minúsculo, e é onde estou sentado agora, esperando por algo que não sei o que é.

———

Boas notícias. Está tocando uma música decente no caminhão da polícia. Fizemos uma excelente viagem. Estou ficando meio cansado da Retro FM.

———

Não dá para imaginar juíza mais perversa, mal-intencionada e — sobretudo — estúpida do que a que preside o julgamento da "difamação". Ela obviamente se viu em maus lençóis da última vez, por permitir que nós aparecêssemos aos olhos do público em posição mais sólida e convincente, e fora instruída a não nos dar a palavra. Para isso, se saía com constantes advertências. Olga recebeu duas no primeiro minuto do julgamento apenas por começar a falar. Ao longo do dia, ganhei 300.

Os julgamentos mais ilegítimos em geral são confiados a juízes razoavelmente sofisticados, que sejam capazes de fazer o necessário com educação e tenham pleno conhecimento do caso. Essa juíza, contudo, era estúpida e vingativa e não tinha a menor ideia de como se comportar com equilíbrio. Isso nos ajudou muito, pois, quanto mais agressiva ela ficava, mais evidente se tornava sua parcialidade. Mas significava também que tínhamos que gritar o tempo todo.

———

A promotora lambia os dedos ao folhear os documentos do caso. Repugnante! Mais repugnante ainda foi sua performance ao ler as recordações de guerra do velho veterano, que eram apresentadas como se fosse o depoimento dele. Ela derramava lágrimas de crocodilo e fazia longas pausas. Bando de filhos da mãe! Eles inventam um depoimento e choram por causa dele.

No seu *grand finale*, a promotora me fez perguntas do tipo: "O senhor participou das Marchas Russas?" e "Por que quer destruir a memória histórica?". Claro que não tinha nada a ver com o caso. Era o melhor que ela conseguia em matéria de interrogatório cruzado. Às vezes, acrescentava: "O senhor tem liberdade para não responder."

Suas perguntas chocaram até a juíza, que, no entanto, não as indeferiu (mas indeferia todas as minhas perguntas às testemunhas). Limitava-se a olhar para mim surpresa, arregalando os olhos.

Eu me permitia extravasar um pouco a raiva nas respostas.

———

Olga e Vadim ficaram exultantes quando a testemunha especializada da Comissão de Investigação foi submetida ao interrogatório cruzado e concordou que o meu tuíte consistia em "juízos de valor", e, portanto, as acusações deviam ser retiradas. Mas essa sutileza jurídica não interessou à juíza nem à promotora.

O motorista da van da polícia dirigia como um louco na viagem de volta, e fiquei enjoado.

Cheguei de volta às 21h45, com fome.

— Quero comer.

— Não, já é tarde.

Eu passara o dia inteiro sonhando em fazer uma salada de tomates, pepinos e creme azedo. Já havia temperado com azeite outras vezes, mas sempre quis experimentar com creme azedo. Vou ter que deixar pra lá, concluí. Podia ficar para o almoço de amanhã, e no momento havia um pedaço de frango frio. Mas o frango tinha um aspecto repulsivo, como o julgamento de hoje, e decidi seguir o meu sonho. Seria mesmo salada, ainda que as luzes logo fossem apagadas e eu tivesse de concluir o preparo no escuro.

Finalmente disponho de talheres de plástico na cela, até uma faca, muito embora, claro, não dê para cortar nada com ela. No fim das contas, tive mesmo que partir e retalhar tudo, em vez de fatiar.

Então coloquei sal na salada, pois agora também tenho sal aqui. E até pão. Yulia pediu que me entregassem, embora eu tenha lhe dito que não.

Felicidade.

13 DE FEVEREIRO

Há neve lá fora, e até acumulada na grade da janela. Estou ansioso para ir ao pátio. Mas com certeza teremos montes de neve formados pelo vento.

Como é bom. Estou respondendo a cartas. Muitas. Eu respondo e respondo. E tem uma do barman da cantina especializada em vinhos em frente ao nosso escritório. Ele escreve que está ansioso para ver a mim e a Yulia, e que eu peça o de sempre. Uma surpresa adorável. Ainda estou sorrindo cinco minutos depois.

Infelizmente, nada de montes de neve trazida pelo vento.

Fui levado ao pátio já bem tarde, às 12h45, embora supostamente isso deva ocorrer entre 9h45 e 10h30. Claro que nesse período um detento foi incumbido de nivelar a neve pelo pátio.

Vendo pelo lado positivo, a área toda estava coberta de neve, e não do asfalto de sempre. Havia um círculo muito irregular pisoteado pelos passantes. Caminhando pela neve, dava para sentir o rangido. A gente tem que sentir em vez de ouvir, pois o rádio é ensurdecedor.

Mesmo assim, a sensação é de ano-novo.

14 DE FEVEREIRO

Hoje bem cedo comecei a fazer minhas séries de tabata — muito bem, cara —, e o rádio me lembrou que é Dia dos Namorados.

Montei uma operação especial e mandei uma mensagem para o Instagram sem que Yulia soubesse. Para ser postada hoje, ao meio-dia. Qual será a foto que vão escolher para acompanhar?

Parece que inventei uma nova maneira de tratar queimaduras. Umas três semanas atrás, queimei a mão esquerda, muito mesmo, com água fervente. Precisava consultar um médico. Aplicar alguma coisa, algum tipo de pomada. Mas é uma verdadeira dor de cabeça por aqui, sobretudo à noite, e o acidente aconteceu às 21h. Todo pedido de consulta médica é tratado como fingimento, especialmente quando você mesmo causou o acidente. Eu precisava solicitar tratamento, mas não queria.

Visualizei a mim mesmo comparecendo ao tribunal com uma bandagem na mão, e todo mundo perguntando o que acontecera, e o público em geral achando que eu devia ter sido torturado.

E, ainda por cima, reza o regulamento que qualquer atadura deve ser retirada para revista.

Um pesadelo!

Na véspera, haviam trazido da loja uma loção corporal e de mãos da Dove. Qualidade padrão, bem barata e bem oleosa. Só Deus sabe por que comprei. Uma feliz coincidência. Imaginei que dificilmente pioraria as coisas. De todo modo, as pomadas de queimadura provavelmente agem por hidratação.

Cobri a queimadura com uma camada do creme. O unguento foi absorvido com incrível rapidez. Continuei passando pelo resto do dia e, depois, três vezes por dia. A pele descascou, mas a coisa era muito menos feia do que eu imaginava, e agora não resta mais nenhum sinal. A aparência está melhor do que antes.

―――

Minha tradição de domingo: no café da manhã, comi meio pão de forma, que hoje não é branco, mas preto, e parece feito de farinha de centeio. Consegui um pouco de manteiga e também tenho queijo. Me servi de café. Classudo!

15 DE FEVEREIRO

Está na minha hora do pátio, e faz frio de novo. Deve estar muito mais frio para o guarda que patrulha na estrutura de ferro acima de nós, vigiando os pátios. Os detentos pelo menos estão entre quatro paredes, embora não tenham um telhado, ao passo que ele patrulha na altura do nosso teto. Deve ventar diabolicamente o tempo todo lá em cima. Por isso, o guarda usa botas de feltro e um capote de couro de carneiro por cima da pesada jaqueta do exército — o capote marrom até parece autêntico.

Ele passa. Eu presto atenção nele e vejo que um considerável naco triangular foi arrancado da parte de trás, de um dos lados, como se tivesse sido mordido por um cão ou como se ele tivesse entrado numa briga. Parece incrível. Não apenas um capote arcaico de couro de carneiro, mas ainda por cima esfarrapado, como se estivéssemos num filme ou em *A filha do capitão*, de Púchkin. Como nos livros.

―――

Sou levado para tomar uma ducha. Atravesso o nosso andar, onde há caixas de plástico junto às celas, com a comida a ser entregue aos detentos.

Elas são trazidas na hora do almoço, mas distribuídas só ao anoitecer. Uma delas contém um bolo e um abacaxi! Um abacaxi de verdade, magnífico, com todas as folhas formando aquela coroa no alto, ou como quer que se chame a parte espinhosa. Parece exótico, além de estranho, numa caixa plástica junto à porta de ferro de uma cela.

Há! Engole essa, abacaxi! Agora uma mulher que eu não conheço pagou à loja da prisão para me fornecer um hambúrguer e mirtilos frescos e muitas outras coisas. Preciso achar um jeito de impedir que estranhos encomendem comida para mim, ou a coisa vai se espalhar, e serei inundado por admiradores empenhados em me manter animado e me salvar da fome.

E também, claro, chegou mais sal, dessa vez mandado por Yulia. E pepinos. De modo que tenho dois quilos de sal e um bocado de pepino. Estou pensando seriamente em conseguir uma receita e começar a fazer conserva. Só que não tenho jarras.

Hurra! Respondi a todas as cartas. Estava me sentindo pressionado por aquelas pilhas de papel ocupando cada canto da cela e me lembrando de que eu tinha algo por terminar. Precisei limitar 90% das respostas a "Obrigado!" ou "Obrigado :)", mas mesmo assim foram muitas, muitas horas.

16 DE FEVEREIRO

Ainda são apenas 7h30, mas eu já

- me levantei
- fiz a barba
- me vesti
- tomei café
- tirei a roupa
- me vesti de novo

— fui transportado numa van da polícia
— tirei a roupa
— me vesti de novo

e agora estou sentado, tomando chá numa área vigiada, à espera de ser levado para o tribunal.

———

A segunda metade do dia, depois do comparecimento ao tribunal, foi ocupada com tediosas, inúteis e estúpidas considerações para decidir se estou desrespeitando as regras por dormir num lugar e ler em outro. O lugar onde durmo é muito escuro para leitura.

Durante um mês, ninguém se importou que fosse desse ou daquele jeito, mas agora estão dizendo que o regulamento foi desrespeitado. Será que foram instruídos a me transferir para uma cela de punição e estão apenas procurando uma desculpa?

———

À noite, claro, fizeram uma revista. Eu não tinha a menor dúvida de que isso ia acontecer. Organizo cuidadosamente os itens que estão sendo revistados, de modo que depois a bagunça não é tanta, e não fico tão enfurecido. Chama-se "se acostumar".

17 DE FEVEREIRO

Levado para o pátio de "exercícios" mais cedo que de costume. Ainda nem são 10h. Saí e fiquei pensando: "Por que estou tão contente? Parece tudo tão bom."

De repente, fico pasmo: nada de música!

É maravilhoso caminhar e poder ouvir o som dos próprios passos. E na neve, ainda por cima.

Dá para ouvir sons vindos de fora. Carros passando.

Você está andando como um ser humano normal.

Depois de uns sete minutos, contudo, eles ligaram o alto-falante, e volto a andar como um detento.

Oi, aqui é o Navalny.

Quero dizer que está tudo bem, pois tenho a coisa mais importante de que alguém na minha situação precisa: o apoio de vocês. Acreditem, eu o sinto.

Infelizmente, não posso comentar as notícias ou os acontecimentos, pois não sei o que está ocorrendo. Então decidi compartilhar alguns fatos sobre a minha vida aqui.

Muitas vezes perguntam se estou deprimido. Não, não estou. A prisão, como sabemos, está na mente. E, pensando bem, vocês vão ver que não estou na prisão. Estou numa viagem espacial.

Vejam só. Tenho uma cabine simples e espartana: cama de metal, mesa, armário. Não há lugar para luxos numa nave espacial. A porta da cabine só pode ser aberta pelo centro de comando. Chegam pessoas uniformizadas. Dizem apenas algumas frases padrão. A luz de uma câmera de vídeo é acionada no peito deles. São androides. Eu não cozinho para mim mesmo. A comida é entregue diretamente na cabine, num carrinho automático. Meus pratos e minhas colheres são de metal reluzente.

O centro de comando da espaçonave se comunica comigo exatamente da mesma forma como num filme de aventuras espaciais. Uma voz saída da parede diz pelo interfone: "Três-Zero-Dois, preparar para a higienização." Eu respondo: "Sim, tudo bem. Me dá dez minutos. Preciso terminar o chá."

Nesse momento, claro, me dou conta de que estou numa jornada pelo espaço e voando em direção a um admirável mundo novo.

Como é que eu, fã de livros e filmes de aventuras espaciais, poderia recusar um voo desses, ainda que dure três anos? Claro que não. Tudo bem, viagens espaciais são arriscadas. Você pode chegar lá e não encontrar nada. A duração do voo pode se estender muito mais por causa de um erro de navegação. Um asteroide aleatório pode destruir a nave, e você morreria.

Mas sempre chega alguma ajuda. Aparece um sinal amistoso, um túnel no hiperespaço, e você alcança seu destino. Vai abraçar a família e os amigos num admirável mundo novo.

Tem só uma grande diferença em relação aos filmes. Estou desarmado. E se a nave for atacada por xenomorfos? Não creio que dê para usar uma chaleira para lutar com eles.

Talvez eu use a parede para afiar a colher.

---

18 DE FEVEREIRO

É mesmo cômico. Estou aqui, almoçando e assistindo na Euronews a uma reportagem que informa que o Tribunal Europeu de Direitos Humanos exige a minha libertação, o que o Ministério da Justiça da Federação Russa considerou uma interferência inaceitável em questões internas do país.

Segue-se então um surto de agitação histérica: "Arrume-se e traga seus documentos para o andar de cima." Em geral é sinal de entrevista com a Comissão de Vigilância Pública ou de alguma questão interna da prisão.

E assim é. Eles me levam a uma sala onde se encontram um capitão, um tenente-coronel (um vice-comandante da prisão) e um coronel que não reconheço.

— Temos aqui uma reunião da Comissão Preventiva — informam a mim.

O capitão lê a acusação. Blá-blá-blá, detectado — blá-blá-blá, detento Navalny — blá-blá-blá, a ser mantido sob vigilância preventiva devido a risco de tentativa de fuga.

Eu só podia achar graça.

E imediatamente puseram na minha frente uma folha de papel declarando que agora estou sob vigilância preventiva devido a risco de tentativa de fuga.

Sabendo como funciona o Serviço Penitenciário Federal, e que pelo segundo dia consecutivo tive que redigir uma explicação oficial do motivo pelo qual faço minhas leituras num lugar não autorizado, me dou conta de que eles foram instruídos a arranjar uma punição para mim e o melhor que conseguiram pensar foi essa porcaria. Até me impressiona que eles mesmos consigam ficar sérios.

Vigilância preventiva numa penitenciária é um pé no saco: você tem que se apresentar aos controles com mais frequência, e são tomadas providências especiais para escoltá-lo. Na linguagem popular, é conhecido como "pendurar um cartaz" em alguém. Os criminosos têm um cartão de identificação no peito, com sobrenome e foto. Pode ser acrescentada uma faixa diagonal para indicar risco de suicídio ou de fuga. Estar classificado como "sob risco de fuga" é pior. O que isso significa em termos práticos não fica claro. Nada, desconfio.

De qualquer maneira, já estou preso mesmo.

19 DE FEVEREIRO

Hoje não respondi a nenhuma carta. Resolvi tirar folga. Amanhã vou comparecer a duas audiências judiciais, terei autorização para fazer dois comentários finais e preciso pensar no que vou dizer.

E também estou farto, muito farto de escrever à mão.

Meus óculos novos chegaram. Viva! Mas estão num envelope de celofane.
— Cadê o estojo?
— O estojo foi interceptado.
— Achei que eu tivesse dito que não era de metal.
— É de couro. As normas da prisão só permitem plástico.
Agora eu tenho um par de óculos num saco plástico.

Fiz um pouco de "sorvete" para amanhã, depois das audiências. Usando uma receita mais sofisticada, adicionei ameixas e nozes e adaptei as proporções de manteiga e creme azedo. Fervi e mexi durante muito tempo. Quando voltar amanhã, vou me trocar, pegar o meu "sorvete" e deitar para ver a mim mesmo sendo chamado de fascista e traidor na televisão.

20 DE FEVEREIRO

É muito divertido ser levado numa van da polícia. Eles tocam música bem alto. Realmente gostam de música moderna. Depois da exposição a altas doses da rádio Retrô FM, é uma delícia.

Gosto mesmo (risos) de andar por aí nessa van da polícia, embora esses percursos em geral sejam terríveis e uma das experiências mais desconfortáveis do mundo. Deve ser engraçado. Estou sentado numa caixa de metal com os joelhos comprimidos na grade da porta, agarrando a grade com as duas mãos para não bater com a cabeça nas sacudidelas. A cada buraco, sou jogado para cima e bato de volta com força no banco de madeira.

Balanço a cabeça no ritmo estridente da música eletrônica ou do rap. Estou sendo observado, de um escaninho, por um guarda e dois soldados das forças especiais, que estão de capacete e portando metralhadoras.

———

O primeiro julgamento terminou. Mandaram um velho juiz astuto do Tribunal Municipal de Moscou. (Ele presidiu uma sessão de corte itinerante aqui no tribunal de Babushkin, supostamente como um favor para mim, para que eu não tivesse que ser levado muito longe e meus advogados fossem poupados dos engarrafamentos. O verdadeiro objetivo, claro, era limitar o público e o número de jornalistas no julgamento.) Sujeito simpático, bom de resolver problemas. Fez questão de me dizer várias vezes logo no início que eu teria três oportunidades de falar sem restrições. Pediu que me comportasse com disciplina. Tipo, vamos acertar o seguinte: você fala o quanto quiser; não me interrompa, e eu não o interromperei.

E tudo transcorreu nesses termos de cortesia recíproca. Pelo menos acabou com sorrisos e sem muito berreiro. Ele tirou 45 dias da minha sentença. Fiz um discurso que tinha ensaiado exaustivamente na cabeça: "A Rússia será feliz." Pareceu a mim que, ao contrário de uma audiência anterior, na qual falei de improviso e todo mundo depois me cobriu de elogios, hoje não me saí muito bem. Foi longo demais, e o público em geral não reage bem a considerações de ordem filosófica e religiosa. Quando perguntei a Vadim e Olga a opinião deles, os dois se entreolharam com ar meio descrente e sorriram. Depois do intervalo, disseram que, se o meu público-alvo eram os crentes religiosos, então eu tinha acertado na mosca. Tive que aceitar como prêmio de consolação. O corolário disso é que os ateus agora vão me considerar um maluco que tem complexo de messias.

Mas o fato é que eu realmente queria botar tudo aquilo para fora. Tem vezes que nossos pensamentos estão a ponto de explodir.

Agora teremos uma pausa de duas horas antes do próximo julgamento.

PALAVRAS FINAIS DE ALEXEI NO JULGAMENTO DO RECURSO DO CASO YVES ROCHER

Quantas vezes me vejo pronunciando minhas palavras finais! Nosso julgamento está para terminar, mas depois haverá o meu próximo julgamento, e mais uma vez poderei dizer mais palavras finais. Desconfio que, se alguém decidisse publicar todas as minhas palavras finais, daria um volume bem pesado. Sinto que recebo um estranho sinal do regime como um todo e do dono daquele extraordinário palácio, Vladimir Putin, pessoalmente. "Muito bem", dizem eles, "pode parecer estranho, mas vamos dar um jeito. Olhe só. Viu? Conseguimos". Como um malabarista ou um mágico, ele se posta no meio de um tribunal de justiça e gira uma bola num dedo, depois — upa! — em outro dedo, depois no pé e depois na cabeça. O que eles estão dizendo é: "Veja, somos capazes de rodopiar esse sistema judicial em qualquer parte do corpo. Você acha que pode nos enfrentar? Podemos fazer o que bem quisermos. Olha só, bem assim."

A mim parece eles são um bando de fanfarrões. Claro que fazem, e estão fazendo, coisas ruins comigo. Mas não sou o único que vê. E as pessoas comuns que veem isso acham desalentador. Pois cada uma delas pensa: "Então, se eu tiver que enfrentar esse sistema judicial, que chances terei de conseguir alguma coisa?"

Mas voltemos a minhas palavras finais. Preciso concluí-las.

Realmente, Excelência, já nem sei muito bem do que falar. Vossa Excelência acha, talvez, que deveríamos falar de Deus? De salvação? Devo intensificar o *pathos* ao máximo, por assim dizer? O fato é que sou religioso. O que constantemente me expõe ao ridículo na Fundação Anticorrupção e entre os que me cercam, pois em sua maioria eles são ateus. Eu também era, e dos militantes. Mas hoje em dia tenho fé e considero que isso me ajuda muito no meu trabalho. Tudo fica muito mais claro. Levo menos tempo para decidir as coisas e enfrento menos dilemas na vida, pois, veja bem, temos um livro que diz com toda clareza o que é preciso fazer em qualquer situação. Nem sempre é fácil fazer o que esse livro diz, mas eu tento. E por isso é mais fácil para mim do que para muitas outras pessoas fazer política na Rússia. Recentemente alguém me mandou uma carta. "Navalny", dizia, "por que todo mundo fica te dizendo para 'se manter forte', 'não desistir', 'aguentar firme' e 'cerrar os punhos'? O que é que você precisa enfrentar? Você não disse um tempo atrás numa entrevista que acredita em Deus, e a Bíblia diz: 'Bem-aventurados os que têm fome e sede de justiça, porque serão saciados'? Pois bem, que ótimo. Você conseguiu!". E eu pensei "Caramba!", como essa pessoa me entende. Não tenho tanta certeza de que consegui, exatamente, mas sempre encarei esse preceito praticamente como uma instrução sobre como agir.

Por isso é que, embora não esteja gostando da minha atual situação, não me arrependo de ter voltado para cá e do que estou fazendo. Pois tudo que fiz estava certo. Pelo contrário, sinto certa satisfação. Pois, num momento difícil, fiz o que deveria fazer e não deixei de observar aquele preceito. E tem uma coisa importante. Para uma pessoa nos dias de hoje, essa frase — com seus "bem-aventurados", "fome e sede de justiça", "serão saciados" — soa meio estranha, para ser franco. E as pessoas que dizem coisas assim, para falar sem rodeios, parecem meio piradas. Pessoas estranhas, malucas, esquisitas, sentadas numa cela com os cabelos desgrenhados, tentando encontrar alguma coisa para se animar, pois se sentem sós, solitárias, como se ninguém precisasse delas. Essa é a mensagem principal que o nosso governo e todo o sistema estão tentando dizer a essas pessoas. Vocês estão sozinhos. Isolados.

O primeiro objetivo é intimidar e em seguida provar que você está sozinho. Afinal, que tipo de ser humano comum — e é isso que somos, pessoas comuns, dotadas de bom senso — vai começar a obedecer a algum mandamento, pelo amor de Deus? Essa história de estar sozinho não é brincadeira. É muito importante. É vital para o regime que ela cole. Por sinal, aquela maravilhosa filósofa Luna Lovegood (se lembram dela em *Harry Potter*?) disse algo sobre isso. Conversando com Harry, ela diz: "Em tempos difíceis, é importante não se sentir só, pois, se eu fosse Voldemort, realmente ia querer que você se sentisse sozinho." Pois o nosso Voldemort, com seu palácio, também quer isso.

Os guardas na minha prisão são ótimos sujeitos. São pessoas normais, mas não falam comigo. É evidente que foram proibidos. Dizem apenas frases feitas. Isso também é importante, como forma de fazer alguém se sentir constantemente solitário. Só que eu não me sinto, e vou explicar por quê. Pois essas palavras — "Bem-aventurados os que têm fome e sede de justiça" — parecem exóticas e meio estranhas, mas na verdade expressam a mais importante verdade política da Rússia no momento. Excelência, qual é a frase política mais popular na Rússia? Qual o mais popular slogan político? Alguém me ajude. Onde se encontra o poder? Ah, isso mesmo, o poder está na verdade. Todo mundo repete essa frase. E é a mesma ideia que se encontra na beatitude, só que sem todos aqueles "porque serão" e "fome e sede". Simplesmente foi condensado no tamanho de um tuíte. O país inteiro repete, constante e insistentemente, que o poder está na verdade. Quem tiver a verdade a seu lado vencerá. Isso é realmente muito importante. Embora nosso país se construa hoje em dia sobre a iniquidade (a todo momento nos deparamos com ela, e a pior forma é a iniquidade armada), vemos que, ao mesmo tempo, apesar disso, milhões de pessoas, dezenas de milhões de pessoas querem a verdade. Elas têm fome de justiça e honradez, e mais cedo ou mais tarde alcançarão seu objetivo. Serão saciadas.

Certas coisas todo mundo pode ver. O tal palácio de Putin de fato existe. Vossa Excelência pode dizer que não é seu, ou que ele não está lá, mas está. Tem gente vivendo na pobreza. Vossa Excelência pode dizer quantas vezes quiser que temos um alto padrão de vida, mas a Rússia é pobre, e todo mundo pode ver isso. Essas pessoas deveriam ser ricas. Construímos um oleoduto e para onde está indo o dinheiro gerado lá? Esta é a verdade, e não dá para contestar. Mais cedo ou mais tarde as pessoas que querem a verdade vão alcançá-la.

Há mais uma coisa importante que quero lhe dizer e, por meio de Vossa Excelência, à promotora e a todos que fazem parte do regime. E a todo mundo mais, também. É importante não ter medo daqueles que buscam a verdade. Muitas pessoas têm medo: ó, meu Deus, o que vai acontecer? Haverá uma revolução, haverá choques, tudo se transformará num pesadelo. Mas pense com seus botões como a vida seria boa sem essas constantes imposturas, sem toda essa mentira. Não precisar mentir é incrível. Pense só como seria maravilhoso trabalhar como juiz sem ter alguém ao telefone lhe ditando o que fazer, e o senhor poderia ser apenas um excelente juiz com um alto salário, maior ainda que o atual. Seria um respeitado esteio da sociedade, sem ninguém mandando instruções sobre veredito. E poderia dizer aos seus filhos e netos que, sim, é um juiz independente. E todos os outros juízes também o são. Seria maravilhoso. Seria fabuloso ser promotor num sistema que respeitasse o direito à contradição, atuando num jogo jurídico interessante, defendendo os justos e acusando os que são os verdadeiros vilões. Não posso acreditar que alguém entre para a faculdade de Direito e se torne promotor por querer participar da manipulação de casos penais e da adulteração de assinaturas. Como não acredito que alguém queira se tornar policial para dizer no fim do dia "Fizemos um ótimo trabalho rachando a cabeça de alguém num comício!" ou "Fizemos a escolha desse cara que, na verdade, é inocente. Daqui a pouco vamos ouvir suas últimas palavras".

Ninguém quer isso! Ninguém quer ser assim. Os policiais querem ser normais. Pois toda essa mentira só tem desvantagens e nenhuma vantagem. Nem se ganha mais por isso. E para quem estiver nos negócios — qualquer empreendimento no país vale a metade do que deveria valer, por não haver um judiciário, por haver injustiça, por haver caos e pobreza em toda parte. Todo mundo estaria muito melhor se as mentiras e a injustiça cessassem. Seria muito melhor se as pessoas que querem a verdade pudessem alcançá-la. O mesmo se aplica aos oficiais do FSB. Ninguém, nem uma única pessoa no mundo, foi um dia um escolar que disse, com um brilho nos olhos: "Quero entrar para o FSB e ter que lavar a cueca de um oposicionista porque alguém a lambuzou de veneno." Ninguém é assim! Ninguém quer fazer coisas assim! Todo mundo quer ser normal, pessoas respeitadas que capturam terroristas, bandidos e espiões e combatem tudo isso.

É muito importante não ter medo das pessoas que buscam a verdade, e talvez até encontrar meios de apoiá-las, direta ou indiretamente. E se não apoiá-las, pelo menos não contribuir para a mentira, não contribuir para a impostura, não tornar pior o mundo em torno. Claro que existe um risco nisso, mas não é um grande risco; como disse Rick Sanchez, outro eminente filósofo dos dias de hoje: "Viver é arriscar tudo; caso contrário, você não passa de um amontoado inerte de moléculas que foram juntadas aleatoriamente e são levadas para onde o universo soprar."

A última coisa que quero dizer é que recebo muitas cartas, e metade delas termina com as palavras "A Rússia será livre!". É um grande slogan. Também o digo o tempo todo, repetindo, escrevendo nas minhas respostas, entoando nos comícios. Mas continuo achando que falta alguma coisa. Não me interpretem mal. Claro que quero que a Rússia seja livre. É necessário, mas não suficiente. Não pode ser um fim em si mesmo.

Eu quero que a Rússia seja rica como deveria ser, considerando-se seus recursos naturais. Quero que a distribuição seja mais justa, para que todos recebam sua fatia da torta do petróleo e do gás. Quero que não só sejamos livres, mas também tenhamos serviços de saúde decentes. Quero que os homens vivam o suficiente para chegar à idade da aposentadoria, pois atualmente metade dos homens na Rússia não chega, e as mulheres não estão em muito melhor situação. Gostaria que as pessoas recebessem pelo mesmo tipo de emprego o que se ganha num país europeu médio, pois no momento é muito menos. Todo mundo — policiais, programadores, jornalistas, qualquer um que lhe passar pela cabeça — ganha muito menos. Eu quero uma educação normal e que as pessoas possam estudar normalmente.

Gostaria que muitas outras coisas acontecessem no nosso país. Precisamos lutar não tanto porque a Rússia não é livre, mas porque de maneira geral ela é infeliz sob todos os aspectos. Temos tudo de que precisamos, mas, ainda assim, sabe-se lá por que, não somos um país feliz. Mergulhe na literatura russa, nossa grande literatura. São relatos incessantes de infelicidade e sofrimento. Somos um país muito infeliz e não conseguimos romper esse círculo vicioso de adversidade, embora queiramos. Proponho, então, mudar o nosso slogan, para dizer que a Rússia deve ser não só livre, mas também feliz. A Rússia será feliz!

―――――

Fiz o meu segundo discurso de encerramento, mais uma vez de improviso. Como ponto de partida, usei aquela folha de papel onde era descrita a assistência previdenciária recebida pelo veterano de guerra. Copiei a relação de benefícios dos autos do caso, no primeiro dia, e resolvi usá-la para começar meu discurso final. Falei durante cerca de dez minutos, e em seguida a juíza se retirou para ponderar o veredito.

Ela avisou que seria anunciado às 18h. Ou seja, eu ficaria esperando na área vigiada durante quatro horas. Lá dentro era quente e abafado. Dormi num banco por uma hora. Muito desconfortável. O banco era estreito; meu braço a todo momento escorregava para o chão. Se deitasse em cima dele, ficava dormente. Depois, precisei de mais de uma hora só para me livrar das dores. Mas me adaptei. A gente se acostuma a qualquer coisa.

―――――

A juíza se atrasou uma hora e passou mais uma hora e meia lendo o veredito. Evidente que havia alguma regra imbecil me obrigando a ouvi-lo de pé e algemado. E assim foi.

Olga começou a discutir com os guardas. Os policiais evidentemente estavam constrangidos com aquilo. Entendiam a estupidez das normas. Eu já estava naquele aquário, já estava algemado. Mas eles não podiam fazer nada. Eu estava sendo filmado por vinte câmeras, e eles teriam problemas se tirassem as algemas. Ficavam em pé, ali, calados, olhando fixo à frente, sem dizer nada.

O veredito é o que já esperávamos. Eles precisavam que eu primeiro fosse condenado pelo Tribunal Municipal de Moscou e depois, uma segunda vez, por difamação. Mais uma vez, a juíza do caso de difamação transformou a sentença com suspensão condicional da pena em uma sentença efetiva. Agora eles poderão dizer na televisão: "Navalny foi preso por insultar um veterano de guerra." Também enviaram documentos à Comissão de Investigação, alegando que insultei a juíza e a promotora.

———

Fizemos uma excelente viagem na volta. Ligaram a música ainda mais alto.

Estou tão cansado que mal consigo andar. Minhas costas doem muito. Fiquei de pé o dia inteiro, exceto àquela hora que passei dormindo no banco. Ainda não consigo me sentar, só ficar de pé ou deitar.

Acabei de tomar o meu "sorvete". Até que ficou bom. Estou esperando dar 22h (faltam 45 minutos) para tirar a roupa e cair na cama.

Amanhã vou tirar folga. Nada de malhação nem de cartas, só leitura. Tanto mais porque amanhã é domingo e poderei fazer meu banquete matinal de pão, manteiga e café.

21 DE FEVEREIRO

Pela segunda vez apenas, desde que cheguei aqui, não me levantei às 5h55 nem saí batendo com os pés para me aquecer antes de praticar tabata. Em vez disso, levantei, arrumei a cama, me vesti e deitei de novo para dormir. Não caí no sono de verdade, apenas fiquei deitado uma meia hora. Eles aqui permitem dormir depois das 6h. Se quisesse, você poderia dormir o dia inteiro. Só que a cama precisa estar feita entre 6h e 22h. É uma regra importante.

Na hora do desjejum, eu já havia resolvido um dilema muito sério, tendo acumulado cerca de 10 mil cartas sem resposta. Já lera todas, mas respondi apenas às mais comoventes e às cartas de pessoas conhecidas. Antes, costumava responder a todas, mesmo que fosse com uma palavra apenas.

Ontem à noite, contudo, chegou mais um lote. Considero que, a partir de hoje, o fato de estar na cadeia cumprindo uma sentença que recebeu a sanção da lei me dá o direito de começar de novo e responder apenas às novas cartas.

Depois do tempo no pátio, perguntei ao oficial de plantão se seria possível trocar a estação de rádio, pelo menos por um dia, e fiquei espantado com sua resposta: "É uma decisão que foi tomada coletivamente. Por votação."

Incrível.

Alguma coisa me diz que os detentos não participaram da votação.

O comandante desta prisão me disse numa entrevista que a prateleira do alto da minha geladeira funciona como congelador. Não é o que parece. Não se vê uma camada de gelo. Fiquei me perguntando como confirmar se ela realmente congela e encomendei sorvete na loja. Hoje, no pátio, caminhando na neve, me dei conta da minha burrice. De volta à cela, verti um pouco de água num prato e o coloquei na prateleira de cima.

22 DE FEVEREIRO

Foi um erro dormir ontem durante o dia. Botei uma máscara e dormi da hora do almoço até a do jantar. Desnecessário dizer, o resultado foi que não consegui dormir à noite e tive dificuldade de acordar quando ligaram o rádio. Imediatamente o desliguei, me vesti, fiz a cama, botei a máscara e voltei a me deitar para dormir. Não dormi direito e agora não estou com vontade de malhar. É assim que as pessoas começam a descer a ladeira.

Hoje é dia de faxina e balneário. Mas tem um problema: ontem lavei a calça que usei em todos os dias de comparecimento a audiências e no sábado, quando dormi no banco. Decidi que precisava lavá-la. Mas agora são 7h, e ainda não está seca. Os "exercícios" costumam começar às 9h30, e está fazendo uma temperatura de congelar. Claro que também tem meu jeans, mas está limpo, passado e guardado para alguma ocasião especial (risos). Não fica muito óbvio que ocasião especial poderia haver aqui, mas a hora do pátio decididamente é que não seria.

―――

Aquela história do congelador não tinha fundamento. A água não congelou. É assim que a física dá razão aos detentos, permitindo-lhes expor as mentiras do Serviço Penitenciário Federal.

―――

Começo a responder ao resto das cartas e fico muito impressionado com a de Alexander, que pede que eu abençoe seu casamento com Anna.

―――

E agora essa verdadeira anomalia. Recebo cartas de uma quantidade inconcebível de garotas chamadas Alina. Trata-se de uma impossibilidade estatística.

―――

Mostrei ao oficial de plantão que minha calça ainda não estava seca e pedi que me levasse o mais tarde possível para o pátio. Fui levado por volta de 12h30, muito depois que o habitual, e era um dos últimos a me "exercitar", pois no fim o rádio foi desligado. Um minuto depois de chegar, alguém começou a berrar em espanhol e aí, de repente — zás! —, silêncio total e absoluto, ouvindo-se apenas o *cromp cromp* dos meus passos. Arrastei-me por ali mais uns dez minutos sem música, e foi uma total felicidade.

O que bem mostra como a gente precisa de pouco para ser feliz.

23 DE FEVEREIRO

Hoje estou me sentindo pra baixo. As costas doem. Há três dias não faço tabata.

―――

Acabei de ler *Aeroporto*, de Arthur Hailey, em inglês. É como seu outro livro, *Hotel*, que li na escola ou na faculdade. Gostei mais de *Hotel*, pois não ligo a mínima para aviação. Os trechos sobre o funcionamento de um aeroporto são mais interessantes que as histórias sobre voos e torres de controle, mas mesmo assim o resultado não é grande coisa.

De qualquer maneira, o objetivo era melhorar consideravelmente o meu inglês, e — olha só que sorte — havia um pequeno glossário no fim do livro. Quase todas as palavras que eu não conheço (devidamente anotadas num caderno) foram encontradas em Agatha Christie, anglicismos diabólicos que ninguém usa há décadas. No glossário do livro de Hailey, havia apenas cinco.

Li seis livros em inglês em um mês. Um bom desempenho, só que daqui a pouco não vai ter mais nenhum.

―――

Brrr! Um tempo de congelar. Disseram no rádio que fazia -25°C, quinze a menos que a média. Me "exercitei" lá fora durante seis canções, mas tive que pedir para entrar de novo.

24 DE FEVEREIRO

Não estão me entregando livros em inglês nem em francês. Não entendo se não vão mais trazer ou se é apenas porque a entrega leva um mês. Na esperança de que o motivo seja este último, hoje vou pedir mais uns dois.

Vou solicitar um catálogo de periódicos para ver que outras assinaturas interessantes posso fazer.

―――

Depois de certo tempo em qualquer prisão, a gente passa a ter um plantonista "favorito" e um "menos favorito". Aqui, estou levando um tempão para me decidir. Os caras quase nunca dizem nada e se comportam com neutralidade. Mas certos traços de personalidade acabam transparecendo. Para mim, o mais importante sempre é saber quem é mais divertido, pois nunca posso esperar concessões de nenhum deles. E ainda não deu para sacar quem é o mais jovial.

O mais provável candidato ao título de menos favorito é um major já de certa idade. Desagradável e sempre se saindo com besteiras sem sentido. Hoje, declarou que eu tinha de me "perfilar" durante a inspeção. De fato existe essa norma no regulamento, só que diz: "Perfilar-se no local designado."

— Mas não tem nenhum local designado para eu me perfilar — objetei.
— Ali — rosnou ele, apontando para a janela no fundo da cela.

A cela é longa e estreita, e ficar de pé junto à janela não é conveniente para falar com alguém que esteja entrando. É uma distância de 4 metros.

É realmente cômico que ele tenha decidido me amolar com isso agora, quando já estou aqui há mais de um mês. Mas é algo tão insignificante que nem sei se ele merece o título de menos favorito por algo assim. Os outros plantonistas são tipos comuns. O que significa que eles não dizem nada :)

Curiosamente, até que gosto do pessoal aqui. São todos muito educados.

———

Preparei uma salada deliciosa com uma lata de carne, dois tomates e um pimentão verde. E tudo sem faca!

25 DE FEVEREIRO

Lá vamos nós. Esperei tanto tempo, e hoje é o dia.

Levantei, fiz os meus tabatas, e uma voz saindo da parede disse: "Junte seus pertences!"

Não sei direito o que fazer com a comida, os recipientes, os pacotes, os produtos de limpeza e assim por diante.

Se estou apenas sendo transferido para outra cela, posso colocar tudo em sacos de lixo, mas, se for levado para outra prisão, será tudo jogado fora. Pedi à voz da parede que esclarecesse, e a única resposta foi:

"Embrulhe todos os seus pertences, inclusive a comida." Pelo menos, acrescentou: "Sem pressa."

Escrevo agora da Penitenciária Preventiva 3 de Kolchuguino (o mesmo tipo de prisão de Matrosskaya Tishina), na região de Vladimir. Foi um dia cansativo. Pensando bem, fiz tudo errado em relação aos pertences.

Já li em livros, e meu irmão Oleg também me disse, que é melhor viajar com pouca bagagem. No fim das contas, joguei tudo num saco, pensando de início em botá-lo em outra sacola de guardados. A segunda sacola tem alças e pode ser carregada feito mochila, e assim achei que faria a mudança com essa comodidade. Os outros todos arrastando embrulhos enormes com as mãos e os dentes, e eu lá, assobiando e passando despreocupado pelas fileiras de pastores alemães latindo, as mãos nos bolsos, mochila nas costas.

No fim, o saco da minha cela por si só já era enorme, cheio de roupas e dos troços mais variados que eu tinha acumulado, inclusive a louça e uma tábua de cozinha. Embrulhei a comida toda em sacos de lixo, pensando que poderia doar a outra cela. Nunca se sabe!

Passadas duas horas, apareceu o oficial de plantão. Não me provocou com o habitual "Pegue suas coisas, ficará sabendo para onde vai quando chegar", mas apenas disse em tom de voz normal:

— É isso, então. Você vai embora. Dei visto na sua entrada e agora vou dar na saída.

De fato, era o mesmo cara que estava de plantão quando me trouxeram e que, quando perguntei quando seria levado para um "bloco especial" mais isolado, respondeu:

— Você já está nele.

Era um sujeito normal que às vezes até fazia piada. Isso por si só já era sensacional.

Como um idiota ingênuo, decidi largar de lado todos os utensílios e comidas. Tudo bem, o óleo vegetal já estava aberto e poderia derramar, mas os enlatados, os cereais e coisas assim? O sal e as frutas secas? Achei que não caberiam num saco e não queria mais outro, pois carregar uma sacola de comida estragaria a deliciosa ideia do passeio de mochila nas costas, enquanto assobio.

Quando disse ao oficial de plantão que ia jogar fora os sacos de comida, ele esclareceu que eu não seria transferido a pé.

Como já disse, seria impossível doar tudo a outro detento. Uma violação tão flagrante das normas carcerárias superaria até as mais delirantes fantasias da Central do Kremlin.

Chegou então a hora de enrolar o colchão, junto com uma colher e uma tigela de propriedade do Estado, e seguir para o "ponto de encontro", uma sala onde você e seus pertences são minuciosamente revistados ao chegar à prisão e ao deixá-la. E lá ficou evidente que eu ainda tinha outro grande problema. Meus pertences não consistiam apenas no saco da cela e na sacola de guardados, mas também numa grande caixa de livros. Que era pesada. Eram cerca de vinte livros, dos quais eu havia pessoalmente encomendado apenas dois ou três. Os outros tinham sido enviados por pessoas generosas que entraram no site da prisão e os compraram para me ajudar a combater o tédio. E estavam certas. Me diverti à beça com livros de peso descomunal, como *Moscou e os moscovitas*, de Vladimir Gilyarovsky, e os enormes volumes de formato grande de *Os tempos idos*, de Leonid Panfyonov, sobre a história russa e soviética. A maior preocupação do centro era que eu não os responsabilizasse por qualquer coisa que sumisse, e assim insistiram para que eu levasse até o último livro.

— Doem para a biblioteca — sugeri.
— Não é permitido.
— Então para outros presos.
— Não é permitido.
— Então aproveitem vocês, são livros bons e novos.
— Não é permitido.
— Então eu abro mão deles.
— Não é permitido.
— Então vou jogar fora.
— Tarde demais para jogar fora.
— Olha só, joguei a comida fora. Se estivesse aqui com um quilo de tomates amassados, vocês não me obrigariam a levá-los. (Eu tinha deixado toda a comida em sacos pretos encostados numa parede do corredor do terceiro andar.)
— Você podia ter jogado fora antes, mas agora não vamos passar no local designado para o descarte.

No fim, tentei redigir um requerimento para que a comida fosse reciclada ou entregue aos meus advogados. Houve vários telefonemas a uma autoridade superior, mas eles estavam mesmo decididos a me botar para fora com todos os meus pertences.

Puseram-me numa cela pequena e disseram: "Esperem aqui!"

Dez minutos depois, ouço pisar de botas e vozes atrás da porta. Ao se abrir, aparece uma cena digna da vida carcerária como vemos em livros e filmes. Lá estão três sujeitos enormes — da minha altura, mas de ombros largos, rostos carnudos e vestindo jaquetas militares. O tenente-coronel (nada mais, nada menos!) no comando do grupo rosna:

— Nome?

— Navalny.

— Artigo?

— Não sei — respondo e começo a rir. — É complicado. Sou acusado de muitos crimes.

O tenente-coronel fica olhando para mim sem saber o que fazer.

Para um detento, este é o ritual mais básico e, em certo sentido, mais sagrado. Perguntam-lhe infinitas vezes seu nome, o artigo do código penal pelo qual foi condenado e quando sua pena teve início e quando vai terminar. Por isso a garota sorridente do tribunal de Khimki tinha dito: "É provável que você se lembre muito bem dessa data. A sua pena começa hoje, e você terá que repetir essa data muitas vezes."

Mas hoje não sei qual dos meus veredictos é mencionado na papelada dos guardas.

— Data do início da pena? — O tenente-coronel amarra mais a cara e berra para todo mundo ouvir no ponto de encontro.

— Não sei.

— Data do fim da pena?

— Também não sei.

Meus guardas da prisão (acompanhados do vice-diretor) sorriem e se entreolham. Acham divertido que o tenente-coronel tenha preparado tudo com tanto cuidado e esteja tão empenhado em me impressionar. (Antes de a porta ser aberta, ouvi os guardas sussurrando e checando se estavam com as câmeras corporais ligadas.) A coisa toda perdeu o impacto. Eu de fato não sei as datas, e assim a cena emocionante em que o preso, em posição de sentido, comunica seus dados ao chefe da guarda simplesmente gorou. Em uma situação normal, o detento levaria um murro na cara e começaria a se comportar mais de acordo. Mas a atual situação não é normal. Várias câmeras estão filmando, e o corpulento tenente-coronel carece dos recursos necessários para se comunicar com os presos.

No fim das contas, deram um jeito de descobrir a identidade do preso.

— Pegue as suas coisas e nos acompanhe.

Eu pego os sacos e digo aos caras da prisão o quanto apreciei minha estada. E me preparo para partir.

— Não, espere um minuto. E os livros?

— Não vou levar.

— Tem que levar.

— Não são meus.

— Estão nos seus pertences. Estão na lista dos seus pertences.

— Mas dá para ver que seria fisicamente impossível para mim levá-los.

Uma porrada mágica nas costas, com um cassetete, em geral aumenta em 150% a capacidade de transporte de um detento e multiplica por dois as suas mãos, mas não seria conveniente me espancar na frente das câmeras.

O vice-comandante faz um sinal com a cabeça para um dos guardas, que pega a maldita caixa de livros e a carrega para mim.

Lá fora dois veículos nos esperam. Um deles é um caminhão, aparentemente posicionado para ocultar o que está acontecendo, talvez para impedir que os presos olhem pelas janelas e filmem com os celulares.

Entro na van da polícia, o que não é fácil, com os sacos, e, maravilha das maravilhas, já tem gente lá dentro. Detentos. Que tal? Eu tinha esquecido como era ter companhia.

Na gaiola da esquerda se encontram três caras jovens. A gaiola da direita está aberta, e dentro há dois sujeitos. Eles me mandam aquele olhar esbugalhado. É a cena da "celebridade presa", sempre a mais cômica e irônica.

— É você mesmo? — O mais velho faz a clássica pergunta que eu ouço o tempo todo.

— Você é muito alto — diz o mais moço.

Serguei é o mais velho. Pegou cinco anos por fraude e está triste e contrariado. Dima pegou dois anos por roubo. Tudo isso eu fico sabendo no caminho. Constatando que sou um ser humano comum como eles, meus companheiros de viagem começaram a conversar e a me contar histórias das experiências na cadeia, envolvendo sobretudo os mais variados tipos de procedimentos imbecis adotados na prisão de Matrosskaya Tishina, na expectativa de um controle mais estrito vindo de cima por minha causa.

Serguei conta de um jeito divertido que um oficial de plantão no corredor entrou na cela deles e avisou: "Navalny foi trazido para cá."

As autoridades poderiam aparecer para revistá-los também, e assim eles precisavam entrar nos eixos e "deixar tudo cinzento de novo". Na prática, significava retirar tinas de lavar roupa extras — deixando apenas uma na cela — e também livros e copos térmicos. É uma expressão brilhante e perfeita, acertando bem na mosca, como tantas outras metáforas do cárcere. Evidentemente, as condições difíceis aguçam o pensamento, desbastando o que seja supérfluo.

Não sabemos para onde estão nos levando. Um dos princípios fundamentais do sistema prisional é que os condenados sejam mantidos no escuro e preocupados com o que vai acontecer. Na verdade, os guardas às vezes revelam o destino, aos sussurros. Oleg me contou que, ao ser transferido, o guarda olhou para o lado e disse baixinho, sem se dirigir especificamente a ninguém: "Instituição Penal 5, região de Oryol."

E assim foi.

Eu pergunto aos três avantajados membros da escolta, apertados num banco do outro lado da grade:

— As normas da prisão não determinam que vocês me digam baixinho para onde estamos indo? Tenho certeza de que li isso num livro.

Os grandalhões sorriem, bonachões, mas sacodem a cabeça e olham de soslaio para as câmeras corporais no peito.

Logo fica claro que a van da polícia deixou Moscou e pegou uma estrada. Os grandalhões o tempo todo olham pela janela, curiosos, e sussurram entre si. O mais provável é que nem eles saibam para onde vamos.

Meus companheiros de jornada continuam contando suas histórias. No dia seguinte à minha chegada, dizem, o aquecimento e a água quente foram desligados. Foi-lhes dito que houvera um acidente e o aquecimento fora desativado para todos. Os outros detentos de Matrosskaya Tishina concluíram que o objetivo era deixar claro para mim onde eu estava. O transtorno para todos os outros era apenas um efeito colateral.

Eu ouço as histórias e acho graça, mas na verdade só penso nas minhas costas. Consigo ficar de pé e me deitar, mas permanecer sentado num banco de metal nesse canil ambulante é um problema. Ainda mais quando o caminho é acidentado. (Ahá! Saímos da rodovia intermunicipal.) Nessa gaiola, parecemos — me ocorre uma estranha analogia — legumes numa geladeira jogada montanha abaixo, dando cambalhotas no ar.

Na verdade, o cara mais jovem, Dima, está sofrendo muito mais que eu. Estranho que ninguém tenha lhe falado da regra de ouro dos presos, que até eu conheço. Antes de uma transferência para outra prisão, não coma nem beba. Eles não fazem pausas para você ir ao banheiro durante a viagem. Dima foi levado à van às 6 horas e muito inteligentemente decidiu beber um terço de uma garrafa d'água de 1,5 litro. Agora dá para ver a aflição estampada no seu rosto. Ele se vira de um lado para o outro, desconfortável, sofrendo. Os guardas, claro, olharam para ele como se estivesse maluco quando ele disse que precisava mijar. Tipo, imagina a cena: nós mandamos parar a van, abrimos as portas e te conduzimos à beira da estrada?

Saímos da estrada principal depois de umas duas horas, o que parece indicar que estamos na região de Vladimir. Estou pensando alto, o que em nada contribui para animar meus companheiros. A região de Vladimir tem má fama entre os condenados. Lá, as pessoas são assassinadas. Se você for apenas espancado, não tem do que reclamar. A região é considerada "mais vermelha que o vermelho", o que significa que as autoridades carcerárias combatem as tradições dos ladrões com métodos que fazem estes parecerem misericordiosos.

O sacolejo aumenta, indicando que estamos quase chegando. Paramos. Sons de portões se abrindo: um primeiro, depois um segundo.

— Região de Vladimir? — pergunto aos guardas.

Eles fazem que sim.

— Todo mundo pra fora.

Como se poderia esperar, sou retirado primeiro, separado dos outros. Despeço-me dos companheiros, ponho o saco nas costas e mal consigo ficar ereto. Ao longo de quatro horas de viagem, minhas costas estão doloridas de novo. Eu desço os degraus da van, que não são firmes, querendo evitar que uma queda seja a primeira impressão que vou dar.

Depois de sair, travo o habitual diálogo com os guardas: nome, artigo, pena. Olho ao redor. Muito bem, aí está: a imagem clássica de uma prisão russa, estilo Hollywood. Enormes montes de neve, gente com agasalhos pesados, chapéus de pele e dragonas indicando a patente. Um prédio baixo em mau estado, um pórtico indigno. Só faltam os pastores alemães ladrando e forçando as correntes.

Meu primeiro pensamento é: "A Rússia precisa parar de sustentar Moscou." Essa imagem do que é "uma prisão russa" não deriva de atos de brutalidade humana nem de alguma suscetibilidade nacional à depressão, artificialmente induzida. Deriva da pobreza. Oficiais comuns do Serviço Penitenciário Federal estão postados junto a um prédio comum. Só que a última vez que houve dinheiro para a manutenção foi há vinte anos. Como em todas as outras esferas, todo o dinheiro é sugado pela capital, onde as instituições são ricas, ao passo que aqui não há dinheiro para nada.

Meu segundo pensamento é como é bom aqui, pois me encontro num espaço mais ou menos aberto e, mais importante ainda, ao ar livre. Desde que fui preso, nem um só instante deixei de ter um teto de algum tipo por cima da cabeça. E todas as vezes que me levavam para o tribunal ou me traziam de volta, ainda estava ou já estava escuro. Então, estar aqui, em plena luz do dia, debaixo de um céu branco, é novidade. É uma sensação incrível e, claro, mais um lembrete de como as pessoas se adaptam psicologicamente e da rapidez com que alteram sua pirâmide de necessidades. Se o psicólogo Abraham Maslow pudesse passar duas semanas aqui, veria como acertou com a sua hierarquia de necessidades.

O ponto de encontro aqui é igualmente pobre, surrado e desleixado. Em suma, provinciano. Mas não tem nada de assustador, embora fique óbvio que, ao contrário do meu último lugar de detenção, isso aqui é uma fábrica de processamento em massa de condenados. Quando fui preso pela primeira vez, havia poucos detentos, e cada um podia ser revistado e escoltado em estrita observância das regras, mas aqui não existe tal possibilidade. Cinco outras pessoas chegaram comigo, e, a julgar pelos ruídos, outras vans da polícia vieram atrás de nós. Se todos os presos fossem revistados, registrados e tivessem as digitais tomadas com o mesmo rigor que na Central do Kremlin, onde cada objeto era passado numa máquina de raio-X, a operação levaria dias. Em geral, todavia, o procedimento é o mesmo. Ficar nu e se agachar. Por trás de uma cortina — castidade provinciana.

Um subtenente inspeciona os meus pertences. Ele está subordinado a um tenente, que se dirige a mim e, sem dúvida, será o responsável por mim. Na sala estão também um tenente-coronel e um major. Não dizem nada. Na verdade, todo mundo tenta ficar calado, sem enunciar uma só palavra, a menos que seja absolutamente necessário. Três câmeras corporais estão filmando e também há câmeras nos cantos da sala.

Logo vejo como estavam certas as pessoas que estão por dentro das coisas, quando avisavam que as normas escritas têm muito menos peso que as transmitidas verbalmente pelo chefe de cada local. Aqui, por exemplo, são confiscados todos os utensílios de plástico que comprei na loja da prisão. Eu digo:

— Por que estão fazendo isso? As normas permitem um prato, uma colher e um garfo de plástico.

Eles não discutem comigo nem contestam as normas, e na verdade se mostram enfaticamente educados, mas o horror a algo tão escandaloso e inaceitável nessa penitenciária preventiva quanto um prato de plástico em uma cela é tão forte que, em total desprezo da regulamentação, confiscam meus utensílios e me convidam a apresentar queixa por escrito.

Os objetos que merecem inspeção mais detida são os livros. Notei isso há muito tempo, um legado da URSS. Livros são uma fonte de instabilidade e dissidência. Em uma prisão, é possível imaginar que a sua jaqueta não seja adequadamente examinada e que um telefone celular passe despercebido. Mas pode ter certeza de que cada um dos seus livros será levado, relacionado, examinado, carimbado com "Verificação de conteúdo extremista" e só então devolvido. É a força da palavra escrita.

Apesar dos meus protestos e das explicações de que os livros foram comprados "na rede comercial por meio da administração da prisão" e de que cada um contém uma série de selos azuis oficiais aplicados pela minha prisão anterior, todos são levados. Eles deixam claro que os livros são tão importantes que o departamento de censura vai examiná-los, e só depois me serão devolvidos.

Mais uma vez, impressões digitais, fotografia, exame médico e tudo mais. E então sou levado à minha cela. Ela comporta três presos, mas as camas não são beliche. Mede 20 metros quadrados. Os "caracóis" — um colchão enrolado, roupa de cama e toalhas, no jargão da prisão

— estão sobre as camas. Em cima de cada um, uma tigela e uma caneca de metal.

O tenente aponta para a minha cama e me adverte a não tocar nas outras coisas, pois terei companheiros de cela. Não tenho a menor dúvida de que serão os mesmos com quem compartilhei a jaula na van da polícia.

Seria injusto dizer que a cela está suja, mas limpa não está. As paredes têm marcas de mãos e dedos. Por que tem sempre esses degenerados que, depois de deixarem as digitais, em vez de lavarem a tinta das mãos, começam a esfregá-las nas paredes, cobrindo-as com essas marcas pretas gordurosas?

O soalho é de ripas toscas de madeira muito gastas; sob a pia, estão reduzidas a uma fossa apodrecida. Uma autêntica demonstração da superioridade dos pisos de concreto pintado de Matrosskaya Tishina. Apesar de frio e de uma dureza desagradável, o concreto pelo menos é fácil de lavar, e, uma vez lavado, dá para ver que o piso está limpo e se pode tranquilamente andar de meias ou descalço. Mas aqui dou uma olhada e penso: "Graças a Deus estou de chinelos."

Nada de geladeira, nada de chaleira. Eu me felicito pela minha previdência. Na lista de preços da loja em Moscou, havia uma chaleira barata que encomendei por curiosidade. Revelou-se uma perfeita monstruosidade, uma espécie de falsificação fabricada especificamente para detentos azarados. Mais se parece uma jarra de plástico com bordas grosseiras e afiadas, tendo no fundo um dispositivo de aquecimento com um fio elétrico muito curto. Quando chegou, fiquei tentado a jogar fora, mas não tive como. Depois, quando me disseram "Junte os seus pertences", tive que levá-la comigo. Mas agora é evidente que o monstrengo será o objeto mais útil e usado da cela. O que se tem para fazer aqui que não tenha a ver com beber alguma coisa quente? Como cozinhar sem ferver água e requentar a comida?

Eu arrumei e guardei as coisas. Troquei de roupa, tomei um pouco de chá, comi carne enlatada do almoço embalado que distribuíram em Moscou. Dei uma olhada na televisão (claro que tem um aparelho de TV; onde estaríamos se não fosse ele?) e tive uma grande decepção: aqui não tem Euronews, de modo que serei privado até dos fiapos de informação.

A porta range, e — ahá, eu estava certo! — por ela entram os meus companheiros de viagem. Eu os cumprimento como se fossem velhos camaradas.

3 DE MARÇO

Oi! Aqui é o Navalny de novo!

Só que não da Central do Kremlin, mas da Penitenciária Preventiva 3 de Kolchuguino, na região de Vladimir.

Quando um preso que está sendo transferido ouve "Região de Vladimir", o coração aperta por causa da reputação das instituições daqui. Mas estou bem. Tem até uma barra horizontal no pátio de "exercícios".

Ainda não recebi nenhuma carta, e sei ainda menos do que acontece no mundo do que quando estava em Moscou.

Também ainda não pude ir à biblioteca, e assim meu único entretenimento consiste em experiências no terreno da *haute cuisine*. Isso é estimulado pelo fato de que até agora tampouco me deram acesso à loja da prisão.

Acreditem se quiserem, mas estamos secando pedacinhos de pão, e eu não sabia que podia ser tão estimulante. Temos atualmente um impasse entre duas culinárias: comida de rua e comida molecular.

A escola da comida de rua é representada por Dimitry (Artigo 158, roubo). Ele insiste em que o pão deve ser cortado em retângulos e acondicionado em um saco plástico. Então, se adiciona dois pacotes de condimentos de miojo Rollton, que ele trouxe ao ser transferido. Aí é só sacudir bem o saco e levar ao radiador.

A culinária molecular é representada por Serguei (Artigo 159, fraude), que corta o pão em cubos perfeitos, adicionando grãos de condimentos sobre cada um. Só então o pão é posto num saco e levado ao radiador.

Serguei insiste em que as torradinhas só ficam realmente boas se forem cortadas ao som de um debate na TV sobre o perigo que eu represento como agente do Ocidente. Ele fica em êxtase com isso e, enquanto corta os cubos de pão, murmura com seus botões: "Eu jamais acreditaria se dissessem um ano atrás que acabaria fazendo torradinhas com Navalny."

Espero que esteja tudo bem com vocês, e que não estejam entediados.

Não deixem de se alimentar de maneira saudável.

8 DE MARÇO

Há mais de uma semana que não escrevo no meu diário. O ritmo numa cela com outras pessoas é bem diferente do confinamento em solitária. Há vantagens e desvantagens. Tive sorte com meus companheiros de cela — grandes sujeitos —, só que agora tem uma permanente fumaça de cigarro (os dois são fumantes), e a televisão fica ligada dezesseis horas por dia. Eu detesto, mas é típico da vida na prisão.

Estamos aqui numa prisão "vermelha", e não só são cumpridas todas as regras mais idiotas, como outras são inventadas. Por exemplo, não se pode dormir durante o dia, mas se pode "ver TV". Ou seja, você pode ficar deitado de barriga para cima, como se estivesse assistindo, mas ninguém se importa se os seus olhos estão abertos ou não. Eu tendo a não dormir durante o dia, mas Dima, o mais moço, sempre cai no sono e se enrosca. Por isso já esteve por um triz de receber uma punição, mas na primeira infração as autoridades se limitaram a dar uma advertência. Em consequência, a televisão fica ligada, com ou sem som.

Essa obrigação de "ver TV" já gerou o nosso meme local. Dima se cansou de "assistir" recostado, meio de lado, e encolheu as pernas. Cinco minutos depois, o interfone grasna. Aqui, temos que ir até ele e apertar um botão. Serguei foi lá, mas o "meu" tenente (que reconheci pela voz) convocou Kharchikov, ou seja, Dima.

— Alô. Kharchikov falando.

— Kharchikov, o que está inventando? Resolveu dormir um pouquinho?

— Não. Não estava dormindo; estava vendo TV.

— Claro. Vi muito bem como está vendo TV. Sabe que não pode dormir. É uma infração da rotina diária.

Agora, a frase "Resolveu dormir um pouquinho?" é repetida às risadas vinte vezes por dia.

———

Aqui não tem livros em inglês, nem em nenhuma outra língua estrangeira. Estou lendo muito pouco. Não escrevo no meu diário. Em suma, descendo a ladeira.

Agora é de manhã, e seria bom ler 200 páginas de *Feira das vaidades* — porcaria de romance chato e cheio de sátira de terceira categoria, mas tão conhecido que, a bem da decência, precisa ser lido —, mas na televisão passa outra continuação de *Duro de matar*, e depois todas as partes anteriores em sucessão. Vou assistir e descer um pouco mais a ladeira.

9 DE MARÇO

A televisão é desligada às 22h e religada às 6h no mesmo canal e no mesmo volume do dia anterior. Deixamos sintonizada na Muz-TV, para acordar com música. Mas hoje, em vez de música, aparece Stas Kostyushkin, da banda pop Tea for Two, num miniprograma imbecil de culinária.

— Estamos no início da Maslenitsa,* portanto vamos fazer panquecas.

Eu, claro, aguço os ouvidos, pois desde novembro passado posso me considerar um especialista em panquecas.

Impossível olhar sem chorar, vendo uma colher de sopa de açúcar (que ele chama de "meia colher de chá") ser adicionada a um ovo. Ele não sabe abrir a massa nem fritar a panqueca direito. Eu fico para morrer. Ele ali falando de panquecas, e eu querendo, como o Batman naquele meme, estapeá-lo e berrar: "Cala a boca!"

Ainda bem que meus pensamentos logo se voltam para Yulia e me lembro de quando estava aprendendo a fazê-las para ela. É engraçado como eu me eriço todo, feito um cozinheiro enciumado, quando alguém diz que sabe fazer panquecas.

Mas tem um problema. Se estamos na Maslenitsa, logo será a Grande Quaresma. E como será a Quaresma aqui eu nem imagino. A única comida decente é caldo de carne enlatada, servido no almoço. Pão e ovos, claro. Por outro lado, essa Quaresma será um autêntico teste. Vou andar por aí com uma fome daquelas e pensando em questões eternas, como deve ser.

———

Aqui, bebe-se com constância. Bebidas quentes, quer dizer. Não tem muita escolha: é chá ou café. E assim pedi que me mandassem cafés e chás diferentes, e "qualquer coisa que se possa preparar em infusão para beber".

---

* Feriado russo folclórico e religioso, a Semana da Panqueca.

Mandaram dois tipos de café, dois tipos de chá e um pó amarelo. Sem embalagem, pois na recepção toda e qualquer embalagem é aberta, e o que estiver solto é jogado num saco. Temos, portanto, um saco de polietileno contendo 200 gramas de pó amarelo.

Dima experimentou. Achou que era cacau, mas não gostou, sem saber dizer o que era de fato. Chama a bebida feita com esse pó de "Flores da Chuváchia".* Ha-ha-ha. Achei graça do nome. Seria hilário se o que temos usado na infusão for algum produto de limpeza.

Agora estou preparando uma caneca de Flores da Chuváchia para mim. Também não consigo descobrir o que é.

10 DE MARÇO

Hoje então temos Habeeb, o TikToker, fazendo panquecas. Pelo visto, toda manhã esta semana vai aparecer um imbecil diferente fazendo panquecas.

"Pegue 2 ovos e 3 colheres de sopa de açúcar."

Mas será que enlouqueceram? Quem inventa essas receitas? Como se não bastasse, ele espalha um dedo de pasta de chocolate numa panqueca que já contém uma quantidade estratosférica de açúcar.

As regras aqui e em todas as prisões desse tipo são absurdas. Eu diria até enfaticamente absurdas. Você deve ter muito cuidado com os bens do Estado. Aqui, me tomaram a tábua de cozinha que comprei em Matrosskaya Tishina. Então terei que fatiar o pão e a salsicha na mesa, que ficará marcada. É justamente para evitar isso que são vendidas tábuas de corte nas lojas das prisões. Só que aqui, não.

Se você não estiver procurando por problemas, realmente não tem nada muito errado com a nossa cela. Apenas essas ridículas ripas de madeira no piso, ásperas, dando a impressão de que o chão está sujo. De modo geral, contudo, é uma das celas mais limpas e decentes em que estive.

---

* Chuváchia é uma região da Rússia.

Quando cheguei aqui, como sabem, pensei: "Uau, que lugar sujo." Serguei — que Deus o abençoe — nos deu um bom exemplo. Pegou uma esponja e lavou a parede em torno da nossa mesa (que por algum motivo é chamada de "carvalho" na gíria da prisão). Descobrimos que aquelas manchas horríveis podem ser limpas com água e sabão.

Ele ameaçou limpar a sala inteira, mas eu não me sentiria bem com ele indo por cima da minha cama. Hoje, então, passei a manhã esfregando o canto onde fica a minha cama. Agora a parede já secou e está com ótima aparência. É um prazer olhar e tocar. Eu deito na cama, olho para a parede e me encho de admiração.

11 DE MARÇO

Hoje as panquecas eram feitas pela RASA, uma banda que eu não conheço, e pelo menos acertou na receita da massa. Mas na hora de cozinhar as coisas não saíram muito bem. A garota (a banda é formada por um homem e uma mulher) fritou a panqueca de um lado e anunciou, jogando-a num prato: "A panqueca está pronta."

Um perfeito fiasco, claro.

Ontem tivemos uma emergência. Por volta das 20h, Dima decidiu comer miojo. Exaltou as virtudes da iguaria, mas de repente disse:

— Engoli um pedaço do garfo.

E nos mostrou o garfo de plástico com um dente faltando. Manifestamos solidariedade, mas também zombamos um bocado dele. Concordamos em que não haveria maiores problemas. Um quarto de hora depois, contudo, Dima disse que o pedaço de garfo estava espetando-o "bem aqui" e apontou para o meio do peito, logo acima do plexo solar. Parecia bem preocupado.

— Vou morrer — disse.

Ontem mesmo estávamos comentando que uma crise de apendicite aqui seria morte certa. Ninguém acreditaria na dor e o levaria para o hospital.

— Melhor chamar o médico — comentei.

Dima não queria. A situação era cômica. Apesar do medo de morrer, ele também estava com medo da descompostura.

De qualquer maneira, já passava das 20h30, e onde é que eles iam achar um médico àquela hora?

— Bom, vamos pedir ao oficial de plantão que procure no Google — sugeri. — Uma porrada de gente deve engolir pedaços de garfo plástico. Conselhos sobre o que fazer com certeza não faltam.

Dima ficou um tempão na dúvida, mas o medo de morrer levou a melhor, e ele acabou tocando o interfone.

Nem é preciso dizer que ninguém respondeu. Ele começou a esmurrar a porta (os "freios", outra designação inexplicável do prisionês). Ficou socando uma eternidade, ao mesmo tempo que tentava se comunicar pelo interfone. Depois de uns vinte minutos, apareceu a mulher de plantão.

Dima hesitou, sentindo que talvez não devesse dizer "Engoli um pedaço de garfo", e resmungou alguma coisa sobre dor na barriga, e que tinha engolido um objeto estranho.

— Vou relatar o caso — disse a mulher, e desligou.

Se fosse uma situação normal, o resultado em 99% das vezes seria a resposta: "Kharchikov, se esmurrar os freios mais uma vez, vai para a cela de punição. O médico estará aqui de manhã. Relate então o ocorrido." A lógica é: primeiro, morra, depois conte o que aconteceu.

Mas eu estou nessa cela, o que significa ao mesmo tempo que a coisa não pode ser ignorada e que a porta não se abrirá. Eles nem abrem a "portinhola de comida" para nós sem gravar em vídeo. (Quando se ouve "Atenção, gravando" do lado de fora, é porque o almoço chegou.) E tem sempre a presença de Vlad, ou melhor, Vladislav Vladimirovich, o tenente que me recebeu e quem me conduz para todo lado, já que sua missão é ficar de olho em mim. Estou aqui há duas semanas, e o pobre sujeito ainda não teve um dia de folga. Ele tem que estar presente quando servem o desjejum, o almoço e o jantar; em cada inspeção; e quando eu sou levado para os "exercícios". É o único oficial subalterno daqui que as autoridades julgam incapaz de alguma asneira. Não vai dizer nada fora de propósito, será educado, conhece as normas da prisão e vai garantir que eu não veja nada que não deva ver.

Meia hora se passou.

— Eles com certeza mandaram chamar o Vlad e estão esperando que ele chegue — comentei.

E assim foi. Mais meia hora, a porta se abriu e lá estava Vlad, lívido.

— Quem está com dor na barriga?

Todo encabulado, Dima se adiantou e mostrou o garfo com o dente quebrado.

— Veja! Engoli um pedaço do garfo, e agora está dando pontadas.

Serguei e eu não pudemos deixar de nos dobrar de rir.

Vlad olhou para Dima uns dois segundos, pressionou a cabeça com o chapéu de pele na parede, revirou os olhos e deu um suspiro. Com a câmera corporal ligada, era o máximo que podia se permitir. Mas dava para ler no rosto dele boa parte do que ele gostaria de dizer sobre Dima e seu garfo.

— Saia.

Cerca de quarenta minutos depois, Dima foi trazido de volta. No centro médico, foi examinado por um capitão bêbado, que estava dormindo quando eles chegaram.

— E aí, o que ele disse?

— Me garantiu que está tudo bem — respondeu Dima, num suspiro. — Me examinou e disse: "Vejo que tem dormido muito pouco e que mal come. Não discuta comigo; estou vendo perfeitamente. Precisa dormir mais e comer mais."

Excepcional diagnóstico. Dima dorme dias inteiros (daí o nosso meme sobre "dormir um pouquinho") e come feito um cavalo.

Fechando a porta, Vlad disse:

— Se piorar, chame pelo interfone.

Deduzimos que ele realmente fora tirado de casa e teve que dirigir quase 50 quilômetros.

12 DE MARÇO

Hoje é sexta-feira e, ao que parece algum policial mesquinho roubou o meu diário, e assim se perderam as entradas de muitos dias. Uma droga. Vou começar de novo em outro caderno.

Muita coisa aconteceu, mas o principal é que agora escrevo da Colônia Penal Pokrov 2, onde o Serviço Penitenciário Federal alegou, num "vazamento", que eu já estava há duas semanas.

Devo reconhecer que o Serviço Penitenciário Federal conseguiu me surpreender. Eles montaram um campo de concentração bem ao estilo fascista a apenas 200 quilômetros de Moscou. Trouxeram-me para cá no início da noite de ontem. São 21h, e só agora encontro uns minutos para rabiscar alguma coisa. Escrevo na sala de atividades educativas, onde cinco outros detentos, trajando seus uniformes pretos, assistem a um filme soviético de 1971, *Os cavalheiros da sorte*, rindo das piadas sobre prisões, fugas e criminosos regenerados.

Que ironia!

13 DE MARÇO

Tenho muito pouco tempo para escrever. Só podemos fazer uso de caneta e caderno entre 19h e 20h, constando na tabela de horário como "tempo livre". Um verdadeiro campo de concentração. Que eu chamo, com meus botões, de "um campo de concentração amistoso".

Os caras são todos muito educados, e até simpáticos. Só que o tempo todo gravam com as câmeras corporais, o que meio que compromete a simpatia. Mas é evidente que eles não querem me ver jogado no circuito Cela de Punição-Regime de Condições Severas, e com frequência me estimulam a não desrespeitar o regulamento. Parecem dizer: "Aguenta firme; é só enquanto estiver no regime de quarentena." Mas é preciso ter em mente que, apesar da empatia, não deixa de ser um campo de concentração. Só cumprimos todas as exigências nos comportando como escravos robotizados.

Rola aqui, então, um diálogo interminável e bem desagradável. Do ponto de vista dos policiais, eles estão tentando ajudar e fazer o que é melhor para mim, e eu teimo em não obedecer. Se eles se mostrassem rudes e grosseiros, seria tudo mais fácil.

Por sinal, ontem eu os destratei injustamente. Acusei-os de roubar meu caderno. Hoje fiquei sabendo que tinha sido guardado com meus objetos pessoais. Estou meio envergonhado. Síndrome de Estocolmo, claro. Cá estou eu, inocente, preso num campo de concentração e preocupado com os sentimentos dos guardas ao meu redor. Por outro lado, existe mesmo essa coisa de inteligência emocional.

Ontem eu estava escrevendo ao som de *Os cavalheiros da sorte*. Hoje é o filme *Ivan Vassilevich muda de profissão*, de 1973. A sala de atividades educativas tem dezoito cadeiras dispostas em três fileiras diante de um aparelho de TV. Sete sujeitos de uniforme preto e usando máscaras higiênicas estão sentados com ar melancólico em posição idêntica, assistindo à comédia soviética. Estou na fila de trás, escrevendo. Uma cena e tanto.

É o meu terceiro dia aqui, e pela terceira vez eu gostaria que já fossem 22h, para poder me deitar. A dor nas costas está me deixando louco. Hoje de manhã, mal consegui levantar da cama. Preciso ficar deitado alguns dias, mas o tempo de ficar deitado é rigorosamente racionado. Sentado aqui, me pergunto até se conseguirei ficar de pé.

Por que essas costas tinham que pifar justo no momento mais inconveniente da minha vida?

Às 21h30 "começamos os preparativos para dormir". Eu gostaria de continuar escrevendo, mas não tenho forças. Uma última coisa, contudo, para não esquecer: a banda local* se chama Graça Divina.

14 DE MARÇO

Hoje é domingo. Amanhã começa a Quaresma, e celebrei de novo uma cerimônia de desjejum com pão e café. Mas sem manteiga, pois aqui não tem, porém assim mesmo foi uma grande celebração, graças ao café. Pela primeira vez desde que cheguei, pude beber algo diferente do chá doce do regulamento. O hábito de estar sempre bebendo chá e café na prisão não vigora aqui. A norma imbecil é não permitirem acesso a uma chaleira, a um pacote de chá ou a uma caneca, exceto "de acordo com o cronograma das refeições".

Quando "restam sete minutos de café da manhã", não sobra muito tempo para ferver água. Na única vez que sobrou, acabou que a chaleira estava quebrada e tinha que ser ligada de um jeito que só uma pessoa sabia: Yevgueny, o "administrador"** de plantão à noite.

---

* Detentos obrigados a formar uma banda: reeducação dos condenados pela cultura.
** Um condenado designado pela administração para as tarefas de manutenção da ordem e da limpeza nas instalações.

O verdadeiro problema é que os condenados têm medo de pedir chá, água quente e coisas assim, e Yevgueny já considera que é uma situação de crise se alguém cometer uma barbaridade escandalosa como tomar chá na cozinha. A gente tem que comer em três minutos cravados e sair correndo para limpar tudo.

Mas, como sempre, a bíblia tem a resposta: "Pedi e vos será dado."

Basta dizer: "Gostaria de tomar café de manhã." Vasily, o tenente equilibrado que se encarrega da nossa unidade, responde: "Sem problema. Lá em frente."

Passaram-se mais dois dias de negociações, dando tempo para descobrir como funciona a chaleira, mas, com alguma persistência, temos café para beber no desjejum no último domingo antes da Quaresma.

Também é interessante observar a degradação dos próprios desejos e pensamentos. Será que eu deveria estar pensando algo filosófico a respeito da vida e da política? Na verdade, só consigo pensar em café, na dor nas costas e outras coisas rotineiras. Nos quatro últimos dias, não li uma única página de livro. Não tomei conhecimento de uma única notícia do que está acontecendo no país. Não creio ter estado numa situação assim desde os 8 anos.

Aqui o e-mail do Serviço Penitenciário Federal não funciona, o que obriga todo mundo a escrever um bocado em papel de caderno. Entre enviar uma carta e receber resposta, são no mínimo três semanas.

Preciso escrever uma longa carta a Yulia.

―――――

Estou de novo na sala de atividades educativas. Todo mundo assistindo a *Planeta Terra*, e eu escrevendo.

Deveríamos ser levados ao balneário hoje (pois é dia de balneário). Fomos até enfileirados do lado de fora, mas aí o chefe da unidade falou com alguém pelo telefone e anunciou uma mudança de planos. Teríamos que tomar banho no dormitório, onde só há um chuveiro, e a água, aquecida por um boiler, acaba logo. Muito inconveniente. Em geral, eles não fazem as coisas assim, mas é evidente que a administração não quer que eu vá ao balneário, ou então não quer que os outros detentos me vejam indo para lá. Ótimo. Tomaremos banho aqui.

Mas tem uma grande vantagem. Ontem fui autorizado a usar a barra horizontal. Temos uma na nossa área (a nossa "localidade"), só que eu não tinha permissão para usar. Seria considerado "atividade desportiva", que só é permitida nos períodos previstos na tabela de horários. E a rotina diária de quem está em quarentena não prevê esse emprego do tempo. Ha-ha! Por sinal, tampouco é previsto um período de "exercícios". Nós só saímos nas inspeções, nos períodos de ventilação das instalações e para trabalho sem remuneração. Deste último eu não participo, o que dá motivo a constantes e exaustivas discussões. Eles teriam que me punir, mas eu invoco meu estado de saúde. Exigem atestado médico. Eu então solicito exame médico. Mas eles dizem que não há uma unidade de atendimento médico. E assim ficamos, rodando em círculos.

Para encurtar a história, numa dessas discussões eu disse que a barra horizontal poderia diminuir minha dor nas costas, o que é a mais perfeita verdade. Então, fui autorizado a usá-la. Uma negociação clássica. Se os dois lados precisam encontrar uma solução, ela será encontrada.

Também é importante que desde o início todo mundo se mostre muito educado. É essencial. Tanto os funcionários quanto eu. Caso contrário, o que se tem é a situação mais comum, em que a coisa vira um pandemônio.

Por enquanto, então, estou fazendo puxadas altas.

———

Como é bom um chuveiro, mesmo nas nossas instalações minúsculas de quarentena. E melhor ainda lavar a cabeça raspada. Estou seriamente considerando a possibilidade de adotar como penteado permanente.

E acaba de me ocorrer que estou no momento perfeito da vida para optar pelo estilo moicano. Pelo regulamento da prisão, o cabelo não pode ter mais que dois centímetros de comprimento, mas ninguém está me proibindo de raspar a cabeça e deixar uma crina de dois centímetros crescendo pelo meio. Essa ideia merece uma análise mais profunda.

15 DE MARÇO

Hoje, no café da manhã, houve uma situação decididamente bíblica. Estou fazendo jejum para a Quaresma, e de qualquer maneira não costumo tomar café da manhã. Lá estou eu, então, tomando chá. Há comigo dois presos, postos em quarentena ao mesmo tempo que eu. Valera é armênio e fala russo muito mal; e Artyom, habitante aqui de Vladimir mesmo, está sempre recurvado por ter perdido uma vértebra trabalhando em transporte de carga e tem tatuagens na lateral das mãos: "Pelas Forças Especiais" e "Pelos Regimentos de Paraquedistas". Nos dedos da mão direita, mandou tatuar os números 1, 4, 8 e 8.

Na cozinha também estão Yevgueny e o chefe da unidade, o tenente Roman Vladimirovich. Dois oficiais são encarregados da unidade. De dois em dois dias, Roman Vladimirovich é substituído por Vasily Anatolievich.

Eis então o que aconteceu. Lá estamos nós, sentados. Cada um tem à frente um prato de caldo, dois pedaços de pão (um branco, o outro preto) e uma caneca de chá. Os outros estão tomando caldo, e eu bebo o meu chá. Artyom, sabendo que não faço o desjejum pela manhã, pergunta:

— Vai comer o pão branco?

— É todo seu — respondo.

Ele o apanha e está a ponto de parti-lo em dois quando o oficial da unidade diz:

— Não é permitido. Devolva o pão. Os presos não podem ceder seus bens.

A situação mereceria estar numa pintura. Todo mundo sabe que não é permitido dar, vender nem comprar bens. Mas se trata de um pão comunitário numa refeição proporcionada pelo Estado. Até hoje sempre me servi de pão preto deixado pelos outros.

Artyom devolve o pão sem dizer palavra, colocando-o à minha frente.

Eu começo a discutir educadamente. Isso é ridículo. O pão não é propriedade pessoal minha; estamos falando de um alimento fornecido à coletividade.

Roman Vladimirovich se sai com toda uma conversa fiada de que as normas são estabelecidas por um motivo e devem ser cumpridas. A cota alimentar é especificada com precisão e assim, "no período de quarentena, o detento deve se habituar a essa norma". É assim que ele é "processado".

Eu digo:

— Bem, deve entender que criou toda uma teoria para justificar o simples fato de que tirou o pão da boca de alguém. Literalmente.

Todo mundo calado, pensando a mesma coisa. Roman Vladimirovich insiste nas regras como prioridade máxima.

O desjejum chega ao fim. Nós nos retiramos, e o resto de pão é jogado fora.

Estou numa "palestra". As pessoas entram e leem trechos das normas da prisão.

Quando me recusei sem rodeios a continuar comparecendo a esses eventos, e depois de várias rodadas de negociação, ganhei o direito de comparecer à palestra com um caderno. Para tomar notas, por assim dizer.

Fiquei sabendo que são fornecidos novos passaportes na prisão quando alguém precisa renovar o seu. Vou fazer 46 anos nesse verão, e por isso preciso renovar o meu, o que será feito aqui.

Pergunto a outro sujeito que está em quarentena, que já esteve preso no passado e passou vários anos aqui:

— Como funciona? Vou sair careca e de uniforme carcerário na foto do passaporte?

— Careca, com certeza, mas, em vez do uniforme, vão usar o Photoshop para te colocar de terno.

Eu não quero aparecer de terno. Preferiria sair na foto do passaporte de uniforme de detento.

Continuamos "assistindo a palestras". Um total absurdo e um insulto à dignidade humana. O vídeo da palestra é um filme exibido em alguma rede local. O cara que aparece na tela está no meio de uma frase quando a imagem e o som congelam durante dez segundos. Ele prossegue a partir do 11º segundo. O resultado é que assistimos a uma palestra com dois terços da duração faltando.

---

15 DE MARÇO

Três coisas sempre me causam espanto. O céu estrelado acima das nossas cabeças, o imperativo categórico que trazemos em nós e a incrível sensação de passar a mão na cabeça recém-raspada.

Oi, todo mundo, daqui do Setor de Vigilância Intensiva A.

Devo reconhecer que o sistema carcerário russo conseguiu me surpreender. Eu jamais suporia que fosse possível montar um campo de concentração completo a menos de 200 quilômetros de Moscou.

Ainda não presenciei nenhum ato de violência, nem qualquer sugestão nesse sentido. Muito embora, a julgar pela atitude tensa dos condenados em posição de sentido e com medo de virar a cabeça se não houver necessidade, eu possa dar crédito às numerosas histórias de que aqui, na Colônia Penal Pokrov 2, até muito recentemente as pessoas eram espancadas quase até a morte com porretes de madeira. Os métodos agora são outros, e não me lembro de um lugar onde todo mundo se dirija a você com tanta educação e até, em certa medida, civilidade.

Por isso chamo a minha nova casa de "nosso amistoso campo de concentração".

Regulamento, burocracia, rotina diária. Aplicação literal de um número infindável de regras. Gíria e xingamentos são proibidos, e a proibição é rigorosamente aplicada. Dá para imaginar uma prisão sem xingamentos? Assustador.

Por toda parte há câmeras de vídeo. Todo mundo sob vigilância, e à menor violação é feito um relatório. Acho que alguém no andar de cima deve ter lido *1984*, de Orwell, e dito: "Ei, que legal! Por que não fazemos assim? Educação pela desumanização."

Mas, enquanto der para ver o lado divertido das coisas, não é tão ruim assim.

De modo geral, vou bem.

Tem até alguns momentos brilhantes no mundo preto e branco da vida cotidiana. Por exemplo, trago no peito um crachá com foto, valorizado por uma linda faixa vermelha. Como já disse, eu ofereço risco de fuga. Sou despertado a cada hora durante a noite por um sujeito de sobretudo plantado ao lado da minha cama. Ele me captura em vídeo e diz:

— Duas e meia da manhã, condenado Navalny. Registrado em vídeo como medida preventiva, pela probabilidade de tentativa de fuga. Presente.

Eu volto a dormir, reconfortado por haver gente preocupada comigo, que nunca permitirá que eu me perca. Não é ótimo?

E vocês também, não percam contato com os entes queridos. Abraços a todos.

16 DE MARÇO

Olga e Vadim chegaram ontem à noite. Como eu desconfiava, disseram-lhes na sexta-feira passada que eu não estava aqui, mas de qualquer maneira eles descobriram meu paradeiro.

Mandei para eles a postagem do Instagram na qual chamava a colônia de "campo de concentração amistoso". Como era de se esperar, a Comissão de Vigilância Pública apareceu aqui hoje. A CVP de Vladimir tem fama de endossar descaradamente as decisões da administração carcerária. O fato de ninguém ser cobrado é um dos motivos de haver tantas coisas ruins aqui. Os funcionários da CVP fuçam tudo e relatam que está tudo bem. Ninguém é espancado; nenhuma lei é violada. Eles vieram por causa de ontem. É a resposta do Serviço Penitenciário Federal aos ânimos exaltados pela postagem no Instagram.

Assim, quando o chefe da nossa unidade me disse "Dois membros da Comissão de Vigilância Pública querem vê-lo", eu declinei com educação. Disse que ficaria grato se deixassem nome e número de telefone, mas que não poderia sair para encontrá-los naquele momento.

Com meus botões, pensei: "Aposto que vão trazê-los aqui dentro."

E foi o que fizeram. Minutos depois, o administrador fecha uma carranca feroz e sinaliza para que todos se levantem.

Todo mundo dá um pulo, em posição de sentido. Eu me levanto. O oficial da nossa unidade entra e pede que eu saia para o corredor, onde estão duas pessoas em trajes civis, além do comandante do campo e de um coronel que eu não conheço, e que obviamente é do governo regional.

— Como vai? Nós somos da Comissão de Vigilância Pública.

Tentei falar com eles sem dizer nada. Era flagrante que se tratava de falsos "defensores dos direitos humanos" em conluio com os policiais, mas não havia necessidade de ser rude.

Perguntei educadamente sobre o trabalho que faziam e disse que era cedo para fazer comentários sobre o funcionamento do campo, pois eu tinha acabado de chegar.

— Quer dizer então que não tem queixas. É isso mesmo?

Também estipulei o que eles poderiam dizer aos meios de comunicação.

E nos despedimos em termos amigáveis.

———

Alexei Liptser, um dos meus advogados, veio me visitar. Ele é neto de um autêntico militante dos direitos humanos, Lev Ponomaryov.

Enquanto conversava com meu advogado, minhas costas ficaram insuportavelmente doloridas por eu estar sentado. A dor começou a se irradiar para a perna direita. Era realmente difícil andar. Alexei me alarmou. Ele também tem problemas dorsais e disse que, quando se irradia para a perna, pode haver sérias complicações.

Resolvi pedir ao oficial que me acompanha aos encontros com os advogados que me levasse à unidade médica, para tomar uma injeção de Ketorolac.

O oficial, tenente Alexander Leonidovich, é um cara bem decente. Em dado momento quase tivemos uma discussão, mas depois ficamos em termos corteses. Ele me levou imediatamente à enfermaria, e me aplicaram a injeção.

Mas não adiantou.

18 DE MARÇO

A verdade pura e simples é que a coisa está danada. Passei a noite inteira com dor, como nos primeiros dias na prisão de Matrosskaya Tishina. De manhã, mal podia levantar da cama. Ia me recusar a sair para os "exercícios" matinais, mas no fim peguei a roupa e fui mancando. Não consegui fazer a cama. Redigi outra solicitação de consulta médica.

Fui levado à enfermaria. Havia apenas uma enfermeira. Ela meio que me examinou e disse que viria um médico dentro de uma semana.

Daqui a uma semana, eu não serei mais capaz de andar.

A administração deve achar que estou fingindo.

É um aborrecimento tudo isso. Por que minhas costas decidiram se enfezar agora? É o pior lugar para isso acontecer.

Esse diário está se transformando num muro de lamentações por causa desse assunto.

Estou assistindo a outra "palestra". Desta vez é um vídeo sobre a cidade de Vladimir. Entre as paisagens está a Central de Vladimir, a célebre prisão com seus famosos detentos.

Tão típico da Rússia. Temos orgulho daqueles que mandamos para a prisão.

Assistimos a todas as palestras idiotas em vídeo. Assistimos a todos os documentários. Mas a tabela diária de horários é sagrada, de modo que, aconteça o que acontecer, todo mundo tem que sentar naquela sala diante da televisão. Mudei para o canal de música, Muz-TV.

O chefe da unidade apareceu num piscar de olhos.

— Não é permitido. Só Canal Um ou Russia-24.*

19 DE MARÇO

Estamos sentados de novo na minha sala favorita de atividades educativas, assistindo a uma palestra intitulada "Prevenção do terrorismo". A câmera mostra uma mulher, de pé, em frente a um púlpito, dando uma palestra em algum lugar. Ela diz algumas palavras introdutórias e começa a mostrar um filme numa tela, atrás de si.

Isso mesmo, estamos assistindo a um filme de um filme sendo exibido em outro campo. Só que dá para ver apenas cerca de metade da tela deles.

———

De manhã, fui levado à enfermaria. A enfermeira era uma mulher bem agradável, mas, sabe-se lá por que, ficou nervosa quando precisou tirar meu sangue. Tentou três vezes, mas não conseguia encontrar a veia. Começou a amaldiçoar, caminhando pela sala e reclamando:

— Eu não preciso disso!

Eu perguntei:

— Quer que eu feche e abra a mão um pouco mais?

— O que eu quero? Quero me aposentar, e quanto antes melhor.

— Concordo plenamente, e vou providenciar para que sua pensão seja aumentada.

Ela não riu. Pelo contrário, pegou outra seringa com raiva. Na quarta tentativa, conseguiu extrair sangue, do outro braço. A boa notícia é que ela disse que o médico estava chegando.

———

* Ambos são canais estatais conhecidos como veículos de propaganda.

O diretor de um colégio profissionalizante veio visitar. Aqui, para se candidatar à liberdade condicional antecipada, você precisa fazer um treinamento e depois praticar a atividade aprendida na área de trabalho dos detentos. Era um sujeito bom e bem-intencionado, alguém que "acredita no que faz", e explicava tudo em detalhes. Mas Oleg me escreveu, dizendo que estudar numa instituição profissionalizante não era uma boa ideia, e que a minha intenção de treinar para trabalhar como padeiro pareceria suspeita.* Uma pena. Vou ter que pensar melhor no caso.

———

Eles juntaram todo mundo e nos perfilaram no pátio.

— Vocês serão levados agora à unidade médica para serem examinados pelos médicos. Chegaram vários especialistas, que vão examinar todos vocês.

Eu fiquei feliz.

Nós chegamos, e fui levado a uma neurologista, que me examinou durante uns quinze minutos.

Ao sair, dei com todo mundo em posição de sentido no corredor, com a roupa de sair.

— Hora de partir.

— O que está havendo? — perguntei. — Ninguém quer perguntar nada aos médicos? Por que ninguém entrou?

— Eles disseram que seríamos atendidos depois de você, mas, quando você saiu, disseram que íamos embora — explicou o pobre Artyom. Aquele que perdeu a quinta vértebra.

No papel, tínhamos sido levados ao atendimento médico. Na realidade, todo mundo, exceto eu, passara quinze minutos em posição de sentido.

A minha médica se revelou uma típica profissional de prisão cuja função é confirmar que um preso está saudável até ele parar de respirar. Pelo menos parece ter recomendado que fosse providenciada uma tábua para a minha cama. Vou passar a dormir numa superfície plana e firme, e não diretamente na malha.

Depois da inspeção, Vadim e Olga chegaram, e discutimos as queixas ao Tribunal Europeu de Direitos Humanos. Ao voltar recebi a seguinte instrução: "Fique com as roupas de sair. Vamos à Comissão Disciplinar."

———

* Um preso que ajuda na administração da prisão (no caso, cozinhando) é considerado desonesto (ou merecedor de menos confiança), de acordo com os dogmas do sistema carcerário.

O serviço penal segue sempre a mesma rotina. Eles preparam as tramoias na noite de quinta ou sexta-feira. Depois que os advogados de defesa se vão, eles geram problemas, e, por causa do fim de semana, todo mundo só vai ficar sabendo três dias depois. Nada de telefonemas nem de testemunhas, e ninguém é autorizado a ir a lugar algum.

Fui levado a um prédio grande, visível da nossa "localidade". Presos entravam lá, em marcha, e eu imaginava que fosse apenas uma cantina, mas era o principal prédio administrativo. Tem de fato uma cantina, um clube, salas de estudo e os escritórios dos chefes da administração.

Antes da partida, fui instruído pelo chefe da nossa unidade a não falar com os outros presos. Enquanto nos dirigíamos ao escritório, olhei ao redor. Um grande prédio em mau estado, com as paredes externas descascando e parecendo um colégio profissionalizante. Uma escada, salas pequenas. No interior, pessoas ainda usando chapéu e jaqueta, como se estivessem na rua. Fiquei pasmo. A nossa unidade de quarentena parece estar em mau estado por fora, mas lá dentro é razoavelmente limpo e agradável. Eu me exercito deitado no chão do dormitório, e não é nojento. É limpo, na verdade. O uniforme não suja, nem mesmo de poeira. Mas esse lugar era lúgubre e bem sujo, e dava uma sensação desagradável. Inóspito mesmo.

O gabinete do comandante era uma verdadeira galeria de ícones, com fotografias de Putin, do primeiro-ministro Mikhail Mishustin (ha-ha!), de Alexander Kalashnikov (diretor do Serviço Penitenciário Federal) e de dois outros capangas (provavelmente chefões locais). Na parede de madeira, lia-se em caracteres antigos uma citação de Pedro, o Grande: "Administrar as prisões é uma tarefa ingrata, e assim as pessoas nela empenhadas devem ser rigorosas, boas e de temperamento alegre."

Já ouvi a citação duas vezes aqui. Eles gostam.

No gabinete estão o comandante e sete outros. Parece uma comissão de professores. Foi o que eu disse ao me apresentar.

— Fico feliz de ser trazido a uma reunião tão importante do corpo docente.

Os docentes reunidos unanimemente me repreenderam por me recusar a assinar a tabela do trabalho compulsório. Por recomendação do chefe da nossa unidade.

20 DE MARÇO

A noite passada foi a pior até agora. Mal consegui dormir. A dor na região lombar desceu para a perna, e tive terríveis espasmos, dores e tremores. Nunca antes senti nada assim. Foi horrível, realmente um sofrimento. Antes de ir para a cama, eu tinha posto tampões de ouvido e máscara nos olhos, para não ver nem ouvir os caras em suas checagens noturnas. Mas não adiantou. Levantei-me seis vezes durante a noite, como se estivesse indo ao banheiro, mas na verdade era só para exercitar as costas.

Situação pavorosa mesmo. Decidi fazer exercícios doze vezes hoje. Vamos ver se ajuda.

Fui convocado a outra reunião dos professores, e dessa vez recebi uma grande reprimenda do comandante do campo por me recusar a sair para fazer exercícios. Uma hora antes, eu tinha dado uma explicação a Alexander Leonidovich, o oficial que me leva aos encontros com os advogados. Fiquei sabendo que ele é o meu "mentor principal" em questões disciplinares e de prevenção. Expliquei que não comparecera por causa das costas. Mas depois fui.

— É uma desculpa válida — disse ele. — Você vai receber apenas uma advertência. — Uma hora depois, quando recebi uma "reprimenda", ele disse: — É uma situação ambígua.

Mas no fim concordou com os outros, mais uma vez comprovando a regra de ouro: não confie neles, não tenha medo deles, não lhes peça nada.

No fim da reunião, perguntei:

— Quando terei atendimento médico?

Eles explicaram que não eram médicos e que tinham despachado uma série de documentos. Pelo menos nenhum deles parecia interessado a me negar tratamento deliberadamente. Estou aqui, sem ser atendido, há doze dias. Eles não autorizam uma visita do meu médico nem que a minha medicação seja enviada.

21 DE MARÇO

Parece que os exercícios estão ajudando um pouco. Faço quinze repetições por dia. Pela primeira vez consegui dormir (usando os tampões de ouvido e a máscara) até 2h30 e, ao acordar, fiquei feliz de sentir como meu corpo estava descansado. Ou será que a porra do cansaço era tanto que apaguei feito uma lâmpada e os exercícios não tinham nada a ver com isso? Entre 2h30 e 6h, não dormi tão bem. O babaca de plantão de hoje era um pé no saco. Fazia questão de fazer bastante barulho ao andar, além de ligar e desligar a câmera corporal junto à minha cama. ("Programa Patrol* em ação. Cinquenta por cento de carga. Gravação em andamento. Gravação interrompida.") E então anunciou, para todo mundo ouvir: "O detento Navalny está presente."

Ele queria mesmo me acordar, o maluco. Preciso descobrir o nome dele.

Que piada que este diário tenha se transformado numa divagação sobre a qualidade do meu sono, quando a vida inteira bastava encostar a cabeça no travesseiro para dormir, e ainda acordava dez minutos antes do necessário.

Hoje (domingo) é dia de balneário. Quando estava me vestindo depois do chuveiro, descobri algo que me apavorou: minha panturrilha direita, da parte de trás do joelho até o pé, perdera toda sensibilidade. A sensação era igual à da coxa esquerda quando recobrei consciência no hospital, só que pior, em termos de congelamento. Isso está me estressando.

Nossa unidade de quarentena fica no piso térreo, e acima há uma unidade para os que têm a sorte de desfrutar de condições mais brandas. Eles têm quartos separados com chuveiro, uma cozinha, autorização de receber muitos embrulhos e direito de comprar alimentos na loja sem limitações. Nós estávamos perfilados de pé, em nossa área, e ouvíamos música tocando pelas janelas abertas da unidade deles.

Só que eles não têm sorte. O caminho para ser admitido nessa unidade exige submissão servil e incondicional e o cumprimento das ordens mais mesquinhas e ridículas.

---

* "Patrol" é o nome de um programa de informática.

Droga! Tentei me apoiar na perna direita, caminhando, e caí! Minha perna simplesmente parou de funcionar, embora não possa dizer que estou me sentindo pior. De fato estou meio estranho. A perna toda está formigando. Sensações estranhas. É preocupante, e mal posso esperar pelas minhas injeções. Espero que sejam autorizadas até amanhã, na hora do almoço, e que as aplicações comecem na terça-feira de manhã. Também espero ainda ser capaz de andar até lá.

22 DE MARÇO

Eu adoro quando somos levados para os exercícios às 6h05 da manhã e tocam o hino nacional. Os detentos de uniforme preto estão de pé, na neve, com as mãos para trás, no pátio da prisão, enquanto é tocada "Glória à nossa pátria livre..." em alto-falantes, no campo inteiro.

———

Fui obrigado a ouvir uma palestra disciplinar sobre o tema "A rotina diária". O motivo é um relatório sobre o meu comportamento que diz: "Saiu da cama dez minutos antes da ordem de se levantar."

———

Fui levado a uma consulta médica. E descobri que meu tratamento já tinha sido prescrito: dois comprimidos de ibuprofeno por dia. Nem tenho palavras! Tudo mais foi recusado. Até a solicitação de um estrado de compensado para a cama.

Fui convocado outra vez à "reunião do corpo docente" para mais uma reprimenda por recomendação do comandante do campo, dessa vez por me retirar de uma palestra. Agora já juntei três reprimendas e vinte relatórios. Já podem me classificar como transgressor contumaz.

23 DE MARÇO

O drama da chaleira. Nós temos um administrador noturno chamado Zhenya.* Ele trabalha de 22h às 7h. Também temos uma chaleira. Já escrevi

———

* Diminutivo de Yevgueny.

sobre ela. É uma velha chaleira elétrica que não funciona direito. Tem um problema de contato. Só dá para ligar conhecendo a técnica especial necessária. Os administradores de plantão e um dos oficiais da unidade não gostam quando os detentos tentem usá-la. Por isso, não usam. Entendem que é melhor não. Mas então, o que houve? Eu concordei com a proibição "fora dos horários de refeição", mas, no café da manhã, no almoço e no jantar obstinadamente levo a chaleira, fervo água e preparo um pouco de chá para mim. Não para me mostrar, mas apenas porque o chá da cantina é adoçado, e eu não gosto.

De manhã, pego a chaleira com o oficial da unidade, verto água nela, fixo na base, baixo a alavanca e vou para o quarto. A água ferve, e a pequena alavanca salta. É automático. Eu verifiquei.

Mas aí Zhenya vem correndo atrás de mim na maior indignação, porque deixei a chaleira sozinha, sem esperar a fervura. Precisa ser desligada, caso contrário vai pegar fogo!

Os presos não têm exatamente medo dos administradores de plantão, mas preferem não arrumar confusão. Afinal, eles estão em contato com a administração, e não seria uma boa ideia causar indisposições. Eu também não discuto. Resolvi que não ia discutir com ninguém aqui. Tomei a decisão de não me zangar nem elevar a voz com ninguém nessa Quaresma e pretendo cumprir rigorosamente, pela primeira vez na vida.

Começo então a fazer piada com Zhenya e a chaleira. Tipo, que coisa horrível eu não ter ficado vigiando. O rosto de Zhenya ferve que nem a chaleira, realmente irritado. Diz que os contatos podem pegar fogo, que a chaleira pode quebrar e que ele pode ficar sem nenhuma.

Nessa altura dos acontecimentos, reconheço que estou errado. Estou rindo de Zhenya e da chaleira, quando ele está nessa situação há vários anos e ainda tem mais dois pela frente. Se essa chaleira vulnerável de mil rublos pegar fogo, como é que ele fica? Aqui é proibido usar bobinas elétricas de aquecimento. Não há fogareiros, e assim ele vai passar a noite inteira sem ter como esquentar chá nem café. Só se consegue água quente durante o dia, quando Zhenya está dormindo. Se a chaleira pegar fogo, ele ficará meses sem comida quente. Pois aqui as coisas mais simples, como consertar uma chaleira quebrada, levam meses para serem resolvidas. Nem dá para pensar em comprar uma nova ou conseguir que mandem de fora. Eu me revelei uma pessoa insensível e com pouca inteligência emocional. Preciso conversar com Zhenya esta noite.

Conversamos, e disse que eu estava errado. Sinto que fiz o que devia, algo louvável. Mas ao mesmo tempo me pergunto se não é apenas um monte de besteira hipócrita. Você sente que está querendo se passar por um cristãozinho manso, o tempo todo se desculpando com todo mundo e falando num tom de voz gentil e bem-intencionado. As pessoas desconfiam. Zhenya, por exemplo, deve ter achado que eu estava zombando dele, só que mais sutilmente, quando voltei a falar da chaleira idiota e reconheci que estava errado.

24 DE MARÇO

Hoje eles deveriam nos "promover" a nossas novas unidades, mas depois disseram que a comissão de alocação ainda iria se reunir e na verdade seríamos transferidos amanhã. O tempo está ótimo, e parece que finalmente vai chegando a primavera. Daqui a dois dias é o aniversário de Zakhar. Preciso mandar uma carta para ele.

Pronto. O Chapéu Seletor da Colônia Penal 2 se manifestou. Acabamos de ser levados à comissão que aloca os detentos em unidades específicas. Foi todo mundo mandado para Sonserina.* Todos nós — os cinco — estamos na Unidade 2. Criaram uma nova unidade só para mim. Nós sabemos que as unidades foram reorganizadas recentemente. Não só isso, como também nosso oficial será Roman Vladimirovich, um dos que nos supervisionaram no período de quarentena (com direito ao drama bíblico por causa do pedaço de pão). Mas ele é legal, de verdade. Muito certinho no cumprimento do regulamento, mas fora isso parece um sujeito razoável. Me dou bem com ele.

Além de nós, os novatos, nossos dois "retornados" também aterrissaram na Unidade 2. São presos que já cumpriam tempo aqui, mas foram mandados embora em consequência de uma investigação e acabaram voltando em quarentena.

---

* O "Chapéu Seletor" e "Sonserina" são elementos da série "Harry Potter" (N. do T.).

Não havia hipótese de os dois permanecerem comigo na nova unidade. Alexander Alexandrovich trabalha na equipe de reparos, que atua em todas as partes do campo. Kostya até estava num setor de nível "moderado" de vigilância e maior tolerância. Agora se encontra num setor de condições "padrão", e está nitidamente contrariado com isso. É um detento superexemplar que faz tudo certo, não quebra nada e varre mais que ninguém. Mac

26 DE MARÇO

Não me lembro o que significava esse "Mac". Me deram algo mais para fazer, muita coisa aconteceu, e eu me distraí. Primeiro, fomos "promovidos ao campo". Ou seja, transferidos para uma unidade da prisão principal. Só rindo. No período de quarentena, eu era a pessoa mais "adulta" (isto é, mais velha) da nossa unidade. Agora estou decididamente na categoria "jovem delinquente". Há dezessete pessoas na nova unidade, dez das quais são pensionistas idosos e grisalhos que ficam sentados na sala de atividades educativas, vendo televisão com cara de poucos amigos, e não gostam nada se alguém passa na frente da tela ou muda de canal. Se pegarmos o Tio Junior da *Família Soprano* e acrescentarmos uns dois anos como morador de rua, vocês terão uma boa ideia de um típico membro da Unidade 2. Mas todos eles são divertidos e legais.

No momento, são 7h30. Temos um novo cronograma diário, com tempo livre até o meio-dia. Todo mundo acordou, se lavou, fez a cama, foi para a sala de atividades educativas e ligou a televisão. Muz-TV. Eu sentei aqui à mesa e estou escrevendo. No momento, Billie Eilish está na TV. O velho começa a discutir sobre a idade dela.

— Acho que ela tem uns 17 anos — digo.

Mas um sujeito grisalho e desdentado diz que ela tem 18, pois começou quando tinha 16, e isso foi há dois anos. Outro sujeito, de aparência bem semelhante, nos conta detalhes da biografia dela. Eles assistem à televisão o tempo todo, portanto sabem dessas coisas. Uma pena que Dasha não possa vê-los. Morreria de rir.

Ontem a administração decidiu que era preciso montar uma performance: puseram todo mundo numa longa fila e nos obrigaram a assinar uma agenda de trabalho, limpeza e assim por diante. Todo mundo assinou, menos, claro, eu. Seguiu-se uma hora de rebuliço. Você se recusa? Fui então arrastado para a "reunião do corpo docente" e repreendido mais uma vez. Dessa vez, por usar uma camiseta na entrevista com meus advogados. Foi considerado uma violação das normas sobre uniformes. Em seguida, fui levado para me encontrar com os advogados, e quarenta minutos depois isso provocou uma enorme confusão com meu "mentor disciplinar", Alexander Leonidovich.

Eu não tinha comigo uma caneta nem os cadernos com minhas anotações, pois vinha diretamente da "reunião do corpo docente". Eles trouxeram os advogados, por trás do vidro. Eu tinha um monte de papéis para assinar, mas nenhuma caneta. Pedi educadamente:

— Poderia me dar uma caneta?

Alexander Leonidovich abriu um sorriso de desdém e saiu, fechando a porta.

Foi o fim da minha resolução de Quaresma. Vadim apertou o botão, Alexander Leonidovich voltou, eu gritei com ele, e ele se foi, indignado, consultar os superiores. Eles disseram que não. Eu continuei criando caso. No fim, concordou-se que Vadim podia me emprestar sua caneta. Mas o resultado foi que eu tinha descumprido minha resolução. Não conseguira passar quarenta dias sem elevar a voz para ninguém. E não só havia elevado a voz como berrei tanto com ele que dava para ouvir em Vladimir. Depois me desculpei, mas ele resmungou:

— Agora sabemos qual é a sua verdadeira atitude com o pessoal da prisão.

Na verdade, sei que estou certo. Eles estão com joguinhos mesquinhos, e levar uma pessoa para encontrar o advogado sem uma caneta é uma clara violação do direito de defesa. Mas eu não podia ter gritado.

Olga, contudo, gostou.

— Pronto, voltou a ser você mesmo — disse ela. — Não estava enfrentando ninguém, andava muito resignado. Eu já estava ficando preocupada.

Foi só porque eu estava jejuando para a Quaresma e precisava amar todo mundo.

Ah, no momento em que escrevia isso, lembrei por que fui interrompido anteontem. Foi outra enorme brigalhada. Eu estava sendo levado para ver meus advogados. Chegamos à sala de revista, só que eles não me revistaram. Estavam aprontando alguma, muito cheios de si, de sorrisinhos.

O habitual número inútil e sem sentido do policial espertalhão. O principal objetivo invariavelmente é mentir e foder com a sua vida.

Chegou um grupo de escolta. Reconheci os mesmos caras que me haviam trazido aqui. Para onde seria levado? Para um hospital? E os meus advogados? Silêncio. Bem, poderiam então dizer-lhes que eu fui levado? Não responderam.

Não vou me dar ao trabalho de descrever em detalhes, mas fizemos uma viagem de duas horas e meia para chegar a uma espelunca e fazer uma ressonância magnética. Perguntei várias vezes onde estava, mas não diziam. Era um hospital civil. Ou melhor, não um hospital, mas instalações num piso parcialmente subterrâneo. Fizeram a ressonância, e viajamos mais duas horas e meia de volta.

Meus advogados não foram informados de nada. E Olga e Vadim, com receio de que não poderiam me ver de novo, postaram tudo sobre minhas costas, minha perna e minha doença. E agora todo mundo sabe.

———

Comecei um novo caderno. Vamos então iniciar com uma história engraçada.

Pela tabela diária, duas horas de um completo lixo nos são impingidas toda noite. Chama-se "palestra patriótica". Na prática, todo mundo está apenas assistindo a um filme. A rede local tem uns vinte filmes, que são exibidos em sequência. Muito patriótico. Se passar um ano aqui, você verá cada filme dez vezes. E é obrigatório. Não pode sair da sala.

Hoje estamos vendo *Thor: Ragnarok*. Ocorre uma revolta em um planeta submetido a uma tirania. O dissimulado grão-mestre pergunta:

— Como é que isso foi acontecer?

O chefe da guarda:

— Os escravos conseguiram armas.

— Oh, não gosto dessa palavra. Essa que começa com e.

— Perdão. Os detentos empregados conseguiram armas.

Somos nós. "Detentos empregados".

Finalmente somos levados à loja. Eu fui para comprar cadernos, mas acabei comprando café, repolho, cenouras, leite e carne enlatada. E não comprei os cadernos.

Só poderei voltar lá daqui a duas semanas.

28 DE MARÇO

Parei de comer pão de novo, exceto aos domingos, quando tenho uma alegria festiva, como hoje.

A coisa está mesmo feia com minhas costas e a perna.

Minha lombar dói muito. A região da tíbia direita está ao mesmo tempo dormente e ardendo. Não sei como é possível, mas é assim.

Dois dedos do pé esquerdo também estão dormentes, como se tivessem enregelado.

———

Fui ao balneário. Aqui o balneário é apenas o espaço dos chuveiros. Mas foi incrível. Não lembro a última vez em que tomei uma ducha tão sensacional. Realmente perfeito. A ducha fica bem alta e manda um jorro forte de água. Fria, se você quiser, ou quente, se preferir. Tudo muito limpo. Na quarentena havia um revoltante cubículo para o chuveiro, onde dava nojo encostar em qualquer coisa. A mesma coisa em Kolchuguino, com a diferença de que era ainda mais nojento: a água saía em pingos, e você tinha que segurar a ducha com a mão.

Em Matrosskaya Tishina, o chuveiro era ok, mas aqui é muito melhor. Não fosse a multidão de caras pelados, eu declararia que foi a abluição do ano.

Hoje foi dia de jogos de guerra. Me contemplaram com a clássica merdança prisional, quando os administradores de plantão começam a jogar pesado e a provocar os outros condenados com frases do tipo: "Navalny, você não está fazendo a sua parte na limpeza. Por que precisamos fazer a limpeza para você? Não vamos limpar em volta da sua cama." À noite até puseram minha mesinha de cabeceira ostensivamente em cima de outra, como quem diz: "Lyokha,* vai ter que limpar aqui você mesmo."

Precisei de uma boa disciplina para não me enfurecer e me dirigir educadamente e de bom humor a todo mundo, mas no fim a coisa desandou.

Os caras ficam muito intimidados, e a administração destrata todo mundo a seu bel-prazer, usando os administradores de plantão.

Também é cômica a maneira como os administradores foram instruídos a ficar de olho em mim. Eles são três, e, aonde quer que eu vá, não importa

---

* Diminutivo de Alexei.

com quem esteja falando, não importa o que fizer, um deles sempre me segue e se posta ao meu lado. Eu sei, pelas minhas leituras, como a delação é estimulada nas zonas "vermelhas". Todo mundo denuncia todo mundo, em troca de comida e de um maço de cigarros. Mas poder observar ao vivo e estar no centro desse tipo de intriga é uma experiência curiosa.

Apesar de tudo, eu bem que gosto das coisas aqui. Me dou bem com os presos e é interessante conversar com eles. Até com os administradores. Claro que eles ficam com raiva por não atingirem as metas de pressão psicológica, mas, à parte isso, não tem nada de particularmente terrível neles. Apenas gostam de mourejar para a administração em troca de comida.

29 DE MARÇO

Logo de manhã cedo, fui convocado à "reunião do corpo docente" e ganhei mais uma repreensão, por "recusa categórica de confirmar presença corretamente". Foi a primeira vez que optaram por isso, mas é importante. Eu confirmo presença pelo menos oito vezes por dia, quando me fotografam nas checagens de rotina, de duas em duas horas. Na prática, é algo mais próximo de doze a catorze verificações por dia, e um único dia de descumprimento é suficiente para me mandar para a cela de punição, me classificar como infrator contumaz e me transferir para condições de detenção de "regime severo".

31 DE MARÇO

Eita! Neste exato momento estou deitado na minha cama, e Seleznyov está de pé ao meu lado, ordenando que me levante. A unidade inteira está horrorizada.

Chegamos a uma situação crítica.

Como sempre, a política deles é um caos total. Mais tarde, alguém poderá enxergar uma conspiração por trás disso, uma coincidência de datas.

Na prática, contudo, é apenas o imbecil do Seleznyov resolvendo fazer política e conspirando para tentar voltar "as massas populares"* contra mim. Costas doendo mais funcionário imbecil da unidade igual a eu

---

* Jargão da prisão para designar os presos comuns.

deitado na cama, o que, para a Colônia Penal 2, é uma forma de protesto inédita. Os caras da brigada de reparos aparecem. Eles não são da nossa unidade e se acovardam ao me ver.

O pessoal daqui também tenta manter distância, não fala comigo nem quer ser visto em companhia suspeita.

Começaram a trocar as camas da nossa área em caráter de urgência, retirando as regulamentares e substituindo-as por novas. Está na cara que muito em breve vão aparecer autoridades para uma inspeção.

———

Acabamos de passar pelo momento mais divertido da minha estada aqui. Estou deitado na minha cama. Todo mundo de um lado para outro, tentando não olhar para mim. São convocados para o almoço. Todos vão para fora. Eu percebo que estão se trocando e vestindo as roupas de sair. Em seguida, são trazidos de volta e perfilados à minha frente no corredor. O bobalhão do Seleznyov chega correndo, tendo percebido que foi longe demais com os joguinhos e as intrigas. Com certeza querendo que eu ouça, anuncia que está organizando uma espécie de torneio de damas. O segundo colocado receberá um prêmio e o vencedor terá direito a um embrulho extra, o que, por sinal, não é pouca coisa.

O raciocínio dele é que as pessoas vão ficar do seu lado, além de me mostrar que, derrotista que eu sou, posso ficar deitado ali se quiser. Não faço mais parte do seu time e todo mundo está se divertindo, e além do mais vão ganhar um embrulho extra.

———

Eu pretendia anunciar minha greve de fome mais tarde pelo Instagram, mas terá que ser agora mesmo. Estão decididos a não me deixar falar com um advogado.

Eu não esperava ter que recorrer a uma greve de fome no primeiro mês aqui, mas que alternativa me resta?

> Por que os presos fazem greve de fome?
> É uma questão que só preocupa quem nunca esteve numa prisão. Só de fora é que parece tudo complicado. Aqui dentro é muito simples: é a sua única arma, e você a usa. Ha-ha-ha.

Na verdade, tem mais uma ou duas, mas é melhor guardar de reserva.

Quem está deitado de uniforme na cama, com a cabeça raspada, usando óculos e segurando uma bíblia?

Eu.

A bíblia é por ser o único livro que consegui em três semanas. E estou na cama (uma infração superescandalosa das normas) porque estou em greve de fome.

Que mais eu poderia fazer?

Eu tenho direito de chamar um médico e ser medicado. Eles (as autoridades da prisão) estupidamente me recusaram as duas coisas. A dor nas costas desceu para a perna. Não sinto partes da minha perna direita, e agora da esquerda. Brincadeiras à parte, é muito chato.

Em vez de receber cuidados médicos, estou sendo torturado com privação de sono. (Sou despertado oito vezes por noite.) E a administração insufla os presos "militantes" (também conhecidos como cabras)* a intimidarem os outros, para não limparem em volta da minha cama. Eles dizem: "Sentimos muito, Lyosha, mas estamos morrendo de medo. Aqui é a região de Vladimir. A vida de um preso vale menos que um maço de cigarros."

O que eu poderia fazer? Entrei em greve de fome para exigir o cumprimento da lei e que o médico que solicitei fosse autorizado a me visitar. Estou deitado aqui, com fome, mas até agora com as duas pernas.

E vocês fiquem bem também!

1º DE ABRIL

O primeiro dia da minha greve de fome é um dia como outro qualquer.

Ontem esse bando de filhos da mãe desligou o bebedouro, o que significa que não tive nada para comer nem beber o dia inteiro. Hoje de manhã pude beber água e fiquei meio bêbado.

---

* Detentos que fazem a vontade dos guardas.

Fui levado à unidade médica. É obrigatório examinar qualquer um que entre em greve de fome. Me pesaram, claro. Estou com 85 quilos. Eu pesava 93 ao chegar. Tem a ver com o fato de não me deixarem dormir em paz. Estão fazendo uma revista bem minuciosa. Provavelmente alguma autoridade vai aparecer.

———

Ha-ha-ha! Dá para acreditar? Eu achei que aquela bobajada toda de deixar tudo impecável era provavelmente uma indicação de que o promotor estava vindo de Moscou, mas é apenas uma das patéticas propagandistas do Russia Today, Maria Butina.*

Foram todos perfilados; continuei na cama. Ela veio na minha direção com uma câmera e um cinegrafista. Seu plano era fazer uma reportagem sobre a maravilha que é esta colônia, os cuidados médicos proporcionados e o meu fingimento.

Eu levantei da cama (provavelmente um erro) e, durante vinte minutos, na frente dos detentos e da administração, acusei-a de ser uma parasita e uma prostituta política. Suponho que essa parte será cortada.

Todo mundo na unidade ficou surpreso com o que estava acontecendo e com os sentimentos passionais envolvidos.

Butina foi entrevistar os "militantes". Da nossa unidade, eles convocaram Kostya Mikhalkin. É um bom sujeito, um dos poucos de boa aparência e que fala decentemente (uma fraude, claro). É a pessoa com quem mais converso aqui, mas é um supermilitante e faz tudo que mandam fazer. Sua pena é muito longa — oito anos e meio —, e ele encontrou a salvação fazendo amizade com a administração. Parece um detento robô. Em troca, já desfruta de condições mais brandas, trabalhando como bibliotecário e tudo mais. Estou curioso de ver o que vai dizer para eles.

———

Trouxeram uma caixa de cartas. Uma delas tinha uma grande citação de Ernst Jünger: "A derrota começa com a perda do comportamento natural."

Não sei quem é Ernst Jünger. Preciso pedir que alguém imprima esse verbete da Wikipédia.

———

* Antes de trabalhar no Russia Today, Maria Butina passou dezoito meses numa prisão dos Estados Unidos, acusada de conspirar para atuar como agente do governo russo.

2 DE ABRIL

Deixei de ir à cantina umas duas vezes quando o babaca do Seleznyov estava na unidade. Mas ontem e hoje tem outros funcionários lá. Tudo muito ordeiro e civilizado, e assim, para não parecer mal-educado, fui até a cantina, mas, claro, não comi nada. Fui direto para uma mesa. Um sargento esperto tentou me convencer a entrar na fila, me servir, sentar à mesa com o prato, mas depois cedê-lo aos outros. Me poupe! Que excelente ideia nunca ir até a cozinha a menos que haja um policial me acompanhando. Óbvio que a estratégia deles será tentar solapar a greve de fome. É só o que eles sabem fazer.

Já encontrei balas plantadas nos bolsos do meu casaco duas vezes. Da primeira vez, nem fui eu que "descobri", mas eles, durante uma revista. Começaram com risinhos: "Caramba, Alexei Anatolievich, o que essa bala está fazendo aqui?"

Depois disso, comecei a checar os bolsos, e à noite encontrei mais balas.

Engraçado que a coisa mais importante de uma greve de fome na prisão seja checar os bolsos.

Recebi duas cartas de uma vez de Yuliashka, com tiras adicionais de papel por dentro com os dizeres "Bom dia!" e "Boa noite!". Ela é um amor. Acha que tenho uma mesinha de cabeceira aqui e ao acordar vou me esticar, pegar o pedacinho de papel e ler. Mas posso pelo menos botá-lo na minha cama.

Oh, esqueci o que eu ia dizer quando estava escrevendo sobre a cantina. Quando lá estive da primeira vez, achei que sentar e ver as pessoas comendo por perto seria um teste de boa vontade. Mas não foi nada disso. Fiquei observando com total indiferença. Acabo de voltar do jantar, onde o cara à minha frente retalhou o peixe frito e o amassou com a batata. Claro que a gororoba da prisão não tem o mesmo efeito no cérebro. Se, em vez dessa lavagem numa vasilha suja de metal, ele estivesse mascando frango frito, poderia ser um martírio muito pior.

Muito embora talvez ainda seja prematuro. Estou apenas no fim do terceiro dia da greve de fome. No dia 10, até a vasilha de lavagem vai parecer apetitosa.

3 DE ABRIL

Fui ao café da manhã e de novo não senti o menor incômodo vendo as pessoas mastigando. Por outro lado, estou começando a sentir frio o tempo todo. Acabei pegando uma febre. Ontem à noite estava com 37°C, e hoje já estou com 37,4°C.

Pressão arterial boa: 99/77.

4 DE ABRIL

Hoje tudo piorou bastante. Estou mancando. O quadril dói muito. A perda de peso segue ao ritmo de um quilo por dia. Estou persistindo na greve de fome e bebendo apenas água fervida. Aniversário da minha mãe. Enviei um bilhete e pedi a Ilya que mandasse flores. Espero que isso baste.

Sim, a reportagem de Butina está passando em todos os canais. Vi ontem na NTV, mas também estava na Zvezda, na Vesti-24 e na Ren TV.

Este campo é o melhor, diz ela, as condições são ideais, Navalny é um hipócrita querendo se passar por doente. Não há nada que lhe cause dor.

De acordo com o código de conduta, os presos só podem ser filmados ou fotografados com consentimento, mas aqui é tudo jogado pela janela. Eles mostram imagens em que eu apareço protestando e caminhando com uma xícara de café pelo corredor — um magricela recurvado usando roupas três vezes maiores.

Muito menos bacana do que eu imaginava.

———

Tudo vai ficando mais farsesco. Na sexta-feira, conversei com Liptser sobre os estratagemas do Serviço Penitenciário Federal para combater greves de fome. Ele disse:

— Puseram um cara na cela com meu cliente, que estava em greve de fome, e deram a ele um monte de frango frito para botar na frente do grevista.

Eu achei graça.

Agora vou à cozinha beber água e descubro que instalaram uma panela elétrica (!!!), e o administrador de hoje está junto dela todo satisfeito, fritando frango — que então compartilha com a unidade inteira.

Alegro-me em dizer que meu espírito não sucumbiu ao frango frito.

Depois do frango, começaram a fritar pão, deixando a porta da cozinha aberta de propósito. Pão é mais complicado. É meu ponto fraco. O cheiro de pão de centeio frito realmente me atrai. Mas me limitei a focar a atenção nele e seguir em frente. Por acaso eles acham que o cheiro de comida vai me fazer abandonar a greve de fome?

No Russia-24 está passando uma reportagem de quinze minutos sobre como esse campo é maravilhoso. E que eu "não pareço uma pessoa que esteja fazendo greve de fome". Na verdade, "pego comida com frequência na loja" e, "segundo outros presos", como biscoitos escondido.

Que corja. Esta última mentira deixou pasmos até os malditos administradores. Não tem ninguém nessa prisão que seja capaz de dizer que minha greve de fome não é 100% real.

5 DE ABRIL

Infelizmente, estou de cama. Muito inconveniente. Congelei de frio e tossi a noite inteira. De manhã, chequei a temperatura. Estava com 37,8°C.

Desde o início da manhã foram quatro relatórios negativos sobre mim. Não saí para me exercitar, não fui à inspeção, me apresentei diante da câmera acrescentando que estava sendo detido ilegalmente, e assim por diante.

Outra bala no bolso da minha jaqueta.

Fui à unidade médica. A infeliz da enfermeira, Natalya Sergeyevna, está bem contrariada e acha que pode acabar levando toda a culpa por essa situação sem merecer. Está vendo que a greve de fome é para valer (meu peso continua caindo, um quilo por dia; pressão arterial em 97/64) e faz muita força para me convencer a desistir. Houve também um momento maravilhoso em que disse: "Bem, pelo menos tome algum remédio. Vamos baixar sua temperatura. Posso lhe dar Arbidol e Kagocel."

É inacreditável. São dois medicamentos fajutos, de valor medicinal questionável, que os impostores Tatyana Golikova* e Anatoly Chubais (numa operação lucrativa) forçaram todo mundo no governo a comprar.

———

Na cozinha, continuam a tomar liberdades inomináveis. A panela ainda está lá, e estão fazendo uma sopa cheirosa. Onde encontraram os ingredientes? Entregues pela cantina, provavelmente.

———

Aqui vai uma pequena informação sobre o melhor campo de presos da Rússia. Em três semanas, só na minha minúscula unidade, nada menos que três detentos foram parar no hospital, com tuberculose.

6 DE ABRIL

Escrevi uma postagem sobre o frango para o Instagram. Também mencionei que estava tossindo e com 38,4°C de temperatura. Acabei quando faltavam apenas alguns segundos. Às 16h, alguém da equipe nos informou que "o alarme foi acionado". Meu advogado foi convidado a se retirar. (Em geral, podemos ficar conversando até as 17h.)

"Bom", pensei, "vão aparecer correndo esta noite quando lerem a postagem".

À noite minha temperatura havia chegado a 39°C. Não sei como essa decisão foi tomada, mas fui chamado à unidade médica e informado de que permaneceria lá. Me puseram numa ala dupla. Que ótimo. Sozinho, eu pelo menos poderia descansar. Mas a farsa começou de novo.

Vieram sujeitos da minha unidade trazendo meu colchão e sacos. Depois trouxeram outro saco. Que não era meu. "Imbecis", pensei, "trouxeram o saco errado". Abri para ver e dei com outro colchão.

O administrador incumbido de me manter sob constante vigilância e de informar a meu respeito está sendo hospitalizado junto comigo. É difícil não notar sua presença. Ele sempre se aproxima quando estou

———

* Vice-primeira-ministra da Rússia, responsável por política social, trabalho, assistência de saúde e pensões.

tossindo, e eles botam um cara saudável para compartilhar a ala comigo, para continuar de olho em mim.

Achei que fosse dormir profundamente, mas não rolou. Tossi a noite inteira, tendo sonhos doidos em que Dasha se casava com um chinês e nos mandava nossos netos, e nós nos esforçando para que aprendessem russo e francês.

O hospital de internações aqui tem uma resposta para a questão do índice estratosférico de mortalidade na prisão. Um dos motivos, e não dos menores, é que aqui também se aplica o regime compulsório da tabela de horários. Às 6h, é preciso acordar, levantar, se vestir, fazer a cama, verificar a temperatura (38,8°C).

— Poderiam me explicar — pergunto — a lógica da rotina aqui? Eu fui internado por estar com febre e tosse. Para me livrar das duas coisas, preciso ficar debaixo de cobertas e ingerir muito líquido. Mas aqui vocês esperam que a febre da pessoa vá embora com ela de pé.

Mas o que achei assombroso mesmo foi o tanque de água potável. Não tinha torneira. Você tem que levar a caneca e mergulhar na água para fazer uso. Em um hospital! Cada paciente traz a sua caneca e se serve da água no tanque comunitário como se estivesse usando uma concha.

Recebi uma visita dos chefes da Unidade Médica e Sanitária 33, que se tornou uma instituição lendária para mim. Todas as minhas queixas ao longo do último mês e meio foram enviadas para lá, sem qualquer resposta.

É uma estrutura onde deram um jeito de enfiar todas as instalações médicas de todos os campos de detentos da Rússia. Por exemplo, atualmente não estou na unidade médica da Colônia Penal 2, mas no Setor 2 da Unidade Médica e Sanitária 33.

A mulher que chegou tem patente superior à do nosso comandante. Ela é coronel. Estava acompanhada de um major careca, diretor do hospital penitenciário da famigerada Central de Vladimir.

Nada construtivo resultou da visita dos dois. A única preocupação era justificar os diagnósticos que fizeram e defender seu território. Disseram sem rodeios (e fiquei pasmo): "Como vamos permitir que apareça aqui algum professor de Moscou? Se ele fizesse um relatório com um diagnóstico, como poderíamos discutir? Olha para o nosso status e olha para o dele."

Impossível ser mais cínico.

A coronel tinha um comportamento razoável e agradável, mas o major parecia ter saído de um livro de estereótipos com a descrição de um "médico careca, perverso, burro e corrupto de um hospital penitenciário onde todo mundo morre".

Era um brutamontes inacreditável e logo começou a falar grosso comigo. "Você anda abrindo a boca na internet", "Vai dizer à Fundação Anticorrupção do que está precisando. Só eles vão dar bola", e assim por diante. Nem as câmeras o impediam.

Ele interrompia constantemente, mas, sobretudo, era estúpido, servindo-se de exemplos burros que nada tinham a ver com o que estava dizendo.

Tivemos um belo de um bate-boca. E descobri que não é tão fácil discutir com alguém no sétimo dia de uma greve de fome.

———

Maldição! Por que foram ter uma ideia tão brilhante? Vão verificar minha temperatura à noite também. Para isso, deram a alguém da equipe um aparelho chinês que mede a temperatura e que, como sempre com essas engenhocas baratas, não funciona. Meu termômetro de mercúrio indica 38,2°C, ao passo que a pistola deles marca 35°C, depois 37°C e por fim 34°C.

Parece então que quatro vezes por noite virá um sujeito acender uma luz nos meus olhos e ficar bipando com a maldita maquineta. Vai acabar me despertando, quando estou aqui principalmente para dormir melhor. É o mais importante para alguém que está com febre. Sem chance de dormir direito, agora.

7 DE ABRIL

Parece que reconheceram a estupidez dessa checagem de temperatura e me deixaram em paz na noite passada.

Verificaram pela manhã, e estava 36,6°C.

Por sinal, ainda não tenho uma barriga tanquinho. Ontem pesava 80 quilos. Hoje, a julgar pela trajetória, estarei com 79. Acho que era o que eu pesava na oitava série. Toda hora você lê na internet que o abdômen fica definido quando sua massa corporal está com menos de 10% de gordura. A minha agora deve estar abaixo de 3%, e nem sinal de definição.

Li apenas dois livros em um mês. Que pesadelo! Terminei ambos hoje: *Oliver Twist*, de Dickens, e *O herói de mil faces*, de Joseph Campbell. O primeiro eu queria ler há muito tempo; o segundo está na moda, e todo mundo recomendou. Gostei muito de Dickens, mas achei o outro um saco. Sem dúvida nenhuma, prefiro ficção. Basta mencionarem na capa "um mestre da psicologia" para eu perder o interesse. Na minha opinião, é de uma pretensão absurda, pura forçação de barra. *Oliver Twist* é um milhão de vezes melhor. A única coisa que compromete o livro é a tentativa patética de Dickens de reproduzir a fala de gente das "camadas baixas" de Londres. Não podia dar certo.

9 DE ABRIL

Aniversário de Oleg. Não esquecer e mandar saudações.

10 DE ABRIL

— Você vai retornar à sua unidade.

E, de repente, vou voltar. Outra vez o colchão, os sacos, outros pertences. A mudança toda.

A unidade está com uma nova e aperfeiçoada política de espionagem. Melhor dizendo, uma paródia de espionagem. Designaram dois olheiros para me vigiar. Um deles é um velho assustadiço de Pskov (recebia propina). O outro é um sujeito de Vladimir (causou sérios danos corporais em estado de embriaguez). Sua função é me manter sob implacável fiscalização numa sala retangular de 200 metros quadrados. Eles ficam conversando junto à minha cama. Eu me dirijo à janela do outro lado da sala. Eles me seguem de fininho. Eu dou meia volta e retorno. Eles disfarçam um tempo e vão atrás. Eu vou ao banheiro. Vinte segundos depois eles também entram para lavar as mãos. Decido entrar no banheiro três vezes a intervalos de um minuto. Eles me seguem em todas. Na terceira vez, dou uma risada e digo:

— Caras, vocês não são espiões dos bons.
— Olha, não é tão simples — responde um deles. — Eles nos forçam, somos obrigados.

Ele não entendeu a piada. Pelo contrário, os dois também estão muito estressados e amedrontados. Alguém os assustou para valer.

11 DE ABRIL

Ontem eu estava de ótimo humor, surpreso o dia inteiro por estar cheio de energia. Me sentia muito bem. Quanta coisa posso fazer sem comida.

Hoje estou um caco. Fomos ao balneário. Mal consegui me manter de pé sob o chuveiro quente. Minhas pernas cediam. Agora já é noite, e estou sem força alguma. Só quero me deitar, e pela primeira vez me sinto emocional e moralmente abatido.

19 DE ABRIL

Noite. Luzes apagadas daqui a pouco. Não tenho forças para escrever nada, embora tenha acontecido muita coisa. É o meu segundo dia em Vladimir. Tem um hospital aqui, na Colônia Penal 3, um campo de regime severo. É onde estou. Os oficiais do Serviço Penitenciário Federal estão visivelmente alarmados com os resultados dos meus exames.

Foi uma viagem daquelas. Primeiro, tive que arrastar minhas coisas até o ponto de encontro, depois aguentar uma revista insuportavelmente longa de duas horas, cada item sendo examinado. Depois mais duas horas e meia sendo sacudido num caminhão da polícia. Depois uma repetição das duas horas de revista, mais todo o processo de admissão. E não como nada há dezenove dias. Estava tão desfalecido que não resisti a um soro glicosado na veia. Isso também foi um sofrimento. Meus braços acabaram cobertos de punções. As veias do meu corpo esquelético saltavam, mas só conseguiram me ligar ao cateter na quarta tentativa. E isso não foi nada. Hoje três enfermeiras tentaram seis vezes, sem conseguir.

Atendimento médico penitenciário!

Mas pelo menos fui encontrado. Seguindo a tradição desses filhos da mãe, ficaram séculos sem dizer nada aos meus advogados e deixaram

Liptser várias horas esperando na entrada. Permitiram que ele entrasse às 17h55, e às 18h disseram: "Acabou o tempo. Vamos fechar. O encontro terminou."

A revista que me fizeram antes do encontro levou mais tempo que o encontro.

Mas pelo menos recebi algumas notícias. Parece que muita gente está me apoiando, inclusive nada menos que cinco ganhadores do Prêmio Nobel.[*]

E J.K. Rowling!

Todo mundo é tão generoso.

A Fundação Anticorrupção será declarada "organização extremista". Eles estão com medo de nós.

---

20 DE ABRIL

Se me vissem agora, vocês iam rir. Um esqueleto cambaleando pela cela. Tem nas mãos uma decisão judicial enrolada num tubo de papel. Com esse documento, o esqueleto espanta desesperadamente os mosquitos pousados nas paredes e no teto. As criaturas zumbidoras e mordedoras podem acabar com alguém mais depressa que qualquer greve de fome.

Atualmente eu bem que serviria para espantar crianças que não querem comer.

— Mashenka, se não tomar o mingau, vai ficar que nem aquele homem de orelhas enormes, com a pele grudada no crânio e os olhos fundos.

— Não, mamãe, não! Vou comer tudinho e pedir mais!

Mesmo assim, a vida nos dá momentos maravilhosos em que podemos rir e ser felizes.

No fim de semana, as coisas ficaram bem feias. Fui mandado para tratamento no hospital penitenciário de outro campo, o que envolveu uma revista que durou muitas horas. Depois teve a transferência, que consistiu basicamente em ser sacudido numa caixa de

---

[*] Alexei se refere ao abaixo-assinado que teve a adesão de quase oitenta escritores, atores, artistas e historiadores, entre outros, e que circulou mundialmente.

metal. Outra revista. Tire os sapatos, agache, mostre os pés, abra a boca.

Você fica sentado na cela, sem saber onde está. Concentra-se na missão mais importante de um preso: espantar todo pensamento de solidão. Lembra-se do principal: é muito importante para os vilões e canalhas que você se sinta isolado.

Até que, na noite passada, meu advogado conseguiu estar comigo por literalmente cinco minutos e me falou do enorme apoio de vocês. Tanto na Rússia quanto no mundo inteiro. Foi um momento precioso.

Como achei graça quando ele leu declarações de luminares médicos segundo os quais, com o nível de potássio encontrado nas minhas amostras, eu devia estar em cuidados intensivos ou num caixão! Ah, eles não vão me levar tão fácil assim. Depois do *novichok*, potássio é sopa no mel.

Muito, muito obrigado. Muita gente como eu tem apenas uma caneca d'água e esperança e fé nas próprias convicções, tanto na Rússia quanto no resto do mundo. É muito importante que eles também sintam o apoio e a solidariedade de vocês. Pode não parecer muito, nem tão difícil assim. Mas não existe melhor arma contra a injustiça e a ilegalidade.

Isto é essencial para podermos viver e sobreviver. Por mais altos que sejam nossos níveis de potássio.

---

23 DE ABRIL

Como diz a Rainha Vermelha para Alice, em *Alice através do espelho*: "Sabe, aqui você precisa correr o *máximo* que puder para ficar no mesmo lugar. Se quiser ir a outro lugar, terá que correr pelo menos duas vezes mais rápido!"

Eu corri, fiz o melhor que pude, caí, fiz greve de fome, mas, ainda assim, sem a ajuda de vocês, estaria apenas batendo com a cabeça na parede.

Graças ao enorme apoio de pessoas de boa vontade em toda a Rússia e mundo afora, fizemos um tremendo progresso. Dois meses atrás, quando solicitei tratamento médico, eles se limitaram a um risinho de desdém, não me deram nenhum remédio nem permitiram que alguém mandasse.

Graças a vocês, já fui examinado duas vezes por uma equipe de médicos civis. Eles fazem exames, coletam amostras e me apresentam os resultados e suas conclusões.

Os médicos, nos quais confio implicitamente, divulgaram ontem uma declaração dizendo que vocês e eu já conseguimos o suficiente para que eu possa terminar a greve de fome. Acho que a conclusão de que os testes demonstram que "em muito pouco tempo não restará ninguém para ser tratado" parece, bem, merecer atenção.

Outro motivo, talvez ainda mais importante para mim, é que, em sinal de solidariedade, outras pessoas também entraram em greve de fome, entre elas integrantes das Mães de Beslan. Lágrimas rolaram pelo meu rosto quando li sobre isso. Eu nem conheço essas pessoas, e elas são capazes de algo assim por mim.

Amigos, meu coração se enche de gratidão e amor por vocês, mas não quero que ninguém passe por sofrimentos físicos por minha causa. Não abrirei mão do direito de ser autorizado a consultar o médico de que preciso. Perdi a sensibilidade em partes dos braços e das pernas, e quero saber a causa disso e como tratá-la. Entretanto, levando em consideração o progresso obtido e todas as circunstâncias, vou encerrar a greve de fome. De acordo com a avaliação médica, serão necessários os mesmos 24 dias, e, segundo eles, vai ser ainda mais difícil. Portanto, desejem-me sorte!

Mais uma vez: isto se deve inteiramente a vocês, a pessoas boas e generosas do mundo inteiro. Obrigado. Não os decepcionarei.

---

24 DE ABRIL

Continuo perdendo peso. Hoje são 73,4 quilos, e a pressão mais baixa que já tive. O plano para hoje prevê 120 calorias. Quatro xícaras de 30 gramas de um composto nutritivo por dia.

25 DE ABRIL

Agora são 72,55 quilos. Um recorde.

1º DE MAIO

Que zorra monumental tudo isso aqui. Nem dá para saber o que é pior — a bagunça que é o Serviço Penitenciário Federal ou a desastrada incompetência da equipe.

Bem, se adianta alguma coisa, acho que o pior é o caos e a incompetência.

Hoje é o nono dia desde o fim da minha greve de fome. Estou pesando 72,7 quilos. Recomponho-me com pequenas porções de mingau, cinco vezes por dia, além de tomar, por insistência deles, uma bebida alemã chamada Nutricomp. É altamente nutritiva.

Além disso, de acordo com o plano, devo tomar a sopa de legumes mais básica e ingerir 60 gramas de cenoura por dia. Há uma semana minha família tenta diariamente me enviar um pacote com os alimentos necessários. Mas os bundões de botas, claro, impedem a entrada de qualquer alimento ou remédio. "Temos tudo que é necessário, não se preocupem." Desnecessário dizer, nós descobrimos a mentira: os bundões idiotas não têm nada. Sério. Estou há cinco dias esperando uma fatia de maçã. Aqui eles não têm. Eu faço uma solicitação por escrito. "Não temos porra nenhuma." Sopa de legumes? "Não temos legume algum aqui." Trouxeram até um bilhete da cozinha sobre o que eles têm. Vários tipos de cereais, carne bovina, suína, chucrute. E pronto. Estão dizendo que nem têm repolho e cenoura frescos para fazer um arremedo de sopa de legumes.

Ok, tudo bem, seus cretinos idiotas, vou me recuperar com mingau e absorver proteínas e vitaminas desse Nutricomp que estão me empurrando. Na verdade, não é tão ruim. Alto teor de calorias e muita proteína.

E é evidente que o suprimento de Nutricomp aqui é ilimitado. Faz efeito durante 24 horas, e nos primeiros dias eu tomava 90 gramas diários. Praticamente se descartava uma garrafa inteira e se abria outra.

Hoje é o nono dia, e preciso ingerir 530 calorias por dia. Seis colheres de mingau, cinco vezes por dia, no mínimo. Incorporei alegremente esse Nutricomp ao meu regime, em quantidades cada vez maiores. Embora aleguem que são essas pessoas que me ajudam a sair da greve de fome, ninguém aqui sabe coisa alguma. Não se aprofundaram em nada. A ideia que têm de um processo para sair de uma greve de fome rigorosa de 24 dias é: "Toma aqui esse caldo forte de carne de porco." Minha nossa, esse povo aqui dá a impressão de nem ter concluído a faculdade de medicina e recebido o diploma de uma velha camponesa que tratava qualquer doença com caldos fortes.

Acabou que eu mesmo redigi um plano detalhado para sair da greve de fome. Como esses néscios, que também só servem para serem transformados em caldo, são incapazes de lembrar, ou de anotar, ou de passar de um turno a outro, toda noite eu preparo uma maldita tabela com os horários das refeições para o dia seguinte. Quantos mililitros de Nutricomp devo beber às 6h e às 9h. Quantas colheres de mingau (e de que tipo) tomar a cada vez.

Hoje, então, às 8h, trouxeram mingau (restos de ontem), quando devia ser Nutricomp. Eu já estou perdendo a paciência, mas digo educadamente: "Todo dia eu preparo a tabela de horários para vocês. Não há necessidade de inventar nada. Apenas façam o que está escrito."

Até as 10h, não haviam trazido nada. Esqueceram. Eu digo ao policial (tem sempre um sentado à porta da minha cela, 24 horas por dia):

— Diga a eles que esqueceram de novo.

Trinta minutos depois, trazem mais mingau.

— Cadê o Nutricomp?

— Acabou.

— Porra, como pode ter acabado?

— Como é que eu vou saber?

— E quem sabe?

— O médico, mas hoje é feriado. Ele volta daqui a alguns dias.

Não tem como saber de coisa nenhuma. Como essas pessoas são idiotas!

Aqui nesse hospital não tratam de fato dos pacientes. Não estou exagerando. Na minha ala tem dois sujeitos. Pessoas gravemente doentes. Um deles tem HIV e está sofrendo. Como eu, a pressão arterial e a temperatura deles são checadas, e então recebem um comprimido por dia. E é tudo em matéria de medicação. A equipe é incapaz de qualquer outra coisa. Não surpreende que as pessoas que recebem tratamento médico em prisões estejam morrendo como moscas.

Ninguém dá a mínima. Eles tomam a temperatura do paciente de manhã, anotam e passam ao seguinte.

2 DE MAIO

Páscoa. Este ano eu realmente estava na expectativa. Claro, todo ano fico esperando, já que faço a Quaresma, mas este ano meu jejum foi extraespecial (ha-ha) e fui muito cristão (ha-ha). Em suma, estou muito feliz. Desde que acordei, me sinto bem, e o tempo tem estado maravilhoso.

Não estou autorizado a ir à cantina, mas meu companheiro de cela, Roman Chastukhin (há dez anos na prisão, e muitos ainda pela frente), foi. Cada um de nós recebeu um pequeno *kulich* ("bolo de Páscoa") e um ovo cozido. Eu não queria o bolo de Páscoa — afinal, abri mão do açúcar —, mas achei que devia comer pelo simbolismo. Peguei um pedaço e dissolvi na água quente. Tãããoo doce! Não estou mais acostumado a nada açucarado assim. Mas o ovo estava excelente. Separei a clara e a esfarelei no mingau de painço. Esplêndido!

E aconteceu outra coisa hoje, uma história bíblica de Páscoa no Serviço Penitenciário Federal.

Como sabem, quero muito uma maçã. Há uma semana que estou pedindo. Na verdade, nem sequer uma maçã, mas uma fatia. E aconteceu que a esposa de Roman se meteu aqui para visitá-lo. Sim, ela literalmente se meteu. Não consigo imaginar como permitiram que entrasse no dia 1º de maio, quando grande parte da equipe está de folga. Seja como for, ela não só o encontrou aqui no hospital, embora esperasse visitá-lo na área principal da prisão, como até conseguiu lhe entregar um pequeno embrulho. Que continha duas maçãs! Pois bem, esta manhã Roman me deu uma delas. Ele foi testemunha da minha batalha por uma fatia. Eu a deixei na mesinha de cabeceira. Mas os filhos da mãe de botas, gente do mal, viram pelas câmeras de vigilância. Ele foi convocado, recebeu uma descompostura, foi obrigado a levar todos os alimentos para a cozinha e advertido de que só poderia comer lá. Também foi obrigado a levar a minha maçã, pois é proibido dar alimentos a outro detento. E assim fiquei sem minha maçã da Páscoa (idiota que sou, devia ter dado uma mordida no desjejum, mas adiei o prazer para a hora do almoço) e aprendi um pouco mais sobre a organização repulsiva, monstruosa e pervertida que é esse Serviço Penitenciário Federal.

4 DE MAIO

Vou começar um novo caderno.

Fui inesperadamente chamado a me encontrar com meu advogado, embora tenha a impressão de ter ouvido que não seria autorizada nenhuma visita antes de 10-11 de maio. Por um lado, é ótimo que eles estejam aqui. Por outro, os encontros com os advogados tomam pelo menos três horas do dia, se incluirmos a revista antes do encontro e a revista posterior. Nos dias em que não os encontro, tenho tempo de sobra e posso relaxar.

Pode parecer estranho dizer isso, falando de uma prisão, mas aqui nunca se tem tempo para tudo. Ou talvez seja só eu. Sempre estabeleço várias tarefas a serem cumpridas no dia seguinte, e muitas vezes não tenho tempo de cumpri-las até de noite.

Quando estava na minha reunião, eles transferiram Roman. Uma pena que não pudemos nos despedir. Era um bom sujeito: viciado em drogas e com dez anos de experiência de cadeia. Sempre é melhor dividir a cela com alguém que tenha esse conhecimento da prisão, em vez de novatos. Ele me contava um bocado de histórias sobre o mundo das drogas, que eu adorava. Uma pena que esteja sendo transferido. Ter companhia é mais divertido.

Mas tem uma vantagem enorme. Finalmente! A televisão foi desligada. Era insuportável. Ele era viciado em TV. Para mim, televisão é o maior flagelo da prisão. Por melhor companheiro de cela que fosse, ele de fato assistia sem parar à maldita máquina de fazer loucos. Notícias da Ucrânia. Acidentes. Séries dramáticas. Roman assistia até a séries da Ren TV, o que é o fim da picada.

Oh! Trouxeram alguém interessante. Dmitry Turakov, 54 anos. Pregaram uma etiqueta na cama dele. Está escrito: "Artigo 158, parte 3. Roubo qualificado." Até agora ele só disse que é a sua quinta condenação. (Ele veio da Colônia Penal Pakino 7, um campo de regime severo.) E também que sempre é preso pelo mesmo crime: roubar antiguidades em vernissages. Muito interessante. Um ladrão de antiguidades! Ele passa o tempo todo revoltado. Esbraveja por causa de tudo. Eu disse que estou aqui pelo Artigo 159, fraude.

— Que se fodam vocês, moscovitas. São sempre apanhados pelo 228 [compra ou posse de drogas] ou o 159. Nenhum outro motivo.

Ele já me mostrou suas fotos: com a esposa no parque Zaryadye; em Murom; em Kazan.

Nas fotos, parece respeitável. A esposa é bonita e simpática. Quem o encontrasse lá fora jamais imaginaria que ele já cumpriu cinco penas.

———

Ha-ha! Ele pôs os óculos, leu o nome na minha etiqueta e no peito do meu uniforme e cinco segundos depois perguntou: "É você mesmo? Não acredito!"

É sempre um momento divertido.

13 DE MAIO

Comecei a ganhar peso, como um animal na engorda. Só que vai tudo para a barriga. Literalmente. Minhas pernas continuam magricelas, meus braços parecem varetas. A barriga parece crescer a cada dia.

Quanto mais eu como, mais fome sinto. Estou fazendo exercícios diariamente e alterno: dia um, 50 puxadas altas; dia dois, 60 vezes na barra horizontal; dia três, 100 agachamentos. Além do tabata todo dia. E comecei sequências de meio *burpee*. Mesmo assim, não ganho massa nos braços nem nas pernas. Nos dois últimos dias, me acalmei: não ganhei mais peso e na verdade perdi. Mas quando sair daqui pretendo não pesar mais que 79,5 quilos.

Na verdade, vou deixar o plano de lado de manter meu peso em 80. Dois dias atrás eu estava com 79,7 (agora 77,8) e ainda pareço acabado e esquelético. Provavelmente qualquer coisa abaixo de 83 quilos vai parecer uma magreza horrível.

16 DE MAIO

Por um lado, fazer greve de fome e sair dela é uma escola de perseverança, ascetismo e força de vontade. Por outro, contudo, você fica obcecado com comida. Pensa e fala disso o tempo todo. Planeja o que vai comer *depois*.

Até sonha com comida. Estava esperando esse dia chegar e tive sonhos vívidos com café, pão branco e manteiga. Não tomo café há pelo menos 46 dias. Pão e manteiga há... nem sei. Com certeza uns dois meses. Talvez mais.

Felizmente, meu companheiro de cela tinha um pouco de manteiga, e assim pude concretizar meu plano. Ele também tinha café decente, e assim eu calmamente esquentei uma caneca para mim. Eles trouxeram mingau e pão branco para acompanhar. Eu parti uma ponta, passei manteiga, dei uma mordida e bebi o café logo depois. Em geral esses momentos são decepcionantes: nos sonhos e nos planos, tudo é sempre melhor e mais delicioso. Mas não dessa vez. Foi tão bom quanto eu imaginava.

Minha conclusão bem ponderada a respeito da greve de fome é que eu fiz tudo certo. No quadro geral das coisas, foi certo começá-la. Caso contrário, eu teria morrido sem atendimento médico. Eu os obriguei a me tratarem. Também quebrei o padrão do meu encarceramento aqui. Consegui impor minhas prioridades.

Do ponto de vista moral, não foi nem de longe fácil. A pressão das "cabras" foi surpreendentemente agressiva. Do ponto de vista da determinação, da força de vontade e da resistência — que era a minha maior preocupação —, foi tudo perfeito. Eu diria que 146%. Descobri em mim uma reserva de força de vontade e fui capaz de suportar tudo sem dificuldade. Quando me pergunto sem rodeios se eu teria sido capaz de levar a greve de fome até a morte, sei qual é a resposta. Sim, teria.

Do ponto de vista estritamente físico, é difícil. Muito mesmo. Depois de dezoito dias, você mal pode se considerar vivo. Lá pelos dias 22-23, já sente que é uma batalha entre a vida e a morte. Percebe uma mudança de atitude. A todos aqueles que passam fome assim, na dureza mesmo — respeito.

Entretanto, logo deu para ver que na maioria dos casos as greves de fome não são para valer. Nem o jejum com injeções de glicose. Eu as recebi aqui, mas foi no dia 22, para me manter vivo e capaz de me movimentar. Mas, quando as pessoas começam a receber injeções de glicose e vitaminas entre os dias 5 e 10, não é exatamente enganação — afinal, estão se abstendo de comer, o que é difícil —, mas é uma artimanha.

Foi uma experiência valiosa na minha vida, uma forma de luta potente e perigosa. E não deve ser adotada a menos que seja absolutamente necessário e que você esteja certo da própria força e da justiça da sua causa.

25 DE MAIO

Na prisão, há quem encontre o caminho da retificação, mas eu pareço estar deslizando por uma ladeira escorregadia. A cada dia me torno um criminoso mais e mais casca-grossa.

Ontem de manhã fui escoltado por um guarda até uma sala onde havia um samovar! Não estou brincando. E xícaras de chá. Havia também um investigador de Casos Graves do Departamento Central de Investigações da Comissão de Investigações.

Ele me informou que estão sendo investigados três novos casos graves. Foram confiados a 21 investigadores do mais alto nível. E o criminoso no centro de todos esses três casos criminais é ninguém mais, ninguém menos que eu.

De acordo com os investigadores, roubei as doações que vocês fizeram à Fundação Anticorrupção. A acusação se estende por três folhas de papel. Não há provas. Diz apenas "desfalque". Para que provas? Meu nome não consta nelas? É o que basta para mover qualquer ação judicial que quisermos.

Também estão fazendo uma denúncia contra mim nos termos do exótico artigo 239: "Fundação de uma organização sem fins lucrativos em desrespeito a uma pessoa e aos direitos dos cidadãos." Os investigadores me acusam de "incitar cidadãos a se recusarem a cumprir seus deveres cívicos". Esse documento também se alonga por três folhas de papel, e o motivo invocado é que divulguei o filme *O Palácio de Putin* sem autorização. Ha-ha-ha.

Meu terceiro crime, que está sendo investigado pela suprema autoridade investigadora, é ter demonstrado desprezo pela juíza Akimova. Trata-se da triste senhora que conduziu o processo fabricado em que eu era acusado de "insultar um veterano de guerra", e que deixou perplexos todos os advogados da Rússia. Como exatamente ela foi insultada tampouco é especificado. Também aqui o que temos é: "Navalny a insultou, e assim vai enfrentar mais um processo penal."

Assim sendo, nem por um momento imaginem que estou aqui sentado numa cela de prisão apenas tomando chá e olhando para o teto.

Meu todo-poderoso sindicato do crime está se expandindo. Eu cometo mais e mais crimes. Mais e mais investigadores estão preocupados comigo, em vez de cuidar de questões triviais como assassinatos, roubos e sequestros. E nós que achávamos que era por isso que precisávamos de um Departamento Central de Investigações, com todos os seus investigadores de Casos Graves!

Então é isso: eu sou o cérebro e o mestre de marionetes do submundo do crime — Professor Navariarty.

---

9 DE JUNHO

Quando a corrupção é a própria base de um regime, os que a combatem são extremistas.

Esta noite, um tribunal de Moscou declarou que a Fundação Anticorrupção e a minha rede de "diretórios regionais" são organizações extremistas.

Nem me darei ao trabalho de discutir o aspecto jurídico dessa entidade farsesca conhecida na Rússia como "judiciário". Basta dizer que os documentos do caso foram declarados "segredo de Estado". O "julgamento" transcorreu a portas fechadas, e fui impedido de participar, embora tenhamos solicitado. Sequer fui convidado como observador. Para que envolver Navalny? Afinal, está em questão apenas a Fundação Anticorrupção fundada por ele. As acusações dizem respeito aos "diretórios regionais de Navalny", então, o que tem ele a ver com isso e por que haveria de ter voz nesse processo?

Não deixa de ser simbólico que o representante de Putin no julgamento fosse o promotor de Moscou, Denis Popov. Foi ele quem concebeu essa iniciativa e, como representante do Estado, fez a denúncia para que fôssemos oficialmente declarados extremistas.

Ele rouba, leva propina, assalta os cidadãos da Rússia. Investe dinheiro em mansões e hotéis na Espanha e em Montenegro, para onde transferiu a família. E anda por aí em seu uniforme azul, protegendo o direito de Putin e seus mandados de viverem como vivem, roubando do país e do seu povo para levarem uma vida de luxo.

Quem se importa com a maneira como somos chamados? Fundação Anticorrupção ou outra coisa qualquer. Diretórios regionais ou o que seja. Nós não somos um nome nem um pedaço de papel ou um escritório.

Somos um grupo de pessoas que se unem e organizam os cidadãos que são contra a corrupção, que querem justiça nos tribunais e igualdade de todos perante a lei. Existem milhões de pessoas assim. Vocês são essas pessoas. Enquanto estiverem aí, não desistiremos.

Vamos repensar tudo. Ver o que significa o quê. Vamos mudar, evoluir, adaptar-nos. Mas não recuaremos dos nossos objetivos e ideais. Este é o nosso país, e não temos nenhum outro.

Por favor, fiquem conosco. Acompanhem o que estamos fazendo e nos apoiem. Realmente vamos precisar do apoio de vocês.

E, por sinal, registrem-se como eleitores e deem um "voto inteligente" nas eleições para a Duma de Estado no outono. Tenho certeza de que toda essa pressa se deve ao medo que as autoridades têm de votos inteligentes.

24 DE JULHO

Eu odeio vidro.

Há seis meses só vejo vocês através do vidro. No tribunal, através do vidro. Nas visitas, através do vidro. Às vezes eles mostram vocês num relance na televisão, também por trás do vidro.

E, claro, durante as visitas fazemos aquele gesto clássico que todo mundo vê nos filmes (e tomara que continuem sabendo apenas pelos filmes), quando as pessoas pressionam a mão no vidro do lado em que estão e dizem uma coisa legal pelo telefone. É simpático, mas mesmo assim estamos tocando apenas vidro.

E outro fato incrível: agora os filmes de comédia são menos divertidos. Também acontece com vocês? Você ri de alguma coisa cômica e na mesma hora seu olhar encontra o da pessoa amada, rindo ao seu lado? Nessa fração de segundo, ocorre um diálogo:

— Olha só, não é engraçado?!
— É. Muito.

— Adoro te ver rindo.

— Eu sei.

Rir junto deixa um momento divertido 25% mais divertido. Às vezes até 30%.

Yulia, minha fofa, feliz aniversário! Eu te adoro, sinto sua falta. Fique bem e não desanime (embora eu nem precise dizer isso).

Quanto ao vidro, mais cedo ou mais tarde vamos derretê-lo com o calor das nossas mãos. E as comédias serão divertidas de novo. Amo vocês.

---

5 DE AGOSTO

Uma charada. O alto-falante é ligado e no campo inteiro ressoa: "Atenção! Foi dada a ordem de se levantar. Todas as unidades devem desligar a iluminação noturna e começar os preparativos para as atividades desta manhã." Toca-se o hino nacional, e têm início os exercícios. Enquanto isso, duas pessoas acordam, se olham e dizem: "Nem pensar." Voltam a dormir. O que está acontecendo?

Resposta: Yulia veio me ver na visita prolongada.

Foram três dias brilhantes. Apreciem os momentos simples da vida, meus amigos. Eles são muito, muito bons, como só nos damos conta ao perdê-los. Por exemplo, os seus pais provavelmente pedem há meses que vá visitá-los, mas você não tem vontade. Sabe que vão te fazer comer sem parar e começar de novo com aquelas perguntas indiscretas. Além disso, você não tem tempo. Mas vá.

Por exemplo, pedi a todo mundo que viesse me visitar. Eles passaram algumas horas aqui, e revivemos as refeições na *dacha*, mas só Yulia ficou durante três dias. E ontem lá estava eu, completamente feliz, olhando para uma caçarola de *borsch* de azedinha (verdadeiro sacramento na nossa família) e uma frigideira cheia de batatas.

Ou, então, quando um se vira para o outro de repente, de madrugada, e diz essas palavras tão românticas: "Quer comer alguma coisa?" E vão para a cozinha comer e jogar conversa fora. Que coisa fantástica e maravilhosa.

Ou beber café, ver vídeos na tv e discutir feito bobos a última fofoca das celebridades. Pode não parecer uma atividade das mais incríveis, a menos que, nessa mesma hora, você estivesse sendo submetido a aulas obrigatórias de "educação patriótica". Para não falar do fato de que pela primeira vez em muitos meses pode conversar com sua família sem barras nem vidros no meio. Pode abraçar sua mulher, seus filhos, seus pais e seu irmão. Quando podemos fazer isso sempre que queremos, não parece tão especial. Mas faça a seguinte experiência mental: imagine que lhe tiraram isso e imediatamente você vai querer sair abraçando todo mundo.

Eu não pretendia escrever uma postagem idiota e banal exortando todo mundo a telefonar aos pais. Mas olha só... sim, faça isso. E faça uma refeição em família. E se levante para comer alguma coisa com sua esposa ou seu marido de madrugada. E abrace todo mundo sempre que pintar uma oportunidade.

30 DE SETEMBRO

Tem aquele momento em que os advogados chegam, e você pergunta: "Então, como vão as coisas?"

Eles respondem: "Tudo bem. Nada de novo."

Mas aí, depois de uma pausa: "Ah, sim, claro. Abriram mais um processo contra você. Criação de uma comunidade extremista. Pode pegar dez anos."

Fico sabendo que, nos últimos sete anos, tenho "desestabilizado a situação nas regiões e exortado ativamente à prática de atividades terroristas".

Tudo bem, então. Agora já são quatro processos contra mim. Em dois deles, incorro em penas de até dez anos. No terceiro, pode chegar a três anos. E, no quarto, até seis meses de detenção.

Se juntarem tudo isso sem nenhuma outra interferência, estamos falando de 23 anos. Claro que podem inventar mais alguma coisa, mas o máximo permitido, somando-se as sentenças contra alguém, é de trinta anos.

Portanto, não se preocupem, até a primavera de 2051 estarei solto.

11 DE OUTUBRO

Minha faixa vermelha foi trocada por uma verde.

O oficial diz:

— Você está sendo chamado numa reunião da comissão.

A comissão era a maior que eu já vira. Mais parecia uma festa de casamento. Uma mesa em forma de T, cheia de gente. Nos lugares onde deveriam sentar-se a noiva e o noivo, estava o diretor da prisão, abaixo de retratos dos líderes. "Estranho", pensei. Por que esse aparato todo? Participantes demais para uma reprimenda rotineira. Será que vão me condenar a execução por fuzilamento?

O oficial volta a falar:

— O condenado Navalny chegou aqui no dia 11 de março e foi protocolado na vigilância intensiva por risco de fuga. O oficial investigador fulano de tal apresentou um relatório e propõe que Navalny seja retirado desse protocolo.

Uau! Eu não acreditava no que estava ouvindo.

A comissão aprovou por unanimidade.

Minha alegria foi tanta que o diretor precisou pedir que eu me acalmasse e só falasse quando autorizado. E acrescentou:

— Espere. Ainda não acabamos.

Ok...

O oficial prosseguiu:

— O oficial investigador fulano de tal relatou que o condenado Navalny é adepto da ideologia extremista e terrorista. Propõe-se que o prisioneiro seja submetido ao protocolo de vigilância intensiva como extremista e terrorista.

A comissão aprovou por unanimidade.

E assim desprendi das roupas as etiquetas com a faixa vermelha por cima da minha foto e costurei as novas, com a faixa verde. E me misturei nas incontáveis fileiras de muçulmanos (a faixa do "extremismo" foi inventada para eles; 70% dos "extremistas" presos seguem essa religião), nacionalistas e torcedores de futebol.

Na verdade, é uma boa notícia. Os protocolos de "extremista" e "terrorista" são menos pesados que o de "fugitivo". Contei ter repetido 1.669 vezes, diante das câmeras corporais, a frase "Alexei

Anatolievich Navalny, nascido em 1976, ilegalmente detido na Colônia Penal 2, Unidade N° 2". (Durante o dia, eles checam de duas em duas horas se você não fugiu. Estou farto disso.)

Mas o extremismo é um mar de rosas. Ninguém vem te fiscalizar. Eu temia que me obrigassem a beijar retratos de Putin e decorar citações de Medvedev, mas também não preciso fazer nada disso.

A diferença é que agora tem um aviso por cima da minha cama dizendo que eu sou um terrorista.

---

21 DE OUTUBRO

Ontem tivemos a primeira neve do ano, e tomei como um sinal de que deveria começar a escrever de novo. Faz algum tempo que nos preparamos para a neve: casacos acolchoados do modelo padrão, chapéus de pele e botas de inverno foram distribuídos há semanas. Desde então, tais botas chafurdam em poças, e os chapéus de pele molhados de chuva já ganharam uma aparência bem desagradável. Assim, quando fomos retirados da cantina depois do jantar, várias pessoas comentaram "Uau, a neve chegou", tentando pegar o delicado pozinho branco que flutuava, quase invisível.

O que me fez pensar de novo no livro. Penso muito nisso de fato, buscando sinais e motivos adicionais para voltar a escrevê-lo. Também procuro desculpas para adiar por mais uma semana, e depois outra, quando é algo que realmente preciso atacar.

Existem bons motivos para isso.

Em primeiro lugar, porque quero muito escrevê-lo. Eu mesmo tive a ideia e sinto que tenho algo a dizer.

Em segundo lugar, minhas agentes, delicada e gentilmente, com sincera empatia perante a minha situação, cientes das circunstâncias, me lembram dele com frequência cada vez maior.

Minhas agentes, Kathy e Susanna, são de primeira. Sempre quis escrever um bom livro e esperava contar com profissionais como elas, pessoas com quem pudesse me aconselhar e fazer amizade e conversar. E poder dizer a todo mundo: "Bom, a minha agente literária...".

Também lembro (e muito bem) que elas me puseram em contato com editores também de primeira, como eu imaginava que fossem os editores mais encantadores, mas todos eles diziam coisas do tipo:

— Alexei, você declarou que vai voltar para a Rússia. Muito bem, admiramos a sua coragem, mas nesse seu país tudo pode acontecer, e, nesse caso, como ficaria o livro? Como conseguiria escrever?

— Entendo que estão dizendo "coragem" por educação — eu respondia, irônico —, mas o que estão pensando, de verdade, é "estupidez". Na verdade, se eu for preso, será muito bom para vocês, pois terei todo o tempo do mundo para escrever.

E nós ríamos.

Eu estava, na verdade, terrível e catastroficamente equivocado. Numa colônia vermelha como a minha, te ocupam o tempo todo. Não há tempo para ler, muito menos para escrever. Aqui você não é nem de longe aquele prisioneiro circunspecto sentado ao lado de uma pilha de livros; é apenas um palerma de chapéu de pele sempre sendo levado para algum lugar.

Sejam quais forem as circunstâncias, todavia, acordo é acordo, e eu mesmo preciso desse livro.

Outros motivos para escrevê-lo podem parecer dramáticos demais, e, se as coisas acabarem mal, será o momento em que os meus leitores mais emotivos vão derramar uma lágrima. ("Meu Deus do céu, ele viu que ia acontecer; imagine só como deve ter se sentido!") Por outro lado, se tudo se resolver da melhor maneira, pode ser a parte mais patética. Poderia ser ajeitada com algum trabalho de edição ou simplesmente omitida, mas prometi a mim mesmo que será um livro sincero.

Então, se de fato acabarem comigo, o livro será o meu memorial.

E, mais uma vez, se acabarem comigo, minha família receberá o adiantamento e os direitos autorais que, espero, não deixarão de vir. Sejamos sinceros, se uma torpe tentativa de assassinato com arma química, seguida de um fim trágico na prisão, não servir para promover um livro, é difícil imaginar o que serviria. O autor do livro foi assassinado por um presidente execrável; o que mais poderia desejar o departamento de marketing?

Seja como for, não estou avançando nada pelos seguintes motivos:

a) Não tenho tempo. É um problema real, embora eu deva admitir que também é uma desculpa. Não há justificativa para alguém não conseguir escrever meia página por dia.
b) Tudo que escrevo e guardo, ou levo comigo quando encontro meu advogado ou trago de volta do encontro, é cuidadosamente lido e fotografado por meus carcereiros.

c) O que eu escrevo é estupidamente confiscado, e pronto. Em Matrosskaya Tishina, escrevi um capítulo sobre a onda de emoção ao voltar para a Rússia, meu julgamento e meu encarceramento. Precisei montar toda uma operação clandestina para ludibriar os guardas, envolvendo a substituição por cadernos idênticos comprados apenas para isso. Depois, houve audiências de tribunal em que pude entregar objetos a alguém, embora ainda devessem passar pelas mãos dos guardas. Desde março, entretanto, só encontro alguém de fora através do vidro e não tenho qualquer direito de posse. Um segundo capítulo, escrito no hospital da prisão, me foi tirado com a explicação de que "precisava ser averiguado". E não foi devolvido. Durante três meses, fui tapeado com: "Semana que vem. O lugar onde foi guardado não está aberto no momento." Quando por fim me enfureci de verdade e disse que entraria na justiça, eles confessaram sem rodeios: "Não podemos devolver, pois não sabemos onde está." Óbvio que tinha sido confiscado pelo FSB.

Desnecessário dizer, tudo isso me desmotivava. Tempos atrás, eu daria de ombros e pensaria: "Bom, me surrupiaram. Qual o problema? Senta aí e escreve de novo." Mas escrever, para mim — não posso falar pelos outros —, não funciona assim. Você aproveita um momento de inspiração, o ímpeto, a emoção, e o trabalho deslancha. Escreve com rapidez porque as palavras brotam, e vão saindo que é uma beleza. Numa eventual reescrita, o resultado não é o mesmo.

O principal motivo de bloqueio, contudo, é que ainda estou travado, sem saber que tipo de livro vou criar. Comecei pelo envenenamento para ter um início interessante e continuei com minha biografia. Segue-se um amontoado de detalhes e episódios, uma narrativa tradicional e por fim um diário de prisão. Quero muito que o meu livro não seja só mais um diário de prisão. Até acho uma leitura interessante, mas, como gênero, com certeza já deu.

Para não falar do fato de que a identificação no meu peito, com nome, foto e a categórica linha oblíqua que me classifica como "extremista", solapa seriamente uma abordagem do tipo "Bem, leitores, vou contar como me tornei o homem que sou hoje".

Mas aí, com aquela primeira neve, enquanto eu me arrastava no asfalto com as botas de inverno, pensei: "Que droga, vou apenas relatar como são as coisas, como eu bem quiser, na ordem que vier." Afinal, não faltam livros de enredo que partem do fim para o início, ou do meio em diante, ou até ziguezagueando para todo lado sem aparente explicação.

Vamos então encarar a coisa como jornalismo gonzo.* Só que, me arrisco a dizer, estou sendo ainda mais gonzo que Hunter S. Thompson, com seu conversível, suas "75 pílulas de mescalina [...] um saleiro com cocaína até a metade" e sabe-se lá mais o quê (não me lembro exatamente). Mas eu adoro o livro e o filme.

Pois bem, e daí? Eu tenho um chapéu de pele, um casacão pesado, botas, uma prisão, guardas e seus "militantes", pastores alemães ladrando e tudo mais. E, ao passo que Thompson às vezes claramente enfeita as coisas, tudo que escrevo será 100% autêntico e real.

E acabei de receber o Prêmio Sakharov, o mais importante no campo dos direitos humanos. (Chamou a minha atenção que em muitas fotos Sakharov tenha usado o mesmo tipo de chapéu que eu agora. Deve ser mais um sinal.)

E, se dei um jeito de encarar a neve em outubro como um sinal (quando é óbvio que neve em outubro só prova que estamos na Rússia, meu bem, aqui faz frio), então a data de hoje em si mesma é inquestionavelmente um sinal.

Lembro com toda clareza a data em que comecei meu diário de prisão em Matrosskaya Tishina, apenas algumas modestas anotações para mim mesmo: 21/01/21. Comecei nesse dia porque seria uma pena desperdiçar uma data tão boa.

Hoje é dia 21/10/21. Bem simbólico, não?

Quero deixar claro que não sou obcecado por sinais e símbolos, nem supersticioso. Ok, não gosto de passar nada a alguém por uma porta, não gosto que Yulia e eu sigamos por lados diferentes de um poste quando caminhamos. Realmente faço o sinal da cruz quando passo por uma igreja, o que, para os "verdadeiros cristãos", é uma evidente superstição. Na

---

* Denominação criada pelo jornalista norte-americano Hunter Stockton Thompson (1937–2005), em *Medo e delírio em Las Vegas*, para designar seu estilo, livre dos parâmetros convencionais de objetividade, misturando autor e sujeito, ficção e não ficção (N. do T.).

realidade, faço mais para fortalecer em mim a convicção cristã, pois todo mundo acha graça quando faço isso. Cheguei à conclusão de que é minha versão simplificada de sofrer pela fé, um momento de padecer por ser um fiel. Felizmente, não tem a ver com ser desmembrado, morto a pedradas ou nas garras dos leões.

Racionalizo essa recente propensão a detectar sinais aqui e ali como decorrência de muitos meses sozinho num ambiente hostil. Ninguém pode ficar de papo comigo, exceto os encarregados de bisbilhotar meu moral e meus planos. Não tenho a quem recorrer para me aconselhar, ou mesmo para uma simples conversa. Em todo esse tempo, houve apenas uma ocasião: quando Yulia veio para aquela visita prolongada, e pudemos andar pelo corredor e sussurrar no ouvido um do outro, sem a escuta dos microfones das câmeras instaladas a intervalos de 3 metros. É assim, então, que a mente busca justificar suas decisões e tenta checá-las, querendo encontrar coincidências ou algo fora do comum para considerar como um sinal. De todo modo, é muito animador receber um sinal, o que também é, evidentemente, uma reação psicológica natural ao estresse de viver em um ambiente hostil.

Já que estou escrevendo tanto sobre isso, quero mencionar os dois sinais que tiveram maior impacto em mim.

O primeiro: estou aqui estudando o Sermão da Montanha, pois, durante mais de um mês, acreditem ou não, não me autorizaram nenhum outro livro além da Bíblia. O Sermão da Montanha é uma delícia, e decidi que, se estaria numa fila olhando para uma parede ou uma cerca, bem que poderia usar esse tempo para decorá-lo. Quando estivesse parado lá, poderia repetir as palavras para mim mesmo. São apenas 111 versículos, mas a linguagem é arcaica e dá muito trabalho memorizar com precisão, respeitando a ordem de todos aqueles "porquês" e "não farás" isso e mais aquilo. Para complicar as coisas, decidi que levaria o tempo necessário para memorizar aos poucos em russo, inglês, francês e latim. Depois de uma complexa operação secreta que se estendeu por dois meses, consegui obter (no jargão da prisão, "atravessar") 111 cartões preparados a meu pedido pela minha secretária de imprensa, Kira. Cada um deles tem, de um lado, o número de um versículo, e do outro o respectivo texto em quatro línguas. Por exemplo, "7:20" e "É pelos seus frutos, portanto, que os reconhecereis", e assim por diante.

Hoje, por exemplo, tenho no bolso os cinco últimos cartões, e a qualquer momento serei capaz, dado um número de versículo, de recitar prontamente o texto em russo e inglês. É um trabalho lento, e os cartões já foram confiscados e "vistoriados" ao longo de mais de um mês, em busca de provas de conteúdo extremista. Durante essa interrupção, esqueci tudo e tive que retomar do início.

Então lá estávamos nós. Era o mês de abril, nos primeiros dias da minha greve de fome. Eu não estava em boa forma física, e havia ordens para que me assediassem até que eu abandonasse a greve. Os detentos da minha unidade foram proibidos de falar comigo, e a única conversa possível era com os "militantes" de plantão. A conversa consistia em insultos e ameaças aos gritos, e nas minhas respostas no mesmo tom. Foi quando os muitos discursos que fiz nos comícios políticos me serviram de ajuda, permitindo que eu berrasse sem dificuldade, durante quarenta minutos, sem parar.

A leitura da Bíblia era o único passatempo disponível e a memorização do Sermão da Montanha, meu único entretenimento. A coisa estava bem feia. Os integrantes da nossa unidade que quisessem ir à igreja eram convidados a levantar a mão. Foi o que fiz. Os "militantes" que estão sempre nos meus calcanhares, literalmente ao alcance da mão (escreverei mais adiante sobre isso; é uma maneira eficaz de exercer pressão psicológica), levantaram as mãos também, de repente tomados pela necessidade urgente de ir à igreja. Nela, a gente sempre está perto dos outros de qualquer maneira, de modo que não estou nem aí.

Dois presos rezavam a missa e também cuidavam da limpeza do local e serviam, na verdade, como aprendizes. O mais velho era muito cheio de si a ponto de ser arrogante, o que não é incomum em serviçais de igreja. O segundo era jovem e simpático, mas parecia ter escrito na testa que havia assassinado alguém e queria se absolver desse pecado. Fiz algumas perguntas aos dois, por educação, e eles responderam muito secamente. Com toda evidência também estavam informados da proibição de falar comigo. Bem, é a vida.

Teve início o serviço religioso, com a congregação carcerária de pé, calçando apenas meias, e os detentos-padres de chinelo e sobrepelizes. Ao lado deles, um policial com câmera corporal registrando tudo. Não consegui entrar na sintonia da missa, muito menos em oração íntima, distraído com pensamentos sombrios sobre como resolver tudo e o caráter cômico da situação: os presos só de meias, a câmera corporal e, rematando tudo, minhas sombras ambulantes, que a cada "Senhor, tende piedade de nós" (que foram muitos) faziam o sinal da cruz e uma reverência tão compungida que parecia que a chamada da manhã seguinte seria substituída pelo Juízo Final.

Até que em dado momento o preso-padre mais velho disse:

— Irmãos, passemos à leitura da Sagrada Escritura.

O mais moço pegou o volume à sua frente, com uma infinidade de marcadores, abriu num deles e começou a entoar, com a monotonia habitual nas igrejas:

— Capítulo 5. "Vendo ele as multidões, subiu à montanha. Ao sentar-se, aproximaram-se dele os seus discípulos."

Jesus de misericórdia! Eu quase desmaiei, e só com enorme dificuldade consegui impedir que as lágrimas se transformassem em torrente. Saí da igreja atordoado e flutuando. E perdera a fome.

Para ser sincero, não foi tão milagroso assim. Afinal, estavam lendo o Sermão da Montanha na igreja — nada de novo. E mesmo assim foi fantástico!!! No lugar certo, na hora certa. Tudo bem, talvez o meu cérebro estivesse na busca febril de algo que me animasse, imaginando um sinal. Mas funcionou!

O segundo sinal milagroso também estava ligado à religião, e sinto que aqui preciso reforçar a garantia de que não sou supersticioso com a garantia de que tampouco resvalei para nenhuma mania religiosa.

Eu já estava no 18º ou 19º dia da greve de fome. Vinha andando, ou talvez fosse o caso de dizer me arrastando, pelo corredor, uma longa estirada reta — um dormitório para quarenta internos — com fileiras de camas de metal. Não estava com a menor vontade de dar uma caminhada, mas um médico que conheço, um dos nossos simpatizantes, que tinha entrado em contato comigo pelo Instagram oferecendo-se para me ensinar a prática do *wakeboard*, por uma feliz coincidência tinha uma clínica de jejum terapêutico. Escreveu dizendo que eu devia me forçar a me movimentar. Por isso, de manhã e à noite eu fazia algo parecido com exercícios de condicionamento físico, sem prestar atenção aos "militantes", que exercitavam apenas seu especial senso de humor. Ainda gritávamos e nos xingávamos como parte da rotina diária, mas eu não era mais robusto como antes e estava tentando preservar minha energia.

Eu estava passando pelas camas, com os bancos de metal ao lado. Devem ser os móveis mais desconfortáveis do mundo, mas não temos escolha. Para ler, ou sentar, só recorrendo a um banco. É rigorosamente proibido sentar na cama.

Sentado no seu banco está Valeriy Nikitin, o preso que mais me intriga. Ou intrigava. Não posso mais focar a atenção nele como antes, com tudo que vem acontecendo. Mas ele é enigmático. Tem 54 anos. Aqui todo mundo sabe a idade exata dos outros, pois em cada cama há uma plaqueta com o artigo do código penal em que se baseou a sentença, a sua duração e o ano de nascimento. Se o sujeito estiver sob vigilância preventiva, como eu, a plaqueta terá uma faixa colorida atravessada na diagonal.

Nikitin sofre de mania religiosa. Passa dias inteiros rezando e é muito obediente. Isso não significa dizer que ele faria sem reclamar qualquer coisa que lhe ordenassem: como já disse, estamos numa colônia penal vermelha, mas mesmo aqui há limites para o que se pode exigir ou não de um detento. Mas Nikitin não só não fica indignado — ninguém aqui fica — como tolera com perfeita calma e serenidade qualquer instrução, por mais estúpida ou absurda. Você está sendo obrigado a ver o mesmo filme pela quinta vez, embora seja o único momento do dia em que é autorizado a ir à "sala de consumo de alimentos" para desfrutar de uma xícara de chá? Outra pessoa poderia suspirar ou resmungar com seus botões ou ter uma expressão no rosto que diz: "Mas que droga." No rosto de Nikitin não haverá nada estampado. Ele faz o que mandam fazer. Assiste ao que dizem para assistir. Vai sair da cela e entrar na fila em posição de sentido, na sarjeta, quantas vezes a administração quiser. Aqui na prisão de Pokrov, onde me encontro, não há nada de extraordinário nisso, exceto por um detalhe.

Nikitin tem estrelas tatuadas nos joelhos. Na linguagem da prisão, isso significa que ele "não se dobrou". No breve período antes de serem todos proibidos de falar comigo, troquei algumas palavras com ele. Fiquei sabendo que inicialmente fora sentenciado apenas à detenção numa prisão de segurança mínima (por um acidente de carro grave), a forma mais branda de encarceramento. Você tem que passar a noite num dormitório, mas durante o dia pode sair para trabalhar, ter dinheiro e assim por diante.

Nikitin, contudo, foi "reclassificado" e transferido para cá. Para acontecer uma coisa assim, o sujeito teria que ser considerado infrator renitente das normas da prisão e mandado várias vezes para a cela de isolamento.

— Você deve ter dado mesmo nos nervos de alguém — observei.

Nikitin explicou, relutante:

— Os policiais queriam que eu trabalhasse para eles, e eu não estava nada a fim.

Em outras palavras, aquele era um indivíduo "em negação", como se diz, e ele estava na prisão, sem falar com ninguém e rezando. Fiquei muito curioso, mas uma das principais regras aqui é não meter o nariz na vida de ninguém.

Quando veio a proibição de falar comigo, Nikitin acatou, obediente como sempre. É algo que todos eles aceitam, sem agressividade. Se pedem para se afastar, ele se afasta. Na cozinha, se pedirem que deixe um pouco de água quente para mim, ele faz que sim com a cabeça. Se não tiver alternativa senão responder sim ou não, é o que fará. Mas de modo geral as pessoas fingem não notar que estou aqui.

Percebi que, além do mais, Nikitin me encarava com certo grau de compreensível irritação. Minha presença representara para a unidade o triplo de vigilância, câmeras extras e reforço das normas até a última letrinha. Dificilmente se poderia esperar gratidão por isso.

E aqui estou eu, passando por Nikitin vezes e mais vezes. Ele sentado ali, de pernas cruzadas, olhando em frente. A cada percurso, passo por ele duas vezes. Em caso de eventual contato visual, ele imediatamente desvia o olhar com uma expressão de contrariedade, que para mim significa: "Queria nunca ter posto os olhos em você, Navalny. Por que somos obrigados a te aguentar?"

Só que, de repente, quando mais uma vez eu me arrastava por perto, ele me olhou e percebi que queria me dizer alguma coisa.

— Alexei, tome, pegue isso e guarde com você.

Ele estendia um pequeno retângulo de papel laminado. Era um ícone em miniatura, desses que os motoristas de táxi costumam prender no painel com um ímã. Eu peguei e olhei com atenção. De um dos lados se lia "Oração ao Arcanjo", em caracteres quase eslavônicos, como sempre nesses casos. É a mesma coisa em toda religião: parece haver um consenso de que anjos e arcanjos refulgem mais prontamente com escrita gótica, caracteres russos pré-revolucionários ou a expressão "havereis de". Se ainda por cima a ordem das palavras na frase der a entender que ela pode ter sido escrita pelo mestre Yoda, então Deus ficará satisfeito e mais interessado em derramar bênçãos infinitas.

Do outro lado havia uma figura com asas e um halo. Evidentemente, o arcanjo.

— Obrigado — respondi, surpreso.

— Ponha no bolso e o leve consigo aonde quer que vá — disse Nikitin, afastando-se em seguida com a habitual expressão de indiferença e leve irritação.

Entendendo que ele não diria mais nada e que não queria ser visto falando comigo, balbuciei de novo:

— Muito obrigado, Valera.* — E fui em frente, arrastando-me. Muito embora agora talvez caminhasse com mais firmeza.

É muito difícil descrever meus sentimentos naquele momento, mas o cartãozinho (que sempre está no meu bolso do peito, inclusive neste momento) aqueceu meu coração. Deu vontade de ir até a câmera, botar o ícone bem na frente da lente e gritar: "Estão vendo só, seus filhos da mãe? Não estou sozinho!" Mas não seria muito cristão e teria decepcionado o arcanjo no meu bolso, além de causar problemas a Nikitin.

Esse gesto dele, apesar de simples, impressionou-me por parecer ter ocorrido no lugar exato e na hora certa, o que também dava a impressão de ser um indiscutível sinal.

Claro que tudo continuaria do mesmo jeito se não houvesse o incrível Nikitin ou o arcanjo algum no meu bolso. Mas os dois fizeram com que eu me sentisse moral e fisicamente melhor. Nos dois dias seguintes, ante a gritaria histérica dos "militantes", eu não tinha vontade de berrar de volta, devolvendo apenas aquele sorrisinho esperto de quem sabe das coisas. A principal missão deles é fazer você sentir que está sozinho e que a sociedade não o aceita, que as massas estão contra você. É o que dizem aqui na prisão: "as massas". Se todo mundo está contra você, você deve estar errado, e com certeza corre perigo. A qualquer momento podem fazer o que quiserem com você, com aprovação tácita das "massas".

Mas agora sei um segredo: a desaprovação das massas é fabricada e não passa de mais uma mentira, como os programas de televisão, os resultados eleitorais e tudo mais na Rússia de Putin. A prova disso está batendo as asinhas no bolso do meu peito. Ou melhor, as poderosas asas.

---

* Diminutivo de Valeriy.

Desde aquele momento, Nikitin não alterou em nada sua atitude em relação a mim. Não trocamos olhares conspiratórios, piscadelas, nada. Mesmo assim, antes de ser libertado (o que aconteceu há umas duas semanas, e por isso estou escrevendo isso, sabendo que tudo que escrevo é registrado por uma câmera oculta de alta definição embutida no teto), ele participou de outro maravilhoso episódio.

Qualquer um que esteja para sair é coberto de perguntas sobre o mundo lá fora e de piadas que não acabam mais. O número de piadas é inversamente proporcional ao número de dias restantes na prisão, e assim a tradicional pergunta diária na cozinha era:

— E então, Valera, quantos dias ainda faltam?

Valera abre um largo sorriso, ao qual não consegue resistir. (Acho que foi a única vez que o vi sorrindo.)

— Sessenta e quatro horas.

Todo mundo acha graça, dizendo que a partir do dia seguinte ele vai fazer a contagem regressiva em minutos, e depois em segundos. Mas aí alguém diz:

— Não. Você deve ter se enganado. Vai sair na quinta-feira, ainda faltam quatro dias. Não podem ser menos que noventa horas.

Nikitin fica sinceramente surpreso com nossa falta de compreensão e, dirigindo-se a nós no tom de um professor de jardim da infância que está falando com criancinhas, explica:

— Ora, claro que não conto as horas da noite. Durante o sono, você não está na prisão.

Uau! Que ideia brilhante! Não sei se é original, mas é das boas. Imediatamente pensei: "Sim, ele tem razão." Meu pensamento dominante toda noite (e sei que o mesmo acontece com os outros) quando me preparo para ir para a cama é: "Estou tão farto desse absurdo todo que mal posso esperar para cair no sono." Em alguns instantes, você vai fechar os olhos e, até abri-los de novo, terá deixado tudo para trás.

Fiquei tão impressionado com essa ideia que desde então muitas vezes penso com meus botões, na hora de dormir: "Muito bem, Alexei, agora teremos algumas horas de liberdade."

No dia em que Nikitin sairia da prisão, quis me despedir direito. Sei lá por que, mas tinha a sensação de que devia ser como num filme. Não haveria mais nada a temer, ele deixaria cair a máscara, nos abraçaríamos, e ele diria algumas palavras de despedida, simples, mas profundas. Eu piscaria para ele e puxaria o cartão do arcanjo do bolso, mostrando apenas a beirada, e ele me entenderia. Mas fui convocado a algum lugar, e, ao voltar, o "caracol", o colchão que se enrola para poder carregar, não estava mais na cama de Nikitin. Não pudemos nos despedir.

Por isso lamento que meu livro, originalmente uma autobiografia com um mistério intrigante envolvendo a investigação de uma tentativa de assassinato com armas químicas, tenha se transformado num diário de prisão. É um gênero tão saturado de clichês que é impossível não usá-los. Se eu ganhasse um dólar por cada "Não pudemos nos despedir" encontrado nesse tipo de literatura, hoje seria tão rico quanto Elon Musk.

―――

Na minha unidade tem um uzbeque chamado Ilyar, um nome que não se presta ao tipo de distorção cômica tradicional nas prisões. Mas, não sei por que, sou a única pessoa que o chama assim. Os outros o chamam de Edgar (gostaria de imaginar que seja em homenagem a Edgar Allan Poe, mas é evidente que sou o único aqui que sabe da existência dessa pessoa) ou (vai entender) Balthazar.

— O quê? — Foi a minha reação ao ouvir pela primeira vez.

Como Ilyar se transforma em Balthazar é algo além do meu entendimento. E agora não consigo deixar de rir toda vez que ouço o apelido, por motivos pessoais, entendendo a ironia da situação.

Yulia e eu não somos boêmios dos mais convictos, mas de certa forma adquirimos um hábito boêmio decadente. Temos um restaurante favorito em Nova York, o Balthazar. Não surpreende que não sejamos os únicos a adorá-lo, e em geral é difícil conseguir mesa. Assim, quando passamos um fim de semana em Nova York, sempre pedimos que a recepção do hotel faça uma reserva. Gostamos de fazer o *brunch* no Balthazar no sábado ou no domingo e consideramos que é a nossa farra decadente (apesar de bem moderada), pois em geral só comemos ostras e tomamos blood mary.

O pobre uzbeque, além do mais, foi declarado membro da casta dos intocáveis na prisão e obrigado a se submeter às tarefas mais nojentas. E assim "Ei, Balthazar!" em geral era seguido de algo como: "Leve esses trapos e panos de chão" ou "Por que você deixou essa porra de bagunça depois de limpar a pia?", o que torna a comparação entre os dois Balthazares tão vívida e irônica que é impossível não rir.

E também me vejo pensando numa situação que não deixará de se apresentar se um dia eu puder voltar ao Balthazar de Nova York. Mandando para dentro ostras e blood mary, será impossível não pensar no infeliz uzbeque.

Na verdade, agora é improvável, mesmo se voltarmos lá, que Yulia e eu nos entreguemos ao nosso *brunch* decadente. Agora é mais provável que eu seja reconhecido, e ela também, e Nova York está cheia de russos. Não seria nada bom ouvir alguém dizer numa mesa próxima:

— Olha lá os Navalny naquela mesa. Ele é um político que ganhou um prêmio de liberdade de pensamento do Parlamento Europeu. Seriam um casal adorável, se não estivessem bebendo vodca em plena manhã.

18 DE NOVEMBRO

Na prisão você está sempre esperando.

Qualquer um que tenha sido preso pode dizer que a pena se divide em grandes e pequenos períodos de espera. Nesse interminável dia da marmota, há certos acontecimentos regulares (os agradáveis são os melhores), e assim a gente vive na expectativa do próximo.

Não surpreende, portanto, que o período global de cumprimento da pena também seja visto sob essa ótica. A maioria dos detentos é capaz de responder sem hesitação quantos dias exatos "ainda faltam". As perspectivas quanto ao fim da minha pena são, para dizer o mínimo, incertas, de modo que não faz sentido contar os dias.

A passagem do tempo é percebida em intervalos. O mais breve deles vai de ovo a ovo. Nas segundas e sextas-feiras, você ganha um ovo cozido no café da manhã. Não é apenas um acontecimento culinário importante (e prazeroso), mas também um evento marcado no calendário.

Se você comeu ovo no café da manhã, os dias úteis da semana estão chegando ao fim. Aí você ganha um ovo de novo, e a semana recomeça.

Os períodos mais longos têm a ver com a loja da prisão. Você é levado até lá uma vez a cada quinze dias. Nesse caso, não é mais apenas uma questão de espera; você traça planos e tenta prever se vai conseguir comprar leite ou se ficará a ver navios porque acabou tudo antes de chegar. Pode até entrar em fantasias meio delirantes e imaginar que ainda reste algum queijo ou repolho. Mas precisa maneirar, pois a decepção pode ser cruel.

Os embrulhos envolvem um período longo e determinado com precisão. Seis vezes por ano. Um a cada dois meses. Todo mundo sabe a data em que a portinhola dos embrulhos é aberta. Se você recebeu um, digamos, no dia 15 de setembro, significa que em 15 de novembro poderá receber mais 20 quilos de comida e bens essenciais da família.

O mais importante de tudo é a visita longa, quatro vezes por ano para os presos em regime padrão. A família pode vir visitá-lo uma vez a cada três meses, e não será por trás de um vidro nem pelo telefone, e sim — oh, felicidade! — em carne e osso.

Três dias antes da visita, lá estou eu, sentado na cozinha do meu grupo de celas (também conhecida como "sala de consumo de alimentos"), com uma caneca de chá, olhando para o banco vazio ao lado e imaginando Yulia nele. Conversava mentalmente com ela. Tipo, vou lhe dizer isso, e ela vai me dizer aquilo outro, e vou fazer piada, e ela vai rir.

É a maneira mais fácil e agradável de enlouquecer. Quanto mais se aproxima a data da visita, mais agitado você fica. Anota num pedaço de papel uma lista dos assuntos a serem tratados e das perguntas que vai fazer — para não esquecer nada importante.

No dia da visita, o tempo para e começa a se arrastar com lentidão intolerável. Os deuses estão te provocando e se divertindo. E aí — oba, finalmente —, "Condenado Navalny, se prepare para uma visita".

No momento, escrevo sentado numa cozinha de verdade (com um prato quente!) no espaço de visitas. Yulia ainda está dormindo no nosso quarto, e vim tomar café e fritar ovos e peito bovino para nós. Não é o máximo? É. Mas, dentro de cinco horas, ouvirei de novo "Condenado Navalny, junte os seus pertences" e começarei mais uma contagem regressiva.

2022

17 DE JANEIRO

Há exatamente um ano atrás, no dia de hoje, voltei para a Rússia.

Não consegui dar um único passo no solo do meu país como homem livre: fui preso antes mesmo do controle na alfândega.

O herói de um dos meus livros favoritos, *Ressurreição*, de Leo Tolstói, diz: "Sim, o único lugar adequado para um homem honesto na Rússia, hoje em dia, é a prisão."

Parece perfeito, mas na época era errado e é ainda mais errado hoje.

Existem muitas pessoas honestas na Rússia — dezenas de milhões. Muito mais do que se pensa em geral.

Mas as autoridades, que eram repugnantes na época e o são ainda mais hoje, têm medo não de gente honesta, mas dos que não têm medo delas. Ou, para ser mais exato: dos que até têm medo, mas o superam.

Esses também são muitos. Podem ser encontrados o tempo todo nos mais diferentes lugares, desde comícios até os meios de comunicação, gente que se mantém independente. Na verdade, até aqui, no Instagram. Li recentemente que o Ministério do Interior estava demitindo funcionários que "curtiram" minhas postagens. Significa que na Rússia de 2022, é preciso ter coragem até para uma "curtida".

Em todas as épocas, a essência da política é que um czar de meia tigela que quer arrogar para si um poder pessoal e irrestrito precisa intimidar pessoas honestas que não têm medo dele. E elas, por sua vez, precisam convencer todo mundo de que não se deve ter medo, de que existem, em uma escala muito maior, pessoas mais honestas que os seguranças do czarzinho malvado. Por que passar a vida inteira com medo, ainda por cima sendo roubado, se as coisas podem tomar um rumo diferente e mais justo?

O pêndulo oscila sem cessar. Ou o cabo de guerra. Hoje você é corajoso. Amanhã, parece que eles conseguiram te assustar um pouco. E depois de amanhã te assustaram tanto que você se desespera e ganha coragem de novo.

Não tenho a menor ideia de quando a minha jornada espacial vai acabar, se é que vai um dia, mas na sexta-feira fui informado de que mais um processo foi aberto contra mim e será levado aos tribunais. E tem mais outro em preparação, no qual sou apresentado como extremista e terrorista. Sou, portanto, um desses cosmonautas que não contam os dias que faltam para chegar ao fim. O que haveria para contar? Tem gente que é mantida na prisão por até 27 anos.

Mas estou entre esses cosmonautas justamente porque dei o máximo, puxando minha ponta da corda. E trouxe para este lado as pessoas honestas que não queriam ou não podiam mais suportar o medo.

Foi o que fiz. Não me arrependo nem por um segundo. E vou continuar.

Tendo passado meu primeiro ano na prisão, quero dizer a todo mundo exatamente a mesma coisa que gritei para aqueles que se juntaram na frente do tribunal quando os guardas me conduziam ao caminhão da polícia. Não tenham medo de nada. Estamos no nosso país, e só temos ele.

A única coisa que devemos temer é deixar nossa pátria ser saqueada por um bando de mentirosos, ladrões e hipócritas; entregar sem luta, voluntariamente, nosso próprio futuro e o dos nossos filhos.

Um enorme agradecimento a todos vocês pelo apoio que me dão. Eu o sinto daqui.

Gostaria apenas de acrescentar: este ano passou incrivelmente rápido. Parece que ontem ainda eu estava entrando no avião para Moscou, e agora já completei um ano na prisão. É verdade o que dizem nos livros de ciência: o tempo passa em velocidades diferentes na Terra e no espaço.

Amo todos vocês. Abraços em todo mundo.

9 DE FEVEREIRO

Uma palavra verdadeira tem um tremendo poder. E aqui vai um perfeito exemplo para vocês.

Agora sou apenas mais um detento. Não tenho poder algum. Não tenho um partido. Estou proibido de concorrer a cargos públicos. E acharam necessário aplicar o qualificativo "extremista" ao meu sobrenome.

Com toda probabilidade, o Kremlin acredita que dessa maneira me derrotou, e a todos nós. Estão se congratulando.

Mas vejam só como eles pretendem me julgar pela mais recente acusação inventada: aqui mesmo, nessa prisão, o que é absolutamente inédito. Me transformei num colecionador de "julgamentos mais incríveis de Putin".

O tribunal é de Moscou, do distrito de Lefortovo.

Todo mundo — o juiz, o escrivão, os promotores, os advogados, os investigadores, as testemunhas — está em Moscou. E todos terão de vir a mim, nessa prisão.

A causa de tudo isso é simples: a palavra da verdade. O bando de ladrões e mentirosos chefiado por Putin foge dela como os vampiros fogem da luz do sol. Eles sabem que a única coisa que tenho é a verdade e que não tenho medo de usá-la, mesmo que joguem em cima de mim mais uma dúzia de sentenças.

Por isso querem me julgar onde tenho que me despir duas vezes antes mesmo de falar com meus advogados *pelo vidro*. Ou seja, exatamente aqui nessa colônia penal.

Como quem diz: "Fale o quanto quiser. Ninguém vai ouvir, além do cachorro da polícia."

Vale a pena examinar por um momento a ordem judicial de convocação da sessão. Não há nem sombra de uma explicação para o fato de o julgamento ter sido marcado aqui, mas se afirma duas vezes que será uma *sessão aberta do tribunal*. É um exemplo icônico do que só pode ser designado como a hipocrisia típica de Putin. Como quem diz: "Qual o problema? Estamos julgando Navalny num tribunal aberto. Será dentro de uma prisão, mas isso é apenas um detalhe. E garantimos que qualquer um que consiga entrar no tribunal, por teletransporte, digamos, ou caindo de paraquedas (se não for abatido a tiros), poderá assistir."

Uma coisa eu não nego: o que está acontecendo me deixa furioso. Como pode alguém cuspir na lei tão aberta e descaradamente? Mas, por outro lado, para ser sincero, sinto uma grande satisfação, vendo o medo que o velho colecionador de propinas sente, em seu palácio-bunker, do que digo nesses julgamentos. Não é nada extraordinário e, no entanto, dá violentamente nos nervos deles, no Kremlin. E ele berra para os interlocutores: "Não quero que uma única alma ouça uma palavra disso!"

Não creio que as coisas venham a funcionar do jeito que eles querem. A única estratégia deles consiste em impedir todo mundo de me ouvir. Mas há vocês. Nem toda a Rússia, de forma alguma, se sente intimidada e se encolhe debaixo de um tronco podre, tremendo, disposta a se conformar com a pobreza e a degradação. Existem muitas pessoas honestas, munidas, como eu, da palavra da verdade. São milhões.

Nos apoiem. Que cada dia desse "julgamento aberto" fechado em uma prisão seja um dia em que vocês vão compartilhar o que está deixando aquele velho louco, e que ele insiste em banir. Desde informações sobre o julgamento em si até as investigações da Fundação Anticorrupção (e o que mais for). Façam com que, nesses poucos dias, muitas outras pessoas fiquem sabendo dos palácios e iates dessa gente de recursos modestos. Das amantes e segundas famílias desses cristãos ortodoxos conservadores. Dos imóveis no exterior dos patriotas do Rússia Unida.

Eles não poderão calar e intimidar todo mundo. Na Rússia, além de mim, existem muitos que continuarão a dizer a verdade.

---

22 DE FEVEREIRO

Ontem eu vi, na transmissão de uma reunião do Conselho de Segurança da Rússia, um plantel de velhos caducos e ladrões (creio que a nossa Fundação Anticorrupção investigou todos eles), e me lembrei de um bando equivalente de velhos caducos em posições de comando no Politburo do Comitê Central do Partido Comunista, que, nesse mesmo estilo, de veneta, achando que eram jogadores geopolíticos no "grande tabuleiro de xadrez", decidiram mandar tropas soviéticas para o Afeganistão.

O resultado foram centenas de milhares de baixas, nações traumatizadas, com consequências que nem nós nem o Afeganistão podemos deixar para trás, além do surgimento de um dos principais motivos do colapso da União Soviética.

Os idiotas senis do Politburo se escondiam por trás da folha de parreira de uma ideologia fraudulenta. Os idiotas senis de Putin não têm ideologia, apenas incessantes e descaradas mentiras. Nem se dão ao trabalho de bolar um *casus belli* remotamente plausível.

Esses dois grupos precisavam de uma coisa só: desviar a atenção do povo russo dos verdadeiros problemas do país — ausência de desenvolvimento econômico, inflação, ilegalidade desenfreada — e direcioná-la para uma histeria imperial.

Vocês têm assistido ao noticiário dos canais estatais? É só o que posso ver aqui e garanto que nele *não* é encontrada *nenhuma notícia* sobre a Rússia. Todas as notícias falam da Ucrânia, dos Estados Unidos, da Europa.

A propaganda despudorada já não basta para os velhos caducos e os ladrões. Eles têm sede de sangue. Querem movimentar diferentes modelos de tanques no mapa de um teatro de operações militares.

E então o chefe do Politburo do século XXI fez um discurso absolutamente desvairado. A descrição mais exata apareceu no X: "Foi exatamente como se o meu avô ficasse bêbado numa reunião de família e deixasse todo mundo constrangido com sua versão sobre como funciona a política global."

Seria engraçado, se pelo menos o vovô bêbado não fosse o sujeito de 69 anos que se agarra ao poder num país repleto de armas nucleares.

Substituam "Ucrânia" no discurso dele por "Cazaquistão", "Bielorrússia", "repúblicas do Báltico", "Azerbaijão", "Uzbequistão", incluindo até a "Finlândia". Imaginem aonde o pensamento geopolítico do vovô senil vai conduzi-lo em seguida. A decisão de 1979 terminou muito mal para todos os envolvidos. E esta decisão não vai terminar melhor. O Afeganistão foi arruinado, mas a União Soviética também sofreu um golpe mortal.

Por causa de Putin, centenas, no momento, e no futuro dezenas de milhares de cidadãos ucranianos e russos vão morrer. Sim, ele vai impedir o desenvolvimento da Ucrânia, vai arrastar o país para a lama, mas a Rússia também vai pagar um preço alto.

Nós temos tudo para um desenvolvimento maciço no século XXI, mas vamos desperdiçar outra vez a oportunidade histórica de uma vida rica e saudável como nação em troca de guerra, imoralidade, mentiras e um palácio com águias douradas em Gelendzhik.

Putin e seus ladrões senis do Conselho de Segurança e do Rússia Unida são os inimigos do país e a principal ameaça para ele. Não a Ucrânia. Não o Ocidente. Putin é um assassino e quer mais matança. É o Kremlin que está deixando vocês mais pobres, e não Washington. Não é em Londres, mas em Moscou que a política econômica é conduzida de um jeito que faz a "cesta básica" de um aposentado dobrar de preço.

Lutar pela Rússia, salvar a Rússia, é lutar pelo afastamento de Putin e seus cleptocratas. Mas agora isso também significa lutar pela paz.

---

24 DE FEVEREIRO

Bem, que tipo de palanque tenho agora? Isto aqui não é um palanque; estou no banco dos réus.

Mas tem lá suas vantagens. Vocês sabem, às vezes as pessoas dizem numa discussão: "Quero apenas deixar registrado..." Mesmo que ninguém esteja registrando nada.

Mas eu tenho um registro.

Tudo que eu digo é registrado. Assim, comecei minha participação na sessão judicial de hoje com uma solicitação: "Prezados senhores da corte, quero declarar, para que seja oficialmente registrado, que sou contra esta guerra [na Ucrânia]. Considero-a imoral, fratricida e criminosa. Foi iniciada pela gangue do Kremlin para que possam roubar mais facilmente.

"Estão matando para poder roubar."

Era importante para mim que essa fala fosse registrada. Para se tornar permanente. Para que eu mesmo possa sempre me lembrar de ter dito essas palavras no momento em que precisavam ser ditas: eu sou contra a guerra.

Vocês também deviam dizer.

---

26 DE MARÇO

Os dias mais horríveis na prisão são os aniversários de familiares, especialmente crianças.

Existe coisa mais patética do que mandar uma carta ao seu filho que está fazendo 14 anos? Que memórias de proximidade com o pai ele criará?

— Meu pai me levou para uma caminhada no meu aniversário.

— Bom, no meu aniversário, meu pai me ensinou a dirigir.

— No meu aniversário, meu pai, que está na prisão, me escreveu uma carta. Prometeu que, quando sair, vai me ensinar a ferver água num saco plástico.

Vamos ser sinceros, ninguém escolhe os pais. Tem crianças que acabam sendo filhas de presidiários.

Mas é no aniversário dos meus filhos que me conscientizo ainda mais dos motivos de estar na cadeia. Precisamos construir a bela Rússia do futuro para eles.

Zakhar, feliz aniversário!

Sinto sua falta de verdade e te amo muito!

---

3 DE ABRIL

Um verdadeiro dia de primavera russa. Isto é, os montes de neve estão batendo na cintura, e nevou o fim de semana inteiro. A neve é algo que os detentos detestam, pois o que eles fazem quando neva e depois? Isso mesmo, limpam a neve. Argumentar que, afinal de contas, estamos em abril, e no máximo dentro de dez dias vai tudo derreter de qualquer maneira não só não adianta como gera sincera indignação na administração da prisão. Se alguma coisa representa violação das normas e da rotina dos procedimentos, deve ser retirada com a pá, raspada e removida. Dito isto, retirar a neve, na verdade, é uma das atividades mais relevantes da vida na prisão, pois, na maioria dos casos, as outras não passam de uma reação inepta à necessidade de inventar trabalho a qualquer custo. Os presos têm um ditado: "Não interessa o que vai ser enfiado onde, desde que o presidiário sinta que está fodido."

É como me sinto todo fim de semana, pois, embora seja possível encontrar algum sentido, ainda que ínfimo, em limpar a neve em abril, o trabalho é verdadeiramente exaustivo. Como não sou considerado um preso confiável, eles não me deixam limpar a neve como todo mundo e quebrar o gelo na "linha central", a rua principal do presídio, por onde o comandante caminha. Mas na minha área restrita e com a minha turma, tenho que limpar.

Todos nós temos aquela clássica aparência de campos de trabalhos forçados, saída de um filme sobre o Gulag. Jaquetas pesadas, chapéus de pele e luvas do tipo mitene, e também as enormes pás de madeira, tão pesadas que parecem feitas de ferro forjado, especialmente depois que a água que as cobre congela. São as mesmíssimas pás usadas pelos soldados que limpavam as ruas da base militar quando eu era criança. Caberia supor que, nos trinta anos decorridos desde então, a tecnologia tivesse evoluído para a produção de modelos mais leves, mas, na Rússia, como em tantos outros casos, não chegamos lá. Trouxeram um par de pás leves que logo quebraram. A reação foi a de sempre. "Ora, deixa pra lá, eles podem continuar com as pás de madeira. São as que usamos a vida inteira. São confiáveis." Como quem diz: "Nossos avós inventaram essas pás, e longe de nós duvidar da sabedoria deles, tentando aperfeiçoar uma coisa que já é ideal."

E assim lá estava eu, de cara amarrada, usando uma pesada jaqueta de inverno e segurando uma pá de madeira com neve congelada. A única coisa que me divertia, e pelo menos até certo ponto me permitia aceitar essa realidade, era que, nessas situações, eu me sinto como o herói da minha piada favorita. É uma piada soviética, mas tem certa relevância hoje.

Um menino sai de casa para dar uma volta no pátio do seu conjunto residencial. Os garotos que estão jogando futebol o chamam para participar. O menino é de temperamento meio caseiro, mas se interessa e vai correndo jogar com eles. Consegue afinal chutar a bola, com muita força, mas infelizmente ela quebra a vidraça do alojamento térreo onde o porteiro mora. Como era de se esperar, o porteiro aparece. Está com a barba por fazer, usando chapéu de pele e com uma jaqueta acolchoada, e numa ressaca daquelas. Furioso, encara o garoto e sai correndo atrás dele.

O menino foge o mais depressa que pode e pensa: "Para que preciso disso? Afinal, sou um garoto sossegado que gosta de ficar em casa. Eu gosto de ler. Para que jogar futebol com os outros? Por que estou fugindo desse porteiro assustador, quando poderia estar em casa, deitado no sofá, lendo um livro do meu escritor favorito, Hemingway?"

Enquanto isso, Hemingway está deitado numa espreguiçadeira em Cuba, com um copo de rum na mão, pensando: "Deus do céu, estou farto desse rum e de Cuba. Dessa dança toda, e da gritaria, e do mar. Que droga, sou um cara inteligente! Por que estou aqui, e não em Paris, falando sobre existencialismo com meu colega Jean-Paul Sartre e tomando um copo de Calvados?"

Enquanto isso, Jean-Paul Sartre, bebericando seu Calvados, contempla o que se passa à sua frente e pensa: "Como detesto Paris. Não aguento mais olhar para esses bulevares. Estou de saco cheio de todos esses estudantes exaltados e suas revoluções. Por que preciso estar aqui quando adoraria estar em Moscou, numa conversa fascinante com meu amigo Andrei Platonov, o grande escritor russo?"

Enquanto isso, em Moscou, Platonov atravessa correndo um pátio coberto de neve e pensa: "Se eu pegar esse moleque, ele está morto, porra!"

Embora eu não seja nenhum Andrei Platonov, estou usando a jaqueta acolchoada e o chapéu de pele, e também escrevo um livro. Agora vou concluir o capítulo sobre como conheci Yulia.

---

5 DE ABRIL

Foi assim que os telespectadores russos viram. E eu sou um deles.

Fiquei sabendo ontem de manhã das monstruosidades ocorridas em Bucha, com a notícia de que a Rússia convocou uma reunião do Conselho de Segurança da ONU por causa do massacre promovido por nazistas ucranianos nessa localidade.

À noite o âncora do Canal Um explicou tudo: "Há muito tempo a OTAN vem preparando a provocação de Bucha no mais alto nível.

Isto é confirmado pelo fato de que o presidente Biden recentemente chamou Putin de 'carniceiro'. Atentem para a semelhança sonora das palavras *'butcher'* [carniceiro, açougueiro] e 'Bucha' em inglês. Foi assim que a opinião pública ocidental foi subconscientemente preparada para essa provocação."

Vocês não imaginam a monstruosidade da dissimulação nos canais nacionais. E, infelizmente, como ela é convincente para pessoas que não têm acesso a fontes alternativas de informação.

Estou dizendo tudo isso para enfatizar que os propagandistas de Putin há muito tempo deixaram de ser apenas uma ferramenta. São belicistas convictos que passaram a constituir um partido próprio.

Exigem guerra até um desfecho vitorioso. A ameaça de uma guerra nuclear não os contém. No ar, ao vivo, difamam e destroem os correligionários putinistas que ousarem sequer sugerir que negociações de paz podem ser uma boa coisa.

A política deles é uma cobra de propaganda mordendo o próprio rabo. Os propagandistas geram uma opinião pública que não mais permite apenas que Putin cometa crimes de guerra, mas exige que o faça.

Os belicistas devem ser tratados como criminosos de guerra. Toda essa campanha ao estilo Rádio das Mil Colinas em Ruanda* precisa sofrer sanções e um dia ser levada à justiça.

Quero lembrar a vocês que o Grupo Nacional de Mídia, dono da maior parte desse aparato de disseminação de mentiras, é propriedade pessoal do próprio Putin, e é oficialmente dirigido por sua amante, Alina Kabaeva.

É essencial que sejam tomadas medidas para impedir a ação desses herdeiros de Goebbels, desde a total proibição do fornecimento e manutenção de equipamentos até a investigação dos seus bens no Ocidente e o estabelecimento de proibições de vistos em passaportes.

Atrocidades monstruosas foram cometidas em Bucha, Irpin e outras cidades ucranianas não só por aqueles que amarraram civis com as mãos nas costas, não só por aqueles que atiraram na cabeça

---

* Estação de rádio controlada por membros radicais da etnia hutu, em Ruanda, na África, que insuflou o ódio racial contra a população de etnia tútsi em meados de 1994, levando ao genocídio de centenas de milhares de tútsis (N. do T.).

deles pelas costas, mas também pelos que assistiam de perto, sussurrando: "Atirem, atirem. Vamos mostrar tudo direitinho hoje à noite, na TV."

---

15 DE JUNHO

Minha jornada espacial continua. Fui transferido de uma espaçonave a outra.

Em outras palavras, olá para todos, de um campo de regime severo.

Ontem fui trazido para a Colônia Penal Melekhovo 6.

Estou em quarentena, de modo que não há muita coisa para contar. Aqui vão apenas algumas novas impressões sobre vida cultural e indignação.

Na frente cultural: quase enlouqueci carregando meus livros guardados no depósito da prisão para o caminhão da polícia. Os carcereiros quase enlouqueceram listando todos eles. Isso apesar de, há um mês, preocupado com uma situação assim, eu ter convencido a administração, com grande dificuldade, a permitir que eu doasse cinquenta livros à biblioteca da prisão. Ontem, pela primeira vez na vida, enquanto carregava os sacos, eu me perguntava se queimar livros é mesmo algo ruim.

Sobre a indignação: na quarentena tem um aviso relacionando os trabalhos para os quais é oferecido treinamento aqui e a duração dos cursos. Em apenas três meses qualquer um pode se tornar, como eu, um trabalhador do vestuário — basicamente, costureiro —, essa autêntica elite da classe trabalhadora que é capaz de distinguir sem vacilar entre costura simples e sobreposta. Mas, vejam só, os que optam pela profissão de "desossador de aves" também passam por um curso de três meses! Em outras palavras, são equiparados a nós, costureiros. Quer dizer, vamos e convenhamos, que segredo para desossar uma galinha precisa ser estudado durante três meses? Por acaso vão enrolar as carcaças em pedrarias falsas?

Estou indignado.

Quanto ao resto, tudo bem por enquanto.

Oi para todo mundo, abraços em todos vocês.

1º DE JULHO

Eu vivo como Putin e Medvedev.

Pelo menos é o que penso quando olho para a cerca em torno do meu quartel. Todo mundo tem uma cerca, e, por dentro, os varais para secar roupa. Mas tenho uma cerca de 6 metros de altura, do tipo que só vi nas nossas investigações sobre os palácios de Putin e Medvedev.

Putin mora e trabalha num lugar assim — em Novo-Ogaryovo ou Sochi. E eu moro num lugar parecido. Putin deixa os ministros sentados na sala de espera durante seis horas, e os meus advogados precisam esperar cinco ou seis horas para me encontrarem. Tenho no quartel um alto-falante que toca canções como "Glória ao FSB" e acho que Putin também tem.

Mas as semelhanças param por aí.

Putin, como sabem, dorme até as 10h, vai nadar na piscina e come queijo cottage com mel.

Mas para mim 10h é hora do almoço, pois o trabalho começa às 6h40.

6h — Acordar. Dez minutos para fazer a cama, lavar o rosto, me barbear e assim por diante.

6h10 — Exercícios.

6h20 — Escoltado para tomar café da manhã.

6h40 — Revistado e escoltado até o trabalho.

No trabalho, você fica sentado durante sete horas em frente à máquina de costura, num banco de altura abaixo do joelho.

10h20 — Intervalo de quinze minutos para o almoço.

Depois do trabalho, você fica mais algumas horas sentado num banco de madeira debaixo de um retrato de Putin. Chama-se "atividade disciplinar".

No sábado, trabalha por cinco horas e volta a se sentar no banco embaixo do retrato.

Domingo, teoricamente, é dia de descanso. Mas, na administração de Putin, ou onde quer que a minha rotina ímpar tenha sido estabelecida, existem especialistas em descanso. No domingo, ficamos dez horas numa sala, sentados num banco de madeira.

Não sei quem pode ser "disciplinado" com atividades assim, exceto um aleijado com dor nas costas. Mas talvez seja este o objetivo.

Mas vocês me conhecem, sou um otimista e procuro ver o lado bom até na minha existência sombria. Me divirto o quanto posso. Enquanto costurava, decorei o monólogo de *Hamlet* em inglês.

Mas os detentos do meu turno dizem que, quando fecho os olhos murmurando alguma coisa em inglês shakespeareano, como "nas tuas orações sejam lembrados todos os meus pecados", parece que estou invocando um demônio.

Mas não penso coisas assim: invocar um demônio seria uma violação das normas da prisão.

---

15 DE AGOSTO

Uma cama, presa à parede; entregar o colchão de manhã cedo; material para escrever durante uma hora por dia e um ovo no café da manhã aos sábados. Qualquer um com a necessária experiência carcerária já sacou onde eu me encontro — na cela de punição, mais conhecida pela sinistra abreviação SHIZO. É o lugar habitual para atormentar, torturar e assassinar presos. A SHIZO é o principal meio legal de punir um condenado, considerado severo. Tão severo, na verdade, que o período máximo de detenção nela é de quinze dias. Se estiver aqui, significa que a administração está muito descontente. Se ela estiver muito, muito descontente, contorna a norma dos quinze dias recorrendo a um procedimento conhecido como "tratamento do colchão". Você é encarcerado durante quinze dias, libertado, recebe um colchão para passar uma noite numa cela comum e na manhã seguinte é mandado de volta à SHIZO por mais quinze dias. Isso pode se repetir muitas vezes.

A cela aqui é um buraco de concreto, de 12,5 metros quadrados, para três presos. Faz tanto calor que mal dá para respirar. Você se sente como um peixe jogado na praia, ansiando por ar fresco. Na maioria dos casos, porém, mais parece um porão frio e úmido. Muitas vezes tem uma poça d'água no chão. É torturante ser mantido aqui durante muito tempo. Na SHIZO, para impedir que o detento se aqueça um pouco com pedaços de pano disfarçados sob o uniforme, eles levam quase todas as suas roupas.

Deixam apenas a roupa de baixo (que até bem recentemente também era levada), substituindo quaisquer trajes personalizados pelos conjuntos padrão. Estes têm uma característica muito própria, bem conhecida em todas as prisões da Rússia: a palavra "shizo" estampada em letras brancas bem grandes nas costas do casaco e na perna direita. Você foi marcado a ferro como inimigo. E é obrigado a manter as mãos para trás aonde quer que vá.

Mais importante que o fato de a cela de punição ser uma casinha de cachorro de concreto onde o seu único bem é uma caneca, a shizo é um lugar de tortura. É isolada, com música alta tocando o tempo todo. Em teoria, para impedir que os presos se comuniquem aos gritos; na prática, para encobrir os gritos dos que estão sendo torturados.

Em certos casos, os oficiais da prisão se encarregam da tortura; em outros, fica a cargo de outros presos, os "militantes" que cumprem ordens dos seus carcereiros em troca de cigarros, comida e uma possível redução da pena.

Depois do meu encarceramento, ocorreu um grande escândalo. As administrações carcerárias de várias regiões não só organizavam um sistema de tortura e estupro dos condenados como registravam em vídeo. Os vídeos eram então carregados num servidor central para que eles próprios ou oficiais do FSB tivessem acesso, e assim intimidassem outros detentos, mostrando o que poderia lhes acontecer. Ou então (e acredito que fosse esse o principal objetivo), depois de estuprar um condenado local, eles podiam recrutá-lo mediante chantagem, ameaçando divulgar a gravação. Isso faria com que outros detentos o relegassem à casta dos "degradados".

Os estupradores eram, em sua maioria, "militantes" que registravam tudo com câmeras de vídeo fornecidas pela equipe da prisão. Mas aí algum gênio do Serviço Penitenciário Federal instruiu um preso especializado em tecnologia da informação a fazer a transferência dos vídeos. Esse sujeito azarado, por sua vez, tinha sido recrutado como militante depois de o submeterem a torturas semelhantes. Como se poderia prever, na primeira oportunidade ele baixou todos os arquivos — vários *terabytes* de vídeos de torturas. Só uma pequena parte se tornara pública antes do início das negociações, e, suponho, o sistema fez um acordo com o esperto especialista em TI para arquivar certas acusações contra ele, ou então ele foi simplesmente subornado. Seja como for, as dezenas de vídeos publicados bastaram para causar a renúncia do diretor do Serviço Penitenciário Federal e a abertura de processos contra ele. Tudo isso aconteceu, apesar de ter ficado claro que Putin pessoalmente queria que o escândalo fosse abafado. Quando questionado a respeito em uma ou duas entrevistas coletivas, ele respondeu com relutância que tudo estava sendo investigado. Isso não surpreende, pois transpirou que o FSB era o principal instigador da tortura. Não se tratava de "excessos cometidos no serviço prisional", mas de tortura sistemática organizada nas mais altas esferas.

É interessante notar que os primeiros trailers sobre os vídeos vazados mencionavam a região de Vladimir, onde me encontro, a pior da Rússia em matéria de tortura. E com certeza estava incluída a minha penitenciária, considerada nos fóruns on-line "um dos principais centros de tortura da Rússia".

Em quase todos os vídeos, havia uma cena de um homem sendo estuprado com o cabo de um esfregão. Não sei por quê. Talvez seja apenas o "estilo da casa". Ou talvez algum maníaco pervertido do Serviço Penitenciário Federal ou do FSB tenha secretamente essa fantasia, e assim decidiu ordenar que todos fossem torturados desse modo.

Hoje de manhã, quando me trouxeram os utensílios de limpeza da cela e havia uma vassoura de galhos, uma pá de lixo e um pano de chão, mas não um esfregão, tive que me segurar para não perguntar: "Cadê o esfregão? Vai dizer que não tem nenhum aqui?"

> Eu sou um ícone do consumo consciente.
> Na minha cela há apenas uma caneca e um livro. Levaram até meu uniforme de presidiário e me deram uma roupa provisória. Agora estou com as gigantescas letras SHIZO nas costas.
> Oi para todos, daqui da cela de punição.
> A luta pela sindicalização nunca é fácil, muito menos na prisão. O caminho do papel da sindicalização à SHIZO foi ainda mais curto do que eu imaginava.*

---

* Alexei organizou um sindicato de presos (já que todos os detentos eram obrigados a trabalhar), reivindicando melhores condições de trabalho.

O Kremlin quer que o seu Gulag seja formado por escravos calados. Mas aqui estou eu, mobilizando pessoas e exigindo que certas leis sejam cumpridas, em vez de implorar perdão.

Então fui convocado da minha cela à comissão da prisão, onde anunciaram que eu aparecia com regularidade em gravações de vídeo desabotoando o botão do alto do meu uniforme carcerário na zona de trabalho dos presos (o uniforme é alguns tamanhos menor do que eu visto).

Isto, naturalmente, caracteriza que sou um meliante impenitente e incorrigível. Por isso foi tomada a decisão de me mandar para a shizo.

Devo reconhecer que é bastante irônico. Ora, ora, você queria que os presos em regime de trabalho tivessem cadeiras com encosto, em vez de bancos de madeira? Pois agora você é que vai ficar sentado num banco de ferro, ha-ha.

Foram só três dias até agora, mas, em meados de setembro, devo receber uma visita dos meus parentes, que supostamente ocorre de quatro em quatro meses. Não são permitidas visitas quando você está na cela de punição, e assim eles dizem que, a menos que eu "reconsidere a minha atitude", vai se tornar minha residência permanente, sem visitas.

Não sei ao certo qual atitude preciso reconsiderar. Em relação ao trabalho escravo? Ou em relação a Putin?

A cama de ferro é presa à parede, como num trem, mas a alavanca que permite baixá-la fica de fora. Às 5h, eles levam o colchão e o travesseiro e levantam a cama. Às 21h, a cama é baixada de novo, e devolvem o colchão. Há uma mesa de metal, um banco de metal, uma pia, um buraco no chão e duas câmeras no teto.

Nada de visitas, nem de cartas, nem de embrulhos. É o único lugar da prisão onde é proibido fumar. Me dão papel e caneta durante apenas uma hora e meia por dia.

Os "exercícios" diários que posso fazer consistem apenas em uma hora em uma cela semelhante, mas com um pedaço de céu por cima. Revistas são feitas constantemente; tenho sempre que estar com as mãos nas costas. No geral, é divertido, como nos filmes. Tudo bem, poderia ser pior.

Vou concluir essa postagem e escrever um manual para os detentos sobre seus direitos no local de trabalho antes que levem o papel. A comissão tem razão: parece que eu sou mesmo incorrigível.

O livro que estou lendo agora é *21 lições para o século 21*, de Yuval Noah Harari. Uma fusão perfeita entre o conteúdo e o ambiente.

---

24 DE AGOSTO

Voltei para a cela de punição. Em programação, isto se chama "laço infinito". Eles me mandam para a SHIZO por três dias por causa de um botão desabotoado. Quando estou sendo levado para lá, gritam:

— Mãos para trás!

— Ã-hã — respondo e ponho as mãos para trás.

Mas, durante três segundos, andei normalmente, sem as mãos para trás. Cometi um crime!

Eles então me convocam à comissão e dizem:

— Condenado Navalny, você violou as regras do encaminhamento à SHIZO. O vídeo mostra que foram apenas três segundos, mas, como sua conduta é insatisfatória e você já foi posto na SHIZO antes, decidimos mandar você para lá de novo.

Cinco dias.

É engraçado. Nesse ritmo, a SHIZO vai se transformar na minha residência permanente.

É óbvio que veio uma diretriz de Moscou. Mesmo pelos padrões de uma prisão russa, mandar alguém para a cela de punição por andar apenas três segundos sem as mãos para trás passa dos limites.

Então aqui estou de novo, mais uma vez sentado no meu closet dos infernos com uma caneca e um livro. É meio enfadonho. Acho que preciso aprender a meditar.

Até agora não consegui; no fim das contas, não pensar em nada é muito difícil. Em vez de apenas prestar atenção na respiração, penso no fato de que a minha cela já é basicamente Vipassana. Uma prática espiritual para gente rica enfrentando a crise da meia-idade.

Essa gente paga para se trancar num quarto e ali ficar em silêncio durante duas semanas, comendo pouco e sem contato com o mundo exterior. Apenas meditam e refletem. E tenho tudo isso de graça.

Está com inveja?

---

2 DE SETEMBRO

Parece que os meus carcereiros estão começando a achar que estou maluco. É o que leio em suas expressões apreensivas, mas em certa medida empáticas.

Estou de volta a uma cela de punição, e no momento o único livro a que tenho direito pelas normas da prisão é *Uma breve história da Inglaterra*. É uma excelente leitura, mas impenetrável até mais ou menos o fim, quando os governantes europeus acabaram com o eterno ciclo de punhaladas e casamentos, casamentos e punhaladas, invariavelmente chamando os filhos de Henry ou Edward. As relações de família deixaram de ser tão importantes, e todo mundo pôde se acomodar civilizadamente para massacrar milhões de pessoas.

Antes, porém, em épocas sombrias e sanguinolentas, ocorrem emaranhados dinásticos entre pessoas de nomes muito semelhantes em cada página da história inglesa. Para piorar as coisas, os nomes estão sempre mudando. Uma hora temos um Gloucester, e daqui a pouco ele é um Richard. Mas tenho dezesseis horas diárias de tempo livre, que passo sentado à minha mesa de metal, cujo tampo flexível me lembra o fundo de um barco enferrujado emborcado. E assim aceito o desafio da história inglesa.

Infelizmente, as principais armas de que disponho para combater os Henrys — caneta e papel — só me são fornecidas duas vezes por dia, num total de uma hora e meia, embora a tabela de horários preveja "redação de correspondência, queixas e solicitações". Então basicamente releio pela segunda ou terceira vez o que já li, e, quando me dão uma caneta, me sento e, página após página, desenho um diagrama indicando quem era filho, amante ou assassino de quem.

Quanto mais interessante o episódio histórico descrito, mais louco parece o diagrama. Mais interessante, é óbvio, para nós hoje em dia: os que viviam na época de Ana Bolena ficavam enlouquecidos com o que estava acontecendo.

Invariavelmente, cada uma das minhas anotações é fotografada com todo cuidado, mesmo que sejam apenas garatujas num pedaço de papel ou os pequenos quadrados e triângulos que desenho enquanto falo com meu advogado. Tem sido a norma há quase dois anos já, e a vigilância nunca esmorece. Pelo contrário, observo que a operação agora é ainda mais meticulosa. Tudo é lido, ou, no caso dos meus papéis, decifrado.

Tenho certeza de que o oficial do FSB que me vigia secretamente e os funcionários da prisão encarregados da tarefa ficaram perplexos ao examinar os papéis levados ontem da minha cela. Isto porque eu tomara a firme decisão de deslindar a Guerra das Rosas. Que barafunda! Deixa *Game of Thrones* no chinelo. Na verdade, tenho quase certeza de que ela foi copiada pela série. Só acrescentaram os dragões.

Mas o verdadeiro problema é que eu analisava tudo. Desmembrei as dinastias em colunas separadas, descrevendo os vínculos de família e estabelecendo sem sombra de dúvida que a Rosa Vermelha saiu vitoriosa. O autor não estava escrevendo para gente ignorante como eu, e assim não diz com clareza, no livro, qual rosa venceu. É algo sabido por qualquer um que tenha frequentado a escola. Lembro que constava dos nossos manuais de história, mas esqueci tudo ao concluir o curso.

Seja como for, o capítulo termina com o casamento do vencedor, Henrique VII (Rosa Vermelha), com Elizabeth de York, sobrinha de Ricardo III (Rosa Branca), para pôr fim à guerra civil, e daí em diante aparecem duas rosas no brasão que ainda hoje é pendurado em hotéis e bares da nação britânica. Mas um mistério me deixou confuso: no brasão real reproduzido no livro, a Rosa Branca está acima da Rosa Vermelha. Qual o significado? Quem pode ter pintado algo assim?

Quem sabe foi a Rosa Branca que ganhou.

Vou então e verifico tudo direitinho; não, a Rosa Vermelha ganhou.

Volto a olhar a foto do brasão no encarte colorido e uma foto no meio do livro. Impossível decidir qual está "por cima". Essas rosas absurdas são desenhadas numa alternância de vermelho e branco. Na vida fora da prisão, não haveria problema: bastaria procurar no Google quem venceu.

Eu ponho os diagramas de lado e desenho tudo de novo. A Rosa Vermelha venceu.

Não é nada fácil acompanhar os detalhes e as minúcias do conflito, mas fica bem claro quem acabou sendo coroado rei. Por que então a Rosa Branca está por cima? Ah, esses ingleses!

Não importa. Vou resolver isso tudo outra hora. Pelo menos espero que minha pesquisa leve os oficiais do FSB a mandar um relatório analítico para o Kremlin, advertindo que estou conspirando para promover atos antigovernamentais em conluio com os cidadãos Lancaster, Percy, York e outros. Definindo o papel de cada um na minha organização criminosa, escrevo uma nota sobre o cidadão Warwick, registrando sua tendência à deslealdade.

Entre os meus aproximadamente 150 livros, que no momento estão no "depósito de pertences pessoais", ainda tenho *Uma breve história da França*, assim como dos Estados Unidos, da Alemanha e da Europa. A história da França é um bocado alarmante. Se fosse fazer um diagrama, eu ficaria bem descompensado. Mas se for levado várias vezes para a SHIZO, não terei escolha. Vou ter que me entender com a França.

Também tenho tentado meditação, apesar de ser muito cético em relação a essas práticas espirituais. Mas aí, que mais haveria para fazer quando você se cansou de ler e os seus olhos estão doendo de tanto fazer isso, à luz da luminária opaca de plástico do teto, nessa jaula de metal? Uma vantagem da meditação é que, teoricamente, deveria eliminar umas dezesseis horas disponíveis no dia; sobretudo, não requer mais nada, além de você. O esporte também não requer mais nada, mas é impraticável a uma temperatura de 32°C lá fora e 35°C na cela.

Esta foi engraçada. Escrevo a minha mulher: "Por favor, encontre na internet um tutorial simples sobre meditação, pois quero começar e não sei como." Ela responde: "É mesmo? Uns anos atrás, quando você sentava toda manhã na posição de lótus, gemendo, e eu tomava chá ansiosa na cozinha, sem saber o que pensar — não era meditação?" Eu disse que ela era uma mulher ignorante, e que eram exercícios de respiração de ioga pranayama. Mas tive que rir. Em 2008, de fato decidi experimentar ioga. Não sabia nada do assunto. Tinha entrado para uma academia com o objetivo de nadar e solicitei um treinador. Encontraram um que praticava ioga kundalini. Gostei tanto dos exercícios que abandonei a natação e comecei a praticar ioga várias vezes por semana. Expliquei ao treinador que, embora respeitasse os recursos espirituais que acompanhavam a prática, não acreditava muito. Por isso, gostaria que ele me poupasse dessas coisas. Ele entendeu. Eu apenas começava e terminava a prática com o cântico ioga bem conhecido dos círculos esotéricos — "Ommm namooo guru deva namooo" — e assim por diante. No início, minha maior preocupação era não rir quando ele fazia isso. O treinador facilitou as coisas para mim, dizendo que esquecesse o significado e encarasse aquilo apenas como um exercício de respiração. E aos poucos fui entrando na onda do *ommm*... Praticava em casa, deixando preocupada a família inteira, Yulia mais do que qualquer um. Ela sabe que eu me entusiasmo com facilidade, mas por que alguém adoraria ficar sentado em casa, na posição de lótus, entoando *ommm* de olhos fechados, é algo que só o Buda poderia entender.

O problema com as pessoas que se entusiasmam com rapidez é que também perdem o interesse facilmente. Meu treinador teve que fazer mudanças na agenda e não podia mais me atender de manhã cedo, e à noite não era conveniente para mim. Deixei a ioga de lado, sem alcançar a iluminação. Então, quem sabe agora é o momento de compensar o atraso.

Yuval Noah Harari me levou a meditar. Considero seu livro *Sapiens* muito bom e o recomendo. Li as suas *21 lições para o século 21* na shizo, da última vez. No fim do livro, Harari recomenda a meditação como um modo prático de explorar a si mesmo, seu cérebro e o processo cognitivo. Escreve a respeito de maneira sucinta e racional, sem nada de "corpos vitais" nem de "fluxo de energia subindo pela coluna vertebral", o que conquistou minha confiança.

A meditação é apenas um modo de aprender a controlar os pensamentos. Não é nada simples, como você poderá constatar se tentar não pensar em nada por apenas cinco segundos.

Tenho tentado várias vezes por dia. Sento no chão na postura de meio lótus (não consigo mais fazer o lótus — por que fui desistir da ioga?) e tento me concentrar apenas na respiração. Inspirar — expirar — inspirar — expirar. Não sou muito bom nisso. Segundos depois, me pego pensando em alguma coisa. Mas Harari diz que é normal isso acontecer. O principal é prática e autodisciplina. Ok. Para isso serve a shizo: disciplinar os condenados. Vou continuar praticando.

A meditação também propiciou os seguintes pensamentos, o que me convence mais ainda de que pode ser uma coisa boa.

Se eu tivesse um computador com jogos na minha cela, como jogos de estratégia ou RPG, do tipo que eu gosto, nem ia querer sair daqui. Tudo mudaria instantaneamente se aparecesse aqui, nessa horrível cela quente e apertada, um espaço para onde eu pudesse olhar, focando a atenção. Haveria pixels luminosos e o meu cérebro ficaria em êxtase por eu estar olhando para eles, distinguindo padrões de comportamento e tratando de controlá-los. Até esse banco de metal seria menos irritantemente desconfortável. Eu não sentiria fome. Esqueceria o calor. Em teoria, portanto, se estou no controle dos meus processos cerebrais e de pensamento, deveria ser capaz de me conectar da mesma forma ao vazio, ao processo da respiração ou a um ponto imaginário, do mesmo modo como faço diante de uma tela de computador. Isso, claro, é levar as coisas ao extremo, e um bem alarmante. Se tudo funcionar assim, as pessoas não serão capazes de aprender a fazer nada e só desejarão ficar num estado de animação suspensa, em meditação. A verdade pode estar em um ponto intermediário, e a meditação se revela um passatempo útil que também nos permite desenvolver nossa capacidade de concentração e ajuda a passar mais uma hora, deixando você mais perto de sua saída da SHIZO.

---

7 DE SETEMBRO

Uau, tirei a sorte grande! Assim que saí da SHIZO, me mandaram de volta e me sapecaram a etiqueta "infrator contumaz".

Significa que agora ficarei sob condições rigorosas numa colônia penal de regime severo. Me pergunto se serão condições mais para Hannibal Lecter ou para Magneto, dos *X-Men*...

Em suma, era previsível a reação do Kremlin ao fato de eu não "me acalmar", continuando a pedir sanções contra a elite de Putin (a "lista dos 6 mil"),* e mais uma vez fazendo campanha pelo "voto inteligente" que eles tanto odeiam.

---

* Um projeto da Fundação Anticorrupção que propõe sanções contra corruptos e belicistas russos.

Espero que o nosso czar estivesse gritando "Que ele apodreça, deixem apodrecer!" e atirando objetos nos cortesãos.

Não se pode deixar de admirar a mesquinhez desses pilantras. Há quatro meses, minha mulher e meus pais esperam para me visitar, e, agora que o momento está chegando, eles me transferem para condições severas, onde só são autorizadas visitas de seis em seis meses. Azar o meu.

Bem, parece que a minha espaçonave foi atacada por monstros malvados. Ficou danificada, e, para sobreviver, tenho que me transferir para um minúsculo compartimento de sobrevivência, onde haverá menos comida e será mais frio, só que com mais tempo para pensar. Talvez eu consiga pensar em algo interessante.

Por sinal, eis o que me ocorreu: parece que até agora só dois presos políticos na Rússia de Putin foram declarados "infratores contumazes". O segundo sou eu. E o primeiro foi meu irmão, Oleg. Que família, a nossa!

---

8 DE SETEMBRO

Me levaram da cela à comissão, onde a administração anunciou solenemente:

— Ficou estabelecido que você tem dado continuidade às suas atividades criminosas; vem cometendo crimes diretamente das instalações da prisão. E se comunica com os cúmplices por meio dos advogados. Portanto, estamos cancelando sua prerrogativa advogado-cliente. A partir de agora, todos os documentos advocatícios que entrarem e saírem estarão sujeitos a três dias de verificação.

Quando perguntei:

— Poderia saber que terríveis crimes extremistas estou cometendo?

Eles responderam:

— É uma informação secreta, você não está autorizado a ser informado, não lhe daremos os materiais inspecionados. Você precisa saber apenas que a prerrogativa advogado-cliente não se aplica mais ao seu caso.

Não só isso, como também fecharam a minúscula janela para transferência de documentos na sala dos advogados. E agora me comunico com meus advogados através de uma vidraça plástica com barras por dentro. Nossa comunicação mais parece uma pantomima, para ser sincero. Que ótimo. Agora, se o meu advogado quiser me consultar sobre o rascunho de uma queixa contra o campo penitenciário, precisa entregá-lo ao próprio campo, ele então vai levar três dias para chegar a mim e mais três dias para voltar com minhas sugestões. Muito conveniente. Mas assim não resta nada do meu direito de defesa, que já era ilusório.

Não sei o que enfureceu o regime: a lista dos 6 mil, os votos inteligentes ou o sindicato dos presos. As três coisas me parecem excelentes.

20 DE OUTUBRO

Eu sou um gênio do submundo. O Professor Moriarty não é páreo para mim. Vocês todos pensam que eu estava isolado na prisão durante dois anos, mas na verdade não só venho violando as normas da prisão como cometo crimes.

Felizmente, a Comissão de Investigações estava vigilante e não deixou escapar nada.

Fui oficialmente notificado de que um novo processo penal foi aberto contra mim em decorrência do fato de que eu, na prisão:

– promovi e convoquei atos de terrorismo;
– exortei publicamente o extremismo;
– financiei atividades extremistas;
– reabilitei o nazismo.

Não é impressionante? Raramente um criminoso fez tanto do lado de fora quanto eu por trás das grades. Só não posso ficar tão convencido assim porque essas realizações não são exclusivamente minhas, mas obra também dos meus cúmplices: Leonid Volkov, Ivan Jdanov, Lilia Chanysheva. Sou o chefe de um bando de criminosos, e eles cumprem minhas ordens.

Por exemplo, segundo depreendo da decisão judicial, o crime de promoção do nazismo está no fato de que Leonid declarou no

Política Popular, um dos canais da FA no YouTube, que "o coronel Stauffenberg fez bem em tentar matar Hitler; ele tinha que ser morto". Do ponto de vista da Comissão de Investigações e de Putin, Hitler era a autoridade legítima, e mandá-lo pelos ares seria um ato de extremismo.

Tudo mais segue a mesma lógica. Todo vídeo do Política Popular é um ato terrorista e uma atividade extremista ordenados por mim.

Meus advogados calculam que, levando-se em conta as penas relativas a cada um desses artigos, minha sentença cumulativa deve ser de cerca de trinta anos.

Que posso dizer? Assinem o Política Popular.

---

17 DE NOVEMBRO

Parabéns para mim, mais uma vez subi um novo degrau na hierarquia dos infratores da prisão.

"Navalny, arrume-se, vamos ao seu conselho de mentores."

E assim descobri que tinha um conselho de mentores. Eram cinco policiais carrancudos e uma loura com unhas de um vermelho brilhante medindo cerca de 7 centímetros. Tentei não chegar muito perto dela, nunca se sabe.

A uma altura dessas, eu esperava que eles anunciassem algo do tipo: "Ficou decidido que, em virtude do seu mau comportamento, um dos mentores vai arrancar fora o seu coração." Mas não era tão mau assim.

"Condenado Navalny, você é um notório infrator. A unidade de regime severo não foi suficiente para reintegrá-lo. O conselho de mentores recomenda a sua transferência para o confinamento em solitária, como punição."

Fui imediatamente conduzido à comissão, no gabinete do comandante, onde ficou decidido aplicar a recomendação dos mentores. E, assim, agora estou sendo punido no confinamento solitário.

Num campo penitenciário russo, o condenado vive num quartel. Um condenado que deixou a administração da prisão muito furiosa é mantido numa SHIZO, onde não há nada e tudo é proibido, mas você só pode ficar lá quinze dias de cada vez. Por isso existem as condições de detenção severa: quartéis especiais com todas as portas trancadas, dos quais você não pode sair e onde pode ser imposto todo tipo de restrição adicional.

E, para os mais notórios, há a punição do confinamento em solitária. Você fica numa cela apertada, como a cela de punição, com a diferença de que pode ter não um, mas dois livros, e usar a loja da prisão, embora com um orçamento muito limitado.

A sordidez mais baixa, bem característica do Kremlin, que controla manualmente todos os aspectos do meu encarceramento, é o que aconteceu com a minha programação de visitas.

Eu deveria receber uma visita longa dos meus parentes assim que cheguei à colônia, mas não me foi permitida, dizendo que eu teria que esperar quatro meses. Esperei.

Três dias antes da visita, fui informado de que seria transferido para o regime severo, no qual só são permitidas visitas de seis em seis meses. Mais uma vez tive que esperar. E esperei.

Minha mãe e meu pai já tinham feito as malas; as crianças deviam vir, Yulia também. Entretanto, faltando apenas quatro dias, disseram que eu seria transferido para o confinamento solitário de punição, no qual não são autorizadas visitas longas.

E assim não terei mais visitas, e a administração se congratula, satisfeita com os esforços empreendidos para atender aos superiores. Ok, então, vou encarar a situação filosoficamente. Estão fazendo isso para me calar. Qual é então o meu maior dever? Exatamente, não me intimidar e não me calar.

É o que exorto todo mundo a fazer também. A cada oportunidade, façam campanha contra a guerra, Putin e o Rússia Unida. Abraços a todos.

---

21 DE NOVEMBRO

Estar na prisão te manda para o fundo da pirâmide de Maslow. Vocês sabem, aquela dos manuais: no primeiro nível você quer sobreviver e comer e, nos níveis mais altos, quer ir ao teatro ou ser uma estrela do rock ou um monge.

No momento, enquanto progressistas tentam discutir a situação internacional no X, ou enganar os amigos dizendo que leram *Ulisses*, estou processando a administração da prisão, exigindo que me deem botas de inverno. Não me dão de jeito nenhum, e estou precisando. Há semanas a colônia inteira passou a usar roupas de inverno, e os meus perversos guardas têm a cara de pau de não me dar minhas botas de inverno.

O meu pátio de "exercícios" é um poço de concreto coberto de gelo, menor que a minha cela. Experimenta só caminhar por lá com sapatos comuns. Tenho que caminhar. É a única hora e meia de ar fresco de que disponho.

Por que os funcionários da prisão haveriam de cometer um absurdo tão mesquinho? Bem, trata-se de um perfeito exemplo da astúcia e consideração do sistema de pressão da penitenciária.

Não lhe dão botas de inverno. Significa que ou você não sai (e sofre) ou sai e fica doente (o que já me aconteceu). Pegar um resfriado não é nada se você estiver em casa tendo um cobertor, chá e mel ao seu alcance. Mas, numa cela em que a água quente só chega em três xícaras — no café da manhã, no almoço e no jantar —, recomenda-se não ficar doente, mesmo se for apenas um resfriado. Se ficar doente, você terá que pedir à administração coisas como remédios, atendimento médico, autorização para usar meias de lã. Sentindo-se mais por cima ainda, a administração vai exigir que você abra mão de certas posições. A luta na prisão é uma infindável busca de vulnerabilidades recíprocas. E essas malditas botas de inverno me deixam vulnerável.

Meu objetivo aqui não é reclamar. Mas recentemente tenho recebido daí de fora muitas cartas sobre depressão, desânimo e apatia. Sério? Ora, vamos, animem-se. Se estão vivos e bem-dispostos e aí do lado de fora, está tudo bem. Acabem de tomar o seu *latte* de abóbora e vão fazer alguma coisa para deixar a Rússia mais perto da liberdade.

Oi para todos, daqui do fundo da pirâmide de Maslow.

2023

12 DE JANEIRO

Nesses dois anos atrás das grades, minha única história realmente original é a do psicótico. Tudo mais foi contado e descrito numerosas vezes. Se abrir qualquer livro de um dissidente soviético, você vai encontrar infindáveis histórias sobre celas de punição, greves de fome, violência, provocações, falta de atendimento médico. Nada de novo. Mas minha história sobre o psicótico é nova; pelo menos não vi nem ouvi nada parecido.

    Vou então lhes dar uma ideia da shizo, o lugar onde fico o tempo todo. É um corredor estreito com celas dos dois lados. As portas de metal são muito pouco ou nada à prova de som, e além do mais há buracos de ventilação no alto delas, de modo que duas pessoas em celas opostas podem conversar sem nem precisar levantar a voz. É o principal motivo de nunca ter havido ninguém na cela em frente à minha, nem em qualquer uma das oito celas da seção em que me encontro. Eu sou o único aqui, e esse tempo todo nunca vi nenhum outro condenado sofrendo a mesma punição.

    Até que, cerca de um mês atrás, puseram um psicótico na cela em frente à minha. No início, achei que ele estivesse fingindo. Ele era muito ativo. Se você pedir a um garoto que se comporte feito um louco, ele vai se comportar do mesmo jeito que esse prisioneiro. Gritar, rosnar, bater, latir, discutir consigo mesmo em três vozes diferentes. Mas, no caso do meu psicótico, 70% das palavras são obscenas. Existem muitos vídeos on-line de pessoas que acham que estão possuídas por demônios. É muito semelhante — o choro rosnado (a minha favorita das três personas dele) aparece periodicamente e não cessa por horas. Foi por isso que deixei de achar que ele estava fingindo; nenhuma pessoa normal é capaz de berrar catorze horas por dia e três por noite, durante um mês. E, quando digo "berrar", é aquele tipo de berro que faz saltarem as veias do pescoço.

Há um mês estou a ponto de enlouquecer e começo todas as revistas exigindo que esse alucinado seja transferido para outro lugar. É impossível dormir à noite ou ler durante o dia. Eles não o transferem e fazem questão de frisar que ele é um condenado com os mesmos direitos que eu.

Até que descubro um detalhe maravilhoso: esse maluco foi encarcerado (pegou 24 anos por matar alguém) em outro lugar, e há um mês o transferiram para cá, onde o mantêm numa cela de punição para que possa, por assim dizer, me manter entretido.

Devo reconhecer que o plano está dando certo: eu nunca fico entediado nem consigo ter uma noite de sono tranquila. Ficar doente aqui é mesmo outra coisa: durante o dia você sofre com febre na cela, ansiando pela chegada da noite, quando eles baixam a cama presa à parede e entregam o colchão, mas à noite você fica ouvindo os alegres latidos do vizinho. Como sabem, privação de sono é uma das torturas mais eficientes, mas não posso me queixar formalmente: ele é um detento como eu, também foi posto numa cela de punição e cabe à administração decidir quem vai para qual cela.

Como de costume nessas situações, todavia, fico admirado com outra coisa.

Tudo isso foi planejado. Alguém pensou nisso e pôs em prática em nível regional ou federal. Não se transfere um condenado sem motivo algum; existe uma regra que estabelece o cumprimento da pena inteira num mesmo campo. Isso quer dizer que houve uma ordem de cima: fazer pressão contra ele. E os generais e coronéis em níveis mais baixos fizeram uma reunião: "Então, como vamos pressioná-lo?" E alguém que queria se destacar disse: "Temos um doido na prisão tal; ele grita dia e noite. Vamos botá-lo junto do Navalny." "Que excelente ideia, colegas oficiais. Camarada coronel, providencie e faça um relatório."

Não me surpreenderia que tenham pegado um louco delirante num hospital-prisão e o tenham declarado são, só para mantê-lo numa cela em frente à minha.

A moral dessa história é simples: o sistema carcerário russo, o Serviço Penitenciário Federal, é gerido por um bando de tarados. Tudo no sistema deles tem um viés doentio: os infames estupros com esfregão, enfiar coisas no ânus das pessoas e assim por diante. Nenhuma pessoa-má-porém-sã pensaria em fazer uma coisa assim. Tudo que vocês leem sobre os horrores e os crimes fascistas do nosso sistema prisional é verdade. Com uma correção, apenas: a realidade é pior ainda.

---

17 DE JANEIRO

São exatamente dois anos desde que voltei à Rússia. Passei esses dois anos preso. Quando você escreve uma postagem assim, precisa perguntar a si mesmo: "Quantas postagens de aniversário dessas ainda terei que escrever?"

A resposta é fornecida pela vida e pelos acontecimentos ao nosso redor: quantas forem necessárias. Nossa pátria infeliz e exaurida precisa ser salva. Ela foi saqueada, ferida, arrastada a uma guerra de agressão e transformada numa prisão administrada pelos canalhas mais inescrupulosos e fraudulentos. Qualquer forma de oposição a essa gangue — mesmo que apenas simbólica, dentro das minhas possibilidades atualmente limitadas — é importante.

Eu disse dois anos atrás e vou dizer de novo: a Rússia é o meu país. Nasci e fui criado aqui, meus pais estão aqui, e aqui constituí família; encontrei uma mulher que amei e tive filhos com ela. Sou um cidadão em plena posse dos meus direitos, incluindo o de me unir a pessoas que pensam de forma semelhante e de atuar politicamente. Nós somos muitos, com certeza mais numerosos que os juízes corruptos, os propagandistas mentirosos e os vigaristas do Kremlin.

Não vou entregar o meu país a eles e acredito que em algum momento a escuridão vai se dissipar. Mas, enquanto persistir, farei tudo que estiver ao meu alcance, tentarei fazer o que é certo e estimularei todo mundo a não perder a esperança.

A Rússia será feliz!

20 DE FEVEREIRO

Na véspera do aniversário da maciça e gratuita invasão da Ucrânia por tropas russas, resumi minha plataforma política e, espero, também de muitas outras pessoas decentes:

Quinze teses de um cidadão russo que quer o melhor para o seu país.

O que estava em questão e com que estamos lidando no momento?

1. O presidente Putin desencadeou uma injusta guerra de agressão contra a Ucrânia, invocando pretextos ridículos. Tenta desesperadamente fazer com que pareça uma "guerra popular", querendo transformar os cidadãos russos em cúmplices, mas a tentativa vem fracassando. Quase não há voluntários para essa guerra, e assim o exército de Putin tem que recorrer a condenados e indivíduos mobilizados compulsoriamente.

2. Os verdadeiros motivos dessa guerra são os problemas políticos e econômicos da Rússia, o desejo de Putin de se aferrar ao poder a qualquer custo e sua obsessão com o próprio legado histórico. Ele quer ser lembrado como "o czar conquistador" e "o acumulador de terras russas".

3. Dezenas de milhares de ucranianos inocentes foram assassinados e outros milhões foram submetidos a dor e sofrimento. Crimes de guerra foram cometidos. Cidades e infraestruturas ucranianas foram destruídas.

4. A Rússia está sofrendo uma derrota militar. Foi a constatação desse fato que mudou a retórica do regime, das alegações de que "Kiev vai cair em três dias" para ameaças históricas de emprego de armas nucleares, em caso de derrota da Rússia. A vida de dezenas de milhares de soldados russos foi desnecessariamente arruinada. A definitiva derrota militar pode ser adiada ao custo da vida de outras centenas de milhares de soldados mobilizados, mas é inevitável. A combinação de uma guerra de agressão, corrupção, generais ineptos, a fraqueza da nossa economia e o heroísmo e o alto grau de motivação das forças de defesa só pode levar à derrota.

As mentirosas e hipócritas exortações a negociações e a um cessar-fogo por parte do Kremlin não passam de uma avaliação realista das perspectivas futuras em matéria de ação militar.

O que se deve fazer?

5. Quais são as fronteiras da Ucrânia com a Rússia? As mesmas que as da Rússia com a Ucrânia, que definimos e reconhecemos internacionalmente em 1991. Não há o que discutir. Quase todas as fronteiras do mundo são mais ou menos acidentais e deixam alguém descontente. Mas, em pleno século XXI, não podemos começar guerras apenas para redefini-las. Caso contrário, o mundo vai mergulhar no caos.

6. A Rússia tem que deixar a Ucrânia em paz e permitir que esse país se desenvolva como o seu povo quiser. Parar com a agressão, encerrar a guerra e retirar todas as tropas de lá. O prosseguimento desse confronto não passa de histeria causada por impotência, e acabar com ele seria um gesto forte.

7. Estados Unidos, UE e Reino Unido precisam se juntar a nós e à própria Ucrânia para buscar meios aceitáveis de compensar os danos causados aos ucranianos. Uma das formas seria levantar as restrições impostas ao nosso petróleo e ao nosso gás, mas direcionando para as indenizações parte da renda que a Rússia recebe pelas exportações de hidrocarbonetos. Isso só deveria ser feito depois de uma mudança de poder na Rússia e do fim da guerra.

8. Os crimes de guerra cometidos durante esse conflito devem ser investigados em cooperação com instituições internacionais.

Por que a Rússia se beneficiaria se a agressão de Putin fosse impedida?

9. Os russos são todos intrinsecamente imperialistas?

Isso é um absurdo. Por exemplo, a Bielorrússia também se envolveu na guerra contra a Ucrânia. Isso significa que os bielorrussos também têm uma mentalidade imperial? Não, apenas têm também um ditador no poder. Sempre haverá pessoas que têm pontos de vista imperialistas na Rússia, como em qualquer outro país que tenha pré-requisitos históricos para isso, mas elas nem de longe são maioria. Não há motivo para chorar e se lamuriar por isso. Essas pessoas precisam ser derrotadas em eleições, assim como tanto os radicais de direita quanto os de esquerda são derrotados nos países desenvolvidos.

10. A Rússia precisa de novos territórios?

A Rússia é um país vasto com uma população que encolhe e regiões rurais em extinção. O imperialismo e o anseio de se apoderar de territórios é o caminho mais danoso e destrutivo. Mais uma vez, o governo russo está destruindo nosso futuro com as próprias mãos, só para fazer nosso país parecer maior no mapa. Mas a Rússia já é grande o suficiente. Nosso objetivo deveria ser preservar o nosso povo e desenvolver aquilo que temos em abundância.

11. Para a Rússia, o legado desta guerra será todo um emaranhado de problemas complexos e, à primeira vista, quase insolúveis. É importante deixar claro para nós mesmos que queremos resolvê-los e então começar a fazê-lo de maneira sincera e aberta. A chave do sucesso está em entender que pôr fim à guerra o mais rápido possível não só será bom para a Rússia e o seu povo, como também muito proveitoso: é a única maneira de começar a se encaminhar para uma suspensão das sanções, a volta dos que partiram, o restabelecimento da confiança nos negócios e o crescimento econômico.

12. Depois da guerra, teremos que indenizar a Ucrânia pelos danos causados pela agressão de Putin. Entretanto, o restabelecimento de relações econômicas normais com o mundo civilizado e a retomada do crescimento econômico nos permitirão fazê-lo sem interferir no desenvolvimento do nosso país.

Chegamos ao fundo do poço e, para voltar à tona, precisamos saltar de volta. Seria moralmente correto, racional e proveitoso.

13. Precisamos desmantelar o regime de Putin e sua ditadura, idealmente, com a realização de eleições gerais livres e a convocação de uma Assembleia Constituinte.

14. Precisamos estabelecer uma república parlamentar baseada em alternância de poder mediante eleições justas, judiciário independente, federalismo, autogoverno local, total liberdade econômica e justiça social.

15. Assumindo nossa história e nossas tradições, precisamos fazer parte da Europa e seguir o caminho europeu de desenvolvimento. Não temos outra escolha nem precisamos de uma.

8 DE MARÇO

Sobre as mulheres. Tomando uma como exemplo. Minha cúmplice. "Cúmplice" é uma palavra idiota, certo? No mundo aí de fora, vocês quase nunca a ouvem, mas na prisão ela é muito comum, quase sempre no contexto de "estou na prisão porque meu cúmplice me dedurou".

A minha cúmplice assusta tanto o regime de Putin que, embora seja acusada no mesmo processo que eu, está num julgamento separado, em Ufa. Anunciaram até que o julgamento será a portas fechadas. Não permitirão a entrada de jornalistas nem do público.

Alguns anos atrás me trouxeram um currículo. "Eis aí uma garota bacana que quer chefiar a nossa representação em Ufa." Lilia Chanysheva. Auditora em uma das Quatro Grandes empresas de contabilidade, excelente educação, carreira bem-sucedida, ótimas perspectivas. Seu salário era várias vezes maior do que podíamos pagar.

Sempre temos muitos voluntários superlegais, mas ela estava em outro patamar. Não era apenas alguém se oferecendo como voluntária por três meses; ela tinha largado o emprego para chefiar nossa sede regional num dos locais mais desafiadores do país. A política no Bascortostão consiste em ilegalidade desenfreada, corrupção, total desvirtuação do senso moral e supressão violenta de qualquer oposição. Quando perguntamos a Liliya sobre isso, ela ficou indignada. "Vocês consideram que lutar pela liberdade é a maior prioridade. Por que achariam que é diferente para mim? Eu amo minha região, amo Ufa. Quero viver lá e fazer com que a vida seja normal."

Chanysheva nos deu uma verdadeira aula. Numa região onde a vida política fora banida, ela promovia comícios e marchas. Não tinha medo de ser detida por isso, e muitas vezes foi. Nas audiências públicas sobre o orçamento do Bascortostão, manifestava-se de um modo que ficava evidente para todo mundo que estava muito acima dos funcionários. Combateu a máfia local para preservar o monte Kushtau. Impedia contratos corruptos, conduzia e divulgava investigações. Tornou-se uma política federal e líder da oposição regional, e tem uma pauta positiva, coragem e uma capacidade de se entender com as pessoas que supera a do presidente e seus lacaios.

Eles passaram a odiá-la. Radiy Khabirov, o chefe da região, pessoalmente se certificou de que não só fosse aberto um processo contra ela — como tem sido feito com muitos dirigentes das nossas representações regionais —, mas também que fosse detida e levada para Moscou, mandando inventar uma acusação lunática que garantisse uma pena longa. A audiência a portas fechadas em Ufa começou.

Mas Liliya continua nos dando aula. Não escreve mais sobre o encaminhamento do orçamento, mas sobre guardas armados, revistas e as alegrias de ser uma presa política: foi autorizada a falar com o marido através do vidro durante um minuto inteiro.

Nessas postagens também fica claro que mulher notável ela é, e que força tem. Uma mulher corajosa e de princípios em sua política. Assim, quando me perguntam sobre cúmplices, respondo que de fato tenho uma cúmplice que, tenho certeza, não vai me dedurar.

Um dia, alguém vai escrever a história do movimento oposicionista do início do século XXI, e todo mundo verá que seus melhores integrantes, os mais destemidos, trabalhadores e corretos, eram mulheres. E ainda são.

Feliz Dia Internacional das Mulheres para todo mundo! Libertem Lilia Chanysheva! E que a Rússia logo tenha uma presidenta, uma primeira-ministra e uma ministra da Defesa. É do interesse da nação.

---

15 DE MARÇO

Algumas palavras sobre o Oscar, vindas do cara que é sempre o último a saber.

Como sempre, o rádio da cela foi ligado às 5h. Às 6h, veio o primeiro noticiário do dia: falaram em detalhes sobre os vencedores dos prêmios da Academia, exceto o de Melhor Documentário. Achei ser um bom sinal.

Mais perto da hora do almoço, me levaram a uma audiência judicial. Participei por um link de vídeo, e o meu advogado botou um pedaço de papel em frente à câmera.

— Não estou vendo nada — eu disse.

Depois de manipular mais um pouco o papel, meu advogado não aguentou e disse:

— O seu filme ganhou um Oscar!*

Tive uma sensação muito estranha. Era como se aquelas palavras não fossem desse mundo, mas, por outro lado, tudo aqui é tão estranho e doido que esse mundo é o único em que elas se encaixam.

Estou, claro, muito feliz, mas, mesmo comemorando, tento não esquecer que não fui eu quem ganhou o Oscar. Foram acontecimentos empolgantes e às vezes dramáticos, mas é preciso uma equipe genial para mostrá-los de um modo digno do Oscar: Daniel Roher, Odessa Rae, Diane Becker, Melanie Miller, Shane Bóris e os muitos outros que trabalharam no filme. Pessoal, quero parabenizá-los do fundo do coração.

Christo Grozev** (abraços, cara, você é a verdadeira estrela desse filme) e Maria Pevchikh, sem vocês nada disso teria saído do papel.

Yulia, obrigado por participar, apoiar e, em duas ou três ocasiões, me impedir de matar a equipe.

Amigos e colegas da FA, como sempre, vocês fizeram o trabalho todo, e eu apenas ofereci meu rosto para a capa.

Por fim, quero reiterar: esse filme não é meu, não ganhei o Oscar e não sou eu quem deve dedicar o prêmio a ninguém. Entretanto, dedico minha contribuição a esse filme às pessoas honestas e corajosas do mundo inteiro que diariamente encontram forças para enfrentar o monstro da ditadura e sua companheira constante, a guerra.

---

* O documentário *Navalny*, de 2022, acompanhava o envenenamento de Alexei e os acontecimentos relacionados. Ganhou o Oscar de melhor documentário de longa-metragem na 95ª premiação da Academia.
** Um dos investigadores.

4 DE JUNHO

Hoje é meu aniversário. Quando acordei, brinquei comigo mesmo que posso acrescentar a SHIZO à relação de lugares em que comemorei meu aniversário ao longo dos anos. E, depois, como tantas outras pessoas que chegam a certa idade (hoje fiz 47, uau), pensei nas minhas realizações no ano transcorrido e nos planos para o próximo.

Não realizei grande coisa, o que foi muito bem resumido outro dia pelo psicólogo da nossa colônia penal. Mandam as normas que, antes de ser enviado para a SHIZO, você seja examinado por um oficial médico (para checar se vai aguentar) e um psicólogo (para garantir que não se enforcará). Pois bem, depois do nosso encontro, o psicólogo disse: "Essa é a 16ª vez que te mandamos para a SHIZO, mas você continua fazendo piada, num estado de ânimo muito melhor que o dos membros da comissão."

É verdade, mas, na manhã do próprio aniversário, você tem que ser honesto consigo mesmo, e então eu me pergunto: estou realmente num bom estado de ânimo, ou me obrigo a me sentir assim?

Minha resposta é: estou, sim. Vamos ser sinceros: é óbvio que eu preferiria não ter que acordar nesse buraco dos infernos e poder tomar um café da manhã com minha família, ser beijado no rosto pelos meus filhos, desembrulhar presentes e dizer: "Puxa, era exatamente com isso que eu sonhava!" Mas a vida funciona de um jeito tal que o progresso social e um futuro melhor só podem ser alcançados se certo número de pessoas se dispuser a pagar o preço pelo direito de ter suas próprias convicções. Quanto mais numerosas forem, menos cada uma terá que pagar. E chegará o dia em que falar a verdade e defender a justiça será corriqueiro na Rússia, e não mais perigoso.

Mas, até chegar esse dia, não encaro minha situação como um fardo pesado ou um jugo, e sim como um trabalho que precisa ser bem feito. Todo trabalho tem seus aspectos desagradáveis, certo? Pois nesse exato momento estou enfrentando a parte desagradável do meu trabalho favorito.

Meu plano para o ano passado não era ficar embrutecido e amargurado e perder a postura descontraída; isso seria o início da minha derrota. E o meu sucesso nesse sentido só foi possível por causa do apoio de vocês.

Como sempre, no meu aniversário, quero agradecer a todas as pessoas que conheci na vida. Às boas, por terem me ajudado e ainda me ajudarem. Às más, porque minha experiência com elas me ensinou algo. Obrigado à minha família por estar sempre presente!

Mas o maior agradecimento e a maior saudação que quero fazer hoje vão para todos os presos políticos da Rússia, da Bielorrússia e de outros países. Muitos estão em situação muito pior que eu. Penso neles o tempo todo. Sua resiliência me inspira a cada dia.

19 DE JUNHO

Alguns colecionam selos. Outros colecionam moedas. Eu tenho uma coleção cada vez maior de incríveis julgamentos judiciais. Fui julgado na delegacia de polícia de Khimki, sentado embaixo do retrato de Genrikh Yagoda. Fui julgado numa colônia penal de regime padrão, e chamaram isso de "julgamento aberto".

E agora sou submetido a um julgamento fechado em uma colônia penal de segurança máxima.

Em certo sentido, é a nova sinceridade. Agora dizem abertamente: "Temos medo de você. Temos medo do que você vai dizer. Temos medo da verdade."

É uma confissão importante. E faz sentido para todos nós, do ponto de vista prático. Precisamos fazer o que eles temem — dizer a verdade, espalhá-la. É a arma mais poderosa contra esse regime de mentirosos, ladrões e hipócritas. Todo mundo tem essa arma. Vamos, então, usá-la.

4 DE AGOSTO*

Dezenove anos numa colônia penal de segurança máxima. O número de anos não importa. Entendo perfeitamente que, como tantos

---

* À época, dia da mais recente condenação de Alexei.

presos políticos, estou cumprindo uma pena de prisão perpétua, na qual a palavra "perpétua" é definida pela duração da minha vida ou pela duração de vida desse governo.

O número que consta da sentença não é para mim. É para vocês. Vocês, e não eu, é que estão sendo aterrorizados e privados da vontade de resistir. Estão sendo forçados a entregar o seu país, sem lutar, a uma gangue de traidores, ladrões e canalhas que tomaram o poder. Não se deve permitir que Putin alcance seu objetivo. Não percam a vontade de resistir.

27 DE SETEMBRO

Continuo aumentando minha coleção de acrônimos da seção de "punições" das normas carcerárias. Já tinha uma SUON (condições rigorosas de cumprimento de uma sentença), uma SHIZO (cela de punição) e um PKT (confinamento em solitária como punição).

Ontem, logo depois de entrar com o recurso, eles me levaram à comissão e anunciaram que, em virtude do meu comportamento incorrigível, seria transferido para a EPKT (punição por confinamento em cela solitária isolada) por doze meses.

E assim tenho uma nova cela na prisão e uma nova inscrição nas costas.

Um ano de EPKT é a punição mais rigorosa possível em qualquer tipo de prisão.

Me sinto como uma estrela do rock cansada, à beira da depressão, porque cheguei ao topo da parada de sucessos e não tenho mais nada por que lutar.

Só que não disparei até o topo, e sim atingi o fundo do poço. E ali, como sabemos, dá para ouvir outra pessoa batendo embaixo.

19 DE OUTUBRO

O tremor dos joelhos do sistema falido de Putin está à vista de todos. Ele tenta projetar uma imagem de força e estabilidade, mas carece de bases sólidas — o necessário apoio do povo. Por isso ocorrem essas detenções histéricas.

Na sexta-feira, fiquei sabendo por jornalistas que cobrem o julgamento que meus advogados estavam sendo alvo de batidas policiais. Depois, na segunda-feira, jornalistas me disseram no tribunal que meu advogado de defesa, Vadim Kobzev, juntamente com dois outros defensores com quem trabalhei há mais de um ano — Alexei Liptser e Igor Sergunin —, foi preso. Também fui informado pelo tribunal de que meus advogados, Olga Mikhailova e Alexander Fedulov, tiveram "seus telefones desligados".

Quero expressar meu imenso orgulho pela minha equipe de defesa. Admiro cada pessoa que participou, no passado e no presente. São profissionais excepcionais que representaram meus interesses com dedicação, dentro dos limites da lei e mantendo os mais altos padrões de conduta ética. Refutaram com sucesso todas as acusações contra mim que não tinham fundamento; seu extraordinário empenho na contestação das minhas condições de encarceramento resultou em cerca de 300 audiências judiciais em apenas um ano.

É absurdo acusá-los de disseminar "mensagens extremistas". Toda a nossa correspondência é minuciosamente censurada por três dias consecutivos. Além disso, a sala onde entro em contato com meus advogados está sob constante vigilância de áudio e vídeo.

A perseguição aos meus advogados é contra a lei e tem apenas dois objetivos: (1) retaliá-los pelo trabalho notável que vêm fazendo; (2) ameaçar a sociedade e, acima de tudo, advogados que ousam defender presos políticos.

Quero expressar minha gratidão e apoio a Vadim, Alexei, Igor, Olga e Alexander. Quero também estender meu apoio e desejar resiliência a suas famílias. Saibam que seus entes queridos são verdadeiros heróis e orgulham a profissão.

Na qualidade de alguém que já fez parte da comunidade jurídica, exorto meus colegas advogados a não se manterem calados. Precisamos nos unir e nos manifestar em apoio aos colegas perseguidos por cumprirem seu dever de ajudar os clientes. Com isso, podemos trabalhar pela preservação do direito fundamental de uma defesa justa.

Quanto à suposta atividade extremista que me é atribuída pelas autoridades, não preciso recorrer a nada parecido com segredos, códigos ou mensageiros.

Minha atividade se fundamenta nos meus direitos constitucionais como cidadão russo. No nosso país, nenhuma ideologia específica pode ser imposta como ideologia de Estado. Cada indivíduo é livre para expressar abertamente suas convicções políticas.

Eu expresso as minhas. Sou contra Vladimir Putin. Considero que ele tomou o poder ilegalmente. Considero que é um governante ilegítimo e um promotor da corrupção. Considero que todos os membros da sua equipe de cúmplices são criminosos. São vigaristas e ladrões.

Constantemente encorajei os cidadãos no passado, e continuo a fazê-lo agora: sempre que surgir uma oportunidade, é crucial agir, manifestar insatisfação e votar contra Putin e o Rússia Unida.

Isso não é extremismo, mas uma luta legítima contra um governo ilegítimo.

---

13 DE NOVEMBRO

Quando quiser encontrar uma esposa, não deixe de verificar se a possível candidata foi registrada como delinquente juvenil. Eu não o fiz e agora estou aqui.

Diariamente a administração me informa que não tem como me entregar mais uma carta de Navalnaya Y. B. A correspondência foi confiscada pelo censor por conter provas de preparação de um crime, o que se aplica a toda a correspondência recente.

Eu lhe escrevi, dizendo: "Yulia, pare de tramar crimes! Em vez disso, cozinhe um pouco de *borsch* para as crianças."

Mas ela não consegue parar. Continua inventando novos crimes e me escreve a respeito nas cartas.

Certa vez, uns cem anos atrás, ela me contou que, na época da escola, ela e as amigas conspiraram para roubar a pasta de uma colega e estudar a trajetória de um objeto voador por uma janela do segundo andar. Só para esclarecer, o objeto voador era a pasta, e não a colega. Muito embora, na verdade, agora eu já não esteja tão certo.

Já naquela época eram evidentes as tendências criminosas dela. Não uma esposa, mas algo mais parecido com uma fora da lei.

1º DE DEZEMBRO

Não tenho palavras para descrever as últimas notícias. Seriam tristes, engraçadas ou absurdas?

Trazem cartas para me entregar, e tem início a conversa:

— Tem cartas da minha esposa?

— Censuradas.

— Papéis do meu advogado?

— Censurados.

— O que estão trazendo, então?

— Tem uma do investigador.

Eu abro a carta da Comissão de Investigações do Estado: "Informamos que um processo penal foi aberto contra o senhor por um crime previsto na Parte 2 do Artigo 214 do Código Penal da Federação Russa. Dois episódios."

Eles abrem um processo contra mim a cada três meses. Raramente um detento em solitária há mais de um ano tem uma vida social e política tão vibrante.

Não tenho a menor ideia do que seja o Artigo 214, e não há como procurar. Vocês vão ficar sabendo antes de mim.

Apesar disso, parece ser um caso de feedback positivo, como chamariam os cientistas. Se essa gangue de corruptores, traidores e inquilinos do Kremlin não gosta do que eu estou (nós estamos) fazendo, devemos estar no caminho certo.

---

6 DE DEZEMBRO

A prisão é o melhor lugar para ganhar capacidade de resistência. Aqui eles tentam o tempo todo te emputecer de maneiras ao mesmo tempo sofisticadas e tão estúpidas que às vezes é difícil não se enfurecer.

Há um ano e meio venho tentando ir ao dentista. No novo julgamento, eu disse ao juiz e aos oficiais da prisão:

— Vamos resolver essa questão com humanidade, parem de me deixar esperando, eu só preciso ir ao dentista.

Os representantes do campo me surpreenderam, dizendo:

— Você já obteve tantas autorizações com tantos documentos que só precisa apresentar mais uma solicitação, e tudo ficará bem.

Muito bem, ok. Eu disse aos meus advogados:

— Por favor, redijam uma declaração, e eu entrego a eles.

(A declaração é longa, com muitos anexos, não dá para você mesmo escrever.)

Espero então mais um pouco e... nada. Perguntei aos guardas da prisão onde se encontrava minha solicitação de consulta médica.

— Foi recolhida pelos censores por conter provas de um crime.

Eles te olham com olhos tão atentos e brilhantes que parecem um daqueles suricatos nos programas de TV sobre vida selvagem. Vejamos como ele vai reagir. Vai gritar? Vai se desesperar? Vai se queixar? Vai aceitar e começar a se mostrar submisso?

Todo santo dia eles aparecem com uma treta dessas para emputecer o preso rebelde e testar sua resistência.

Os censores recolhem as cartas dos meus advogados em 100% dos casos, por considerá-las "criminosas", e assim não posso receber um único documento legal.

Há três anos venho trabalhando o meu zen interior só para dar de ombros diante de tudo isso. De modo geral, posso dizer que fiz bons progressos nesse caminho, mas ainda estou longe da perfeição. Caso contrário, não seria periodicamente arrastado pela prisão com as mãos torcidas nas costas.

Mas, afinal de contas, todo mundo precisa de uma válvula de escape psicológica.

---

26 DE DEZEMBRO

Eu sou o novo Papai Noel de vocês.

Bem, agora tenho um casaco de pele de carneiro e um chapéu de pele *ushanka* e logo vou ganhar botas de feltro. Deixei a barba crescer durante os vinte dias das minhas viagens sob escolta.

Infelizmente, não há renas, mas temos enormes pastores alemães, lindos e peludos.

E o mais importante: agora eu moro acima do Círculo Ártico, na aldeia de Kharp, península de Yamal. A cidadezinha mais próxima tem o delicioso nome de Labytnangi.

Eu não faço "hô, hô, hô", mas digo "oh, oh, oh" quando olho pela janela e o que vejo é noite, depois anoitecer, e depois noite de novo.

Os vinte dias da minha viagem foram bem cansativos, mas estou de bom humor, como convém ao Papai Noel.

Me trouxeram para cá no sábado à noite. Fui transportado com tantas precauções e por um caminho tão estranho (Vladimir-Moscou-Chelyabinsk-Yekaterimburgo-Kirov-Vorkuta-Kharp) que nem esperava que alguém fosse me encontrar aqui antes de meados de janeiro.

Assim, fiquei muito surpreso quando a porta da cela se abriu ontem, com as palavras "Um advogado veio vê-lo". O advogado me disse que vocês não tinham mais notícias de mim e que alguns estavam bem preocupados. Muito obrigado pelo apoio!

Ainda não posso deleitá-los com histórias polares exóticas, pois só vejo a cerca, que fica muito próxima.

Também saí para uma caminhada. O pátio de "exercícios" é uma cela próxima, um pouco maior, com neve no piso. Vi guardas não como os da Rússia central, mas como os dos filmes, com metralhadoras, luvas de aquecimento e botas de feltro. E os mesmos pastores alemães peludos.

Seja como for, não se preocupem comigo. Estou bem. Aliviado por finalmente ter chegado aqui.

Obrigado de novo a todo mundo pelo apoio. E boas festas!

Como sou Papai Noel, vocês provavelmente estão se perguntando sobre os presentes. Mas sou um Papai Noel de regime especial, então só ganham presentes os que tiverem se comportado muito mal mesmo.

---

31 DE DEZEMBRO

Este é o terceiro Réveillon em que apareço na tradicional foto de família do Ano-Novo graças ao Photoshop. Estou tentando me manter atualizado e aproveitei para pedir que fosse desenhado pela inteligência artificial. Espero que tenha ficado incrível; só verei o retrato quando a carta chegar a Yamal.

"Sinto falta de vocês terrivelmente" é meio incorreto do ponto de vista da sintaxe russa. É melhor dizer "Sinto muito a falta de vocês" ou "Sinto tanta falta de vocês".

Mas, do meu ponto de vista, é mais preciso e correto. Sinto falta da minha família terrivelmente. Yulia, meus filhos, meus pais, meu irmão. Sinto falta dos amigos e colegas, dos nossos escritórios e do meu trabalho. Sinto falta de todos vocês terrivelmente.

Não tenho qualquer sentimento de solidão, abandono ou isolamento. Meu estado de espírito é bom e bem natalino. Mas nada substitui a comunicação humana normal em todas as suas formas: desde as piadas nas comemorações do Ano-Novo até as conversas pelo Telegram e os comentários no Instagram e no X.

Sinto falta de poder discutir com pessoas que mandam as mesmas saudações e fotos estúpidas nos grupos de WhatsApp na véspera do Ano-Novo. Eu ficava irritado, mas agora acho apenas fofo. Imaginem alguém usando um pouco de seu tempo para mandar a todo mundo um par de gatinhos de chapéu debaixo de uma árvore de Natal.

Feliz Ano-Novo para todo mundo.

Não sintam falta de ninguém. Não terrivelmente, não bastante nem muito. Não sintam falta dos entes queridos nem deixem que eles sintam falta de vocês. Continuem sendo pessoas boas e honestas e tentem ser um pouco melhores e mais honestas no ano que se inicia. É exatamente o que eu desejo a mim mesmo. Não adoeçam e se cuidem.

Abraços árticos e saudações polares.

Amo todos vocês.

2024

9 DE JANEIRO

Essa ideia que tive, de que Putin agora ficaria satisfeito pelo simples fato de ter me mandado para uma cela no extremo norte, em vez de apenas me manter na shizo, foi não só excessivamente otimista como também ingênua.

Eu tinha acabado de sair da quarentena quando informaram que "o condenado Navalny se recusou a se apresentar de acordo com o regulamento, não correspondeu à ação educativa e não tirou as devidas conclusões". Peguei sete dias em uma shizo.

Um detalhe maravilhoso: em uma cela de punição, a rotina diária é ligeiramente diferente. Na cela comum, os "exercícios" ocorrem à tarde. Apesar de estarmos numa noite polar, à tarde a temperatura ainda é um pouco mais elevada. Na shizo, contudo, os "exercícios" começam às 6h30. Mas já prometi a mim mesmo que tentarei sair para uma caminhada, não importa como esteja o tempo.

O meu pátio de "exercícios" permite onze passos a partir de uma parede e três na direção da outra; não se anda muito, mas pelo menos é alguma coisa, então eu saio.

O frio não desceu a menos que -32°C. Mesmo nessa temperatura dá para caminhar mais de meia hora, mas só se você tiver certeza de que nascerão um nariz, dedos e orelhas novos.

Poucas coisas são refrescantes como uma caminhada em Yamal às 6h30. E a brisa maravilhosa que sopra no pátio, apesar da cerca de concreto, simplesmente um espanto!

Hoje saí para caminhar, fiquei congelado e pensei em Leonardo DiCaprio e no lance do cavalo morto do seu personagem em

O regresso. Não creio que isso funcionaria aqui. Um cavalo morto congelaria em quinze minutos.

Aqui é preciso um elefante. Um elefante quente ou até assado. Se você cortar a barriga de um elefante recém-assado e se meter lá dentro, vai conseguir se aquecer por um tempo. Mas onde é que vou conseguir um elefante assado e quente em Yamal, sobretudo às 6h30? Logo, vou continuar congelando.

---

17 DE JANEIRO

Exatamente três anos atrás, voltei para a Rússia depois de me tratar do envenenamento. Fui detido no aeroporto. E há três anos estou na prisão.

E há três anos respondo à mesma pergunta.

Ela é feita pelos detentos de maneira simples e direta.

Os funcionários da prisão a fazem com cautela, com os aparelhos de gravação desligados.

"Por que você voltou?"

Respondendo à pergunta, fico frustrado de duas maneiras. Primeiro, há uma insatisfação comigo mesmo por não encontrar as palavras certas para fazer todo mundo entender e acabar com esse questionamento incessante. Depois, tem a frustração com a paisagem política das últimas décadas na Rússia. Uma paisagem que implantou cinismo e teorias da conspiração tão profundamente na sociedade que as pessoas desconfiam de maneira automática de motivações claras. Parece que eles pensam: "Se você voltou, é porque deve ter feito algum acordo. Só que não deu certo. Ou não funcionou ainda. Tem algum plano oculto, envolvendo as torres do Kremlin." Só pode haver um segredo, pois em política nada é o que parece.

Mas não há segredos nem significados enviesados. É tudo assim mesmo, simples.

Tenho meu país e minhas convicções. Não quero abrir mão do meu país nem traí-lo. Se as suas convicções significam alguma coisa, você deve estar disposto a defendê-las e fazer sacrifícios, se necessário.

E, se não estiver disposto a isso, é porque não tem convicções. Apenas acha que tem. Mas não são convicções e princípios; são apenas pensamentos na sua cabeça.

Isso não significa que todo mundo que não esteja na prisão careça de convicções. Cada um paga o seu preço. Muitas pessoas pagam um preço alto, mas não vão para a prisão.

Participei de eleições e disputei posições de liderança. O meu chamado é diferente. Atravessei o país em todas as direções, declarando, do palanque, em todo lugar: "Prometo que não vou decepcioná-los, não vou enganá-los nem abandoná-los." Ao voltar para a Rússia, estava cumprindo minha promessa aos eleitores. É preciso que haja no país algumas pessoas que não mintam para eles.

Acontece que, na Rússia, para defender o direito de ter suas crenças sem precisar escondê-las, você tem que sentar numa solitária. Claro que não gosto de estar nela. Mas não abrirei mão das minhas ideias nem da minha pátria.

Minhas convicções não são exóticas, sectárias nem radicais. Pelo contrário, tudo aquilo em que acredito se baseia na ciência e na experiência histórica.

Os que estão no poder precisam mudar. A melhor maneira de eleger dirigentes é por meio de eleições livres e honestas. Todo mundo precisa de um sistema jurídico justo. A corrupção destrói o Estado. Não deve haver censura.

O futuro está nesses princípios.

Mas por enquanto são sectários e marginais que estão no poder. Eles não têm ideal algum. Seu único objetivo é se aferrar ao poder. Uma total hipocrisia lhes permite se revestir de qualquer capa. E assim poligâmicos se transformaram em conservadores. Membros do Partido Comunista da União Soviética se tornaram ortodoxos. Donos de "passaportes dourados" e contas em paraísos fiscais são patriotas agressivos.

Mentiras, nada mais que mentiras.

Tudo isso vai entrar em colapso e desmoronar. O Estado putinista não é sustentável.

Um dia, vamos olhar para ele, e ele não vai mais estar lá.

A vitória é inevitável.

Mas, por enquanto, não devemos desistir e precisamos defender nossas convicções.

Epílogo

Nove anos em regime severo. Hoje, dia 22 de março,* foi anunciada uma nova sentença. Antes disso, fiz uma aposta com meus advogados. Os que perdessem teriam que comprar uma bebida para o vencedor. Olga estimou onze a quinze anos. Vadim surpreendeu todo mundo com a previsão de exatos doze anos e seis meses. Eu chutei sete a oito anos e ganhei.

Decidi registrar minha reação imediatamente, pois o ano inteiro vinha treinando para situações como a de hoje, desenvolvendo o que chamo de "zen da prisão".

De qualquer ponto de vista, nove anos, ainda mais em condições "severas", é uma pena extremamente longa. Na Rússia, a pena média por homicídio é de sete anos.

Um preso condenado a um período adicional de nove anos vai se aborrecer, para dizer o mínimo. Quando voltei à prisão, todo mundo — pois claro que já sabiam da sentença — me olhou de soslaio de um jeito estranho. Como eu estaria encarando a coisa? Que expressão teria no rosto? Afinal, é curioso ver a reação de alguém que acabou de saber que vai cumprir uma pena mais longa do qualquer um em todo o complexo penitenciário. E que vai ser mandado para um lugar sombrio e em geral reservado a assassinos. Ninguém vai se aproximar e perguntar como estou me sentindo, mas todo mundo quer saber como vou me comportar. É o tipo de situação em que uma pessoa poderia se enforcar ou cortar os punhos.

Mas estou bem. Até o "meu" carcereiro disse durante uma revista corporal completa, daquelas realmente desagradáveis: "Até que você não parece assim tão contrariado."

---

* 2022.

Eu realmente estou bem. Não escrevo isso para me obrigar a sustentar uma fachada de despreocupação indiferente, mas porque meu zen do cárcere entrou em ação.

Desde o início, eu sabia que seria encarcerado para o resto da vida — fosse o resto da minha vida ou até o fim da vida desse governo.

Regimes como este são resistentes, e a maior tolice que eu poderia fazer seria dar ouvidos às pessoas que dizem "Lyosha, claro que o regime vai durar pelo menos mais um ano, mas, no ano seguinte, no máximo dois, vai cair, e você será um homem livre" e tudo mais nesse sentido. Com frequência, as pessoas me escrevem coisas assim.

A URSS durou setenta anos. Os regimes repressivos da Coreia do Norte e de Cuba sobrevivem até hoje. O da China, com sua penca de presos políticos, vem durando tanto que esses presos envelhecem e morrem na prisão. O regime chinês não se dobra. Não liberta ninguém, não obstante as pressões internacionais.

A verdade é que subestimamos a resiliência das autocracias no mundo moderno. Com raríssimas exceções, elas são protegidas de uma invasão externa pela ONU, o direito internacional, os direitos de soberania. A Rússia, que nesse exato momento empreende uma clássica guerra de agressão contra a Ucrânia (o que multiplicou por dez as previsões do iminente colapso do regime), conta com a proteção adicional de ser membro do Conselho de Segurança da ONU e de suas armas nucleares.

Colapso econômico e empobrecimento são muito provavelmente o que nos espera. Mas nem de longe parece óbvio que o regime venha a desmoronar de tal maneira que os escombros derrubem as portas das prisões ao caírem.

Minha maneira de encarar a situação não é de passividade contemplativa. Daqui onde me encontro, venho tentando fazer tudo que posso para acabar com o autoritarismo (ou, mais modestamente, contribuir para o seu fim). A cada dia reflito sobre como agir com mais eficácia, as recomendações construtivas que posso fazer aos colegas que ainda estão em liberdade, quais as principais vulnerabilidades do regime.

Como já disse, ceder a algum tipo de desejo fantasioso (sobre quando esse governo vai desmoronar e serei libertado) seria a pior coisa a fazer. E se eu ainda não estiver livre daqui a um ano? Ou três anos? Entraria em depressão? Culparia todo mundo por não tentarem me libertar com o devido afinco? Praguejaria contra os líderes mundiais e a opinião pública por terem me esquecido?

Contar com uma libertação a qualquer momento, esperar que isso aconteça, é apenas uma maneira de me atormentar.

Decidi desde o início que, se fosse o caso de ser libertado em decorrência de pressões ou de algum desdobramento político, isso aconteceria em até seis meses depois da minha detenção, "com o ferro ainda quente". E, se não ocorresse, eu estaria num mato sem cachorro pelo futuro previsível. Eu precisava ajustar minha maneira de pensar para que, quando de fato prolongassem minha pena, eu me sentisse ainda mais convicto de ter feito a coisa certa quando entrei naquele avião para voltar a Moscou.

Eis aqui as técnicas que desenvolvi. Quem sabe poderão ser úteis para alguém no futuro (mas esperemos que não sejam necessárias).

A primeira é encontrada com frequência nos livros de autoajuda: imagine que o pior pode acontecer e aceite. Funciona, apesar de ser um exercício masoquista. Entendo que não seja adequado para pessoas que sofrem de depressão clínica. Podem seguir tão bem a recomendação que acabem se enforcando.

É uma prática bem fácil, pois envolve uma habilidade que todo mundo desenvolve na infância. Quem não se lembra de chorar na cama e chegar exultante à conclusão de que vai morrer ali mesmo, só para deixar todo mundo culpado? A cara que seus pais vão fazer! Como vão chorar quando finalmente se derem conta do tesouro que perderam! Afogados em lágrimas, vão implorar que você se levante do pequeno caixão onde jaz imóvel e mudo para ir ver TV, não só até as 22h, mas até às 23h, e ficar felizes por você estar vivo. Mas é tarde demais, você morreu, o que significa que não arreda pé, surdo aos apelos.

Pois no meu caso é praticamente a mesma ideia.

Deite no seu leito do cárcere e espere até ouvir "apagar as luzes". As luzes são apagadas. Você se convida a imaginar, o mais realisticamente possível, a pior coisa que poderia acontecer. E então, como já disse, aceita (pulando as etapas de negação, raiva e barganha).

Vou passar o resto da vida na prisão e morrer aqui. Não haverá ninguém a quem dizer adeus. Ou então, estando ainda na prisão, pessoas conhecidas vão morrer lá fora e não poderei me despedir delas. Vou perder formaturas da escola e da faculdade. Capelos acadêmicos com borlas pendentes serão jogados para o alto na minha ausência. Todos os aniversários serão comemorados sem mim. Não conhecerei os meus netos. Não serei tema de nenhuma história de família. Estarei ausente de todas as fotos.

É necessário pensar seriamente nisso, e a sua cruel imaginação vai conduzi-lo com tanta rapidez através dos seus medos que, num átimo, você chegará ao destino "olhos cheios de lágrimas". O importante é não se atormentar com raiva, ódio, fantasias de vingança, mas avançar imediatamente para a aceitação. Pode ser difícil.

Lembro que precisei interromper uma das minhas primeiras sessões ante a ideia de que vou morrer aqui, esquecido de todos, e serei enterrado numa fossa sem identificação. Minha família será informada que, "de acordo com a lei, o local de sepultamento não pode ser revelado". Tive dificuldade de me segurar e não começar a quebrar furiosamente tudo em volta, derrubando camas e mesas de cabeceira e berrando: "Seus filhos da mãe! Vocês não têm o direito de me enterrar numa fossa sem identificação. É contra a lei! Não é justo!" Eu quis mesmo gritar isso.

Em vez de berrar, você precisa pensar com calma na situação. E se acontecer de fato? Acontecem coisas piores ainda.

Estou com 45 anos. Tenho família e filhos. Pude viver a minha vida, trabalhei em coisas interessantes, fiz algumas outras úteis. Mas uma guerra está sendo travada no momento. Suponhamos que um jovem de 19 anos esteja se deslocando num veículo blindado, é atingido na cabeça pela explosão de uma granada, e pronto. Não teve uma família, nem filhos, nem uma vida. Nesse exato momento, há civis mortos nas ruas de Mariupol, os corpos são mordidos por cães, e muitos, na melhor das hipóteses, vão acabar numa fossa coletiva — embora não tenham a menor culpa. Fiz as minhas escolhas, mas essas pessoas estavam apenas levando a vida. Tinham emprego. Eram o ganha-pão da família. Até que uma bela noite um nanico vingativo na televisão, o presidente de um país vizinho, anuncia que vocês todos são uns "nazistas" e vão morrer porque a Ucrânia foi inventada por Lênin. No dia seguinte, uma bomba entra voando pela sua janela, e você não tem mais esposa ou marido nem filhos — e talvez nem você esteja mais vivo.

E quantos presos que não têm culpa estão aqui?! Enquanto você está aí, com seu saco cheio de cartas, outros detentos nunca receberam cartas nem pacotes de ninguém. Alguns vão ficar doentes e morrer na ala hospitalar da prisão. Sozinhos.

Os dissidentes soviéticos? Anatoly Marchenko morreu em greve de fome, em 1986, e poucos anos depois a satânica União Soviética caiu aos pedaços. Então nem mesmo a pior hipótese é na verdade tão ruim assim. Eu me resignei e aceitei.

Yulia tem sido de grande ajuda nisso. Eu não queria que ela se atormentasse com aquelas histórias de "talvez ele seja solto depois de um mês". Sobretudo, eu queria que ela soubesse que eu não estava sofrendo aqui. Na primeira visita longa, caminhamos por um corredor e conversamos num ponto o mais distante possível das câmeras embutidas em toda parte que ficam com o som ligado. Sussurrei no ouvido dela:

— Olha só, não quero parecer dramático, mas acho que é grande a probabilidade de que eu nunca saia daqui. Mesmo que tudo comece a desmoronar, eles vão acabar comigo ao primeiro sinal de colapso do regime. Vão me envenenar.

— Eu sei — disse ela com voz calma e firme, assentindo. — Também já pensei nisso.

Nesse momento, me deu vontade de abraçá-la com toda a força, cheio de alegria. Era muito bom! Nada de lágrimas! Foi um desses momentos em que você se dá conta de que encontrou a pessoa certa. Ou talvez ela o tenha encontrado.

— Vamos concordar que é o mais provável de acontecer. Vamos aceitar como a probabilidade maior e organizar nossa vida com base nisso. Se as coisas tiverem um desfecho melhor, será maravilhoso, mas não vamos contar com isso nem alimentar esperanças injustificadas.

— Sim. É isso.

Como sempre, a voz dela soava como a voz de um personagem de desenho animado, mas ela falava sério. Olhou para mim, piscou com aqueles cílios longos, e nesse momento a tomei nos braços, num abraço gostoso. Onde mais eu encontraria alguém capaz de discutir comigo as questões mais difíceis sem muito drama nem estresse? Ela entendeu e, como eu, esperaria o melhor, mas contando com o pior e preparada para ele.

Yulia riu e se afastou. Eu a beijei no nariz e me senti muito melhor.

Claro que em tudo isso tem uma ponta de trapaça e autoengano. Você aceitou a pior possibilidade, mas não consegue sufocar aquela vozinha interior: "Sai dessa, o pior não vai acontecer." Mesmo tentando se convencer de que o destino mais terrível é inevitável, você espera, contra toda verossimilhança, que alguém o faça mudar de ideia.

Esse processo mental de modo algum é simples, mas, se estiver em uma má situação, tente fazer isso. Funciona, desde que você pondere as coisas com seriedade.

A segunda técnica é tão antiga que você pode revirar os olhos quando eu disser. É a religião. Só é factível para quem tem fé, mas não requer orações devotadas e fervorosas junto à janela do quartel da prisão, três vezes por dia (fenômeno muito comum nas prisões).

Sempre achei, e declarei abertamente, que ter fé facilita a vida e, em grau ainda maior, facilita também militar na oposição política. A fé deixa a vida mais simples.

A posição inicial para esse exercício é a mesma do anterior. Você está deitado na sua cama, olhando para a de cima, e se pergunta se pode se considerar um cristão de coração. Não é essencial que acredite que um dia houve anciãos que viveram oito séculos no deserto ou que o mar foi separado em duas partes na frente de alguém. Mas você é um discípulo da religião cujo fundador se sacrificou pelos outros, pagando o preço dos pecados deles? Acredita na imortalidade da alma e em todas aquelas outras coisas legais? Se puder responder que sim com sinceridade, por que precisaria se preocupar com mais alguma coisa? Para que murmurar baixinho cem vezes algo que leu num volume grosso que descansa na mesinha de cabeceira? Não se preocupe com o dia de amanhã, pois ele é perfeitamente capaz de cuidar de si mesmo.

Minha tarefa é buscar o Reino de Deus e sua justiça e deixar que o bom e velho Jesus e o resto de sua família cuidem de tudo mais. Eles não me decepcionarão e vão resolver todas as minhas dores de cabeça. Como dizem aqui na prisão: vão levar os murros por mim.

Nota sobre o autor

Alexei Navalny foi um líder oposicionista russo, político, militante anticorrupção e preso político que conquistou reconhecimento e respeito internacionais. Entre as muitas homenagens que recebeu, estão o Prêmio Sakharov, concedido anualmente pelo Parlamento Europeu, no campo dos direitos humanos; o Prêmio Coragem da Cúpula de Genebra pelos Direitos Humanos e a Democracia; e o Prêmio da Paz de Dresden, entre outros. Navalny também foi incluído na lista das "100 Pessoas Mais Influentes" da revista *Time* e na das "25 Pessoas Mais Influentes da Internet". Faleceu em 2024.

Impressão e Acabamento:
LIS GRÁFICA E EDITORA LTDA.